RACISMO E DISCURSO NA AMÉRICA LATINA

Teun A. van Dijk
(organizador)

RACISMO E DISCURSO NA AMÉRICA LATINA

Copyright © 2008 Teun A. van Dijk

Todos os direitos desta edição reservados à
Editora Contexto (Editora Pinsky Ltda.)

Foto de capa
Jaime Pinsky

Montagem de capa e diagramação
Gustavo S. Vilas Boas

Preparação de textos
Daniela Marini Iwamoto

Revisão
Fernanda Batista dos Santos

Revisor técnico
Paulo Vinicius Baptista da Silva

Dados Internacionais de Catalogação na Publicação (CIP)
(Câmara Brasileira do Livro, SP, Brasil)

Racismo e discurso na América Latina / Teun A.
van Dijk (organizador). 2. ed., 1ª reimpressão. – São Paulo :
Contexto, 2025.

Vários autores.
ISBN 978-85-7244-367-8

1. Discriminação racial 2. Minorias éticas 3. Preconceitos
4. Racismo – América Latina 5. Relações raciais
I. Dijk, Teun A. van.

07-4223   CDD-305.80098

Índice para catálogo sistemático:
1. América Latina : Racismo : Sociologia   305.80098

2025

Editora Contexto
Diretor editorial: *Jaime Pinsky*

Rua Dr. José Elias, 520 – Alto da Lapa
05083-030 – São Paulo – SP
PABX: (11) 3832 5838
contato@editoracontexto.com.br
www.editoracontexto.com.br

Proibida a reprodução total ou parcial.
Os infratores serão processados na forma da lei.

Sumário

PREFÁCIO 7
Teun A. van Dijk

INTRODUÇÃO 11
Teun A. van Dijk

ARGENTINA: SINOPSE DA SITUAÇÃO 25
*Carlos Belvedere, Sergio Caggiano, Diego Casaravilla,
Corina Courtis, Gerardo Halpern, Diana Lenton e María Inés Pacecca*

BRASIL: LUGARES DE NEGROS E BRANCOS NA MÍDIA 73
Paulo Vinicius Baptista da Silva e Fúlvia Rosemberg

CHILE: O CASO MAPUCHE 119
María Eugenia Merino, Mauricio Pilleux, Daniel Quilaqueo e Berta San Martín

COLÔMBIA: INVISIBILIDADE E EXCLUSÃO 159
Sandra Soler Castillo e Neyla Graciela Pardo Abril

GUATEMALA: PRÁTICAS SOCIAIS E DISCURSO RACISTA DAS ELITES 203
Marta Casaús Arzú

MÉXICO: O RACISMO MESTIÇO 249
Alicia Castellanos Guerrero, Jorge Gómez Izquierdo e Francisco Pineda

PERU: "EU TE DISCRIMINO PORQUE A FALTA DE EDUCAÇÃO ME OFENDE"...293
Virginia Zavala e Roberto Zariquiey

VENEZUELA: PAÍS "CAFÉ COM LEITE" 329
Adriana Bolívar, Miguel Bolívar Chollett, Luisana Bisbe,
Roberto Briceño León, Jun Ishibashi, Nora Kaplan,
Esteban Emilio Mosonyi e Ronny Velásquez

O ORGANIZADOR..379

OS AUTORES..379

Prefácio

Teun A. van Dijk

Quando publiquei o livro *Dominação ética e racismo discursivo na Espanha e na América Latina* em 2003, eu sabia que era apenas uma modesta contribuição para o estudo do racismo e do discurso. Especialmente para a América Latina, precisávamos obviamente de um estudo mais detalhado e mais especializado de *cada* país – um estudo que eu não poderia conduzir sozinho e para o qual não tinha experiência. Assim, tive a iniciativa de organizar um projeto de pesquisa coletiva com grupos de pesquisadores de oito países da América Latina. O objetivo seria escrever um texto sobre o discurso e o racismo presente no seu próprio país, texto este que faria parte depois de uma publicação coletiva. Este livro é o resultado dessa pesquisa.

Organizar um projeto deste tipo foi uma experiência ímpar para mim. Primeiramente, aprendi muito – com os textos escritos – sobre racismo e discurso na América Latina. Em segundo lugar, meu contato com numerosos pesquisadores nesta área foi um prazer acadêmico e pessoal. Muitos deles já eram meus amigos, e os demais se tornaram durante a realização do projeto. Sinto-me feliz também por ter tido a oportunidade de intensificar meu contato com a América Latina.

Há muitos anos eu editava livros e periódicos. Mas nunca tinha coordenado grupos de pesquisa em vários países – cada um com sua própria história, objetivos, experiência e, como sempre, falta de tempo e muitos compromissos. Isso significa que também aprendi a ser paciente – e pude confirmar que paciência combinada com tenacidade produz excelentes resultados de pesquisa. Uma das razões pela qual o projeto levou mais tempo do que eu esperava foi a impossibilidade de alguns coordenadores de grupo de continuar sua participação. Além disso, foi muito difícil reunir especialistas de vários países, pois já estavam comprometidos com outras tarefas.

Apesar dessas dificuldades, entretanto, conseguimos finalmente terminar este projeto, e eu me sinto muito feliz com a publicação deste livro, o qual, espero, possa contribuir para o debate internacional sobre discurso e racismo, especialmente na América Latina, onde também desejo que se estimule o debate sobre o tema. Como enfatizo na "Introdução", infelizmente o racismo não é exclusivo da Europa, América do Norte e Austrália (para citar apenas aqueles continentes). Também na América Latina, há muitos séculos observa-se um forte racismo contra os povos indígenas e os afrodescendentes, ainda que frequentemente negado por aqueles que o cometem, ou seja, os povos de descendência europeia.

Parte da dificuldade da pesquisa sobre este tema também foi a relutância de se engajar em pesquisa crítica sobre o racismo na América Latina, como também é o caso da Europa e dos Estados Unidos. Até o termo "racismo" foi frequentemente considerado inapropriado pelos que queriam escondê-lo sob o fenômeno da pobreza ou outras formas de desigualdade social. No entanto, se quisermos analisar criticamente e entender o racismo, precisamos encará-lo como um comportamento indesejável e nomeá-lo, principalmente porque hoje existem formas mais sutis e indiretas de se referir a ele: a dominação sistemática dos Outros (os não europeus) sobre etnias e raças em todos os domínios da sociedade.

Muito desse racismo, seus preconceitos e ideologias subjacentes são adquiridos, confirmados e exercidos pelo discurso. Portanto, uma abordagem analítica do discurso para estudar o racismo é crucial para entender sua reprodução. Os grupos que cooperaram neste projeto coletivo tiveram como foco especialmente algumas formas do discurso público influente, notadamente os discursos das elites (ou seja, dos que controlam a opinião pública e, portanto, as ideologias do público em geral, e as quais chamo de *elites simbólicas*: políticos, jornalistas, pesquisadores, professores, escritores, entre outros). Entretanto, em virtude da falta de dados empíricos na maior parte dos países – dados que requerem muito mais projetos de pesquisa sobre o assunto –, nem todos os tipos de discurso das elites puderam ser estudados em todos os países envolvidos no projeto.

Outra importante limitação deste estudo se deve à falta de espaço. Por isso, pudemos incluir apenas oito capítulos correspondentes a oito países: México, Guatemala, Colômbia, Venezuela, Brasil, Argentina, Chile e Peru. Eles foram selecionados devido ao seu tamanho populacional, a seus povos indígenas ou à presença de pessoas de descendência africana. Eles não são nem mais nem menos "racistas" que outros países da América Latina, ou seja, aqueles países que *não* foram incluídos neste estudo certamente não apresentam menos racismo que aqueles que estão representados aqui. Em cada país será necessária muita pesquisa sobre racismo, com o envolvimento de pesquisadores de todas as disciplinas. Os capítulos deste livro são também projetos que devem se transformar em monografias detalhadas sobre cada país.

Gostaria especialmente de reconhecer o importante papel dos pesquisadores que coordenaram os grupos nacionais e/ou escreveram os textos finais: Alicia Castellanos (México), Marta Casaús (Guatemala), Sandra Soler e Neyla Pardo (Colômbia), Adriana Bolivar (Venezuela), Paulo Vinicius da Silva e Fúlvia Rosemberg (Brasil), Corina Courtis (Argentina), Maria Eugenia Merino (Chile) e Virginia Zavala (Peru). Se não fosse pela sua capacidade de organização, sua paciência e suas próprias contribuições para a pesquisa e a versão final dos capítulos reunidos aqui, este livro nunca teria surgido. Também agradeço aos pesquisadores e coautores que contribuíram para o projeto e para a presente publicação. Agradecimentos especiais para Marta Casaús, Sandra Soler e Virginia Zavala, por terem assumido, *in extremis*, a tarefa de escrever a versão final do capítulo de seus respectivos países, quando os pesquisadores locais não chegaram a um consenso sobre ela.

Há muitas maneiras de ordenar os capítulos neste livro, mas decidi finalmente usar o critério mais abstrato de todos: o alfabeto. Assim, os textos aparecem em ordem da primeira letra dos países de que tratam.

(Tradução: Fernando de Moraes Gebra, professor do Centro de Línguas da UFPR)

Introdução

Teun A. van Dijk

O LEGADO HISTÓRICO

Muitos estudos mostraram que na América Latina o racismo contra os indígenas e as pessoas de descendência africana é um problema social maior. Nesse aspecto, a América Latina, infelizmente, segue os passos da Europa e da América do Norte, além de outras regiões do mundo onde os europeus brancos são o grupo étnico-racial dominante.

A ubiquidade do "racismo europeu" no mundo é certamente a consequência histórica de séculos de colonialismo europeu, mas isso não implica que as pessoas "brancas" sejam essencialmente racistas, pois o fato é que há muitas pessoas brancas lutando contra o racismo. Nesse sistema de dominação, os não europeus (Outros) foram sistematicamente segregados e tratados como inferiores, uma ideologia que serviu como legitimação da escravidão, da exploração e da marginalização.

A abolição da escravatura no século XIX não pôs fim à colonização. Pelo contrário, em muitas partes do mundo, e especialmente na África e no sul da Ásia, as mais severas formas de exploração colonial e opressão continuaram durante décadas após a abolição, até o período da descolonização após a Segunda Guerra Mundial.

Não é surpreendente que as mais explícitas formas de racismo também tenham coincidido com aquele período, não só na política, na economia e na literatura, mas também nas ciências: a primeira metade do século XX presenciou a publicação de numerosos estudos "científicos", "provando" a superioridade dos homens brancos, o que propiciou o incremento das políticas e práticas eugênicas em muitos países e que culminou no Holocausto.

Mesmo os terríveis genocídios nazistas da Segunda Guerra não erradicaram o racismo europeu: apenas o fizeram menos espalhafatoso. Os assassinatos étnicos em massa (eufemisticamente chamados de "purificação") na Bósnia e os sucessos da extrema direita na Europa mostram que ainda há fortes tendências racistas entre os europeus. Muitos continuam a celebrar a superioridade dos europeus brancos e a excluir, problematizar e discriminar pessoas de outras culturas. É desta Europa racista que muitos imigrantes da América Latina vieram, e isso serviu como exemplo para as políticas latino-americanas, para a literatura e para as ciências por muitas décadas.

Na América Latina, a emancipação das colônias espanholas e portuguesa e a criação dos estados recém-independentes em vários momentos do século XIX ocorreram sob a liderança da elite crioula* de políticos, donos de terras e militares, cujas raízes europeias e as concomitantes ideologias racistas foram amplamente compartilhadas e celebradas até mesmo por líderes mestiços. No entanto, até mesmo onde a nova "raça" mestiça foi celebrada por novas retóricas nacionais sobre os indígenas, as formas básicas de desigualdade continuaram inalteradas. Do México ao Chile e do Pacífico ao Atlântico, por conseguinte, as comunidades indígenas continuaram a ser exploradas e oprimidas com formas mais ou menos explícitas de legitimação baseadas em atitudes penetrantes sobre sua alegada inferioridade ou primitivismo, por um lado, ou sua rebeldia e falta de integração, por outro lado. Com variações e flutuações em vários países, e com o aumento das formas de resistência, esse sistema de desigualdade racista e socioeconômica subsiste até hoje, mesmo em países onde a população indígena constitui a maioria da população.

---

* Nota do Revisor Técnico (N.R.T.): O termo "crioulo(os)(a)(as)" é utilizado, aqui e nos capítulos seguintes, com o sentido de "branco da terra", o primeiro dos sentidos listados pelo *Dicionário Aurélio*: "diz-se do indivíduo de raça branca, nascido nas colônias europeias", diferente do sentido de "indivíduo negro" que se popularizou no Brasil.

Nesse sentido, a história dos escravos africanos libertos e de seus descendentes não foi muito diferente. Do Norte ao Sul, no México, na Venezuela, na Colômbia, no Peru e, especialmente, no Caribe e no Brasil, as pessoas de origem africana foram sistematicamente inferiorizadas em todos os domínios da sociedade. Preconceitos contra os negros aliados a uma vasta rede de práticas discriminatórias reproduziram, por conseguinte, a pobreza, o baixo *status* e outras formas de desigualdade social no que concerne ao branco dominante e às elites mestiças.

Assim como no caso das comunidades indígenas (que muitas vezes rejeitam ser chamadas de "latino-americanas"), só nas últimas décadas a consciência e resistência dos latino-americanos negros – que possuem uma heroica e continuamente reprimida tradição – abriu espaço para uma luta organizada e bem-sucedida pelos direitos civis.

A LUTA ACADÊMICA CONTRA O RACISMO

O interesse acadêmico pelo estudo do racismo e a luta contra essa prática na América Latina (como também é o caso na Europa e na América do Norte) emergiu pouco a pouco e relativamente tarde. Em primeiro lugar, na perspectiva de uma política ideológica e de uma ideologia acadêmica de "democracia racial", o racismo foi frequentemente negado, por exemplo, na Venezuela, no Chile e no Brasil. As desigualdades na interação diária com os indígenas e com as pessoas negras em sociedades tradicionais, em que todos os grupos tinham seu lugar e papel próprios, pareceram tão "naturais" que a ideia de dominação racista foi geralmente vista – e, muitas vezes, ainda o é – como uma acusação absurda. Em segundo lugar, comparando com o racismo mais explícito, violento e legalizado nos Estados Unidos, as formas diárias de racismo na América Latina foram sempre consideradas pelos grupos dominantes como relativamente benevolentes. Em terceiro lugar, onde foi reconhecida, a desigualdade social foi geralmente atribuída à classe social, e não à raça, sem investigar completamente as várias raízes da desigualdade de classe e pobreza. Em quarto lugar, em geral tanto os latino-americanos como os outros cientistas sociais interessados nos grupos africanos ou indígenas na América Latina focalizaram as propriedades étnicas desses grupos em vez das práticas diárias de racismo cometidas pelas outras elites (sobretudo a branca). Muitos antropólogos estiveram (e ainda estão) mais interessados em parentesco, folclore ou outros aspectos da cultura das comunidades indígenas em vez das práticas racistas cotidianas dos grupos dominantes. E, por último, mas não menos importante, a maior parte dos pesquisadores acadêmicos vem dos mesmos grupos sociais e classes cujas elites estiveram no poder. Soma-se a isso o fato de eles mesmos terem nenhuma ou pouca experiência com o racismo, o que, portanto, acarreta em menor motivação para investigar um sistema de desigualdade do qual eles próprios foram beneficiários. Note-se que, em muitos desses aspectos, os pesquisadores latino-americanos são muito diferentes dos pesquisadores dos Estados Unidos e da Europa: o estudo do racismo nunca foi parte da corrente predominante da pesquisa acadêmica. Até hoje os estudos críticos sobre o racismo ainda têm que enfrentar a relutância acadêmica em reconhecê-los como um empreendimento científico relevante, e não considerá-los como "mera política", como chamariam muitos colegas holandeses.

Como assinalamos anteriormente, o incremento da resistência das comunidades indígenas e afrodescendentes, aliado ao crescimento internacional do movimento antirracista e as concomitantes declarações "oficiais", finalmente provocou um aumento de estudos acadêmicos sobre racismo, inclusive na América Latina.

Além disso, a experiência das elites acadêmicas latino-americanas com várias formas de racismo contra os latinos nos Estados Unidos e na Europa indubitavelmente contribuiu para o aumento da consciência do racismo em seus próprios países.

Os textos reunidos neste livro servem como testemunho do desenvolvimento acadêmico e da experiência na luta contra o racismo na América Latina.

DISCURSO E RACISMO

A maioria dos estudos sobre racismo, inclusive na América Latina, centra-se em formas da desigualdade socioeconômica e exclusão, por um lado, ou em preconceitos étnico-raciais e atitudes, por outro lado. Apesar de fundamentais, esses estudos não dão conta das muitas raízes do racismo nem dos processos de sua reprodução diária. Mesmo que concordemos que na América Latina o racismo está enraizado no colonialismo e nas subsequentes formas de dominação social, econômica e cultural pelas elites (mais) brancas,[1] falta ainda uma conexão que considero fundamental.

Já que o racismo não é inato, mas aprendido, deve haver meios para esse processo de aquisição ideológica e prática. As pessoas aprendem a ser racistas com seus pais, seus pares (que também aprendem com seus pais), na escola, com a comunicação de massa, do mesmo modo que com a observação diária e a interação nas sociedades multiétnicas.

Esse processo de aprendizagem é amplamente discursivo, isto é, baseado na conversação e no contar de histórias diárias, nos livros, na literatura, no cinema, nos artigos de jornal, nos programas de TV, nos estudos científicos, entre outros. Muitas práticas de racismo cotidiano, tais como as formas de discriminação, podem até certo ponto ser aprendidas pela observação e imitação, mas até mesmo estas precisam ser explicadas, legitimadas ou sustentadas discursivamente de outro modo. Em outras palavras, a maioria dos membros dos grupos dominantes aprende a ser racista devido às formas de texto e de fala numa ampla variedade de eventos comunicativos.

A maior parte do que os grupos dominantes brancos "sabem" ou acreditam sobre a etnia dos Outros foi, portanto, formulada, mais ou menos explicitamente, em inúmeras conversações, histórias, reportagens de jornais, livros didáticos e discurso político. É também sobre essa base que as pessoas formam suas próprias opiniões e atitudes, e, a menos que haja boas razões para desviar do consenso do grupo, a maior parte dos membros reproduzirá o *status quo* étnico e adquirirá as ideologias dominantes que os legitime.

Nota-se, entretanto, que esse processo não é automático nem determinante: cada membro de um grupo específico tem uma relativa liberdade de ignorar parcial ou totalmente as mensagens dominantes ou suas ideologias subjacentes e formar opiniões alternativas, procurar diferentes atitudes entre os grupos de resistência, desenvolvendo, portanto, uma ideologia alternativa, não racista e antirracista.

De fato, muitos são não racistas e/ou antirracistas devido a experiências pessoais com racismo, sexo, preconceitos de classe social ou outras formas de marginalização e exclusão, bem como devido ao discurso veiculado ocasionalmente na mídia sobre o tema ou através de contatos com membros de grupos minoritários. Esses "dissidentes étnicos" do grupo dominante raras vezes ocupam posições sociais relevantes por não serem indicados para tais e, portanto, constituem-se em minorias pouco influentes.

A maior pressão para a mudança antirracista, tal como conhecemos pelo Movimento dos Direitos Civis nos Estados Unidos e pelo movimento *antiapartheid* na África do Sul, é iniciada pelos próprios grupos etnicamente dominados. Além disso, essa mudança é amplamente mediada pelo discurso, isto é, uma vez que esses grupos adquirem acesso às várias formas de discurso público, como o discurso político, a comunicação de massa, a educação, a pesquisa e – hoje especialmente também – a internet. Se o "racismo" não se tornar um assunto público pelo discurso público dos grupos étnico-raciais minoritários, a dominação étnica continuará inalterada.

O PAPEL DAS ELITES SIMBÓLICAS

Se o racismo é amplamente aprendido e reproduzido pelo discurso dominante, e se tal discurso é amplamente acessível apenas por tais elites simbólicas, como os políticos, jornalistas, escritores, professores e pesquisadores, todos de raça branca, devemos concluir que a forma contemporânea mais eminente de racismo são as elites simbólicas brancas.

Isso pode parecer contraditório quando assumimos que é precisamente essa elite que geralmente se autodefine como a mais liberal, a mais progressista, a mais cosmopolita e a mais antipreconceituosa. Se uma parte dela colocar efetivamente em prática esse liberalismo, rejeitando, por exemplo, os discursos dominantes e buscando mensagens alternativas e antirracistas, poderá se distanciar do seu grupo social e se redefinir como dissidentes étnicos. No entanto, vemos que são relativamente poucas as iniciativas desse tipo, pois a maioria das elites simbólicas brancas tem pouco interesse em questões étnicas, e muitos não se definem como parte do problema, o que não garante que eles queiram fazer parte da solução.

Pelo contrário, muitas formas de antirracismo ou apelos pela diversidade são vistos como uma ameaça à hegemonia branca pelos Outros étnicos e podem ser combatidos de forma mais ou menos veemente ou simplesmente ignorados. Além disso, não é o suplente de um político, um modesto repórter ou um professor comum quem define os discursos dominantes, mas os líderes dos grupos dominantes, ou seja, aqueles que determinam a direção ideológica na política, estabelecem a linha editorial na mídia, desenvolvem o currículo dos livros didáticos e da educação, bem como formulam as prioridades da pesquisa acadêmica ou investigação judicial.

Mesmo quando há muitos debates "na base", isto é, na família, entre amigos, nas colunas do jornal, nas escolas e universidades, na TV, nos bares e nos ônibus, geralmente as discussões são limitadas. Os verdadeiros modos alternativos de formular as questões polêmicas em geral não têm acesso à mídia corrente, à política ou à bolsa de pesquisa.

As elites europeias definem a imigração como o maior problema de seus países (estreitamente associada com o crime e o terrorismo), culpam as vítimas e muito raramente veem os problemas de integração em termos de racismo. Os artigos estão repletos de histórias de imigração "ilegal", e só eventualmente encontramos alguma história de racismo violento – mas nada que se pareça com o "suave" racismo diário das elites.

É também na alta cúpula social que os interesses básicos são formulados, negociados e decididos pelos líderes dos grupos de elite. Assim, os editores de jornais (normalmente homens brancos) precisam ter acesso aos principais líderes políticos para seus repórteres e às principais empresas para conseguir publicidade; reciprocamente, os políticos e os produtos precisam de uma boa imprensa. Uma grande parte do alto escalão poderá concordar ou discordar ideologicamente entre si, mas, exceto em alguns conflitos, a concordância ou a discordância sempre se dará dentro de certos limites ideológicos, o que é óbvio no caso das questões étnicas, porque raramente há um conflito étnico entre as elites dominantes, já que tanto na Europa como nas Américas elas provêm do mesmo grupo étnico.

Em consequência, só será possível uma mudança se houver pressão internacional e resistência dos próprios grupos dominados, mas em geral são mudanças mínimas que ocorrem. As relações de poder são raramente afetadas, o que pode ser observado claramente até num dos mais eminentes protestos étnicos da América Latina, o dos zapatistas no México de 1º de janeiro de 1994.

AS ESTRUTURAS E ESTRATÉGIAS DOS TEXTOS E CONVERSAS RACISTAS

As atuais evoluções nas humanidades e nas ciências sociais permitem uma análise muito sofisticada das estruturas e estratégias de texto e conversa racistas dentro da disciplina correlata dos estudos discursivos. Muitos estudos pioneiros de discurso racista limitaram-se a uma análise quantitativa superficial de conteúdo ou a uma análise impressionista de palavras "tendenciosas". Sabemos agora mais sobre os modos como esses discursos afetam as mentes do público em geral, e, portanto, como textos e conversas racistas contribuem para a reprodução dos preconceitos étnico-raciais, ideologias racistas e discriminação dos Outros.

Apesar da sutileza e da complexidade do discurso racista, os princípios organizadores globais desse discurso são muito simples e similares em qualquer tipo de discurso de base ideológica:

- enfatizam os aspectos positivos do Nós, do grupo de dentro;
- enfatizam os aspectos negativos do Eles, do grupo de fora;
- não enfatizam os aspectos positivos do Eles;
- não enfatizam os aspectos negativos do Nós.

Aplicadas a todos os níveis de discurso (sonoros, visuais, significados e ação), essas estratégias globais tendem a resumir as propriedades discursivas locais e globais da forma como os membros de dentro falam e escrevem sobre Eles.

Portanto, no nível dos *significados globais* ou *tópicos,* percebemos que a conversa e texto racistas tipicamente favorecem os pontos negativos sobre os Outros, tais como os problemas de imigração e integração, crime, violência, preguiça ou atraso, contrastados com os pontos positivos sobre o Nós, isto é, somos modernos, avançados, democráticos, tolerantes, hospitaleiros, úteis etc. Por outro lado, os pontos negativos sobre o Nós e, especialmente, sobre o "nosso" racismo, discriminação e preconceito, bem como os pontos positivos sobre Eles, tendem a ser ignorados, não levados em conta ou mitigados, sobretudo, pelas elites: como eles contribuem para a economia ou para a diversidade cultural, o fato de eles trabalharem arduamente, entre outros aspectos. Na realidade, o maior tabu de todos os pontos é o "nosso" próprio racismo: por exemplo, diversos estudos mostram que raríssimas vezes se encontram histórias sobre racismo na imprensa dos jornais dominantes dirigidos pelas elites (brancas).

O mesmo princípio aplica-se a outros níveis e dimensões de discurso, tais como:

- a ênfase dos pontos negativos sobre Eles em manchetes e nas primeiras páginas dos jornais;
- a repetição dos pontos negativos nas histórias cotidianas;
- a expressão de estereótipos na descrição dos membros do grupo étnico;
- a seleção de palavras (nosso povo é sempre "lutador da liberdade", ao passo que os deles são "terroristas traiçoeiros");
- aescolhadepronomesedemonstrativosdistanciadores("aquelaspessoas");
- metáforas negativas ("invasão" por "ondas" de imigrantes);
- ênfases hiperbólicas nas propriedades negativas Deles: ladrões etc.;
- eufemismos para o Nosso racismo: "descontentamento popular";
- falácias argumentativas na demonstração das propriedades ruins Deles.

Se antigamente os discursos políticos sobre imigrantes ou minorias étnicas no país eram explicitamente racistas, alardeando e glorificando a superioridade da raça branca, hoje essa apresentação do Outro é mais sutil e geralmente embutida numa retórica positiva sobre como somos tolerantes e como estamos orgulhosos de viver numa nação multicultural. No entanto, mais indiretamente, e dependendo do país, esse discurso político pode realçar a associação deles com o crime, a violência e outras formas de resistência "ilegais", por exemplo, quando eles ocupam territórios e edifícios.

DIRIGINDO AS MENTES: A FORMAÇÃO DE PRECONCEITOS E IDEOLOGIAS

As formas usadas pelos discursos dominantes para enfatizar as características negativas dos grupos étnicos de fora tornam-se problemáticas especialmente quanto a seus possíveis efeitos nas mentes dos receptores. É verdade que os textos não têm um efeito automático sobre as opiniões dos leitores – principalmente porque, como veremos, muitos leitores podem resistir às interpretações sugeridas pelo discurso racista –, mas, sob condições especiais, essa influência pode ser penetrante.

Portanto, se a representação negativa do papel das minorias dominadas (e, em alguns países, maiorias) for consistente com os interesses dos grupos dominantes, como geralmente é o caso, e se os membros dos grupos dominantes não possuírem muitos contatos étnicos alternativos ou informações, como é também normalmente o caso em muitas partes da Europa e da América Latina, a representação negativa de acontecimentos étnicos e de pessoas pode facilmente influenciar as mentes dos receptores. Estes últimos formarão, portanto, modelos mentais tendenciosos de acontecimentos étnicos específicos que leem ou ouvem. Esses modelos podem, por sua vez, ser generalizados para atitudes mais negativas e ideológicas sobre os Outros.

Nossos discursos e outras ações sociais são, portanto, baseados em modelos mentais (planos etc.) que são informados por ideologias e atitudes socialmente compartilhadas. Temos, assim, um círculo vicioso e vemos como o discurso está crucialmente envolvido na reprodução do racismo, em geral, e na formação de ideologias racistas subjacentes, em particular.

Os gêneros do discurso racista

Dado o papel penetrante das elites simbólicas no processo de informação, comunicação e discurso público na sociedade, podemos esperar tendências racistas em grande número de gêneros discursivos, cada um com suas características contextuais próprias.

O discurso político, em geral, e os debates parlamentares, em particular, são sustentados pelos deputados e senadores e outros líderes políticos (eleitos) que têm o poder e a legitimidade de formular a "situação étnica" (incluindo a imigração), de acordo com sua visão de processo político. Na Europa, vemos como nas últimas décadas até mesmo os líderes políticos das principais correntes (conservadores, liberais ou até mesmo de partidos de esquerda) assumiram posições sobre a imigração e as minorias que antes eram características da extrema direita.

Assim, quando o ex-primeiro-ministro da Espanha, José Maria Aznar, percebeu quanta influência o líder da Frente Nacional, Jean-Marie Le Pen, tinha na França com seu ataque aos imigrantes, também adotou uma postura até mais agressiva em relação aos novos cidadãos, identificando imigrantes ilegais como "delinquentes", da mesma forma como fizeram outros políticos da Europa (Dinamarca, Holanda, Áustria e Itália), dos Estados Unidos e da Austrália. Nos capítulos deste livro, encontramos exemplos semelhantes de retóricas antiminoria ou anti-imigração no discurso político da América Latina. Até mesmo os governos socialistas, pressionados pelas ideias racistas que permeiam a questão da imigração, adaptaram suas políticas a essas ideias, como testemunhamos recentemente na Espanha, por medo de perderem o voto popular.

Estamos, pois, diante do paradoxo de encontrar retórica antirracista em textos oficiais, leis e constituições, especialmente em níveis mais altos (níveis federal e internacional da política), mas os discursos políticos locais do dia a dia continuam sendo o que chamamos de politicamente funcionais, como, por exemplo, garantir votos – especialmente das maiorias brancas que possuem pouco interesse em realmente dividir o poder com os Outros. Em outras palavras, antes de tudo é necessário proceder a uma análise detalhada dos contextos do discurso político para entendermos por que e como os políticos se engajam no discurso racista.

Análises semelhantes podem ser feitas com a imprensa e outros meios de comunicação de massa. Novamente, reportagens de jornais racistas ou tendenciosas, editoriais e artigos de opinião não apenas emergem espontaneamente conforme as ideologias étnicas dos jornalistas (brancos), mas também dentro de um complexo contexto de elaboração e programação de notícias diárias. Ou seja, os jornalistas rotineiramente conseguem suas reportagens diárias das maiores instituições da sociedade, tais como governos, parlamentos, corporações de negócios, tribunais, universidades, organizações burocráticas, delegacias de polícia, entre outras. E, desde que os líderes dessas instituições são, novamente, na maioria das vezes (mais) brancos, também as reportagens que eles enviam para a mídia ou fornecem nas conferências de imprensa raramente são a favor dos negros ou dos povos indígenas. Além disso, como a maioria dos líderes jornalistas não faz parte dos grupos minoritários, mostram pouco interesse ou motivação em desafiar e corrigir essas reportagens e opiniões tendenciosas. Nesse sentido, por causa de seu papel na mídia das elites, tanto jornais como tvs acabam contribuindo a seu modo para a representação discursiva do racismo na sociedade.

Além do discurso político e midiático, é o discurso da educação e da pesquisa o mais influente, ideologicamente falando, na sociedade. Precisamos de uma análise das estruturas e das estratégias dos gêneros do discurso pedagógico (currículos, livros didáticos, aulas, interação em sala de aula), assim como uma análise contextual para descrever e explicar como esses discursos contribuem fundamentalmente para a reprodução do racismo. Mais que qualquer outro discurso, o discurso pedagógico define a ideologia oficial e dominante, estabelecendo o conhecimento e a opinião oficial, sem dar lugar a debate ou controvérsia. É dessa forma que muitas crianças, pela primeira vez, recebem informações sobre os povos de outras partes do mundo, sobre imigração e imigrantes ou sobre negros ou povos indígenas de outra parte da cidade, do país e do continente. Até hoje, essas informações quase sempre são sucintas e, não raramente, tendenciosas. Assim, as crianças espanholas poucas vezes leem sobre "ciganos" e "ciganas" de seu país, detendo-se ocasionalmente em alguns estereótipos superficiais, o que agora vem sendo pouco a pouco substituído pelas mesmas informações sucintas e estereotipadas sobre imigrantes da África e da América Latina. Do mesmo modo, nos livros didáticos da América Latina, podemos ler a história da escravidão ou a história dos grupos indígenas do país. Embora essa informação não seja sucinta nem tendenciosa (às vezes, também é positiva), em geral limita-se ao passado: lemos muito pouco sobre a situação atual dos grupos minoritários do país. E, como no caso de quase todo discurso oficial, na política e na mídia o tema do racismo é ignorado, negado ou sub-representado, isto é, definido como "uma coisa do passado".

Devido a essas maiores fontes simbólicas e discursivas das crenças dominantes, não é de se estranhar que a maior parte dos membros dos grupos dominantes (mais) brancos conheça pouco sobre as vidas diárias dos "Outros", e o que eles sabem e acreditam tenda a ser estereotipado, negativo, quando não tendencioso. Essas crenças são a base de sua interação cotidiana com e sobre os "Outros", o que transparece também em seus discursos, reproduzindo, assim, o sistema de dominação racista que continuará até o momento em que os grupos minoritários sejam capazes de adquirir poder ideológico, social e político suficiente para desafiar essa dominação.

TEXTO E CONVERSA RACISTA NA AMÉRICA LATINA

Esses princípios gerais de racismo e sua reprodução baseada no discurso também se aplicam à América Latina, ainda que com diferenças historicamente enraizadas entre os diferentes países. Os princípios gerais, esboçados anteriormente, aplicam-se a todo o continente, mas as diferenças contemporâneas entre o México, o Brasil e a Argentina, por exemplo, são profundas devido a uma diferente história de imigração, desenvolvimento histórico e posição dos grupos minoritários. A Argentina e o Chile recebem imigrantes de países vizinhos que são economicamente menos importantes.

O México está "exportando" seus próprios emigrantes para os Estados Unidos e, ao mesmo tempo, persegue e explora emigrantes da América Central que atravessam o país a caminho dos Estados Unidos. O Brasil tem comparativamente uma pequena minoria indígena. Na Argentina e especialmente no Chile, os grupos minoritários podem ser um pouco maiores, mas deve-se considerar que a maioria da população possui raízes indígenas. Os povos indígenas formam grandes minorias ou a maioria no México, na Guatemala, na Bolívia e no Peru. Por outro lado, os latino-americanos de origem africana representam minorias consideráveis apenas no Caribe, na Venezuela, na Colômbia, uma minoria considerável no Brasil e grupos muito menores em outros lugares, como México e Peru.

Essas diferenças étnicas também apresentam um impacto nos discursos dominantes. Assim, enquanto o discurso racista no Chile foi tradicionalmente direcionado contra a minoria mapuche, que luta pelas suas terras, a política atual e o discurso midiático no Chile e na Argentina, bem como os livros didáticos, concentram-se nos imigrantes pobres dos países vizinhos – especialmente se estes *têm uma fisionomia* diferente –, de forma que não estamos simplesmente tratando de problemas de xenofobia ou de classe social, mas de puro racismo. Na Argentina, observamos também racismo contra os coreanos.

Por outro lado, as pequenas minorias de indígenas no Brasil parecem frequentemente tão distantes e exóticas para um paulista ou carioca como são para os europeus, sendo que raramente possuem relevância no discurso dominante, exceto como parte dos relatos históricos comuns e estereótipos sobre folclore (e negação do racismo). No Brasil, o assunto social mais significativo é a dominação racista de afro-brasileiros em todos os matizes e cores, como é mostrado nas conversas diárias, e menos ruidosamente hoje nos discursos políticos oficiais, na mídia e nos livros didáticos. No entanto, a desigualdade social é refletida e reproduzida nos textos dominantes, o que pode ser observado nos papéis secundários que os negros têm nas telenovelas – como também é o caso, e até mesmo pior, da Venezuela, e na oposição da elite cruel contra as cotas universitárias para os brasileiros negros.

Ainda que estabelecer diferenças entre as formas "ruins" e "piores" dos sistemas de racismo e outras maneiras de dominação e desigualdade seja normalmente uma tarefa problemática, é necessário estar ciente das diferenças. Em alguns países e períodos, a opressão e o discurso racistas são muito mais abertos, explícitos e gritantes do que em outros: as tradicionais elites agrárias da Guatemala e seus políticos e militares não foram apenas responsáveis pelo massacre de milhares de indígenas (mulheres, homens e crianças), mas obviamente puderam fazer tudo isso com base nas ideologias e discursos sobre uma raça "inferior" que prolongam essa influência em muitos círculos até hoje – e isso é difícil de encontrar em outros lugares na América Latina.

Não há dúvidas de que os discursos políticos oficiais na América Latina sobre a população indígena e, apesar da presença de amplos segmentos mestiços da população, os discursos racistas mais estridentes permanecem sobre as populações indígenas, especialmente onde essas formam amplas minorias ou maiorias. Portanto, ao passo que os latino-americanos de origem africana estão sendo discriminados discursivamente de várias maneiras – especialmente também em termos de delinquência, como no Brasil –, mas geralmente reconhecidos como parte da sociedade, as populações indígenas costumam ser simplesmente ignoradas ou associadas com distância geográfica e atraso ou primitivismo, como se vivessem em "outro tempo", consideradas até mesmo uma raça "menor" em certos livros didáticos e conversas racistas.

Se o que foi mencionado aqui é um quadro muito geral sobre o racismo e o papel do discurso na sua reprodução, bem como um esboço de como se apresentam na América Latina como um todo e de diferentes modos, das regiões do rio Bravo à Terra do Fogo, os capítulos deste livro proporcionarão os detalhes essenciais, a história e as explicações desse discurso racista em alguns dos maiores países do continente.

(Tradução: Fernando de Moraes Gebra, professor do Centro de Línguas da UFPR)

NOTA

[1] Uso a expressão "(mais) branca" para indicar que sobretudo na América Latina não é simplesmente uma questão de branco *vs.* não branco, mas uma escala sutil de ser mais ou menos de aparência europeia, africana ou indígena. Estar próximo do fenótipo europeu – ou seja, parecer "(mais) branco" – tende a ser associado a mais prestígio e mais alto *status* e correlacionado com mais poder e uma melhor posição socioeconômica e cultural.

Argentina: sinopse da situação

Carlos Belvedere, Sergio Caggiano,
Diego Casaravilla, Corina Courtis,
Gerardo Halpern, Diana Lenton
e María Inés Pacecca

Este capítulo tem como foco as operações discursivas racializadoras da diversidade na Argentina contemporânea. Elas se apoiam na lógica do relato hegemônico da nação urdido desde as primeiras décadas do século XIX, que postulou e legitimou formas de intervir politicamente na "raça" e na "cultura" com a finalidade de civilização e de progresso: transformar o "deserto" em nação, o "território" em república. Assim, na primeira parte examinaremos as especificidades históricas dos processos de construção do Estado-Nação no almejado trânsito da "barbárie" a "civilização". Analisaremos a instauração de uma matriz classificatória cimentada na oposição entre o índio e o imigrante europeu, cuja lógica de fundo definiu o sentido das atuais dinâmicas classificatórias hegemônicas. Na segunda parte nos concentraremos na análise de discursos hegemônicos contemporâneos configuradores de categorias sociais significativas da matriz nacional de alteridades: indígenas, migrantes internos, imigrantes de países vizinhos e imigrantes do Leste Asiático. Por último, sistematizaremos algumas características específicas do racismo discursivo local, enfatizando seu potencial para produzir efeitos políticos de exclusão e como obstáculo para o surgimento de enunciadores com legitimidade para atuar na esfera pública.

A PRODUÇÃO HISTÓRICA DE ALTERIDADES NO CONTEXTO NACIONAL

Falar sobre o racismo discursivo na Argentina contemporânea exige uma cuidadosa análise da construção histórica das alteridades no relato hegemônico de sua criação. Apesar de o racismo discursivo reconhecer tonalidades estritamente contemporâneas, é possível encontrar naquilo que diz do Outro ressonâncias das operações classificatórias que criaram e hegemonizaram o discurso da Argentina como povo, nação e república. É, portanto, indispensável deter-se em certos marcos da História nacional para abordar sua dinâmica e seus efeitos: a racialização da diferença como dispositivo sempre disponível funcionando como obstáculo à enunciação política do Outro.

A CONFIGURAÇÃO DO ESTADO-NAÇÃO E SEU RELATO

O relato hegemônico da configuração nacional a que nos referimos é decorrente de uma série de reflexões e debates, quando a elite política e intelectual do século XIX articulou tópicos iluministas e evolucionistas: iluministas no que diz respeito à sua inspiração republicana, e evolucionistas no que diz respeito à naturalidade e inevitabilidade do progresso. De fato, na Argentina a consolidação do Estado-Nação foi, em grande medida, resultado do projeto explícito de uma elite que, uma vez saldadas as disputas internas pela primazia política e econômica entre Buenos Aires e o resto das províncias, encarregou-se de fundar uma república moderna. Tendo em vista que, no final do século XIX, as ideias que vinculavam raça, cultura e progresso eram amplamente admitidas, para a elite dirigente estava claro que a construção da Argentina como Estado civilizado e moderno, réplica da Europa e Estados Unidos da América, requeria uma profunda modificação das características populacionais do país, tanto em quantidade quanto em composição. Nem o crescimento econômico nem a "elevação do caráter moral" e muito menos a consolidação de um sistema político de acordo com a democracia liberal poderiam ser realizados tendo como base uma população "semibárbara", uma "progênie bastarda, rebelde à cultura e sem tradições de ciência, arte e indústria" (Sarmiento, 1978: 198-99) que a colonização espanhola tinha legado à América.

Pode-se dizer que uma das tarefas prioritárias do incipiente Estado-Nação foi "criar o povo"[1] argentino, em vez de incorporar as alteridades preexistentes ao espaço de uma república plural. Nesse sentido, a confiança numa espécie de engenharia populacional com fins eugenéticos justificou diversos processos de extermínio, invisibilização, transplante populacional e homogeneização realizados pelo "rolo compressor cultural" (Segato, 2005) em que se transformou o Estado, mascarando a diversidade mediante a utilização de mecanismos institucionais.

Orientado para a configuração da nação, o relato hegemônico operou como padrão para a homogeneização e para a geração de *diferenças* e de *diferentes*. O principal enunciador legítimo – o homem branco e "civilizado" – tornou-se parâmetro de referência para os diversos Outros que procurou incluir e excluir simultaneamente da nação como "povo" e da república como dimensão política da nação. Sem dúvida, os dois extremos entre os quais se iniciou o relato do trânsito da "barbárie" a "civilização" foram o índio e o imigrante europeu que, em meados do século XIX, encarnavam os dois polos privilegiados da discussão.

Até as primeiras décadas do século XX, os principais Outros desse enunciador hegemônico foram os povos primitivos, os "gaúchos",[2] os estrangeiros que não correspondiam às preferências hegemônicas, as mulheres, a militância operária comunista e anarquista. Em todos esses casos, uma boa parte do que se diagnosticava como diferença era interpretada conforme critérios biologistas, entendendo-se que a codificação das diferenças estava na natureza essencial dos diversos grupos interpelados. O tratamento dessas diferenças – muitas vezes sangrento – dotou o relato de um sentido épico e colocou num lugar destacado a imagem do "cadinho de raças",[3] prova indiscutível da metafórica integração (por fusão) das diferenças.

Embora o racismo em sua formulação científica fosse amplamente debatido e refutado, seu legado vulgar foi uma explicação racial/eugênica mecânica, simples e sumamente elástica, visível em grande parte nos discursos contemporâneos sobre o Outro.

A MATRIZ CONTEMPORÂNEA DE ALTERIDADES: PRINCIPAIS CATEGORIAS

Os povos originários

Até 1878, a geopolítica argentina assumia a existência de uma fronteira entre os "territórios da civilização" e os extensos territórios "em poder do índio".[4] Essa fronteira não significava, em absoluto, uma barreira para as interações periódicas e, em grande medida, pacíficas entre ambas as sociedades, uma vez que era significativo o intercâmbio comercial, cultural e político, bem como eram frequentes os episódios militares que envolviam facções indígenas nos acontecimentos políticos nacionais.[5] Além da fronteira, etnônimos e propriedades apresentam um panorama que ainda não foi completamente esclarecido, já que não houve, por parte da elite, um interesse político em sistematizar o tratamento aos povos indígenas nem em identificar seus territórios. Essa postura de negação e desvalorização do que é indígena se maximiza no que se refere à sua presença consolidada no interior da nação crioula nas "províncias velhas" do norte e centro do país.

Embora, em tempos de paz, o povo indígena cultivava e/ou praticava a criação de animais em seus territórios, o argumento mais comum a favor do genocídio usado contra ele foi a alegação de resgate desses territórios da improdutividade para a prática agropecuária. Após a Campanha do Deserto, eufemismo que se usava para uma série de incursões militares iniciadas em 1878 contra os assentamentos indígenas no Pampa e na Patagônia, e as campanhas ao Chaco, que continuaram até 1911, as elites se convenceram de que tinham acabado com os indígenas em sua dimensão física ou, pelo menos, em sua autonomia política e social. O general Roca, principal impulsor dessas expedições – e que, ancorado nesse êxito, se tornaria presidente da nação – dizia num discurso presidencial: "Nem um só índio passa pelos extensos pampas onde viviam numerosas tribos...".[6] No norte do país, outros recursos em disputa determinaram que o objetivo principal da campanha militar se concentrasse no serviço de exploração florestal e engenhos, o que significou, em vários casos, a reprodução da estratégia genocida. A partir de então, a política indígena na Argentina limitou-se a uma série de decisões pouco sistemáticas sobre o que fazer com os vencidos, prisioneiros ou "colonos" – sobreviventes sob tutela militar –, cujo destino individual e social foi definitivamente expropriado e reservado à decisão estatal.

A partir do século xx, a premissa básica que guiou a construção de nações e estados na América Latina, e especificamente na Argentina, foi a *integração* dos povos indígenas nas novas comunidades "ocidentais". Esperava-se que essa integração, acompanhada de operações sociopolíticas de *desenvolvimento, modernização* e *progresso*, bem como de processos biológicos de hibridação, tivesse como resultado a perda de sua condição de indígenas e, especialmente, de seus direitos coletivos. A negação dos direitos coletivos dos povos indígenas como tais derivou na violação massiva dos direitos humanos individuais de seus integrantes. Os projetos de desenvolvimento regional até hoje não conseguiram reparar as deficiências práticas que o conceito de integração arrasta (Blommaert, 1997), transformando suas "boas intenções" em complicados sistemas de tutela e paternalismo.

Até meados de 2003, o Registro Nacional de Comunidades Indígenas (Renaci) tinha registrado aproximadamente 176 comunidades em todo o país e mais umas 50 estavam em trâmite. Paralelamente, algumas províncias[7] outorgaram um registro *provincial* às comunidades radicadas em seus territórios, somando em conjunto um total aproximado de 560 comunidades com reconhecimento provincial.

Muito mais problemática é a quantificação de indivíduos indígenas, já que a operação implica o esclarecimento da identificação e caracterização dos sujeitos de referência, uma ação especialmente difícil em nosso país. As organizações indígenas e algumas ONGs coincidem ao assinalar uma cifra que se situa entre quinhentos mil e um milhão de indivíduos indígenas integrando a cidadania argentina. O único Censo Nacional Indígena, realizado no final da década de 1960, revelou uma cifra de 150 mil indivíduos, mas que não pode ser considerada válida porque nunca foi concluída nem atualizada. O Censo Nacional de População realizado em 2001 se propôs, em uma de suas variáveis, a quantificar a população indígena, mas a tentativa apresentava falhas que comprometiam a confiabilidade dos resultados – exatamente como as organizações indígenas tinham previsto.

Os imigrantes

A Argentina tornou-se lugar de destino de imigrantes internacionais desde a segunda metade do século XIX, quando a política imigratória se tornou uma das principais preocupações do Estado. Atrair e reter a população que estava sendo expulsa da Europa devido a complexos processos econômicos e demográficos tinha dupla finalidade: junto com o mencionado objetivo social e político de modificar as características raciais e culturais da população argentina, havia o propósito econômico de expandir a fronteira agrícola e, consequentemente, conseguir o incremento dos saldos exportáveis. Esse interesse pelo imigrante europeu aparece na própria Constituição Nacional de 1853.[8] Assim, entre 1870 e a Primeira Guerra Mundial, os europeus representaram a imigração mais numerosa que a Argentina recebeu, imigração que foi freada entre 1914 e 1915 e que prosseguiu, em menor quantidade, por mais alguns anos.

Apesar de haver, em torno de 1900, mais de um milhão de europeus residindo na Argentina, a realidade imigratória parecia desvirtuar o ideal civilizatório. Não só as nacionalidades que prevaleciam não foram as buscadas – frente ao desejado ingresso de ingleses, suíços, franceses e alemães, italianos e espanhóis representavam 75% –, como também acumularam-se efeitos sociais inesperados: concentração nas grandes cidades, greves, formação de sindicatos e partidos políticos classistas. Por volta de 1910, com dois milhões de europeus residentes, o discurso da elite nacional já tinha incorporado a burla contra o imigrante "pouco refinado" como um novo tópico: o estrangeiro anarquista, comunista ou socialista como ameaça à ordem pública e como suspeito político.

No entanto, o freio à imigração imposto pela Primeira Guerra Mundial, o crescimento econômico controlado e uma série de modificações no sistema eleitoral que recortaram a exclusividade política e o lugar de enunciador da elite tradicional e de seus herdeiros abriram espaço a um novo olhar sobre o estrangeiro. Assim, em torno de 1950, diluídas as diferentes nacionalidades ou regiões de origem na generalização continental, o imigrante europeu tinha se transformado em protótipo do "bom imigrante", daquele que com seu esforço pessoal consegue vencer a adversidade das circunstâncias. A epopeia de "fazer a América" foi moeda corrente em infinitas histórias familiares: conquistar um lugar econômico, social e político e tornar-se um membro legítimo da sociedade derivava exclusivamente da virtude pessoal, e, como tal, esse era um processo totalmente alheio a um efêmero Estado benfeitor.

Assentados na exaltação da laboriosidade, ambição e moderação, esses imigrantes e seus descendentes, que se tornaram a "força vital e transformadora do país", definem o Nós hegemônico a partir do qual se enuncia a *otredad* *
dos migrantes internos e dos imigrantes de países vizinhos e asiáticos que chegam à área metropolitana de Buenos Aires a partir de 1930.

---

* N.R.T.: Optamos por manter a grafia do original para a palavra *otredad,* que se refere ao estabelecimento, no discurso, como outro.

Os migrantes internos

A migração interna iniciou-se na década de 1930 e acentuou-se por volta dos anos 40, no contexto do surgimento e ascensão do movimento peronista. Os contingentes que foram se estabelecendo nas periferias das grandes cidades, mobilizados pela industrialização que estimulava o êxodo rural-urbano em busca de melhores perspectivas laborais, transformaram-se em sujeito político e adquiriram inusitada visibilidade. O mítico acontecimento de 17 de outubro de 1945, que teria o efeito de lançar Juan Domingo Perón à presidência da nação, também teve um importante efeito simbólico: pela primeira vez, as camadas média e alta de Buenos Aires, em sua grande maioria europeizadas, enfrentaram-se com a multidão de carne e osso até então afastada dos espaços públicos da cidade.[9]

O impacto da irrupção desses migrantes na esfera pública revelou-se numa série de tópicos que estiveram vigentes durante uma boa parte do século xx. Nasce então a figura da "enxurrada zoológica", em que essa metáfora tipicamente migratória é relacionada com a denegação de humanidade desse contingente, vinculado ao reino animal. No seio da oposição mais radical ao governo peronista foram se consolidando outras expressões de caráter fortemente racista para discriminar esse novo sujeito, tais como "cabecinhas negras", que apontam para os traços fenotípicos resultantes de várias formas de mestiçagem, em que é marcante a herança indígena e negra. Dessa forma, os setores médio e alto de Buenos Aires atualizavam um contexto cultural fortemente discriminatório para receber os migrantes internos. Desde então, e sustentado na histórica luta – muitas vezes sangrenta – entre Buenos Aires e as províncias para impor projetos contrapostos de constituição e distribuição do poder no país, se retomaria e consolidaria o estereótipo do "provinciano" inculto e pouco civilizado. Os "cabecinhas negras" encarnam, assim, o sujeito que, em virtude de certos traços culturais e fenotípicos, se ajusta a um preconceito profundamente cimentado dos habitantes de Buenos Aires, os "portenhos", frente aos habitantes das províncias.

Os imigrantes de países vizinhos

Além da chegada em quantidade de imigrantes do além-mar, houve na Argentina um fluxo constante de imigrantes dos países vizinhos, limítrofes

(Brasil, Bolívia, Chile, Paraguai e Uruguai) e, mais recentemente, não limítrofes (em especial, Peru). Esse processo foi obscurecido pelo forte impacto da imigração europeia na estrutura demográfica da população.

Desde o início do século xx, e até a década de 1960, o principal foco de atração dos imigrantes limítrofes foram as ocupações rurais ou semirrurais nas economias regionais fronteiriças a seus respectivos países de origem. Até então, a entrada de uma boa parte dos imigrantes de países limítrofes tinha características sazonais e pendulares entre seu lugar de origem e um destino na Argentina. No entanto, a partir da década de 1960, a área metropolitana de Buenos Aires (onde o trabalho não é, *a priori*, sazonal) começou a ganhar visibilidade e presença na agenda pública, em geral em termos de "problema", apesar de nunca ter excedido 3% da população total. Ante o discurso do cadinho de raças e do imigrante europeu como bom imigrante, a imigração limítrofe tornou-se o protótipo da imigração não desejada.

Do ponto de vista da ascensão e legitimação social, a trajetória dos imigrantes de países vizinhos foi muito diferente da parte mais visível dos imigrantes de além-mar. Entre outras razões, vale destacar as mudanças nos mercados mundiais, as erráticas e interrompidas políticas de modernização industrial na Argentina, os processos inflacionários, a deterioração do Estado de Bem-Estar Social e uma normativa cada vez mais restritiva quanto à radicação e à residência, de acordo com a doutrina de segurança nacional e com as tendências dos países hegemônicos em questões migratórias. No entanto, o que importa é como foi explicada *post-facto* essa diferença: em termos de boa e má imigração, em que o bom e mau se medem pela ascensão social, e os motivos dessa ascensão (ou do fracasso) se fundamentam na "raça" desses estrangeiros – europeus no primeiro caso, americanos no segundo. A interpretação, dessa vez enunciada em boa parte pelos descendentes dos antigos imigrantes de além-mar, baseia-se novamente na tensão entre civilização e barbárie e, em termos culturais, na rerracialização das diferenças fenotípicas entre uns e outros (Briones, 1998).

Os imigrantes do Leste Asiático

Embora a preferência pelo imigrante europeu tenha sido a pauta orientadora das políticas migratórias argentinas, isso não significa que estivesse impossibilitada a entrada no país de pessoas provenientes de diferentes pontos do continente asiático. As contribuições migratórias do Leste Asiático à Argentina são principalmente de três categorias sociais: "japoneses", "coreanos" e "chineses".[10]

A chamada "imigração massiva" já incluía – ainda que não promovesse e, inclusive, na prática, limitasse – a chegada de imigrantes japoneses. Apesar das particularidades fenotípicas, culturais e religiosas que os distinguiam do resto dos imigrantes e da população local, e sem deixar de sofrer a burla generalizada da elite nacional e dos crioulos, essa imigração encontrou caminhos de mobilidade ascendente e relativa integração social no sentido de adaptação/assimilação.

No pano de fundo desse largo processo, e inscritas no contexto da progressiva restrição da normativa imigratória, as imigrações coreana e chinesa foram percebidas localmente como processos mais acelerados. A chegada das primeiras famílias coreanas na Argentina aconteceu em 1965, mas o auge se registra na década de 1980, após a assinatura de um acordo migratório de investimento entre a Argentina e a República da Coreia. Um estudo realizado pela própria comunidade em 1996 estimava a presença de 32 mil coreanos no país, concentrados principalmente na cidade de Buenos Aires e dedicados à produção e venda de indumentárias de baixo custo. Por sua parte, o ingresso de contingentes provenientes da China, em especial de Taiwan, remonta aos anos 70, mas é só na década de 1990 que se registra a maior quantidade de imigrantes, dos quais um número crescente corresponde aos oriundos da China continental. Em 1997, a estimativa era de 29 mil pessoas,[11] cuja principal ocupação era a propriedade e administração de locais gastronômicos e supermercados de pequeno e médio porte. No início da década de 2000, a entrada de pessoas do Leste Asiático foi flutuante, e, no seio dessas coletividades, observaram-se movimentos de emigração, remigração (principalmente aos Estados Unidos, Canadá, México e Austrália) e de retorno.

A inclusão de cifras absolutas não é casual: apesar do baixo impacto demográfico dos imigrantes do Leste Asiático, coreanos e chineses foram alvo de contundentes processos xenófobos de visibilização e superdimensionamento que, esgrimidos primariamente no terreno discursivo, tiveram alguma relação com batidas policiais de controle nos lugares de trabalho e detenções ordenadas pelo Estado.

Outras categorias de alteridade

As dinâmicas de construção de alteridade na Argentina excedem o quadro apresentado anteriormente e incluem também as classes populares, as mulheres, os gays, os ciganos, os afrodescendentes – em particular os afro-argentinos[12] – e os judeus.[13] Vale a pena acrescentar algumas palavras sobre essas últimas duas categorias, objetos de formas de racismo antigas e conhecidas nos contextos norte-americano e europeu.

O imaginário social da Argentina revela uma forte negação da presença africana: a historiografia desvaloriza-a culturalmente ao mesmo tempo em que relativiza a proporção da população africana que contribuiu para configurar a comunidade nacional. Simultaneamente, o discurso cotidiano nega a existência de afro-argentinos, assumindo – inclusive na presença de indivíduos ou grupos afros – lugares comuns como "na Argentina não tem negros" ou "com certeza eles vêm do Brasil". A noção de "negro", no entanto, é recuperada quando se alude à figura do mestiço latino-americano e, especialmente, daquele que saiu de uma província para a capital.

Por sua parte, embora se deva assinalar que o antissemitismo conta com uma dilatada história de violentas práticas – desde as perseguições e assassinatos da Semana Trágica de 1919 até atingir seu paroxismo na ditadura militar iniciada em 1976 e os atentados terroristas a instituições judias da década de 1990 –, também existiu, como reverso da moeda, um processo de integração relativamente rápido e bem-sucedido dos judeus à sociedade argentina. Entre os dois polos, o que persiste na Argentina é a presença de um antissemitismo difuso, que perdura em estado latente, com brotes intermitentes de antissemitismo ativo (Ivovich, 2003). Os estudos de opinião pública concluem que "o antissemitismo é um fenômeno presente no país [...]. No entanto, capta menor adesão que [a discriminação] manifestada por outros grupos [...]. Não revela sinais claros de surgimento com virulência e consistência" (Daia, 2002: 33-5).

Por acreditarmos que na Argentina as manifestações do discurso racista de maior relevância na configuração histórica de uma matriz de alteridades apontam para povos primitivos, migrantes internos e imigrantes de países vizinhos e asiáticos, este capítulo terá como foco o tratamento discursivo dessas categorias, deixando de lado outras alteridades, mesmo reconhecendo que estas também são suscetíveis de uma análise similar.

RACISMO E DISCURSO HEGEMÔNICO

Nas próximas seções, analisaremos diversos tipos de discursos contemporâneos[14] – discurso escolar, debates parlamentares, imprensa, conversas da vida cotidiana – que enfocam as categorias sociais que apresentamos anteriormente e nos quais podem ser vistas algumas das muitas maneiras como a racialização torna a estratégia classificatória adequada para instaurar e explicar a diferença.

Convém assinalar que os discursos que serão analisados compartilham o âmbito da região metropolitana de Buenos Aires como origem geográfica. Certamente é impossível afirmar que as operatórias do racismo discursivo são idênticas em todo o território nacional; no entanto, é igualmente certo que, devido a aspectos políticos, econômicos e históricos, a região metropolitana é claramente hegemônica em relação ao resto do país, e, nesse sentido, todos os discursos de ressonância nacional acusam a marca das construções hegemônicas "portenhas".

Em consequência, o recorte estritamente contemporâneo e metropolitano, bem como a seleção de tipos de discursos de alta significação social para cada uma das categorias sociais em questão, permite destacar a heterogeneidade do racismo discursivo sem perder de vista o fato de que a pertença à nação e, mais exclusivamente, à cidadania é um dos tópicos centrais e estruturantes. Apesar da diferença dos formatos, quem se apresenta como (ubíquo) enunciador hegemônico tende a estigmatizar/racializar no Outro aquelas dimensões associadas a naturezas bárbaras ou infantis e que, como tais, aparecem como prova evidente da impossibilidade de que esses Outros se tornem enunciadores políticos legítimos.

Finalmente, gostaríamos de esclarecer que o fato de se deter nos modos como os discursos racializam as diferenças e falar de racismo discursivo não implica de forma alguma desconhecer a existência de numerosas práticas racistas extradiscursivas. Essas práticas, raramente reconhecidas como tais e muito menos estruturadas que os discursos, parecem regidas por uma lógica de "franco-atirador". Sua sistematicidade deve-se menos a suas ocorrências que à maneira como, uma vez ocorridas, são incorporadas tanto aos discursos racializadores quanto a seus contradiscursos.

OS POVOS PRIMITIVOS:
ENTRE O DISCURSO ESCOLAR E O DISCURSO POLÍTICO

Com relação aos indígenas, tanto a política estatal quanto o discurso político oscilaram com os vaivéns ideológicos que caracterizaram a política argentina geral. No entanto, por trás desses vaivéns, é possível reconhecer certas linhas de continuidade. Acompanhando as políticas de extermínio físico, foram iniciados diversos mecanismos de "eliminação simbólica", entre os quais o discurso cumpre, até hoje, um papel fundamental.

O campo temático definido historicamente como "problema indígena" constituiu, mais do que uma política de consenso, uma agenda de debates que, ao longo do último século e meio, vinculou de forma decisiva a questão indígena à questão imigratória, às políticas de urbanização e desenvolvimento e todo um conjunto do que chamamos de políticas populacionais. No entanto, a população marcada em nosso país como "indígena" passou por vicissitudes particulares quando foram definidas as condições que deveria cumprir para que fosse integrada à categoria discursiva de "argentinos" ou, inclusive, de "cidadãos" argentinos.

A história oficial argentina, conscientemente escrita por "homens dignos" da Organização Nacional com o objetivo de contribuir para a homogeneização ideológica e cultural da nação, foi transmitida principalmente através das salas de aula. O discurso escolar, desde o início do século XX, atribui aos indígenas o papel de "primitivos habitantes do território nacional", configurando sociedades sem profundidade histórica e internamente indistintas ao mesmo tempo em que os exclui completamente das gestas independentistas que iniciam a História canônica.

Ao lado dos "negros escravos", os "índios" são mencionados nos manuais escolares e celebrações de efemérides como atores secundários e episódicos da história nacional; mais do que isso, a presença esporádica de personagens *de cor* em situação de protagonismo (o negro falucho, os índios *"olleros"* de San Martín) tende a reforçar a ideia de excepcionalidade de sua intervenção numa história de crioulos descendentes de europeus.

Uma parte da responsabilidade pela persistência desse modelo deve-se à pedagogia escolar, que contribuiu para incrementar sua simplificação, seu reducionismo a posições binárias e antagônicas, sua centralização na figura dos próceres e, em alguns casos, uma certa infantilização dos fins e motivações em jogo. Múltiplos aspectos do projeto para a construção da nação permanecem vigentes por inércia e pela impossibilidade de analisar, na prática escolar, a penetração capilar dessa ideologia, cujo significado vai além do discurso explícito.

Os manuais didáticos atualmente utilizados, tanto no nível primário quanto no secundário, longe de transmitir "novos conhecimentos" sobre a configuração social do país, reproduzem os estereótipos presentes no discurso hegemônico. Em consequência, apresentam em comum, por um lado, um redundante apelo ao relativismo, à "tolerância" – cuja explicitação desmente seu objetivo – à "pluralidade" e a outros valores imprescindíveis da política correta. A naturalização das diferenças, a despolitização e o reducionismo da cultura, a atribuição de identidades estáticas aos povos "sem história" somam-se ao evolucionismo mais simplista. Essa perspectiva manifesta-se especialmente na localização preferencial dos povos indígenas no passado, em seu tratamento presente como "sobreviventes" de elementos perdidos (manifestado na utilização do tempo verbal pretérito em referência a povos atuais) e na predileção pelas explicações de corte mitológico, em contraste com a expressão "em tempo presente", para afirmar a apropriação de elementos culturais que concorrem para constituir a "bagagem cultural" argentina, cerceada de seus criadores:

> Os tehuelches [...] foram um dos vários grupos aborígenes de Santa Cruz. Dizem que quando Magalhães, o conquistador espanhol, entrou em Santa Cruz, viu enormes marcas no chão. Eram as pisadas que os habitantes dessas terras deixavam, com seus calçados de pele. Então, chamou-os de patagones (*Argentinitos* 3, 2004: 44).

> Para os tobas, era possível curar soprando ou chupando sobre as feridas. Isto faziam as pessoas sábias (*Argentinitos* 3, 2004: 98).

> Os índios guaranis foram os primeiros habitantes de Missões. Sua língua, o guarani, é falada em toda a província. (*Argentinos* 1, 2004: 95).

Nesse contexto, as esporádicas avaliações críticas sobre a conquista da América ou sobre as políticas genocidas do Estado argentino, em relação à conquista do deserto, perdem toda força ante a enunciação da "natureza" indígena e sua pretendida pertença ao passado. O estímulo à consciência crítica perde-se após a folclorização da diversidade e a apropriação romântica da resistência:

> Adolfo Alsina [...] ideou uma linha de fortes unidos por uma grande valeta que evitaria a invasão dos malones [...] Em 1879 Julio A. Roca [...] atacou diretamente as tribos [...] Como resultado da chamada Campanha do Deserto, 1700 indígenas morreram, 15000 foram capturados e milhares de léguas de terra ficaram disponíveis para a exploração agropecuária (*Redes* 6, 2001: 169).

> A lenda conta que os cardos são índios transformados em plantas e que vigiam vales e riachos para que o inimigo não chegue para roubar suas terras (*Argentinitos* 3, 2004: 174).

Nas últimas décadas, no entanto, a tematização dos povos primitivos da Argentina começa a surgir no discurso público sob a forma de argumentações que, em geral, não questionam a argentinidade nem a qualidade cidadã dos que se autoidentificam como indígenas. A superposição de normativas redigidas em diferentes momentos e com diferentes níveis de generalidade tem como consequência, no discurso, a coexistência de modos diferentes e, às vezes, contrapostos de interpelação dos sujeitos indígenas. A fórmula *povos originários* é a que tem maior aceitação entre os próprios falantes indígenas, já que implica o reconhecimento de sua preexistência à ordem estatal e seu direito a uma história própria e a outros elementos constitutivos das nações. Já a fórmula *povos indígenas* é reconhecida pela Constituição Nacional e pela Lei Nacional n. 24.071, que ratifica a Convenção 169 da Organização Internacional do Trabalho (oit). No entanto, o discurso político hegemônico recorre com frequência a outras formas de denominação desses povos: ou *comunidades* – um conceito que conota um considerável grau de estaticidade e territorialização –, como faz a Lei Nacional n. 23.302, ou *indivíduos* isolados.[15]

O sujeito social que habita a generalidade das representações sociais dos legisladores é a *comunidade* indígena. A *comunidade* aparece caracterizada na legislação e no discurso político como um modelo virtual de integração social que pretende se parecer com o modelo cooperativo de constituição de sociedades no Ocidente. No entanto, a idealização da *comunidade* indígena não impede sua subordinação às formas organizacionais individualistas e economicistas próprias do sistema capitalista e a presunção de incapacidade de seus líderes para intervir na política social geral (Briones et al., 2000).

Por outro lado, torna-se recorrente uma categoria que se delineia como sendo especialmente problemática: a *participação* dos indígenas no âmbito da política. Por ser um direito consagrado pela Constituição Nacional desde 1994 (artigo 75, inciso 17), a modalização que o próprio texto constitucional impõe – "garantir sua participação na gestão referida a seus recursos naturais e aos demais interesses que os afetarem" – instala uma ambiguidade que, na prática, mina as possibilidades reais de participação dos povos originários da Argentina na política nacional geral. O discurso político é o campo onde se anula o alcance dessa categoria através da qual se percebem os limites da construção dos *indígenas* como sujeitos de direito.

Debate parlamentar

Analisaremos agora alguns fragmentos do discurso parlamentar nacional recente sobre o tema em questão. Escolhemos um debate produzido na Comissão de População e Desenvolvimento do Senado da Nação em 29 de janeiro de 2002, que gira em torno do Projeto de lei sobre povos indígenas,[16] apresentado tecnicamente como uma iniciativa de reforma integral da Lei Nacional n. 23.302, embora o novo texto não modifique a lei de referência em termos de "atualização" jurídico-ideológica.[17]

O projeto concentra-se, em grande parte, em alguns pontos relativos à organização interna do Instituto Nacional de Assuntos Indígenas (INAI), principalmente no que se refere à *participação* indígena em seu governo. Comparado a outros textos relacionados com a mesma iniciativa (tais como o texto do projeto ou as declarações das organizações indígenas), esse debate parlamentar apresenta a vantagem de reunir expressões contrapostas de legisladores, funcionários e representantes indígenas.

O projeto de lei que motivou o debate deu entrada na Câmara de Senadores em 21 de dezembro de 2001,[18] com a assinatura de dois senadores de Neuquén e um de Salta.[19] Os antropólogos consultados pelo Senado deram uma opinião profissional contrária ao projeto. Por outro lado, as principais organizações indígenas, consultadas ou não, deram a conhecer sua oposição desde o começo. Em 29 de janeiro de 2002, a Comissão de População e Desenvolvimento do Senado realizou uma sessão extraordinária a cujo registro textual tivemos acesso.[20] Foram convidados a participar o presidente do INAI e uma delegação de representantes dos povos indígenas.[21] O Poder Legislativo esteve representado por três senadoras, provenientes das províncias de Salta, Neuquén e Formosa, respectivamente.

Aqui nos limitamos a apresentar as principais tendências, atitudes e apreciações observadas durante o debate, as quais sugerem tipificações na política argentina contemporânea com relação aos indígenas. Focalizamos, assim, os nós problemáticos e pontos de tensão nas atuais arenas de discussão que o debate expõe.

Em primeiro lugar, visualiza-se um esforço, por parte dos legisladores para definir o lugar ocupado pela "questão indígena" dentro da "questão social" mais ampla. As posições incluem a asserção da centralidade que este tópico *deveria* ter:

[...] é muito importante que as brilhantes autoridades da Nação tenham plena consciência de que não se poderá cumprir totalmente a prioridade de atender os temas sociais, se não derem especial importância ao tema indígena. Caso contrário, como sempre a história vai se repetir [...].[22]

Durante o debate, a presidência da Comissão apresentou de forma enfática o projeto como parte de "um programa de cessão do Instituto às comunidades indígenas da Argentina, algo que deveria ser feito gradualmente" (p. 1). Expressões como essa, que destacam a necessidade de que a inserção dos representantes indígenas na política *nacional* seja "gradual", "sem pressa", constituem um lugar-comum ou *topos* que revela uma atitude paternalista onipresente, "protetora" dos indígenas, que paralisa e limita sua inserção nas mais altas esferas da vida nacional (tanto no campo da política como em outros), "pelo seu bem". Simultaneamente, essa opinião opõe-se à expressada pelos falantes indígenas, que afirmam que o Estado nacional se encontra em flagrante descumprimento de seus compromissos nacionais e internacionais e deve, portanto, liberar a *participação* indígena na política nacional o mais rapidamente possível:

> [...] Faz quarenta anos que nós estamos batalhando para que na Argentina os indígenas tenhamos a palavra nos parlamentos e também façamos sentir a nossa presença na República Argentina.[23]

No entanto, a prudência que o discurso das *elites morais* (Melossi, 1992) recomenda para abrir espaço aos indígenas nas responsabilidades da política não concorda com a pressa com que os próprios falantes sugerem atravessar as árduas etapas exigidas para conseguir uma representação medianamente objetiva dos povos nas instituições:

> Eu concordo que é urgente pô-lo em funcionamento, ainda que depois devamos aperfeiçoá-lo [...] É preciso encurtar caminhos e procurar os canais de representação, ainda que não sejam perfeitos, mas sim, rápidos.[24]

Em outras palavras, a seleção das individualidades que representarão os povos é vista como um problema menor,[25] para discutir *se e em que medida* será permitido um lugar dentro do sistema político nacional. A hierarquização dos problemas chama a atenção numa democracia representativa como a Argentina, onde uma boa parte do jogo político refere-se particularmente ao posicionamento respectivo e à carreira das individualidades. No entanto, as individualidades não se consideram importantes na representação política indígena, porque, na realidade, não se acredita na capacidade dos políticos indígenas em geral. A tão proclamada participação indígena nas instituições constitui para as elites políticas um ritual discursivo e um difuso dever moral, e não é de modo algum uma consequência da elaboração de um projeto alternativo e concreto de reforma dos mecanismos de circulação do poder.

A atitude "protetora" do Estado com os povos indígenas, segundo a noção inconfessa sobre a capacidade incompleta de seus líderes, complementa-se com a ubíqua e reiterada expressão de admiração pelos seus:

> costumes e tudo o que se transmite oralmente que, infelizmente, se não se escrever, se perderá; [...] tratando de que a juventude se capacite sem perder sua rica história, sua cultura [...].[26]

O documento registra as expressões admirativas dos legisladores pela língua e cultura autóctones, junto com recomendações "bem-intencionadas" para conservar suas tradições; no entanto, no único momento da reunião em que um representante do povo kolla decide expressar-se em sua própria língua, o registro anota: "O expositor expõe por uns instantes em seu dialeto" (p. 24), operando uma seleção de termos especiais referentes ao juízo de valor.

Por último, referimo-nos a um tópico recorrente que caracteriza os debates políticos em que se trata o tema indígena na Argentina: o da "colaboração" e o do "entendimento". Conscientes de que se trata de um campo de confrontação especialmente conflituoso nos últimos tempos, os legisladores em geral optam por se apresentar a todo momento como abertos ao diálogo, numa atitude que pretende ser de pura receptividade, como se os seus discursos fossem apenas convites para que os povos indígenas "se expressem", ou canalizações de opiniões da cidadania, mas não implicam propostas de participação na luta hegemônica. O discurso em si mesmo apresenta-se como *disclaimer* (negação) (Bauman, 1993). No entanto, os enunciadores indígenas expressam desconfiança por essa pretensa transparência e receptividade e preferem destacar a falta de diálogo real.

No debate que analisamos, essa atitude é exemplificada pela presidente da Comissão:

> Gosto que as pessoas opinem e que comentem conosco alguns temas [...] Também gostaria de transmiti-lo às pessoas [...] A discussão é muito boa [...] porque o fato é que a nossa visão, às vezes, é muito diferente e nós nos enriquecemos mais que as comunidades.[27]

Porém, após escutar os primeiros protestos dos representantes indígenas, especificamente por não ter realizado consultas prévias – como estabelece a legislação – à redação do projeto, a senadora de Neuquén retoma a palavra:

> [...] Considero que não é hora das recriminações – estamos sempre nos recriminando –, mas da construção [...] Se os senhores consideram que não estamos dispostos a sentar para discutir e construir o melhor, eu posso perfeitamente deixar esta comissão; não tenho nenhum problema.[28]

> Há muito para construirmos juntos, mas sempre em harmonia, com respeito e com amor, nunca com recriminações.[29]

Imediatamente chega a resposta pela boca de uma representante do povo guarani:

> Quero lhe pedir, senadora, que não se ofenda quando perguntamos coisas. Nós tivemos muita paciência, toda a paciência do mundo, e ainda temos. Peço-lhe que nos escute porque nós a escutamos com toda atenção [...] Parece como se fôssemos um Estado dentro de outro Estado, mas o Estado que dirige não se preocupa em estudar, em entender, nem sequer em nos escutar, quando temos a oportunidade de nos expressarmos. Vossa Excelência está fazendo as coisas a seu modo, a partir de sua cultura, tratando de nos ajudar. Nós queremos que Vossa Excelência trabalhe conosco. A primeira coisa que devemos conseguir entre os povos originários e os povos de cultura ocidental é, exatamente, que os senhores possam entender tudo o que nós somos. Não somos o que diz o censo,[30] que foi totalmente malfeito. Também não foi respeitado o modo como pedimos que fosse feito. O que pedimos é que, acima de tudo, nos considerem como interessados diretos, que é justamente o que somos, quando lhes apresentamos dúvidas ou fazemos requerimentos concretos. E seria importantíssimo que os senhores, que como governantes não conseguiram acabar com a fome na Argentina, onde estão morrendo cem crianças por dia de fome e desnutrição e muitas mulheres nos hospitais porque não há comida, nos escutassem o que nós, povos originários, propomos. Ou seja, que nos escutassem e que nos dessem a possibilidade de ter territórios onde possamos repartir a riqueza que produzimos e aplicar a cultura que temos. Não pedimos mais do que isso: ou seja, ajudar os senhores, como povo ocidental, a que não continuem morrendo mais crianças de fome.[31]

A partir desse ponto, o debate dilui-se em questões de menor importância até que finaliza a sessão. Consideramos esse debate inacabado como um exemplo representativo do discurso político contemporâneo sobre indígenas, posto que expõe suas principais tendências. Por exemplo, a abundância de enunciados "progressistas" que manifestam ambíguos desejos de integração e participação dos povos indígenas na cidadania ativa, combinados com expressões de valoração e de afetividade positiva e, ao mesmo tempo, o uso de recursos linguísticos e extralinguísticos para interromper o fio da discussão, quando esta exigia uma participação efetiva dos diferentes povos na estrutura política nacional.

Na opinião de um indígena participante do debate:

Somos argentinos e, ao mesmo tempo, povos indígenas [...] Isto é o que [o Estado] quer desarticular. Acabou de ser dito aqui: vamos escolher os indígenas [como representantes], mas vamos lhes dar uma lei que os impeça de exercer seus direitos.[32]

Esse debate foi apresentado pelo setor hegemônico como uma via de solução para a implementação da *participação* dos povos indígenas enquanto resiste ativamente à expressão do pensamento indígena, o que reflete os limites do discurso indigenista argentino. Entendemos que a efetivação das premissas contidas nos discursos parlamentares no plano dos "desejos" exige ir além de sua ratificação formal. Requer, essencialmente, conceber uma democracia capaz de conter a diversidade cultural, e um Estado de direito que não encare o pluralismo cultural como uma ameaça para sua solidez.

DISCURSOS COTIDIANOS SOBRE OS MIGRANTES INTERNOS

A análise dos discursos que racializam o trabalhador que migra das províncias para a capital remete-nos obrigatoriamente a numerosos debates que tinham como eixo a relação entre as categorias de raça e classe social na América Latina. Por um lado, havia posições que compreendiam as questões ligadas ao racismo como subsidiárias das questões classistas. Por outro, havia os que propunham um grau de independência muito elevado entre ambas as questões. Finalmente, convém assinalar as posturas intermediárias que – enfatizando as questões étnicas – propiciaram um fecundo encontro das duas questões, ambas irredutíveis, mas mutuamente imbricadas. Essa última postura, que parece ilustrar melhor o caso argentino, é a que garantiria "de fato" a resolução desse debate: como já foi dito, a cor da estrutura social local mostra que a população mais acobreada pertence, em geral, às posições inferiores, coloração resultante de várias formas de mestiçagem que implicam fortemente as heranças aborígine e africana, enquanto as camadas superiores costumam estar ocupadas pelos estratos mais "branqueados". Assim, a percepção de um Outro baseada em estereótipos raciais foi – mais do que subsidiária ou independente – constitutiva da formação das classes sociais na Argentina.

O discurso racista de que tratamos nesta seção baseia-se na centenária identidade imaginária de Buenos Aires como cidade "europeia". Costuma-se dizer que a Argentina não parece um país latino-americano e que sua capital é claramente europeia. Há, inclusive, um lugar-comum que afirma que "os argentinos descendem dos navios". Um traço característico do racismo discursivo contra os migrantes internos é, pois, o recurso retórico de depuração étnica pelo qual Buenos Aires não considera como próprio o que não parece europeu. Efetivamente o discurso excludente dos migrantes internos toma como insumo o discurso excludente dos imigrantes limítrofes, com quem guardariam semelhanças fenotípicas, conforme a percepção hegemônica. Essa *exclusão estrangeirizante* das diferenças, segundo a qual se considera que o Outro é "alheio à nacionalidade", constitui "uma enunciação que retorna sempre" no racismo discursivo de Buenos Aires. O Outro a ser expulso define-se como "não argentino" (Kaufman, 2002).

Baseando-se nas coordenadas de uma percepção hegemônica eurocêntrica, as diferenças a primeira vista entre um "provinciano" e um imigrante de país vizinho tornam-se difusas. Dado o caráter amplamente imigratório da população da cidade de Buenos Aires, é difícil distinguir a primeira vista os seus habitantes dos habitantes do resto do país, que, por sua vez, são dificilmente diferenciáveis dos habitantes dos países limítrofes. O foco do desprezo é o biótipo social culturalmente construído do mestiço latino-americano.

Pois bem, se queremos falar de racismo em sentido estrito é porque essa modalidade discursiva de expulsão consegue vincular as diferenças sociais ao substrato biológico. A metáfora do estrangeiro tem algo a ver, justamente, com o apelo a uma origem intransferível que ata as qualidades morais e sociais ao lugar de nascimento. Nesse sentido, o racismo discursivo contra os migrantes internos adquire matizes eugênicos (Bourdieu, 1990). Um tópico no qual o racismo discursivo se plasma na fala cotidiana é o do "bem-nascido". Ser "bem-nascido" é, em princípio, ser "correto", "de lei", boa pessoa. Porém, trata-se aqui de um eufemismo: ser "bem-nascido" significa não ser filho de uma mulher de má reputação. O uso particular da noção de "negro", típico desses discursos, também nos leva a falar de racismo. Ante a categórica negação simbólica da população afrodescendente, própria do contexto argentino, o deslocamento do estigma racial em termos de "negro" para aquele que possui o tipo corporal do mestiço latino-americano torna idiossincráticas essas formas discursivas que – após negar qualquer entidade à população afro-americana, objeto das formas clássicas de racismo – redirecionam seus dispositivos de exclusão para os setores populares, principalmente quando estes apresentam algum tipo de diferença ou estranhamento em relação aos códigos culturais da própria cidade.[33]

Racismo popular e racismo elitista

O discurso racista sobre os migrantes internos revela diversas configurações conforme a pertença social do enunciador. Aqui descrevemos duas modalidades, contrapondo-as. O *racismo popular*, próprio dos grupos inferiores das classes médias, da classe operária e dos setores vulneráveis e excluídos da sociedade, é, acima de tudo, um racismo *público*, na medida em que se expressa nos espaços públicos de maneira mais direta e menos encoberta que outros (nos estádios de futebol, na rua, nos meios massivos etc.). O *racismo elitista* é formado pelas classes média e alta da sociedade. Embora seja um discurso mais politizado – e nisso inclui, até tematicamente, uma dimensão pública –, costuma ser reprimido ou matizado nos espaços abertos e se expressa com maior liberdade na intimidade (o bate-papo, o intercâmbio de opiniões com pares ou correligionários, o lar, o clube, ou seja, onde houver uma composição social homogênea e tempo para perder, posto que é um discurso de mais fôlego).

A seguir, faremos um contraponto entre esses dois tipos de discurso racista, organizando-os em torno de três eixos: as formas de enunciação, as características retóricas e os temas próprios de cada um.

A principal diferença entre ambos os tipos de discurso encontra-se no nível da *enunciação*. No racismo popular, trata-se de um sujeito interpelando outro, a quem se quer excluir apelando de maneira ofensiva à sua subjetividade. Nesse caso, por mais excludente que seja a metáfora do estrangeiro, não se nega seu *status* de humanidade: o Outro é um estrangeiro, mas é um ser humano. Essa particularidade deriva do fato de que a disputa ocorre no interior de um mesmo campo. Discriminante e discriminado competem, por exemplo, num mesmo mercado de trabalho (como a construção), num mesmo campo esportivo (os times de futebol) etc. No racismo elitista, no entanto, o sujeito da enunciação não enfrenta o outro sujeito, cuja sensibilidade procura ferir como um objeto. O Outro aparece mais coisificado do que como um sujeito com quem se disputa. O discriminado é, pois, objeto do discurso, o que se fundamenta na distância social entre sujeito e objeto do discurso. O racismo, nesse caso, não está em função da disputa pelo mesmo campo, mas é um discurso que vem de cima. Nessa perspectiva, o Outro aparece como infra-humano. É por isso que se retomam antigas metáforas como "enxurrada zoológica", que surgiu no contexto da oposição desses mesmos setores ao peronismo.

O racismo elitista é, pois, um discurso altamente politizado, que se sustenta recorrendo à História, naturalmente, de uma forma muito parcial. Pois bem, retomar o tópico da "enxurrada zoológica" não é condição *sine qua non* para sustentar esse tipo de racismo. Seria mais adequado falar de um discurso antipopular, pois se o Outro aparece coisificado sob a forma de um animal é porque se assumiu uma perspectiva antipopular que o desumaniza a partir de uma história social e política direcionada para interesses e ideologias próprios de seu grupo de pertença.

Também no nível *retórico,* os dois tipos de racismo discursivo que estamos analisando revelam suas diferenças. O racismo popular é um discurso coletivo, impessoal. Por isso, talvez, não possui formato específico, mas se consolida em fragmentos que se articulam com outros tipos de discurso. É também por isso que sua unidade de sentido seja a fraseologia ou a fórmula, pois ela pode se introduzir em vários contextos e se integrar em outros formatos, tais como a burla, e costuma misturar-se com outras expressões populares, como a música de rock, *cumbia* (música típica, originalmente da Colômbia, que se disseminou por toda América Latina, hoje considerada o ritmo mais popular na Argentina) e *jingles* publicitários. Também costuma manifestar-se como fórmulas rituais, que são repetidas compulsiva e irrefletidamente, muitas vezes numa linguagem vulgar. Essas expressões têm um caráter explicitamente figurado, do qual provém sua força: "negro" aqui não denota estritamente um indivíduo de pele escura, mas um sujeito de qualidades morais ou sociais desprezíveis, cuja rejeição se expressa acrescentando uma qualidade que muitas vezes só é metafórica e que implica uma série de conotações pejorativas. Assim, esse racismo popular opera mais no plano da conotação do que no da denotação. Naturalmente, quando o discriminado é também afrodescendente, o racismo reduplica sua eficácia e sua violência.

O racismo elitista, ao contrário, não se concentra na frase, mas se aproxima mais do ensaio político. Em princípio, apresenta uma tese. Esta, *grosso modo,* afirma que os Outros "são assim" – fórmula que permite introduzir diversos tópicos, os quais descreveremos quando tratarmos das características temáticas. A tese fundamenta-se na história e na política nacional. Compartilha com o discurso político duas características: polemiza com outro discurso e oferece soluções. Ou melhor, pretensas soluções, pois insinua que Eles são o *problema,* e Nós, a *solução* (*"deveriam ficar em suas províncias", "teria que erradicar as favelas,*[34] *"deveriam trabalhar"*etc.). É por isso que as propostas consistem – às vezes – em excluir ou suprimir os próprios sujeitos cujos *problemas* se pretendem resolver. Por exemplo: resolver o *problema* dos "favelados", erradicando as favelas; o *problema* dos migrantes, proibindo as migrações.

Costuma ser um discurso em primeira pessoa (do singular, na maioria das vezes): tenta-se dar uma marca pessoal, no mesmo estilo que os grandes homens e estadistas expõem sua visão das coisas. Também se costuma recorrer a retóricas testemunhais (*"eu passei por isso"*, *"eu vi"*, *"eu me lembro"*), que ajudam a dar um tom incontestável ao próprio discurso. Por isso, trata-se de um discurso autoritário, que não dá margem à confrontação. O tom enfático e categórico de suas retóricas responde a essa necessidade, bem como ao fato de que o *objeto* do discurso – esse Outro que seria o único capaz de confrontá-lo realmente – encontra-se *distante* (em virtude das diferenças sociais entre sujeito e objeto do discurso) e *distanciado* (graças à objetivação do Outro produzida por ele).

Por último, devemos nos concentrar nos *temas* próprios dos diferentes tipos de racismo discursivo que estamos analisando. O racismo popular insiste em certos tópicos articulados em torno da sexualidade como paradigma de poder e inclusão social e de submissão do Outro pela força, chegando a sugerir sua supressão física. Em relação aos homens, atribuir a condição de homossexual ao Outro é indício de sua própria superioridade. Este tópico, não exclusivo do racismo, aparece aqui qualificando o tópico principal, que seria o de "negro" em sentido figurado. Assim, é frequente o sintagma *"negro puto"*. No caso das mulheres, atribuir o ofício de meretriz desempenha uma função análoga. Estamos, obviamente, diante de uma apropriação simbólica da condição sexual com a intenção de destacar a inferioridade social e a sujeição do Outro. Trata-se, pois, de um uso moral desses termos. Inclusive a suposta prostituição das mulheres aparece reforçando a homossexualidade do homem – uma espécie de homossexualidade diferida.

Um sintagma mais frequente é *"negro de merda"*, que desempenha uma função análoga à mencionada acima: manifestar o caráter rejeitável do Outro, mas incorporando a alusão à rejeição física e à desumanização que não aparecia no tópico anterior. Mais uma vez estamos diante de um tropo que se insere em inumeráveis discursos e que o racismo popular não faz mais do que retomar.

Finalmente, encontramos outro sintagma: *"negro cabeça"*. Trata-se da reapropriação de uma expressão criada pelas classes média e alta de Buenos

Aires contra as massas populares que deram apoio ao movimento peronista. A versão elitista desse sintagma era "*cabecinha negra*". Muito se fez para inverter esse estereótipo, inclusive no sentido de transformá-lo em bandeira de luta. No entanto, se o racismo atual retoma o discurso do passado é para adaptar sua eficácia discriminatória a um discurso entre pares. A discriminação, nesse caso, não teria sentido entre um setor social e outro, mas entre os mesmos setores populares, que aproveitam o fato de não ser "*cabecinha negra*" e lhe dão um novo significado.

Em primeiro lugar, o que se nota nesta recontextualização é o aumento da cabeça: o "*cabecinha*" transforma-se em "*cabeça*". Quando se suprime o diminutivo, suprime-se também a distância – social e irônica ao mesmo tempo – do enunciador em relação ao enunciatário. Em segundo lugar, observa-se que "negro" não opera mais como adjetivo, mas como substantivo; o inverso ocorre com o termo "cabeça", que passa a qualificar o substantivo "negro". Trata-se de um racismo figurado, pois não enfatiza a negritude da pele, mas a da cabeça. Em outras palavras, o que define o negro é sua maneira de pensar.

Sem negar a presença dos tópicos próprios do racismo popular no racismo elitista, deve-se admitir que este também possui os seus. A questão da sexualidade, presente também no racismo elitista, não funciona como paradigma de submissão, mas está a serviço de outro estereótipo: o da animalidade enquanto sexualidade desmedida e carente de moralidade. Essa animalização dos setores populares retoma tópicos do discurso político das elites governantes da geração de 1880 e da turbulenta e antidemocrática década de 1930. Dessa perspectiva, a civilização (*personificada* na imigração europeia) depara-se com o obstáculo da barbárie (*personificada* na herança biológica do índio, do "gaúcho" e das diversas formas de mestiçagem).

A oposição à barbárie assume diferentes modalidades. Poucos são os que hoje sustentam que seria bom suprimir esses setores; predominam, em compensação, diversas formas de paternalismo. A mais comum afirma que, dada a falta de oportunidades de vida e a escassa oferta de trabalho em Buenos Aires, o melhor seria criar condições para que "*essa gente pudesse ficar em suas províncias*". Sugere-se que é pelo seu bem, pois costumam "sentir muita saudade" e "não se adaptam" a Buenos Aires. Defende-se, assim, uma estranha forma de volta ao território alheio, dissimulando a defesa chauvinista do território e de seus próprios privilégios.

Cabe aqui também a expressão "cabecinha negra", embora não seja repetida textualmente. Em primeiro lugar, é preciso observar o diminutivo: o racismo elitista percebe o negro como um indivíduo dotado de uma capacidade intelectual limitada (costuma associá-lo à ignorância, falta de educação e indolência). São proverbiais as lendas de como esses setores são incapazes de maximizar seus recursos ou de aproveitar a estrutura de oportunidades que a nossa "rica" sociedade oferece. Conta-se que, por exemplo, quando Perón lhes "dava" um apartamento com piso de parquê (inequívoco indício de *status* social para a classe média que costuma usar esse discurso), os "cabecinhas" usavam a madeira do piso para fazer churrasco. Desse modo, priorizam as necessidades animais (fisiológicas) sobre as culturais (o *status* social), um exemplo de como a barbárie derrota a civilização. Também dizem que os *"negros têm muitos filhos porque não se cuidam"*, representação que ilustra igualmente o tema do predomínio da natureza sobre a cultura.

Muitos aspectos mencionados aqui podem ser encontrados, reunidos, em dois exemplos citados a seguir. O primeiro, ilustrativo do racismo popular, é frequentemente entoado pela torcida de um dos times de futebol mais importantes do país (o River Plate) contra seu clássico rival (o Boca Juniors). Canta-se principalmente nos estádios, ainda que não seja de forma exclusiva.[35] Os versos são cantados seguindo a melodia do popular tema "Marina".

Que feio é ser bosta boliviano	*Qué feo es ser bostero boliviano*
tem que morar numa favela	*en una villa tiene que vivir*
a velha gira a bolsa	*la vieja revolea la cartera*[36]
a irmã chupa pinto por aí.	*la hermana chupa pija por ahí.*
Bosta, bosta, bosta	*Bostero, bostero, bostero*[37]
bosta, não pense mais	*bostero no lo pienses más,*
vai morar na Bolívia	*andate a vivir a Bolivia*
toda tua família está aí.	*toda tu familia está ahí.*

Note-se que esta música retoma a metáfora do estrangeiro (o "boliviano") aplicada justamente a um dos times de futebol mais representativos da Argentina. A partir disso, margina-se o Outro (situa-o numa vila emergente), sobre quem recai o preconceito de malnascido (filho de mulher de má reputação) e da sexualidade desenfreada e degradada.

O racismo elitista, pelo contrário, insiste em outros tópicos e figuras, como se pode ver na seguinte citação, que corresponde ao discurso oral de uma dona de casa de 62 anos, de classe média, filha de um empresário rural médio, residente na cidade de Buenos Aires:

> *O problema dessa gente é que vêm para Buenos Aires e acabam amontoados numa favela. Para isso, seria melhor que ficassem em sua cidadezinha, e que tentassem melhorar de vida aí. Devem-se criar condições para não terem que vir para cá. Lá podem ter seu quintalzinho, ter galinhas. Não vai faltar comida. Aqui não têm trabalho, não sabem o que fazer e tornam-se delinquentes. Além disso, não têm trabalho porque querem ganhar muito. Se não fosse assim, qualquer um pegaria para trabalhar em casa ou para fazer bico, mas são muito pretensiosos. Esses negrinhos, como a empregadinha do tio Antonio, têm muitas pretensões. E foi essa gente que Perón trouxe, que não se contentam com nada.*

Note-se aqui como se conjuga certo paternalismo excludente ("melhor que ficassem em sua cidadezinha, para tentar melhorar de vida") com o antipopulismo, entendido tanto em sentido estrito (como antiperonismo) como em sentido amplo (contra os negrinhos, empregadinhas[38] etc.). Também se constata o uso da primeira pessoa e o caráter testemunhal do discurso, que se conjuga com um autoritarismo não só retórico como também político.[39] Finalmente, note-se que defende o que chamamos de "a volta ao território alheio", argumentando que os Outros são a causa de sua própria ruína.

A IMPRENSA E OS IMIGRANTES DE PAÍSES VIZINHOS

Nesta seção, vamos nos deter nos discursos da imprensa sobre os imigrantes provenientes de outros países sul-americanos, especialmente da Bolívia, Chile, Paraguai e Peru. Ainda que nem todos compartilhem fronteiras com a Argentina (é o caso, por exemplo, do Peru), a tendência é englobar esses imigrantes na categoria de "imigrantes limítrofes". Essa figura, naturalizada pelo discurso que analisaremos, representa uma das primeiras formas de discriminação, que consiste em homogeneizar diferentes entidades no discurso.

Os "imigrantes limítrofes" costumam ser tematizados explicitamente como problema em conjunturas vinculadas às diversas crises da Argentina, fato que se tornou evidente durante as duas últimas décadas do século xx. Considerar o "imigrante limítrofe" como agente ativo na geração dessas crises contrasta com o modo como a mídia amortece sua participação na produção social, tanto material como simbólica. A ativação ideológica do "imigrante limítrofe" como executor de práticas legais e ilegítimas, associada a uma determinada posição social subalterna que lhe nega voz e ação, configura o mecanismo com que a mídia impede o acesso a esses imigrantes. Essas operações discursivas permitem articular a metáfora do sintoma permanente que brota periodicamente como enfermidade. Esse quadro explicativo atualiza-se toda vez que a mídia reproduz formas de estigmatização dos imigrantes de países vizinhos. Nesse jogo, colocar os imigrantes como atores conflituosos, perigosos ou ilegais transforma o "tema" em "questão" e a "questão" num "problema" que exige uma "solução" política.

A construção cotidiana de uma figura estigmatizável

Em primeiro lugar, vamos nos deter no que denominamos *notícias gerais*. Diferentemente de outros tipos de artigos (editoriais, informações especiais), trata-se de notícias que não relatam de modo explícito fatos ou fenômenos vinculados aos "imigrantes limítrofes", mas que propõem implicitamente os acontecimentos, fenômenos e espaços sociais em que, diariamente, os imigrantes adquirem visibilidade. Esse tipo de nota é singularmente relevante, pois constitui a parte do discurso midiático com grandes pretensões à *objetividade*. Dado que as notícias gerais apresentam-se mais como *"relato dos fatos"* do que como um olhar particular sobre o mundo social, são especialmente adequadas para refletir sobre certos aspectos da rotina produtiva da mídia e para compreender quais são os *modelos cognitivos* propostos aos leitores. Essas notícias permitem aproximarmo-nos da imagem que, dia após dia, os periódicos oferecem dos imigrantes sem anunciar explicitamente que se referem a eles, ou seja, sem tematizar a imigração ou os imigrantes como tais. Essa imagem é, pois, o resultado do trabalho cotidiano de fixação desses sujeitos em espaços e problemas sociais específicos que se postulam, assim, como *seus* próprios espaços.

Nesta análise, identificamos as diferentes formas que o discurso da imprensa usa para gerar e reproduzir mecanismos discriminatórios em relação aos imigrantes. O que se destaca nessas notícias gerais é que, nelas, o espaço social em que se encontram em geral os imigrantes de países vizinhos é, de certa forma, pouco complexo: em todos os artigos podem se reduzir a dois tipos. Um deles está relacionado com o que podemos chamar de – usando a gíria jornalística – *fatos de sangue* ou *delitos comuns,* ou seja, os acontecimentos que reconhecemos como "policiais" (e que, de fato, aparecem na seção que leva por título esse termo). Desse modo, os âmbitos que são considerados próprios desses imigrantes são "uma festa que terminou banhada em sangue", "homicídios", "assassinatos", "falsificações de documentos", "gangues que agridem policiais", "*bailantas*[40] fechadas", "tráfico e porte de drogas", acusações de "delitos de roubo e furto" etc.

O segundo tipo é constituído por algumas notas que poderiam, em princípio, ser associadas ao *campo laboral,* mas que, vistas com cuidado, estão intimamente ligadas ao tipo anterior. Trata-se de notícias sobre *fatos de exploração no trabalho* e que são construídas baseando-se pelo menos em três características constantes: a) a exploração trata de casos isolados, b) os que exploram são outros imigrantes da mesma origem que os que sofrem a exploração, ou de origem asiática, c) a exploração só existe como violação, por diferentes meios, das leis do nosso país.

Os dois tipos podem ser entendidos como variantes de um *campo de delito* maior que os incluiria e dentro do qual adquiririam uma conotação particular. Reforçado pela presença de um conjunto de atores integrado predominantemente – além dos imigrantes – por policiais, juízes e promotores e representantes do Poder Executivo (do tipo *patrulha urbana, fiscais),* esse campo de delito pouco a pouco configura-se como o mundo social dos imigrantes de países vizinhos, ou melhor, como a forma como *eles* ganham presença irrompendo no *nosso* mundo.

Em síntese, no discurso da imprensa metropolitana, o "imigrante limítrofe" *típico* é aquele que ganha presença vinculado a um campo ilegal/de delito. Para nós é suficiente destacar o caráter *construído* e, por conseguinte, *histórico* dessa tipificação e, consequentemente, insistir em que sua postulação e consolidação "é o resultado de uma batalha *política* pela hegemonia ideológica" (Zizek e Jameson, 1998: 137-40).

Outro mecanismo cotidiano de estigmatização: o manejo de vozes

Os meios de comunicação costumam apresentar as posturas oficiais como citação de autoridades entre aspas para, dias mais tarde, reproduzir essas posições sem aspas e assumindo essa voz como própria. Assim, produz-se uma espécie de elevação da voz "nativa" institucional (em sua maioria, governamental) à categoria não do dito *nos* meios, mas do dito *pelos* meios, enquanto os enunciadores oficiais confirmam sua oficialidade erigindo-se em informantes privilegiados e atores legitimados pelos jornais.

Ao mesmo tempo, nessa mesma mídia, a palavra dos imigrantes recebe o descrédito do esquecimento, quando não o de sua negação ao virar a página, ou se desvaloriza diretamente através de adjetivos que induzem o leitor a suspeitar de uma mentira em jogo verbalizada pelo imigrante. O uso de alguns recursos estilísticos ou formais, como a introdução de suas citações com verbos como "alardear" ou a descrição de seu "sorriso malicioso", reduz a palavra dos peruanos e bolivianos a uma opinião cheia de interesses particulares, a uma declaração que expressa, intencionalmente, a diferença em relação à declaração oficial, um ponto de vista parcial dos fatos. A diferença que se forma entre a palavra-informação e a palavra-opinião, entre o olhar imparcial e a versão interesseira, define aos poucos categorias diferenciadas (hierarquizadas) das palavras, e essa diferença/diferenciação de categorias afeta a caracterização dos próprios enunciadores implicados e da relação entre eles (Caggiano, 2005).

As crises e a tematização dos imigrantes

Se remontarmos à presença dos "imigrantes limítrofes" nos meios de comunicação durante a última década, encontraremos uma regularidade que, se não for xenófoba, é no mínimo chamativa. Essa regularidade é atravessada por pelo menos três cenários discutidos nos anos 1990:

- a crise do sistema de saúde e de tratamento da água desde 1992 (com os primeiros casos de cólera e doenças que tinham "desaparecido" do país há vários anos);
- o aumento do índice de desemprego (que chegou a 18% em 1994);
- as denominadas "explosões criminais" em Buenos Aires (manifestadas especialmente durante o verão de 1999).

Nesses três cenários, os "imigrantes limítrofes" foram "visibilizados" como causadores ou culpados de todas as situações críticas em questão. Ainda que haja, nos três eixos, uma continuidade marcada pelo desmanche do que restava do Estado de Bem-Estar (destroço do sistema de salubridade e de água potável, de emprego, de segurança e de moradia), a tematização não focaliza o Estado nem o desenvolvimento das relações sociais de produção, mas os atores afetados e, em especial, a condição nacional de alguns deles como explicação da situação. Em todas as crônicas jornalísticas, as situações críticas são menos tratadas como parte de um processo estrutural do que uma enfermidade produzida pelas pessoas, principalmente por aquelas subalternizadas – portanto, ilegítimas para expressar suas perspectivas – e que costumam ser as mais afetadas pela omissão do Estado de responsabilidades que foram o núcleo de suas políticas nas décadas anteriores.

Sobre os pontos mencionados, com maior ou menor violência simbólica, os funcionários do Estado e os meios de comunicação em geral manifestaram que:

- o cólera provinha da Bolívia e era trazido pelos bolivianos;[41]
- o desemprego era causado pelos "imigrantes limítrofes", muitos dos quais eram "ilegais";
- a violência urbana era gerada pela "estrangeirização da delinquência".

Contestada por outras instituições (sindicatos, outros meios de comunicação etc.), essa operatória, que modela os significados que adquire o "imigrante limítrofe" em nosso país, contribui para a consolidação de um imaginário negativo sobre os imigrantes. Esse tipo de interpretação da crise produz e reproduz a imagem do imigrante como ator social que desestabiliza a ordem social e permite ao Estado centrar-se no desenvolvimento de políticas repressivas de endurecimento policial com os imigrantes, ao mesmo tempo em que legitima a retirada estatal da produção de políticas sociais. Efetivamente, algumas vezes, o Estado é interpelado por diversos atores sociais que assumem como verdadeiros os discursos oficiais sobre os imigrantes, de forma que se constitui uma esfera social que exige a repressão que o Estado realizará com a legitimidade que essas demandas lhe outorgam. Esse vaivém permite que "a questão imigratória" permaneça latente e que surja em diferentes lugares do espaço social, provocando, assim, um assentamento heterogêneo do imigrante. A heterogeneidade, constatada pelos meios de comunicação, promove a circulação de "senso comum" que torna naturais os preconceitos e os fixa como sistema fechado de reflexão social.

Os argumentos esgrimidos pela classe política e apropriados pela imprensa subalternizam o imigrante e o colocam numa crescente situação de vulnera-bilidade – aumentada enquanto a hegemonia de uma modalidade autonegadora de racismo e do discurso da Argentina plural obtura o protesto dos imigrantes.

Uma cruzada contra os imigrantes "ilegais"

Em janeiro de 1999, foi iniciada uma forte campanha de imprensa paralela à apresentação de um projeto de lei imigratória mais restrita do que a vigente até então.[42] Não foi o primeiro nem o último projeto de lei imigratória apresentado na década de 1990; no entanto, é interessante analisar a conjuntura em que ocorreu, porque representou um momento de especial visibilidade das formas de racismo e do olhar público sobre o imigrante. O procedimento demonizador mais evidente e explícito nessa conjuntura foi a mencionada vinculação dos imigrantes com a delinquência em meio a um clima marcado pelo pânico devido à escalada de delitos violentos nas semanas anteriores:

O governo insiste em vincular o delito com a imigração

O Ministro do Interior disse que os estrangeiros cometeram em dezembro 77% dos delitos menores na Capital... A polícia que antes não dava importância ao tema informou que em um ano foram detidos 12.000 imigrantes numa só delegacia (*Clarín*, 25 jan. 1999).

No entanto, uma análise detalhada da informação apresentada revelava que:

1. as poucas estatísticas publicamente disponíveis contradiziam totalmente as declarações;
2. os dados divulgados correspondiam a detenções realizadas numa única delegacia;
3. os dados não refletiam delitos, mas detenções para exame de antecedentes – e não processamentos, sentenças nem condenações – com o qual essas batidas policiais não correspondiam a um aumento real de delitos, mas eram criadores das próprias cifras que legitimavam a ação repressiva.

As operações discursivas foram complementadas com operações ativadas sobre outros tipos de semiose. Por exemplo, o jornal *Clarín* do dia 20 de janeiro de 1999 incluiu um gráfico intitulado "Os números da imigração massiva", em que uma curva em ascensão mostrava, com base em dados censitários reais, o peso crescente dos "imigrantes limítrofes" sobre o total de estrangeiros, como se tratasse de sua incidência sobre a população geral, quando, conforme as mesmas estatísticas, o seu peso sobre a mesma não tinha mudado.

A seleção de imagens ajudou também a construir o nível de perigo que representam os imigrantes. Por exemplo, era habitual que as detenções fossem feitas por grupos de tarefas especiais da polícia e múltiplas notas foram publicadas com ilustrações de efetivos fortemente armados para a ação. Isso contrastava com a natureza menor das irregularidades mencionadas nas notas.

Além de categorizar os imigrantes de países vizinhos como perpetradores de roubos, assaltos e delitos de narcotráfico, complementou-se o quadro de indesejabilidade moral com uma série de infrações que justificava a intervenção policial: "locutórios clandestinos", "ruídos molestos", "cheiros", "prostituição", "falta de higiene", "máfia de táxis", "contrabando", "pirataria do asfalto", "sonegação fiscal", "comércio informal", "tráfico de documentos falsos" e a própria "falta de documentação", definida como uma situação voluntária mais do que como uma consequência da política imigratória restritiva. Conforme as informações, foram detidos principalmente peruanos, bolivianos e paraguaios – nessa ordem –; a imprensa não duvidou em destacar a nacionalidade dos detidos, estimulando a rejeição seletiva dessas origens.

A imprensa também não deixou de publicar discursos racistas do tipo clássico. Por exemplo, Roberto Alemann, ex-funcionário da última ditadura militar e responsável pelo editorial do jornal *La Razón*, afirmou que os imigrantes "criam ou fazem surgir as favelas de emergência que são manchas de atraso numa sociedade próspera" e que "o baixo nível cultural de muitos imigrantes rebaixa o nível da educação e prejudica os outros alunos". Argumentos assim tornam naturais as diferenças dos níveis de educação formal, como se fossem congênitas e irreversíveis, e não uma consequência de processos de marginalização próprios dos países racistas. Ao mesmo tempo, escondem as precariedades do sistema educativo do país de destino e os efeitos da exclusão. A tendência é atribuir a subordinação dos grupos marginalizados a suas "disposições naturais", deixando claro o fato de que essa subordinação deriva de uma subalternalização socialmente estabelecida.

Por outro lado, a imprensa, fazendo uso particular das citações e de sua contextualização, amplificava os discursos oficiais:

> Que fique claro, o Estado tem a obrigação de evitar situações fora da lei que afetam a segurança... O projeto não atinge os imigrantes, mas os ilegais que na maioria dos casos são manipulados por verdadeiras máfias que os exploram e os obrigam a agir como delinquentes (Declaração do deputado federal Miguel Ángel Toma ao Clarín, 21 jan. 1999).

Por último, cabe destacar a utilização de uma expressão idiomática antes inexistente ou reservada à gíria de especialistas, que possibilita novas maneiras de pensar e categorizar os estrangeiros. As fontes oficiais preferiam aludir a *ilegais*, em vez de se referir a imigrantes em situação irregular ou carentes de documento argentino. O principal aqui é o modo imperceptível como o adjetivo se substantiviza. Mediante esse mecanismo, transforma-se o imigrante de país vizinho em intrínseco transgressor. O "ilegal" torna-se o oposto perverso do imigrante tradicional e, por isso mesmo, oficialmente desprezível. Em poucos casos são considerados seus testemunhos, nem se pretende compreender o sentido de suas ações ou produzir uma mínima empatia entre estes e a audiência.

DISCURSOS MIDIÁTICOS E COTIDIANOS SOBRE OS IMIGRANTES DO LESTE ASIÁTICO

No contexto de "ajuste estrutural" que afetou a Argentina nas últimas décadas, as imigrações coreana e chinesa, singularizadas pela modalidade autossuficiente de sua inserção econômica no lugar de destino, adquiriram especial visibilidade através da circulação – principalmente na cidade de Buenos Aires – de discursos públicos e privados que articulam as dimensões de classe, biológica e cultural. É a operatória do racismo local que nos interessa destacar: a etnicização dos conflitos de classe. O discurso da *imprensa* e a *conversa cotidiana* foram as vias preponderantes de construção de imagens, em geral negativas, desses imigrantes asiáticos, imagens que se precipitaram principalmente em torno da figura do imigrante coreano.[43]

A imigração coreana na imprensa

Assim como sucedeu com os imigrantes de países vizinhos, também os imigrantes coreanos foram tematizados de forma recorrente como desvio em relação à norma jurídica. Os artigos da imprensa sobre a imigração coreana na Argentina mostram uma preferência por tópicos como "sonegação fiscal", "associação com fins ilícitos", "contratação de imigrantes regionais sob regimes ilegais de trabalho" ou, como propõem os titulares, "exploração e escravidão".

A seleção focalizada do tópico da exploração constitui um mecanismo duplamente potente do discurso racista: reunindo imigrantes coreanos com os de países vizinhos, a difundida notícia sobre *os coreanos exploradores de imigrantes regionais* não só introduz uma versão policial(izada) da imigração coreana, mas também ativa a versão policial(izada) implícita da imigração de países vizinhos. Por sua vez, o contraponto assimétrico explorador-explorado introduz um ranking de comportamentos desviados da norma que associa "escravizar" à permanência no país em situação "ilegal", tornar-se "mão de obra barata" e "tirar o nosso trabalho". Desse modo, os artigos de imprensa delineiam uma classificação hierárquica dessas duas presenças imigratórias, articulando-as numa relação que um dos lados serve para justificar a rejeição do outro (Bialogorski, 1996): "A maioria dos coreanos dedicados à confecção e ao tricô agenciam imigrantes ilegais, que são contratados com baixo salário" (*Ámbito Financiero*, 19 jul. 1993).

A noção de exploração associada à imigração coreana adquire clara significação pragmática num contexto de transformações estruturais orientadas para a instalação da chamada "flexibilização laboral" que ocorreu durante a década de 1990. É nesse sentido que a imprensa desvia os conflitos de classe para o domínio étnico. Ao focar o âmbito étnico, evita-se a discussão sobre o papel dos empregadores nacionais no aproveitamento irregular da mão de obra imigrante, enquanto a exploração entre "argentinos" se relega ao terreno do silenciado e se oculta outras formas de abuso laboral – as mais correntes – que não se dirimem no plano étnico. Mais ainda, a exploração – esta vez encarnada no imigrante coreano – é proposta implicitamente como paradigma de amoralidade em relação ao qual os males infringidos pela normativa laboral neoliberal são relativizados.

Pois bem, a possibilidade de etnicização "a partir de fora" apoia-se sobre dois pilares. Por um lado, a apresentação do coletivo de imigrantes coreanos como um bloco compacto formado por sujeitos idênticos, com fins comuns, que entra em tensão com a sociedade nacional. Por outro lado, a postulação do desvio em relação à norma não só no terreno jurídico, mas também no terreno da cultura – em seu matiz objetivo – e a leitura de usos do espaço, pautas de comensalismo e sociabilidade, linguísticas, laborais etc. em termos de diferença cultural extrema. As figuras de um *Koreatown* portenho, do *coreano que come cachorro, rato e gato,* da *mulher coreana submissa,* do *coreano que fala espanhol* e do *supercompetitivo* tornam-se reais através do discurso. Estereotipagem e hiperexotização são, pois, as principais práticas de construção de alteridade no tratamento discursivo local da imigração coreana.

Mecanismos de estereotipia

De acordo com uma definição clássica, a ação de estereotipar executa duplo movimento: (ultra)generalizar baseando-se em casos individuais

(Heller, 1970) e predizer sobre casos individuais baseando-se em uma série de características atribuídas a um suposto "todo" homogêneo. Nos discursos que envolvem imigrantes coreanos, a construção de homogeneidade tem um valor específico: o de uma comunidade (étnica) fechada e exclusiva que se opõe – em geral, de modo implícito – a uma sociedade (nacional) aberta e inclusiva. Destacar a origem coreana dos sujeitos cujas ações constituem notícia é só um dos meios para visualizá-los. Existem, no entanto, formas mais sutis de conseguir efeitos similares: Vejamos duas delas:

1. *Estruturas tópicas: coesão e circularidade*
As notícias sobre os imigrantes coreanos não aparecem na imprensa local com regularidade, mas em séries esporádicas e curtas – a maior repetição desse tipo de notícias foi registrada em 1993 – que tendem a provocar uma estrutura coesiva baseada em permanentes referências intertextuais a notícias prévias, o que favorece, como ilustra a seguinte manchete, o desenvolvimento do tema em termos "quase-narrativos", passando da apresentação hipotética de fatos à sua confirmação: "Escravidão: foi verificada oficialmente a degradante condição em que vivem centos de imigrantes ilegais explorados por coreanos. A operação foi realizada após a reportagem publicada ontem em *La Nación*" (*La Nación,* 21 abr. 1993).

Uma estrutura fechada como esta costuma funcionar como ícone, conotando a pretendida natureza coesiva do coletivo de imigrantes coreanos. Se prestarmos atenção à notícia como unidade, e não como uma série de notícias, é possível observar uma determinada organização tópica, que vincula circularmente os tópicos referidos ao desvio em relação à norma jurídica e à norma cultural. Os artigos jornalísticos sobre os imigrantes coreanos revelam uma estrutura recorrente em que o fato a ser noticiado – tópico principal – faz o papel de gatilho que (des)encadeia tópicos secundários que reiteram fatos noticiáveis de artigos aparecidos em uma série de notícias anteriores. É frequente que as questões "culturais" sejam ativadas a partir do tópico principal não necessariamente vinculado a elas. Na seguinte notícia publicada no jornal *La Nación*, por exemplo, o tópico principal *"Em Flores sul leiloam estrangeiros ilegais [...]"* (des)encadeia o tópico "usos especiais do espaço": "O lugar conhecido como 'bairro coreano ou bairro chinês' caracteriza-se pela quantidade de comércios com letreiros escritos em caracteres orientais" (*La Nación,* 20 abr. 1993).

2. Agentividade

Quanto a esse desvio, é interessante explorar a questão da agentividade, especialmente nas manchetes: quem é mostrado como responsável/responsáveis das ações que se descrevem (Van Dijk, 1997). Da análise das notícias destacadas pode-se inferir que, como no caso dos imigrantes de países limítrofes, o imigrante coreano costuma ser apresentado explicitamente como agente – na forma de sujeito gramatical – quando aquilo que se imputa são ações negativas: Um grupo de coreanos ofendeu o patrimônio nacional".

(La Prensa, 1º ago. 1997).

Esse trabalho sobre a agentividade reforça a construção de estereótipos: ressalta certa intencionalidade ou finalidade nas ações dos "coreanos", remete ao âmbito do que é compartilhado, da ação conjunta e organizada que marca as fronteiras entre o simples coletivo social e o grupo.

Mecanismos de hiperexotização

Se todo discurso sobre o Outro recorre em certa medida à exotização, a imigração coreana foi discursivamente colocada, no contexto da matriz de diversidades específicas da Argentina, no polo extremo do exotismo. A percepção do exótico manifesta-se na linguagem de tal forma que aquilo que se conhece pouco aparece descrito vivamente. Contribuem nessa tarefa figuras retóricas, tais como imagens sensoriais – "O espelho amarelo" *(Página 30,* jul. 1992) – e o contraste – "ruas tipicamente portenhas invadidas por cartazes coreanos" *(Todo es Historia,* jan. 1991). O sentido do exótico, do inapreensível e seu mistério, inclusive, pode se tornar explícito:

> Ninguém sabe quantos são, mas todos sabem que estão. Possuem jornais, revistas e até um canal de televisão próprio. Abrem lojas, competem com outras coletividades, e ganham. Chegaram com muitos dólares e os reproduzem de forma surpreendente. Para eles, não há crises. O que existe é uma cultura do esforço que não é discurso, e atitudes que provocam uma previsível dose de xenofobia. O mistério coreano chegou, mas ninguém sabe se é para ficar nesse país 'enolme' *(Página 12,* 9 out. 1988).

Outro sentido de exotismo assume a forma de distância: a hiperexotização comporta um máximo de distanciamento. É interessante observar as formas de denominação que, com uma carga mais avaliativa do que descritiva, realizam esse movimento. De uso frequente, o pronome "eles" – terceira pessoa excluída da relação enunciador-enunciatário e, conforme Benveniste (1977), a não pessoa – costuma adquirir matizes distanciadores especiais. Aparece, por exemplo, englobando "os coreanos" em categorias mais genéricas como "asiáticos" e "orientais", que estendem a polarização coreano-argentino às ordens intercontinental e planetária, implicando, assim, múltiplas operações: geográficas, históricas, culturais.

Na mesma direção, vale a pena destacar a permutabilidade de categorias denominativas no interior de uma mesma notícia: "coreano" é facilmente substituído por "chinês". Comunicando a ideia de que "são todos iguais" – pois a diferença entre uns e outros pertenceria ao terreno do incompreensível –, a associação dos imigrantes coreanos a esse outro coletivo imigrante, percebido também como exótico, pode se tornar explícita, como se observa no seguinte artigo intitulado "Coreanos *made in* Argentina",[44] em que se fala de "coreanos" e "chineses" indistintamente: "Muito menos numerosos que os coreanos, os chineses também tratam de se adaptar" (*Clarín,* 23 jul. 1995).

O tratamento das vozes citadas também pode se constituir em mecanismo de hiperexotização. No frequente apelo à figura do imigrante coreano que não fala espanhol ou o retrato de situações comunicativas problemáticas entre imigrantes e locais, a voz do imigrante não está ausente, ainda que, em geral, só seja lembrada quando eleva a voz para se queixar contra a "sociedade receptora". Nesses casos, a citação em estilo indireto livre expõe e enfatiza, em tom de imitação, o manejo limitado do castelhano que se imputa de forma generalizada "aos coreanos". Assim modalizada, a voz coreana aparece ridicularizada e sua denúncia, neutralizada. Em último caso, não é mais do que uma forma de representar o Outro tirando-lhe a voz: "Meu filho, minha filha, argentinos. Trabalhar? Nooooo. Estudam. Melhor estudem. Minha mulher chateada. Muito jornal vem e fala mal, e diz que todo coreano mau" (*La Nación,* 16 mar. 1997).

Paralelamente, as notícias que tratam sobre "os coreanos" introduzem a voz dos argentinos. Para legitimar a sua função de "refletir a realidade", as notícias incluem, em geral, comentários negativos que os moradores fazem, os quais enfatizam sua distância desses imigrantes. Sua inclusão no enunciado jornalístico costuma ser feita em estilo direto, de tal forma que o enunciador "objetivo" toma distância em relação ao dito e coloca o preconceito na boca do "povo comum":[45]

Você não pode dar casa pra eles porque destroem. Na banheira dissecam peixe. Penduram lençóis e dividem a casa como se estivessem na Coreia. O país é pequeno, constroem tudo, não têm pasto e as vacas não têm o que comer e comem gatos e ratos (*La Nación,* 16 mar. 1997).

Naturalmente, a imprensa analisada não se apresenta como um grupo indistinto, pois o próprio discurso informativo sobre o Outro costuma tornar-se campo de lutas ideológicas entre as mídias e, inclusive, entre setores de uma mesma mídia. No caso dos imigrantes coreanos, a disputa passa, *grosso modo*, pela ênfase dada a um ou outro matiz do desvio – jurídico, para os meios de tendência conservadora; cultural, para os que se apresentam como progressistas – mais do que por definições alternativas do sujeito imigrante que possam situá-lo fora do espectro da etnicidade e concebê-lo como sujeito plenamente dialogante e enunciador legítimo, e não como interlocutor inválido ou mero objeto de discurso.

Conversas cotidianas

A produção de imagens dos imigrantes do Leste Asiático e seus filhos nascidos na Argentina também se realiza na conversa cotidiana, seguindo a tendência hegemônica na seleção de tópicos através dos quais são tematizados como sujeitos jurídica e culturalmente desviantes. Contudo, as restrições associadas à apresentação positiva do *self* na interação verbal imprimem certas particularidades às conversas que executam apresentações negativas desses imigrantes (Van Dijk, 1987). Em primeiro lugar, surgem tópicos de exotização positiva como *"os coreanos são muito trabalhadores"* ou *"os coreanos são muito estudiosos e inteligentes"*. Porém, esses tópicos, em que ressoa a ideia norte-americana dos asiáticos como imigração-modelo, podem se tornar facilmente negativos, uma vez que ambos deslizam para a noção de excesso, o que é sempre negativo, ou para o tópico da competência injusta ou desleal, seja pelo êxito econômico, seja pelas vagas escolares – especialmente, as das escolas públicas mais prestigiadas da capital.

Outros tópicos das conversas cotidianas referem-se primariamente ao corpo do imigrante e a seus odores. O alho, o peixe e as algas são associados diretamente com o odor como marca que distingue o Outro, e não é difícil encontrar descrições extensivas desse odor "invasivo" que identifica a presença do coreano: *"cheiro fortíssimo de peixe / mas de xixi podre / era uma coisa horrível"*; inclusive fala-se – apelando ao discurso ambientalista – de "contaminação por cheiro". Por sua vez, ligado à sujeira e à feiura, o odor é vinculado aos tópicos sobre o corpo. A cor da pele, o aspecto "achinesado" dos olhos e a forma do rosto fizeram do corpo desses imigrantes alvo de marcação.

Em segundo lugar, e principalmente nas narrações de experiências pessoais, as conversas cotidianas sobre os imigrantes asiáticos ativam o jogo criativo de uma série de recursos linguísticos. Nesse tipo discursivo tacitamente elaborado, reforça-se a dimensão de *performance* (Bauman, 1993),[46] evidencia-se o foco na forma da mensagem e explodem as funções não referenciais da linguagem, fundamentalmente a função poética (Jakobson, 1960).[47] Realizadas dessa forma, a estereotipagem e a exotização resultam no que denominamos de *poética do racismo*.

As denominações são terreno fértil para essa poética. Aplicadas genericamente aos imigrantes do Extremo Oriente, "*nochi*" e "*ponja*" – alterações de "chino" e "japonês" – criam efeito humorístico apelando à inversão silábica típica da gíria "portenha". Os jogos com os nomes próprios também funcionam dentro dessa economia poética. Numa das narrações registradas, por exemplo, o nome do protagonista coreano da história aparece em sete versões: 1) Win-Chin-Fau, 2) Wim-Chm-Fn, 3) Wn-Chn-Fn, 4) Wan-Chin-Sin, 5) Wan-Chin-Kon, 6) Wan-Chin-Knu, 7) Wan-Chin-Fun. Reformulado com efeito cumulativo ao longo da narração, esse jogo de variações do nome condensa, numa caricatura reforçada pelo trabalho prosódico de silabação marcada e aumento de volume, noções consolidadas de "alheio" e "culturalmente distante", confusão e mistério. Uma análise mais detalhada em termos de harmonia mostra que as mutações vocálicas do nome parecem buscar uma reordenação correspondente à sequência de ensino/aprendizagem das vogais em espanhol, cujo resultado é a infantilização do personagem coreano.

A poética do racismo que é tecida no discurso sobre a imigração asiática torna-se especialmente evidente na profusão de figuras que enriquecem a metáfora da invasão. Apelo ao campo semântico da guerra, paralelismos, repetições, aproveitamento do aspecto verbal para enfatizar a noção de progresso, onomatopeias, uso de termos que implicam efeitos aditivos e até personificações do chamado *Koreatown* convergem para esse trabalho metafórico. A conversa com uma moradora do bairro é ilustrativa:

> Olhe, de repente tem uma casa velha no bairro e psss!: coreanos que se mudam esteja como estiver a casa. [...] De repente tem um negócio vazio e tac!: coreanos vendem roupas [...] E depois fecham o negócio, desaparece por um tempo e tac!: outro coreano, mercearia [...].

E você tem a impressão de que vão conseguindo os pontos e quando chegam não soltam mais (risos) [...] E cada vez aparecem mais e mais e mais e mais e mais (risos) e estamos fodidos. [...] O problema do Koreatown é que não está circunscrito a um setor, no lado onde moro tem ramificações, entendeu? [...] Uma coisa que começa a avançar e fixar-se.

Por último, nos discursos sobre a imigração asiática, as estratégias de autoapresentação positiva coexistem, em um *continuum*, com a responsabilidade assumida por atitudes abertamente racistas. Assim, encontramos táticas intermediárias para lidar com a impressão, tais como o desvio do preconceito "da sociedade em geral" para os membros do grupo do falante:

Agora, se perguntar pro meu marido, ele vai te dizer que mataria todos eles. É um racista;

e frases como:

Eu sou racista com os coreanos;
Os coreanos, eu mataria todos eles; ou
Eu, eu detesto todos os coreanos.

Provavelmente, na conjunção de fatores díspares como a histórica adesão local da categoria de raça às de classe e cultura (Margulis e Urresti, 1999; Pacecca, 1995), uma conjuntura econômica difícil, o tipo de integração econômico-social conseguido por alguns imigrantes do Leste Asiático e o universo de classificações sociais em que se inscrevem os discursos sobre eles, manifestar-se abertamente como racista implica lidar com a impressão em relação a outra norma mais significativa que desaprova a inferiorização do Outro em termos de classe. Quando se assume que "os coreanos" são *exploradores de imigrantes de países vizinhos*, admitir o racismo contra "os coreanos" em solidariedade a esses *explorados* não só parece ser moralmente justificável, mas também, em última instância, pretende-se apresentar como um modo particular de não racismo.

Conclusões

Os textos que escolhemos para analisar na segunda parte deste capítulo provêm de registros tão diferentes como o debate parlamentar e as conversas da vida cotidiana – uma ampla gama de tipos de discursos produzidos por diferentes atores sociais que nem sequer compartilham o "objeto" sobre o qual recai a enunciação: os povos indígenas, os migrantes internos, os imigrantes de países vizinhos, os imigrantes asiáticos. No entanto, apesar das diferenças no que se refere aos sujeitos, aos objetos, às formas e, em menor medida, à sua estruturação, existem certos pontos em comum que orientam a reflexão para uma espécie de exclusão social e cultural de intensidade baixa, mas constante, que forma uma plataforma sólida e sempre disponível para "demonstrar" a racionalidade e a inevitabilidade da exclusão política.

Nesse sentido, há dois tópicos principais que permitem pensar o racismo discursivo como *provedor de evidências* para os discursos de exclusão política. A primeira delas é a maneira como esses discursos amalgamam "raça" e "cultura" para construir a *otredad*; a segunda é a maneira como a *otredad* se desliza para uma indicação de desvio (moral, social, cultural).

Em primeiro lugar, em todos os discursos analisados, fala-se sobre grupos populacionais que somente se constituem e se homogeneízam como tais no discurso hegemônico, e cujo autorreconhecimento – quando este efetivamente ocorre – deve-se mais ao êxito do discurso hegemônico na construção de subjetividades do que ao acordo em relação a uma realidade factual como origem da classificação. Assim, a classificação em si e as atribuições que os classificadores designam aos classificados são motivo de disputa discursiva na medida em que o discurso sobre o Outro é o instrumento que constitui o Outro.

Nos casos analisados, o discurso sobre o Outro tem como base a *diferença* e, apesar de aparecer muitas vezes explicitada como uma diferença cultural, seus efeitos são entendidos como segregação racial, como se da diferença cultural derivassem diferentes populações biológicas, cuja evidência são os agrupamentos étnicos de biotipos: os "índios", os "cabecinhas", os "chineses" etc. A diferença tem um componente cultural (o qual provavelmente corresponde a afirmar que "a cultura" é o plano em que se torna patente e se interpreta a diferença) e um difuso, mas ativo, componente racial, que é o que permite fundamentar a ideia de "étnico", o que dá caráter de objetividade ao discurso, bem como a evidência extradiscursiva. Podemos pensar os discursos de exclusão como mapas cujas eficácia e potencialidade radicam em sua conexão dissimulada, mas ativa, com a "raça" como elemento *natural* do território.

Em segundo lugar, este construto do Outro e sobre o Outro permite a comparação com o Nós da enunciação; no entanto, não se trata de uma comparação direta, mas mediada pela ideia de desvio. Construir o Outro como Outro, catalogá-lo como diferente, não é simplesmente uma operação taxonômica, mas também explicativa e preditiva. É classificá-lo como desviante (em que a diferença é a evidência do desvio) e defini-lo como objeto de intervenção e tutela, é fixar os limites do que chega ou não chega a ser.

Em sua totalidade, esses discursos são ubíquos em sua expressão e não aspiram a uma estruturação definitiva. No entanto, é essa mesma estruturação e esse mesmo anonimato que garantem a extensão de seus efeitos: manter um repertório sempre disponível de evidência – evidência de desvios originados na diferença – ao qual se pode recorrer sem esforço para argumentar a exclusão política, mesmo quando se apresentar como alheio aos discursos políticos. Essa exclusão política à qual aludimos deve ser entendida em sentido amplo: não é o voto qualificado nem a exclusão do votante, mas a exclusão do lugar de enunciação, mesmo que seja um lugar subalterno.

Contudo, é um fato histórico que os processos de ampliação e extensão de direitos tiveram como bandeira a legitimação de enunciadores anteriormente excluídos: para a história argentina do século XX, o radicalismo e o peronismo são as testemunhas (e no caso do peronismo, enunciadores excluídos e fortemente racializados). É possível que esses processos estejam indicando que tanto a desautorização do racismo clássico como a denúncia do discurso racializador são resultado não só da discussão sobre as *categorias* classificatórias (demolir a categoria "raça"), mas também da impugnação da *lógica* classificatória a partir da qual foram construídas essas categorias.

Impugnar as categorias classificatórias, mas principalmente impugnar a lógica que delimita essas categorias, faz parte de uma disputa política muito mais ampla. O "direito a ter direitos" é uma *imposição classificatória* que se justifica por seus efeitos políticos: criar igualdades em vez de hierarquizar diferenças. Conseguir esse salto não é, nem foi, tarefa simples e requer um nível de explicitação que equivale a uma reconstrução. Certamente, até agora, no contexto argentino, a consciência pública sobre o racismo como problema social é incipiente e os discursos antirracistas têm um poder de interpelação relativamente fraco. Os discursos racializadores – muitos deles vívidos e em tom humorístico – raramente foram impugnados como discriminatórios ou racistas e não ativaram sanções sociais muito graves nem geraram especial escândalo em virtude de seu conteúdo e seu formato racistas. Nesse sentido, a censura social contra o racismo parece não intervir como norma de correção que guia esses discursos. Mais ainda, é como se o limite do que pode ser dito sobre os Outros em tom "leve", sem ser considerado ofensivo ou sem que a própria imagem esteja fortemente implicada fosse bastante flexível.[48] No entanto, se os movimentos feminista e gay conseguiram desnaturalizar categorias classificatórias e impugnar a lógica que as estruturava, não é excesso de otimismo confiar na revisão das configurações apoiadas na "raça" *lato sensu* e que se manifestam nos discursos racializantes.

Esperamos que o percurso que fizemos por alguns desses discursos na Argentina tenha esclarecido que a racialização não é processo unívoco nem remete a uma única leitura, e que na ubiquidade e na dispersão se estabelece sua prodigiosa capacidade de sobreviver e se multiplicar.

(Tradução: Terumi Koto Bonnet Villalba, professora de Língua e Literatura Espanhola da UFPR)

NOTAS

[1] Presidente Nicolás Avellaneda, Jornal de Sessões, 1º de maio de 1880, discurso na Assembleia Legislativa, Honorável Senado da Nação, 1881.

[2] Tanto em suas raízes pejorativas, que aproximam sua etimologia ao termo quíchua *huachu* (órfão), como em suas conotações mais apologéticas, a categoria social "gaúcho" acolhe em sua ambiguidade os marginais dos povos, os trabalhadores rurais, os desempregados ou os que subsistem em condições de economia informal. São, às vezes, em sua reputação biológica, mestiços de primitivos e hispânicos, e, outras vezes, descendentes de imigrantes em quem se exalta sua bem-sucedida adaptação cultural ("os gaúchos judeus"). Diversos nacionalismos, a partir do século xx, impuseram uma figura "folclorizada" e desprovida de história do gaúcho como epítome de argentinidade.

[3] Do ponto de vista do cadinho, manifestado explicitamente em 1909 (Ricardo Rojas, *La restauración nacionalista*, 2. ed. [1909], Buenos Aires, La Facultad, 1922), postulava-se a inclusão de "todos". No entanto, em poucas décadas, o cadinho de raças ficou limitado à imagem da criação de um *tipo argentino* surgido exclusivamente da combinação dos elementos raciais preferidos das elites. Desse modo, enquanto oculta a exclusão do resto, o mito de origem da argentinidade moderna oferece-se como prova de sua pluralidade.

[4] A nossa seleção de termos não ignora os processos biológicos que deram origem à consagração naturalizada de uma diversidade de categorias: índios, indígenas, aborígenes, povos primitivos, nem a possibilidade de particularizar questões internas.

[5] Ver, por exemplo, Nacuzzi (2002).

[6] Jornal de Sessões, 6 maio 1884, Honorável Senado da Nação.

[7] Chaco, Chubut, Formosa, Misiones, Jujuy, Salta, Rio Negro e Neuquén.

[8] A preferência pelo imigrante europeu mantém-se na Constituição Nacional vigente, reformada em 1994: "Artigo 25º: o Governo Federal fomentará a imigração europeia; e não poderá restringir, limitar nem taxar com imposto a entrada no território argentino dos estrangeiros que tenham por objetivo lavrar a terra, melhorar as indústrias, e introduzir e ensinar as ciências e as artes."

[9] Para uma visão lúcida da época, ver Martínez Estrada (1956).

[10] Por seu caráter excepcional, não se considera aqui o contingente de refugiados laosianos que chegaram à Argentina em 1979.

[11] Dado citado pelo Gabinete Comercial e Cultural de Taipei, disponível em: <http://ar.roc-taiwan.org.pa/emigrant/emigra.htm>.

[12] Denominamos afro-argentinos os argentinos descendentes de africanos, tanto de escravos durante o período colonial como de imigrantes que chegaram ao país – principalmente da Ilha de Cabo Verde – em fins do século XIX e princípios do século XX. Em termos gerais, atribuiu-se a sua pouca visibilidade no espaço social à morte dos escravos libertos nas lutas da independência, à organização política ao longo do século XIX, às epidemias e também ao escasso número desses imigrantes em comparação com outros grupos imigratórios, além da miscigenação.

[13] A presença de judeus na Argentina data da época da colônia, quando pequenos contingentes de judeus portugueses iniciaram empreendimentos comerciais em Buenos Aires. Em fins do século XIX, quando começaram a chegar os imigrantes europeus, incrementou-se a presença de judeus poloneses e russos, pois muitos deles vieram como parte dos acordos com empresas colonizadoras (tais como a Jewish Colonization), que facilitavam o transporte e a instalação de contingentes de colonos em diferentes pontos do país. Através desse mecanismo, foram fundados núcleos de fazendeiros (conhecidos como os "gaúchos judeus") em diversas províncias. Outros judeus entraram por iniciativa pessoal, não como colonos, mas instalando-se em centros urbanos. Atualmente, a coletividade judia na Argentina é a segunda mais importante da América, depois da coletividade residente nos Estados Unidos.

[14] No caso dos imigrantes de países vizinhos e asiáticos, focamos os discursos de forte conteúdo xenófobo que circularam durante a década de 1990, década marcada pela paridade 1/1 da moeda local com o dólar e a ampla imposição de políticas neoliberais. Alguns estudos sugerem que, depois da chamada "crise de 2001" – que, entre outras coisas, trouxe juntas a sanção de uma lei de emergência social e a desvalorização do peso argentino – e ante a evidente responsabilidade das classes dirigentes pela situação crítica do país, o discurso mediático sobre os imigrantes mudou de tom e intensidade.

[15] A ambiguidade das políticas indigenistas na Argentina corresponde a uma dose similar de ambiguidade discursiva, manifesta em parte na falta de conceitos consistentes. Notamos, no entanto, que a variabilidade da terminologia utilizada não corresponde à pluralidade de enfoques sobre a questão indígena. Em compensação, há um paralelo na falta de princípios permanentes por parte do Estado sobre qual área do aparelho burocrático deve atender as questões relacionadas a esse setor da sociedade, originando o translado periódico dos organismos específicos de um ministério a outro, bem como suas sucessivas e repetidas criações, supressões, recriações ou mudanças de denominação. Na atualidade, a agência estatal que centraliza a política indigenista é o Instituto Nacional de Assuntos Indígenas (INAI), subordinado ao Ministério do Desenvolvimento Social.

[16] Proyecto de ley sobre pueblos indígenas de Salvatori y otros. Honorável Senado da Nação, exp. 1788/0, fo. 110, mimeo.

[17] A Lei Nacional sobre Política Indígena e Apoio às Comunidades Primitivas n. 23.302, sancionada em 1986, representou a primeira tentativa de regulamentar – embora de modo incompleto e assistemático – as relações entre o Estado nacional e os povos indígenas. Originária de um projeto apresentado em 1974 pelo então senador nacional Fernando de la Rúa, não foi reformulada para harmonizar seus princípios com a nova Constituição Nacional de 1994 ou com o Convênio 169 sobre populações tribais da OIT, que entrou em vigor na Argentina só em julho de 2001. Na atualidade, o Congresso Nacional estuda vários projetos de reforma dessa lei, nenhum dos quais, no entanto, chega a atender plenamente tais propósitos.

[18] Para uma melhor apreciação do contexto político, deve-se notar que nos dias 19 e 20 de novembro de 2001 houve a rebelião popular que obrigou o então presidente da nação, Fernando de la Rúa, a renunciar. O Palácio do Congresso onde esse projeto de lei estava sendo redigido foi um dos epicentros do protesto. Os *"cacerolazos"* e outras formas de protesto continuaram nas semanas seguintes e podiam ser perfeitamente ouvidos do salão onde se realizavam as consultas e reuniões às quais nos referiremos a seguir.

[19] As províncias de Neuquén e Salta mantêm processos políticos e judiciais "de longa duração" suscitados, por exemplo, pelo conflito dos mapuche contra a empresa Repsol em Neuquén, ou dos vários povos representados na organização Llaka-Honhat contra o estado provincial em Salta. Esses conflitos "locais" mereceram a intervenção da Corte Interamericana de Direitos Humanos da Organização dos Estados Americanos, cuja delegação visitou os territórios em conflito (Loma da la Lata, em Neuquém, e Lote 55, em Salta) na primeira semana de agosto de 2002. Em ambos os casos, o conflito interétnico implicou também uma grande tensão entre os respectivos governos provinciais e o Estado nacional representado pelo INAI.

[20] Registro taquigráfico de reunião da Comissão de População e Desenvolvimento. Honrável Senado da Nação. No Salão Auditório do H. Senado da Nação, às 18h21, 29 jan. 2002, terça-feira, pp. 1-27, mineo.

[21] Alguns desses representantes foram identificados pelo sobrenome no registro da sessão; não ocorreu o mesmo com outros, inclusive com alguns que intervieram nos diálogos, mas registraram-se como representantes anônimos do povo X ou provenientes da província Y. Essa é uma prática comum tanto no âmbito político como no acadêmico, que contrasta com a minúcia com que se identificam os enunciadores não indígenas, seus nomes e seus títulos. Neste texto, optamos por não nomear os que foram individualizados nas fontes, para equilibrar a menção de quem é merecedor do mesmo tratamento.

[22] Presidente da Comissão. Registro taquigráfico de reunião da Comissão de População e Desenvolvimento. Honrável Senado da Nação. No Salão Auditório do H. Senado da Nação, às 18h21, 29 jan. 2002, terça-feira, p. 1.

[23] Advogado pertencente ao povo kolla e representante da Comissão de Juristas Indígenas da República Argentina, idem, p. 10.

[24] Presidente da Comissão, idem, p. 15.

[25] Na mesma linha situa-se o projeto de lei em discussão, quando propõe substituir o atual INAI por um Conselho Federal Indígena, cujos três membros indígenas seriam eleitos na primeira vez "por sorteio" e nos turnos subsequentes "de forma rotativa", sem indicar a extensão nem a qualidade da amostra que serviria de base para sortear ou designar os três membros (Proyecto de ley sobre pueblos indígenas de Salvatori y otros, art. 24, exp. 1788/0, fo. 110, mimeo).

[26] Senadora de Neuquén, idem, p. 6.

[27] Presidente da Comissão, idem, p. 7.

[28] Senadora de Neuquén, idem, p. 19.

[29] Senadora de Neuquén, idem, p. 22.

[30] Refere-se ao Censo Nacional de População realizado em outubro de 2001.

[31] Representante do povo guarani. Registro taquigráfico de reunião da Comissão de População e Desenvolvimento, op. cit., p. 21.

[32] Representante do povo kolla e da Associação Indígena da República Argentina, idem, p. 15.

[33] Para diferentes interpretações da aplicação do termo "negro" aos migrantes internos de setores populares, ver Ratier (1971), Guber (2002) e Frigerio (2002).

[34] *Villa miseria/de emergencia* é a denominação local para assentamentos precários; *villeros* (favelados) alude a seus moradores.

[35] Também é comum que, em reuniões entre amigos ou programas televisivos, os amantes desse esporte ofereçam a seus adversários esta e outras músicas similares.

[36] "Revolear la cartera": ato aludido ao ofício das prostitutas que, para chamar a atenção nas ruas, costumavam agitar suas pequenas bolsas.

[37] "Bostero": apelativo despectivo dos seguidores do time do Boca Juniors. Origina-se de um deslocamento metonímico a partir do sobrenome de seu fundador, Dr. Cichero, cujo nome o estádio leva – "o que tem no chiqueiro é bosta".

[38] "Empregadinhas (*criadinhas*)": empregadas domésticas que dormiam no emprego. É um termo comum entre as classes média e dominante do interior do país, onde – devido ao paternalismo – o emprego se confunde, às vezes, com a *crianza*, termo espanhol que se refere ao ato de ser criado por alguém.

[39] Esta mesma pessoa afirma: "só gosto dos peronistas que sejam organizados".

[40] Historicamente, o termo *bailanta* refere-se a uma festa de interior em que se dança, em geral, ritmos folclóricos. Atualmente, seu uso mais frequente é para se referir a uma salão de dança ou discoteca onde a classe popular dança música popular, especialmente música "tropical". Metonimicamente, designa também a própria música que, baseando-se em *cumbia*, recebe influências da música folclórica sul-americana.

[41] No norte do país, a população indígena residente também foi culpada pela presença do cólera.

[42] O projeto pretendia substituir a Lei n. 22.439 (Lei Videla), sancionada durante a última ditadura militar. Essa lei – que foi imediatamente anulada em dezembro de 2003 – era altamente restritiva e regida pela doutrina da Segurança Nacional.

[43] O material empírico em que se baseia esta seção inclui um *corpus* de discursos escritos e orais sobre "os coreanos": notícias publicadas desde meados da década de 1980 – auge do processo imigratório coreano – até nossos dias e entrevistas com "moradores" de Buenos Aires (cf. Courtis, 2000).

[44] Note-se a "coisificação" resultante da intertextualidade com a fórmula *made in Korea*.

[45] Como já foi sugerido, a notícia indexicaliza através de vários recursos sua função referencial e não leva em consideração seus efeitos de significação dos eventos informados. Nesse sentido, o recurso à voz dos moradores como mecanismo de verossimilhança soma-se à preferência pelas vozes oficiais como fonte de informação.

[46] Se, de acordo com Bauman (1993: 182), entendemos a *performance* como "um contexto metacomunicativo, cuja essência está em assumir-se como responsável, ante uma audiência, da manifestação de competência comunicativa, ressaltando a forma como a comunicação verbal se realiza extrapolando seu conteúdo referencial", não é difícil ver na fala estratégica sobre o Outro uma forma de *performance*.

[47] Concebemos aqui a função poética da linguagem em termos amplos que incluem a ideia jakobsoniana de "poesia da gramática".

[48] Talvez a expressão "em tom leve" deva ser pensada em relação à desvalorização da palavra pública e possamos ver ali um traço singular – e um fio de meada para começar a abordá-lo – do racismo discursivo contemporâneo na Argentina.

BIBLIOGRAFIA

ARGENTINOS 1: manual didático autorizado para a 1ª série do ensino fundamental. Buenos Aires: Estrada, 2004.

ARGENTINOS 3: manual didático autorizado para a 3ª série do ensino fundamental. Buenos Aires: Estrada, 2004.

BAUMAN, Richard. Disclaimers of Performance. In: HILL, J.; IRVINE, J. (eds.). *Responsibility and Evidence in Oral Discourse*. Cambridge: Cambridge University Press, 1993, pp. 182-96.

BENVENISTE, Émile [1966]. El aparato formal de la enunciación. In: *Problemas de lingüística general*. México: Siglo XXI, 1977, pp. 82-91.

BIALOGORSKI, Mirta. La construcción de la imagen del migrante coreano através de los medios de masivos de comunicación. *Revista de Investigaciones Folklóricas*, n. 11, 1996, pp. 37-43.

BLOMMAERT, Jan. The Slow Shift in Orthodoxy: (re)formulations of "integration" in Belgium. *Pragmatics*, n. 4, v. 7, 1997.

BOURDIEU, Pierre. *Sociología y cultura*. México: Grijalbo, 1990.

BRIONES, Claudia. *La alteridad del "Cuarto Mundo":* una deconstrucción antropológica de la diferencia. Buenos Aires: Ediciones del Sol, 1998.

_____. et al. La producción legislativa entre 1984 y 1993. In: CARRASCO, M. (comp.). *Los derechos de los pueblos indígenas en Argentina*, IWGIA y Asociación de Comunidades Aborígenes Llaka Honhat. Buenos Aires: Vinciguerra, 2000, pp. 63-190.

CAGGIANO, Sergio. *Lo que no entra en el crisol.* Inmigración boliviana, comunicación intercultural y procesos identitarios. Buenos Aires: Prometeo, 2005.

COURTIS, Corina. *Construcciones de alteridad:* discursos sobre la inmigración coreana en Buenos Aires. Buenos Aires: Eudeba, 2000.

DAIA. *Informe sobre antisemitismo en la Argentina 2000-2001*. Buenos Aires: Daia, 2002, pp. 33-5.

FRIGERIO, Alejandro. "Negros" y "blancos" en Buenos Aires: repensando nuestras categorías raciales. *Jornadas Buenos Aires Negra:* representaciones y prácticas de las comunidades afro. Buenos Aires, 14-15 nov. 2002.

GUBER, Rosana. El "cabecita negra" y las categorías de investigación etnográfica en Argentina. In: VISACOVSKY, S.; GUBER, R. (eds.). *Historias y estilos de trabajo de campo en Argentina*. Buenos Aires: Antropofagia, 2002.

HELLER, Agnes. *Historia y vida cotidiana:* aportación a la sociología socialista. México/Buenos Aires/Barcelona: Grijalbo,1970.

IVOVICH, Daniel. *Nacionalismo y antisemitismo en Argentina*. Buenos Aires: Vergara, 2003.

JAKOBSON, Roman. Concluding Statement: Linguistic and Poetics. In: SEBEOK, T. (ed.). *Style in Language*. Cambridge: MIT Press, 1960, pp. 350-77.

KAUFMAN, Alejandro. Uno no constituye una acción política por los ahorros. Entrevista de María Moreno. *Página 12*, 28 jan. 2002.

MARGULIS, Mario; URRESTI, Marcelo. *La segregación negad:* cultura y discriminación social. Buenos Aires: Biblos, 1999.

MARTÍNEZ ESTRADA, Ezequiel. *Qué es esto:* catilinaria. Buenos Aires: Lautaro, 1956.

MELOSSI, Darío. La gaceta de la moralidad: el castigo, la economía, y los procesos hegemónicos de control social. *Delito y sociedad:* Revista de Ciencias Sociales, n. 1, v. 1, 1992, pp. 37-56.

NACUZZI, L. (comp.). *Funcionarios, diplomáticos, guerreros:* miradas hacia el otro en las fronteras de Pampa y Patagonia (siglos XVIII y XIX). Buenos Aires: Publicaciones de la Sociedad Argentina de Antropología, 2002.

PACECCA, María I. Identidades y estructuración de la diferencia: apuntes para un encuadre teórico. *Cuadernos de Antropología Social*, n. 8, 1995, pp. 123-31.

RATIER, Hugo. *El cabecita negra*. Buenos Aires: Centro Editor de América Latina, 1971.

REDES 6: manual didático autorizado para a 6ª série do ensino fundamental. Buenos Aires: Proyecto Base, 2001.

SARMIENTO, Domingo F. *Textos fundamentales*. In: FRANCO, L.; AMAYA, O. (comps.). Buenos Aires: CGFE, 1978, pp. 198-99.

Segato, Rita Laura. *La nación y sus otros*: raza, etnicidad y diversidad religiosa en tiempos de política de la identidad. Buenos Aires: Prometeo, 2005.

Van Dijk, Teun. *Racismo y análisis crítico de los medios*. Barcelona/Buenos Aires/México: Paidós, 1997.

_____. *Communicating Racism*: ethnic prejudice in thought and talk. Newbury Park: Sage, 1987.

Žižek, Slavoj; Jameson, Frederic. *Estudios culturales*: reflexiones sobre el multiculturalismo. Buenos Aires: Paidós, 1998.

Bibliografia Sugerida

aavv. Discriminación: en torno a los unos y los otros. Indice. *Revista de Ciencias Sociales*, ano 34, n. 20. Buenos Aires: Centro de Estudios Sociales, Daia, 2000.

Alberdi, Juan Bautista [1852]. *Bases y puntos de partida para la organización política de la República Argentina*. Buenos Aires: Centro Editor de América Latina, 1992.

Belvedere, Carlos. *De sapos y cocodrilos:* la lógica elusiva de la discriminación social. Buenos Aires: Biblos, 2002.

Briones C. et al. Etnografía del discurso jurídico sobre el indígena. La Resolución 4811 desde la pragmática. *Publicar en Antropología y Ciencias Sociales*, n. 8, 1999.

_____. El espíritu de la ley y la construcción jurídica del sujeto "pueblos indígenas". *Actas del VI Congreso Argentino de Antropología Social "Identidad disciplinaria y campos de aplicación"*. Simpósio: *Relaciones etnicas e identidad*, 2000.

Casaravilla, Diego. *Los laberintos de la exclusión:* relatos de inmigrantes ilegales en Argentina. Buenos Aires: Lumen–Humanitas, 1999.

Grimson, Alejandro. *Relatos de la diferencia y la igualdad*: los bolivianos en Buenos Aires. Buenos Aires: Eudeba, 1999.

Grupo de Estudios de Antropología y Discurso (Geadis). De inmigrantes a delincuentes: la producción de los indocumentados como amenaza social en el discurso policial. *Cuadernos de Antropología Social*, n. 15-16, 2002, pp. 91-109.

Klich, Ignacio; Rapoport, Mario. *Discriminación y racismo en América Latina*. Buenos Aires: Grupo Editor Latinoamericano, 1997.

Mera, Carolina. *La inmigración coreana en Buenos Aires:* multiculturalismo en el espacio urbano. Buenos Aires: Eudeba, 1998.

Oteiza, Enrique; Novick, Susana; Aruj, Roberto. *Inmigración y discriminación:* políticas y discursos. Buenos Aires: Grupo Editor Universitario, 1997.

Ratier, Hugo [1972]. *Villeros y villas miseria*. Buenos Aires: Centro Editor de América Latina, 1985.

Vallejo, Gustavo; Miranda, Marisa. La idea de la "buena raza" en la Argentina. *Todo es Historia*, n. 245, 2002, pp. 56-63.

Brasil:
lugares de negros e brancos na mídia

Paulo Vinicius Baptista da Silva e Fúlvia Rosemberg

O contexto sócio-histórico de produção, circulação e consumo de discursos raciais no Brasil contemporâneo apresenta diversos componentes a serem destacados: fomos o país que mais importou escravos(as) africanos(as)[1] durante o regime escravista, fomos o último país a abolir a escravidão negra (somente em 1888), somos a segunda maior população negra mundial – depois, apenas, da Nigéria – aproximadamente oitenta milhões de brasileiros, o que corresponde a 46% dos que se declaram negros (pretos ou pardos), acalentamos o mito (ou a ideologia) de que as relações raciais no país são cordiais ou democráticas ao mesmo tempo em que convivemos com intensa dominação branca sobre outros segmentos étnico-raciais no acesso a bens materiais e simbólicos. Além disso, as manifestações do movimento negro contemporâneo e de combate ao racismo vêm ganhando visibilidade pública a partir do final da década de 1980 (abertura política após ditadura militar), com destaque no início do ano 2000.

Neste capítulo, organizamos e sistematizamos uma revisão da literatura sobre discursos raciais na mídia brasileira. Foram localizados e consultados textos publicados entre 1987 e 2002 que tratam direta ou indiretamente do tema. Focalizaremos discursos raciais/racistas referentes a negros e brancos, não incluindo referências sobre outros grupos étnicos (indígenas, judeus, ciganos, orientais, entre outros).

Utilizamos o termo "mídia" em sentido amplo, compreendendo a produção cultural de massa, em diversas formas e meios, incluindo, também, a literatura, a literatura infantojuvenil e os livros didáticos. Esses veículos de comunicação foram os mais frequentemente estudados pela pesquisa brasileira sobre negros e brancos na mídia (Tabela 3, p. 80).

O texto utiliza vocabulário racial em consonância com o movimento negro brasileiro e com uma das tendências de estudos das relações raciais, que acolhem o conceito nominalista de "raça" como construção social e subsumem no termo "negro" o conjunto de pessoas pretas e pardas. Além disso, o conceito de "racismo" aqui adotado considera simultaneamente suas expressões material (dominação sistemática de um grupo racial por outro) e simbólica (crença na superioridade intrínseca ou natural de um grupo racial sobre os demais). É nosso entendimento que o Brasil constitui uma sociedade racista na medida em que a dominação social de brancos sobre negros é sustentada e associada à ideologia da superioridade essencial de brancos. A mídia participa da sustentação e produção do racismo estrutural e simbólico da sociedade brasileira uma vez que produz e veicula um discurso que naturaliza a superioridade branca, acata o mito da democracia racial e discrimina os negros.

O texto contém três tópicos: uma breve síntese sobre relações raciais no Brasil, uma síntese dos principais achados das pesquisas sobre discursos raciais/racistas na mídia por tipo de veículo e uma síntese da movimentação no combate ao racismo discursivo na mídia.

RELAÇÕES RACIAIS NO BRASIL

A escravidão de africanos perdurou por mais de três séculos, tendo sido o Brasil o último país a aboli-la. Durante o regime escravista, a dominação de africanos negros estendeu-se para além de escravos, atingindo também homens e mulheres pretos livres. A colonização portuguesa carregou consigo o mito ibérico da pureza de sangue sustentado pelo Estatuto-Setencia de Toledo (1449), que diferenciava os "limpos" e os "infectos de sangue": de início os judeus e cristãos-novos, seguidos dos mouros, negros e ciganos (Carneiro, 2005). Colonizadores e viajantes europeus trouxeram para o Brasil a visão imperante na Europa sobre a África, os africanos, o ideal de branquidade e a mestiçagem:

Como poucas exceções, todas as jovens negras não têm outra preocupação além da de ser mães. É uma ideia fixa, que toma conta de seu espírito desde que se tornam núbeis, e que realizam assim que têm ocasião. Este fato, que o ardor do sangue africano bastaria, talvez, para explicar, é, sobretudo então, um resultado calculado. Na verdade, a maternidade não as levará, com toda a segurança ao bem-estar, às satisfações do amor próprio, ao usufruto da preguiça, à coqueteria e à gulodice? Uma ama de leite é alugada por mais que uma engomadeira, uma cozinheira ou uma mucama [...] Na despedida, algumas até podem derramar lágrima [...] mas o que todas lamentam infinitamente é a vida indolente, o luxo das vestimentas, a abundância de tudo a que é preciso renunciar [...].[2]

A abolição da escravidão foi gradual e regulamentada por legislação específica: em 1850, proibiu-se o tráfico transatlântico de escravos africanos; em 1871, conferiu-se a liberdade aos filhos nascidos de mães escravas e, em 1885, aos escravos idosos; finalmente, em 1888, promulgou-se a lei geral de libertação dos escravos.

Após a abolição da escravidão, as relações sociais e políticas entre brancos e negros são marcadas por três processos principais, destacados a seguir:

a) O país não adotou legislação de segregação étnico-racial (diferentemente dos EUA e da África do Sul), não tendo ocorrido, portanto, definição legal de pertença racial.

b) O país não desenvolveu política específica de integração dos negros recém-libertos à sociedade envolvente, o que fortaleceu as bases do histórico processo de desigualdades sociais entre brancos e negros que perdura até os dias atuais.

c) O país incentivou a imigração europeia branca em acordo com a política de Estado (passagem do século XIX para o XX) de branqueamento da população em consonância com as políticas racistas eugenistas desenvolvidas na Europa do século XIX.

O conde Gobineau (1816-1882), autor do *Essai sur l'inégalité des races humaines* – obra que introduziu a noção de "degeneração da raça", "entendida como o resultado último da mistura de espécies humanas diferentes" – e que aqui esteve como chefe de delegação diplomática francesa, teve destaque na propagação de teorias racistas no Brasil do século XIX:

É preciso confessá-lo: a maior parte do que se conhece como brasileiros se compõe de sangue misturado, mulatos quarterons, caboclos de graus diferentes. São encontrados em todas as posições sociais. O senhor barão de Cotegipe, ministro atual dos assuntos estrangeiros, é um mulato; tem no senado homens desta classe; em uma palavra, quem diz brasileiro, salvo pouquíssimas exceções, diz homem de cor. Sem entrar na apreciação das qualidades físicas ou morais destas variedades, é impossível desconhecer que não são nem trabalhadores nem fecundos. [...] Todos os países da América, seja no norte, seja no sul, mostram hoje em dia de uma forma irrefutável que os mulatos de diferentes graus não se reproduzem além de um número limitado de gerações. A infecundidade não se encontra sempre nos casamentos. Mas os produtos chegam gradualmente a ser de tal maneira perniciosos, tão poucos viáveis, que desaparecem, seja antes de ter dado à luz descendentes, seja deixando crianças que não podem sobreviver. Será preciso menos de 200 anos, em realidade, para ver o fim da posteridade dos companheiros da Costa Cabral [sic] e dos emigrantes que os seguiram [...] (Gobineau, 1874: 369).[3]

Assim, para escapar ao destino menosprezado pela Europa de país mestiço, o Brasil incentivou a imigração europeia, concedendo vantagens para que os europeus se fixassem em território brasileiro, especialmente nas regiões Sul e Sudeste. Tal política acarretou o aumento de percentual de brancos (de 44% em 1890 para 63,5% em 1940) e impeliu as populações negras para o Nordeste, região que já apresentava decadência econômica (Hasenbalg, 1979). Hoje, o Nordeste constitui a região mais pobre do Brasil e a que apresenta o maior percentual de negros (pretos e pardos). Contrariamente, o Sul e o Sudeste são as regiões mais ricas e que contam com o maior percentual de brancos (Tabela 1).

Tabela 1 – Composição racial e distribuição de renda por regiões fisiográficas no Brasil (2001).

Composição			Nível de renda (em Salário Mínimo - SM)					
Regiões	Brancos	Negros	até 1/2	½ a 1	de 1 a 2	de 2 a 3	de 3 a 5	+ de 5
Centro-Oeste	43,8	55,4	18,1	27,6	24,4	9,5	8,0	9,8
Nordeste	29,5	70,2	37,0	28,1	17,2	5,5	4,3	4,5
Norte	27,9	71,8	28,7	29,5	21,2	7,4	5,4	5,0
Sudeste	63,5	35,8	12,1	21,8	26,6	12,6	10,5	11,6
Sul	84,0	15,5	11,9	22,1	29,2	13,1	10,4	10,8
Brasil	53,4	46,0	18,9	24,1	24,5	10,6	8,6	9,6

Fonte: PNAD, 2001, apud IBGE, 2003.

Esse processo histórico, atualizado pelo racismo estrutural e simbólico posterior, configura o padrão de relações raciais no Brasil, que apresenta as seguintes características:

a) um sofisticado sistema de classificação racial baseado na aparência resultante da apreensão simultânea de traços físicos (cor da pele, traços da face, cabelos), condição socioeconômica e região de residência;
b) um vocabulário racial comportando multiplicidade de termos;
c) uma grande população preta e mestiça (denominada "parda") – 46% da população –, o que faz com que o Brasil seja considerado o segundo país com a maior população negra do mundo (composta por pretos e pardos);
d) a convivência de padrões de relações raciais simultaneamente verticais, produzindo intensa desigualdade de oportunidades e horizontais em que não se observam hostilidades abertas ou ódio racial, o que pode acarretar convivência amistosa em determinados espaços sociais sob determinadas circunstâncias.

Esta última particularidade das relações raciais no Brasil (que transparece também na intensa miscigenação), associada ao processo de classificação racial baseado na aparência, acarretou a veiculação, internamente e no exterior, do mito da democracia racial brasileira. Tal mito pressupõe não apenas relações amistosas e cordiais, mas também igualdade de oportunidades. Além disso, atribuem-se apenas ao passado escravista as desigualdades sociais e econômicas entre brancos e negros no Brasil.

Os estudos sobre as desvantagens da população negra apontam que as diferenças do passado não são suficientes para explicar as desigualdades atuais. As diferenças de oportunidades de ascensão social e o racismo dirigido aos negros são operantes para manter (e, em casos específicos, acentuar) as desigualdades, num processo de ciclos de desvantagens cumulativas dos negros (Silva, 2000). Diversos indicadores sociais brasileiros revelam um país com alto índice de desigualdade entre brancos e negros (que perpassa as classes sociais). O racismo histórico e contemporâneo constitutivo da sociedade brasileira fica evidente quando se analisam diversos indicadores sociais ou quando se calcula o Índice de Desenvolvimento Humano (IDH) em separado para a população negra e para a população branca: o índice de brancos equivale a 0,791 (41ª posição) e o de negros a 0,671 (108ª posição). Como exemplos, selecionamos alguns indicadores de renda, saneamento e educação (Tabela 2).

Tabela 2 – Indicadores selecionados de desigualdade racial, para brancos e negros (1995-2001).

Ano	1995	1997	1999	2001
Renda média (em R$ de janeiro de 2002)				
Brancos	481	494	472	482
Negros	201	205	200	205
Total	357	365	350	356
Proporção da população residente em domicílio particular com abastecimento de água				
Brancos	91%	92%	93%	93%
Negros	75%	79%	82%	82%
Total	85%	87%	89%	88%
Anos médios de estudo				
Brancos	6,2	6,4	6,6	6,9
Negros	3,9	4,1	4,4	4,7
Total	5,2	5,5	5,7	6,0

Fonte: Jaccoud e Beghin (2001).

As desigualdades na educação são encontradas em todos os níveis de ensino, mas são particularmente acentuadas no ensino superior. Na Figura 1 a seguir, observa-se como o aumento de proporção da população branca acima de 25 anos que concluiu curso superior aumentou em muito a diferença (de 1,6 pontos em 1960 para 8,3 pontos em 1999) em relação à população negra (pretos e pardos) na mesma faixa etária.

Figura 1 – Percentual da população entre 25-64 anos que completou a universidade, por cor (1960-1999).

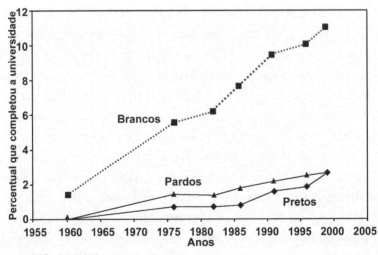

Fonte: IBGE, apud Telles (2003: 203).

No que se refere ao combate ao preconceito racial e à xenofobia, o Brasil dispõe, desde 1940, de Leis Federais. Em 1951, por meio da conhecida Lei Afonso Arinos, incluiu-se entre as contravenções penais a prática de atos resultantes de preconceitos "de raça ou de cor". Essa lei foi reformulada e seu princípio foi integrado à Constituição de 1988, que considera o racismo como crime inafiançável. A partir dos anos 1990 – mas, especialmente, a partir de 2000 –, foram criados em várias cidades brasileiras serviços de sos Racismo que acolhem denúncias de práticas racistas, habitualmente entendidas como expressão de hostilidade racial.

O mito da democracia racial vem sendo abalado, desde os anos 1950 – mas, especialmente, ao final dos anos 1970 –, por pesquisadores e ativistas negros e brancos que têm se empenhado em apontar a desigualdade racial no acesso a bens materiais e simbólicos, a interpretá-la como expressões do racismo estrutural e ideológico e a propor políticas que permitam suplantá-la. O termo "racismo" foi introduzido no Brasil apenas ao final dos anos 1970, período em que se constitui nova organização do movimento negro: o Movimento Negro Unificado. Foi em 1995 que o governo brasileiro reconheceu, pela primeira vez, que o país é estruturalmente racista, tendo assumido sua dívida histórica para com os negros. A partir do final dos anos 1990, articulou-se um forte movimento de reivindicação por políticas de ação afirmativa para negros (e indígenas). A administração Luiz Inácio Lula da Silva criou, pela primeira vez, uma Secretaria Especial de Promoção da Igualdade Racial com o estatuto de ministério. Além disso, o Governo Federal nomeou cinco ministros negros, entre eles Gilberto Gil, personalidade midiática, ministro da Cultura. Nos primeiros anos deste século, foi inaugurado o primeiro museu especializado em cultura afro-brasileira, precedido por algumas exposições. Em outras palavras, novos temas e novas imagens estão circulando no imaginário brasileiro nesses últimos dez anos.

Pesquisas

As 24 bases de dados bibliográficos consultadas permitiram localizar 182 referências a pesquisas que tratam de relações raciais e/ou racismo na mídia (Tabela 3). Grande parte das pesquisas foi realizada como trabalho acadêmico, principal contexto institucional de produção de pesquisas no Brasil, e foram veiculadas como artigos em periódicos acadêmicos.

Por esta razão, é necessário destacar que o quadro que será apresentado está em franco processo de mudança na medida em que, graças à recente mobilidade educacional de negros e aos programas de ação afirmativa no ensino superior e na pós-graduação, estamos assistindo, nas instituições acadêmicas e de pesquisa, à entrada de jovens pesquisadores negros que, entre seus temas de pesquisa e de ativismo, vêm incluindo o estudo da mídia associado a novos temas, como, por exemplo, remanescentes de quilombo, imprensa negra contemporânea, escritoras negras etc. (Gráfico 1). Além disso, algumas universidades (Universidade Federal da Bahia, Universidade Federal de Alagoas, Universidade de São Paulo, Universidade do Estado de Santa Catarina, entre outras) vêm incluindo, desde a graduação, disciplinas sobre o tema, o que pode ampliar e diversificar a composição do perfil dos pesquisadores. A primeira síntese brasileira sobre *Mídia e Racismo* foi organizada em 2002 por Silvia Ramos.

Tabela 3 – Pesquisas brasileiras sobre racismo na mídia, por tipo e meio discursivo (1987-2002).

Meio discursivo	Total	Dissertações	Teses	Livros	Capítulos de livros	Artigos em revistas	Artigos em anais
Livros didáticos	47	13	03	03	10	14	04
Jornais	16	06	02	02	02	06	02
Rádio	01	-	-	01	-	-	-
Televisão	11	-	01	-	02	06	02
Cinema	04	-	-	03	-	01	-
Publicidade	06	-	01	-	01	03	01
Mídia em geral	06	-	-	02	01	03	-
Literatura e poesia	40	03	08	19	04	26	-
Teatro	04	-	-	01	-	03	-
Imagens	14	-	01	02	05	06	-
Discurso acadêmico	11	02	01	02	02	03	01
Outros	22	04	02	05	01	10	-
TOTAL	182	28	19	40	28	81	10

Fonte: Os autores (dados coletados para este estudo).

Apesar da relativa abundância de referências, esse conjunto de textos não configura ainda, a nosso ver, um campo de estudos pelas razões expostas a seguir. Em primeiro lugar, trata-se, via de regra, de produção individual e isolada. É raro identificar grupos de pesquisa com produção contínua sobre um determinado meio discursivo, por períodos relativamente longos.[4] O número de referências não reflete a quantidade de pesquisas, pois vários dos escritos são versões a partir de mesmo material empírico. Foram raras as citações, contraposições de ideias, discussões ou críticas a outras pesquisas, mesmo em estudos de mesma universidade e mesmo programa de pós-graduação, à exceção de pesquisas do mesmo autor ou de autores com afiliação direta. Além da necessidade de aprofundamento teórico conceitual indispensável à constituição de um campo de estudos, notamos outras lacunas no conjunto dos textos: por vezes, ausência de diálogo com o campo de estudos sobre relações raciais no Brasil e, consequentemente, pouca atenção a questões teóricas desse campo de estudo; outras vezes, ausência de análise sobre as condições sociais e históricas de produção, circulação e recepção das mensagens.

A maior parte dos estudos focaliza a mensagem, sendo raros os que focalizam as instituições de produção e a recepção. Exceções são os estudos de Pereira (2001, originalmente publicado em 1967) e Lima (1971), que trataram da empresa radiofônica e televisiva respectivamente, e a pesquisa de Piza (1995), que tratou da criação de personagens negras em livros de literatura infantojuvenil produzidos por escritoras brancas. No polo da circulação, recepção e interpretação das formas simbólicas, somente localizamos alguns estudos sobre textos didáticos. Oliveira (1992) analisou o uso de material didático que visava combater o racismo em escolas de São Paulo, quando pôde captar usos contrários à proposta original. Lopes (2002) observou a construção discursiva do termo/conceito "raça" em sala de aula, chegando a resultados semelhantes aos de Oliveira, isto é, a existência de destacada importância da mediação do professor, reificação de desigualdades raciais e tratamento discriminatório ao negro.

Desse conjunto de textos, apreende-se um quadro que vem sendo qualificado de racista com as particularidades do que se tem denominado (Telles, 2002) de "racismo à brasileira":

Tanto quanto na sociedade [...], prevalecem nos meios de comunicação – ainda que combinados a outros mecanismos – os mecanismos da denegação, do recalque, do silêncio e da invisibilidade. O racismo não se reproduz na mídia [...] através da afirmação aberta da inferioridade e da superioridade, através da marca da racialização, ou de mecanismos explícitos de segregação. O racismo tampouco se exerce por normas e regulamentos diferentes no tratamento de brancos e negros e no tratamento de problemas que afetam a população afrodescendente. As dinâmicas de exclusão, invisibilização e silenciamento são complexas, híbridas e sutis ainda que sejam decididamente racistas (Ramos, 2002: 8-9).

Uma síntese dos resultados das pesquisas referentes a discursos sobre negros e brancos nos diversos veículos midiáticos apresenta quatro particularidades notáveis:

a) A sub-representação do negro nos diversos meios é tônica.

b) O *silenciamento* das mídias sobre as desigualdades raciais é constante. O silêncio exerce um duplo papel: o de negar os processos de discriminação racial, buscando ocultar a racialização das relações sociais, ao mesmo tempo em que propõe uma homogeneidade cultural ao "brasileiro".

c) O branco é tratado, nos diversos meios discursivos, como representante *natural* da espécie. As características do branco são tidas como a norma de humanidade. A conclusão do estudo de Rosemberg (1985: 81) pode sintetizar os resultados observados em diversos outros meios: "Dentre as formas latentes de discriminação contra o não branco, talvez seja a negação de seu direito à existência humana – ao ser – a mais constante: é o branco o representante da espécie. Por esta sua condição, seus atributos são tidos como universais". A naturalização e universalização da condição do branco se estendem à representação ao público a que as mensagens, via de regra, se dirigem. Em diversos meios midiáticos, o público foi discursivamente constituído como supostamente branco.

d) A estereotipia na representação do homem e da mulher negra, adulto ou criança, é recorrentemente assinalada pelos estudos nas diversas mídias, como veremos adiante. A estereotipia foi particularmente notada na associação do negro com criminalidade em jornais, literatura e cinema; no desempenho de funções socialmente desvalorizadas na televisão, literatura infantojuvenil e livros didáticos; na exploração de estereótipos de "mulata", "sambista", "malandro" e "jogador de futebol" na literatura, publicidade impressa e televisiva, e no cinema.

Ao longo das três últimas décadas, as pesquisas relatam modificações nos discursos sobre negros, porém são mudanças tênues que indicam avanço limitado no trato das questões raciais. Uma observação sistemática, como veremos adiante, é o aumento da representação de negros em diferentes meios (propaganda, TV, literatura infantil, livro didático etc.), permanecendo, porém, sempre em patamares inferiores à dos brancos. No caso de livros didáticos, por exemplo, o aumento na proporção de personagens negros foi acompanhado de uso de estratégias mais sofisticadas de discurso racista. Em jornais e publicidade em revistas, o aumento na proporção de representação de negros esteve, por vezes, relacionado a traços estereotipados.

As pequenas mudanças notadas, apesar do ativismo antirracista, ganham sentido quando se analisa a opinião pública brasileira. Com efeito, a única pesquisa que se propôs a apreender qual a opinião do brasileiro sobre a representação dos negros nos meios de comunicação (Datafolha, 1995: 162) apresenta resultados desalentadores. A pergunta "Como os meios de comunicação mostram os negros?", efetuada para uma amostra nacional representativa dos segmentos raciais, obteve como respostas (estimulada e única): 33% afirmam que as mídias representam os negros "de uma maneira verdadeira como eles realmente são"; 25% afirmam "de uma maneira positiva, melhores do que eles realmente são"; apenas 33% informam "de uma maneira negativa, piores do que eles realmente são".

Apresentamos, a seguir, como as pesquisas descrevem as características específicas do discurso racial por veículo midiático.[5]

Literatura e cinema

Quatro estudos merecem destaque por seu enfoque abrangente:[6] sobre a literatura, o de Brookshaw (1983), pesquisa clássica realizada por brasilianista, o de Proença Filho (1997) e o de Dalcastagnè (2005); o de Rodrigues (1988) mostra como o cinema alimenta-se constantemente de personagens da literatura.

Na literatura brasileira moderna, Dalcastagnè[7] (2005) identificou 80% de personagens brancas contra 14% de personagens negras.[8] Entre os protagonistas, a concentração de personagens brancas subiu para 85% ao passo que negras recuaram para 12%. As narradoras identificadas foram 87% brancas e somente 7% negras. O cruzamento com o gênero foi significativo:

"é possível observar a ampla predominância de *homens brancos* nas posições de protagonistas e narrador, enquanto as *mulheres negras* mal aparecem" (Dalcastagnè, 2005: 46). As personagens negras apresentam menores índices de relações familiares ou amorosas (p. 52). Ou seja, as personagens brancas foram a norma social e vários indicadores apontam para seu tratamento literário mais complexo que o das personagens negras. A mulher negra, além de sub-representada inclusive em relação ao homem negro, quando retratada, a tendência geral é de reproduzir os papéis estereotipados a muito reservados no discurso público brasileiro, particularmente o de mulata hipersensualizada, "ancorada nas imagens de seu passado escravo, de corpo-procriação e/ou corpo-objeto do prazer do macho senhor" (Evaristo, 2006). Acompanhamos o argumento da autora: a literatura (e outros meios midiáticos) produz um apagamento e destaca determinados aspectos em detrimento de outros, ocultando os sentidos de uma matriz africana na sociedade brasileira e construindo um discurso que ignora o papel da mulher negra na formação da cultura nacional, particularmente seus papéis na estrutura, organização e manutenção da família.

Um conceito-chave usado nos estudos sobre literatura e cinema é "estereótipo". Mussa (1989) aponta que os estereótipos sobre o negro surgiram na literatura do século XVII e se expandiram nos séculos posteriores, baseando-se "na percepção sensorial do negro pelo branco" (Mussa, 1989: 73) e expressos, em geral, em sintagmas curtos. Alguns exemplos são "expressão bestial", "catinga africana", "dialetos da indecência" (expressões respectivamente encontradas em obras de José de Alencar, Coelho Neto e Joaquim Manuel de Macedo, citados por Mussa, 1989: 73).

Um primeiro estereótipo apontado refere-se ao "bom crioulo", descendente do "escravo fiel" do romance abolicionista (Brookshaw, 1983). As principais características são a subserviência e fidelidade aos senhores/ patrões, aliadas à capacidade para o trabalho árduo e para a dependência do paternalismo do branco, comum também no cinema (Rodrigues, 1988). A recorrente "mãe preta", sofredora e conformada, em geral se dedica integralmente a uma família branca. Um exemplo:

> A Tia Mônica [...] era uma preta velha que havia criado a sobrinha do padre e a amava como se fora sua mãe. Era liberta. O padre lhe dera a liberdade logo que morrera a mãe de Lulu, e Mônica ficou servindo de companheira e protetora da menina (Machado de Assis, apud França, 1996: 106).

O correspondente "preto velho" é, em geral, apresentado como passivo, conformista e supersticioso, tanto na literatura (Brookshaw, 1983) quanto no cinema (Rodrigues, 1988). Num exemplo transcrito de romance, um preto velho (representante do personagem tipo "pai João", que lembra a tradição norte-americana do *uncle Remus*) é descrito: "acendia o cachimbo e, fumando, recordava os dias extintos, a felicidade do cativeiro, o bom tempo" (Coelho Neto, apud Brookshaw, 1983: 61).

O "escravo nobre", que vence por sua persistência após muita humilhação e sacrifício, por vezes agrega características anteriormente citadas (Proença Filho, 1997). A nobreza de caráter identifica-se com a aceitação da submissão, associando-se a outra característica estereotipada, a do "negro vítima". Trata-se de presença frequente na literatura abolicionista como pretexto para a exaltação da liberdade, em geral à custa de assimilação dos ideais de comportamento do grupo racial dominante, sem especificidade cultural e psicológica do negro. O mártir tornou-se figura certa nos filmes brasileiros sobre a escravidão (Rodrigues, 1988).

Personagem título de romance do período abolicionista (escrito em 1872, tendo tido duas adaptações para a telenovela brasileira, em 1976 e 2005), a escrava Isaura em diálogo com a sua sinhá:

– Mas, senhora, apesar de tudo isso que sou eu mais que uma simples escrava? Essa educação, que me deram, e essa beleza, que tanto me gabam, de que me servem?... São trastes de luxo colocados na senzala do africano. A senzala nem por isso deixa de ser o que é: uma senzala.
– Queixas-te de tua sorte, Isaura?
– Eu, não, senhora, apesar de todos estes dotes e vantagens, que me atribuem, *sei reconhecer o meu lugar* (Guimarães, apud Proença Filho, 1997: 160, grifo do autor).

Outro estereótipo apontado é o "negro revoltado", violento, cruel e rebelde, que apresenta características determinadas por sua condição de "selvagem", por sua proximidade com a brutalidade da natureza. É o "escravo algoz" (Brookshaw, 1983) ou "escravo demônio" (Proença Filho, 1997), encarnação do mal. Um exemplo analisado por Brookshaw (1983: 68-9) é o personagem Bocatorta. A descrição de Monteiro Lobato do personagem negro, "fantasma" e ladrão não poupa tintas para acentuar os traços físicos que geram repulsa e correspondem à feiura:

Bocatorta excedeu a toda pintura. A hediondez personificara-se nele, avultando, sobretudo, na monstruosa deformação da boca. Não tinha beiços e as gengivas largas, violáceas, com raros cotos de dentes bestiais fincados às tortas, mostravam-se cruas, como enormes chagas vivas. E torta, posta de viés na cara, num esgar diabólico, resumindo o que o feio pode compor de horripilante (Monteiro Lobato, apud Brookshaw, 1983: 69).

No cinema, o "negro revoltado" encontra correspondência no negro politizado e no militante revolucionário (Rodrigues, 1988). O estereótipo do "malandro" agrega algumas de suas características: ambivalente, instável, esperto, erótico, por vezes violento. Dalcastagnè (2005: 54) analisou as principais ocupações de personagens brancas e negras, homens e mulheres, apontando a grande concentração na criminalidade para as personagens negras do romance brasileiro moderno (20% entre as personagens negras, a categoria com índice mais elevado, e 3,4 % entre as personagens brancas, dentre as principais ocupações listadas para tais personagens, a de menor frequência). Entre os personagens adolescentes negros, 58,3% apresentaram a ocupação "bandido/contraventor", e entre as personagens brancas adolescentes o percentual foi de 11,5%. Aliado a esse dado está a concentração de dependentes químicos: entre as personagens negras, 33,3% das crianças e 56,3% das adolescentes, ao passo que somente 4,1% das crianças brancas e 7,5% dos adolescentes brancos foram retratados na situação de dependência química.

O erotismo é outro componente que marca o estereótipo do negro na literatura. Nos dados de Dalcastagnè (2005: 54), a categoria "profissional do sexo" não figura entre as principais ocupações de personagens brancas, mas corresponde a 8,2% para as personagens negras.[9] Os homens brancos construíram uma imagem de que o negro é puramente instintivo, mais potente e sexualmente insaciável (Brookshaw, 1983). O "negro pervertido" é promíscuo e representa insegurança e medo ao homem e à mulher brancos. Em circunstâncias específicas, pode ser associado à identidade homossexual (Rodrigues, 1988; Proença Filho, 1997).

A volúpia e sensualidade "natural" são atribuídas também à "mulata sensual", uma caracterização estereotipada frequente. Encarna as fantasias sexuais do homem branco, lasciva, irreverente, disponível para a relação sexual. No cinema, é a "mulata boa", figura arquetípica que reúne as qualidades dos orixás Oxum (beleza, vaidade, sensualidade), Iemanjá (altivez, impetuosidade) e Iansã (ciúme, irritabilidade, promiscuidade) (Rodrigues, 1988).[10]

Exemplos do romance oitocentista, que circulou e circula nos mais variados meios discursivos brasileiros, estabelecendo a personagem mulher negra como dotada de sensualidade exagerada e comportamento libidinoso extremo:

> Viu a Rita Baiana, que fora trocar o vestido por uma saia, surgir de ombros e braços nus, para dançar. A lua destoldara-se nesse momento, envolvendo-a na sua cama de

> prata, a cujo refúgio os meneios da mestiça, cheios de uma graça irresistível, simples, primitiva, feita toda do pecado, toda de paraíso, com muito de serpente e muito de mulher (Aluisio de Azevedo, apud França, 1996: 109).

> O largo da Sé, povoado de barracas e de tabuleiros, de negras mercadoras de verduras, oferece todos os dias espetáculos desagradáveis pela desenvoltura das quitandeiras, e recebe o som, felizmente confuso, de vozes e de gritos, de gargalhadas e de injúrias que ofendem os ouvidos não habituados aos dialetos da indecência e da desmoralização (Joaquim Manuel de Macedo, apud França, 1996: 107).

O negro infantilizado é outro estereótipo recorrente, de determinada importância. Dotado de certa ingenuidade, tem alguma inspiração no arlequim da *Commedia dell'Arte*, travesso, vive a fazer confusões e trapalhadas. No cinema, raramente é personagem principal: em geral é contraponto para um ator branco (Rodrigues, 1988). Por vezes, crianças encarnam personagens negros estereotipados, como os "moleques", os "pivetes de rua", futuros malandros, muitas vezes "endiabrados". Tal tipo de personagem foi profuso na chanchada, gênero de comédia eminentemente popular, que gerou pelo menos duzentos longas-metragens entre 1931 e 1965 e hoje voltou a circular nas televisões e locadoras de vídeos (Rodrigues, 1997: 94).

Os negros foram particularmente apresentados como personagens cômicos do tipo "crioulo doido". Além disso, o negro foi alvo de ironias e piadas, "umas mais, outras menos ofensivas" (Rodrigues, 1994: 94). Em *O caçula do barulho* (1949), o galã Anselmo Duarte e o comediante Oscarito têm que salvar a dama branca, que está escondida na casa dos bandidos e vigiada por uma negra gorda. Ao saber que deve distrair a vigia fingindo interesse em um namoro, Oscarito exclama: "Puxa! Nunca vi preta tão preta! E eu vou me declarar... a isso!" (apud Rodrigues, 1997:94). Mais tarde, o ator contou o início da abordagem: "eu cheguei bem perto da macaca e mandei meu ipsilone no ouvido dela" (Rodrigues, 1997: 94). As metáforas animalescas para se referirem aos negros são formas, em geral, evitadas no discurso público, embora se mantenham atuantes em meios discursivos diversos (na literatura infantojuvenil, conforme Rosemberg, 1985; em comédias televisivas, segundo Sant'Ana, 1994: 83; em crônicas reproduzidas em livros didáticos, transcritas por Chinellato, 1996; em insultos raciais, estudados por Guimarães (2002: 174 e ss.) e particularmente frequentes no discurso cotidiano de alunos em escolas, conforme Fazzi, 2004: 134). As primeiras exclamações informam sobre a contrariedade do personagem por ter que cortejar uma negra, cujos traços são enfatizados pela repetição de "preta tão preta". A hierarquização racial e a depreciação ganham contornos mais contundentes com a pausa para escolher a palavra para se referir à personagem negra, que culmina com o pronome demonstrativo "isso". Tal pronome pode ser usado para determinar um objeto, mas quando se refere a um ser humano adquire um sentido pejorativo, ou seja, implicitamente se está duvidando da humanidade daquele que é referido.

Outra estereotipização identificada por Dalcastagnè (2005: 51) foi a associação entre os negros e os estratos socioeconômicos mais baixos: "nos romances estudados, os negros são (quase sempre) pobres, mas os pobres não são necessariamente negros". A autora indicou que o branqueamento gradativo das personagens lhes confere melhores posições na escala social (p. 55).

As pesquisas mostram, também, a dificuldade de a literatura e o cinema brasileiros escaparem ao ideal de branqueamento. Brookshaw destaca que mesmo autores "bem-intencionados" caem em armadilhas ideológicas, como, por exemplo, o herói negro Balduíno (do *Jubiabá* de Jorge Amado), altivo, pleno de vitalidade e espontaneidade, lascivo, mas que ao final "aceita sua própria inferioridade diante da mulher branca" (Brookshaw, 1983: 136) e acaba escravo da beleza branca de Lindinalva (a nomeada "linda alva"). Sentimentos de inferioridade, aliás, são constantemente atribuídos pelos escritores brancos aos personagens pretos e "mulatos".

Alguns autores chegaram a ultrapassar as barreiras dos estereótipos, mas ainda sem assumir uma literatura do negro como sujeito, mantendo uma visão distanciada (Proença Filho, 1997). A busca de uma estética negra, que trata o negro como sujeito, é produção de intelectuais negros, que apresentam uma literatura consciente da negritude e que afirma seu orgulho racial. Luís Gama é apontado como precursor e Lima Barreto como continuador dessa busca (Proença Filho, 1997, 2004). A preocupação principal é com a singularização cultural. O exercício da literatura adquire um sentido engajado, vinculado aos movimentos de afirmação do negro. Proença Filho refere-se a uma literatura negra engajada a partir de 1930/1940, que ganha força nos anos 1980 e 1990, relacionada aos movimentos de conscientização dos negros brasileiros: Solano Trindade, "legitimado pela tradição literária brasileira, mas não pela matéria negra de seu texto e sim pelo posicionamento político-social" (Proença Filho, 2004: 20), e Abdias Nascimento, autor de inúmeros livros, de poemas, ex-senador da república. Para Brookshaw (1983), a poesia negra foi o real movimento literário de singularização do negro no Brasil, embora o autor aponte algumas obras em prosa que o realizam. Vejamos um exemplo de discurso do negro que se diz, em poema de Solano Trindade:

SOU NEGRO
A Dione Silva

Sou negro
meus avós foram queimados
pelo sol da África
Minha'alma recebeu o batismo dos tambores
atabaques, gonguês e agogôs

Contaram-me que meus avós
vieram de Loanda
como mercadoria de baixo preço
plantaram cana pro senhor do engenho novo
e fundaram o primeiro Maracatu

Depois meu avô brigou como um danado
nas terras de Zumbi
Era valente como quê
Na capoeira ou na faca
escreveu não leu
o pau comeu
Não foi um pai João
humilde e manso

Mesmo vovó
não foi de brincadeira
Na guerra dos Malés
ela se destacou

Na minh'alma ficou
O samba
O batuque
O bamboleio
E o desejo de libertação...

(Solano Trindade, apud Leite, 1997: 123)

Os versos afirmam a identidade com a África, e a herança das lutas contra a opressão racial contrapõe-se à passividade. Os traços de africanidade são relacionados ao ideal de liberdade, ainda não atingida e, portanto, que indicam a crítica social e a necessidade de manter a luta pela libertação do povo negro.

O pertencimento racial do autor por vezes foi tomado como condição (necessária, mas não suficiente) para a proposição de uma *literatura negra brasileira* voltada para as condições de se ser negro na sociedade brasileira (Ianni, 1988: 209). Para Bernd, "o fator que se constitui no divisor de águas é o surgimento de um eu-enunciador, que revela um processo de tomada de consciência de ser negro entre brancos" (Bernd, 1888: 26). Proença Filho propõe uma dupla acepção de *literatura negra*:

> Em sentido restrito considera-se negra uma literatura feita por negros ou por descendentes assumidos de negros e, como tal, reveladora de visões de mundo, [...] de modos de realização que, por força de condições atávicas, sociais e históricas condicionadoras, caracteriza-se por uma certa especificidade, ligada a um *intuito claro de singularidade cultural. Lato sensu*, será negra a arte literária feita por quem quer que seja, desde que *centrada em dimensões peculiares aos negros* ou aos descendentes de negros (Proença Filho, 2004: 185, grifos nossos).

A literatura negra, mesmo nessa acepção mais abrangente, é ainda minoritária no Brasil em termos de autores que a ela se dedicam e do interesse que desperta na crítica e na academia. Aqui, também, tem se utilizado o qualificativo de silêncio: trata-se de uma "literatura silenciosa" (Pereira, 2002), pois não penetra os cursos de Letras, os manuais de literatura, os livros didáticos, as editoras e livrarias, as listas de livros exigidos para o exame de vestibular etc. (Lorenso, 2005). Desafiando o silêncio, desde 1978, vêm sendo publicados os *Cadernos Negros*, coletânea de textos de autores negros que passou a se denominar *Quilombhoje* e se encontra em 2005 na sua 28ª edição.

A literatura brasileira publicada pelas casas editoriais de maior prestígio, no entanto, opta por conjunto de obras que continua operando o silêncio sobre as relações raciais no país:

> Se é possível encontrar, aqui e ali, a reprodução paródica do discurso racista, com intenção crítica, ficam de fora a opressão cotidiana das populações negras e as barreiras que a discriminação impõe às suas trajetórias de vida. O mito, persistente, da "democracia racial" elimina tais questões dos discursos públicos – entre eles, como se vê, o romance (Dalcastagnè, 2005: 46).

Na literatura brasileira moderna publicada entre 1990 e 2004, Dalcastagnè (2005) identificou 94% de autores brancos, 3,6% não tiveram a cor identificada e somente 2,4% compuseram a categoria geral "não brancos". A exclusão do fazer literário, salvas as iniciativas como as que apontamos, mantém-se atuante para a população negra brasileira.

Imprensa

A análise da imprensa brasileira[11] (inclusive anúncios) como estratégia para apreender a história de representações das elites brancas sobre os negros tem sido prática entre cientistas sociais brasileiros (e brasilianistas) desde Gilberto Freyre (1979), prosseguindo com Florestan Fernandes (1965), Hasenbalg (1982) e, mais recentemente, Lilia Schwarcz (1987) e Damasceno (2000). A relativa continuidade histórica das fontes permite apreender a permanência, em jornais contemporâneos, de estereótipos detectados nos jornais do século XIX (Schwarcz, 1987). Na contemporaneidade, as pesquisas apontam a associação de negros a profissões inferiorizadas (Martins, 2000); a ocorrências policiais (Ferreira, 1993; Conceição, 1995); a violência (Ferreira, 1993); ao centro das notícias escandalosas (Ferreira, 1993; Conceição, 1995); ao uso de metáforas positivas sobre o branco e pejorativas sobre o negro (Menezes, 1998). Amaral Filho (2005: 2) sintetiza: "Por que há quase sempre uma conotação de exotismo quando a mídia brasileira se refere ao negro, inclusive quando o elogia?"

Vejamos um exemplo de associação entre negritude e criminalidade:

Pelô em preto e branco

O cheiro de azeite de dendê, quase sempre misturado com os odores característicos de fezes e urina, continua o mesmo. Mas a cor, quanta diferença! O Pelourinho, berço da afro-music baiana e de seu mais festejado representante, o bloco Olodum, deixou de ser o território livre dos negros. Uma verdadeira leva de brancos vem tomando de assalto as ruas estreitas e os casarões coloniais. Por onde circulavam negros de roupas coloridas e cabelos rastafari, veem-se senhoras elegantes equilibrando-se no salto alto e jovens de classe média ostentando as grifes da moda. As casas de cômodo viraram bares e restaurantes sofisticados, galerias de arte, ateliês e butiques caras. Segregados em algumas poucas áreas onde permaneceram os tradicionais estabelecimentos populares, os negros ficaram com um único dia para reinar absolutos em seu ex-reduto: a chamada terça-feira da bênção. [...] Em meados de agosto aconteceu, porém, o primeiro incidente. *Um grupo de negros provocou uma baderna na Cachaçaria Alambique, reduto de intelectuais* instalado a uma quadra do largo do Pelourinho. O proprietário, arquiteto Itamar Kalil, decidiu, então, não abrir mais às terças-feiras. Foi a senha para que 90% dos estabelecimentos tomassem decisão semelhante (*A Tarde*, apud Conceição, 1995: 191, grifos do autor).

O texto racializa as classes sociais. Os "tradicionais ocupantes" são associados ao mau cheiro, baderna e periculosidade, ao passo que os brancos são tratados como elegantes e sofisticados. "Intelectuais" é a categoria que se opõe, no trecho grifado, a "negros".

Alguns exemplos de uso de metáforas foram compilados por Menezes (1998) no jornal *Folha de S.Paulo*:

Carmen Mayrink Veiga [...] disse: Penei com termos horrorosos como grã-fina e *socialite*. Nem sei o que é isso. "Sempre *trabalhei como uma negra*" (*Folha de S.Paulo*, 25 ago. 1995, apud Menezes, 1998: 76, grifo nosso).

O país vive um momento grave, está encurralado por uma política absolutamente contraditória, um *samba do crioulo doido* (*Folha de S.Paulo*, 2 jun. 1996, apud Menezes, 1998: 76, grifo nosso).

A primeira metáfora tem o sentido de trabalhar muito e receber pouco, sendo demasiadamente servil. Agrega também as ideias de que o trabalho realizado pelo negro tem caráter físico, o que se relaciona à suposta falta de intelectualidade do negro. A segunda tem sentido de situação desorganizada, confusa, caótica. É uma das raras aparições da forma de nomeação racial "crioulo", considerada pejorativa, mas aceitável na expressão idiomática. São dois exemplos do que Menezes descreveu como "metáforas conceituais" que vinculam a imagem social do negro a um contexto de negatividade e inferioridade. O modelo figura com nitidez no título de matéria analisada por Conceição (1995: 278) "Menina branca assassinada em ritual de magia negra".

O vocabulário racial adotado pela mídia foi objeto de estudos de algumas pesquisadoras. Damasceno (2000) estudou o vocabulário racial em anúncios de jornal sobre oferta de emprego nas décadas de 1940 e 1950, com especial destaque à expressão "boa aparência" eufemismo para "branco", segundo a etiqueta de relações raciais no Brasil. "A 'boa aparência' caracterizou-se como um truque semântico destinado a minimizar [...] a importância racial justamente ali onde regras de sociabilidade mostravam-se especialmente severas para as pessoas 'de cor'" (Damasceno, 2000: 193), ou seja, no mercado de trabalho. Conceição (1998: 157) efetuou análise sobre a explicitação de cor/raça no texto e fotos de jornais baianos.

Embora nada indique no título ou no corpo do texto da matéria que a vítima dos homicídios é negra (ou branca), a publicação da fotografia do fato (ou do sujeito do fato) antecipa-se à leitura [...]. De tanto ter sua imagem reproduzida nas páginas destinadas ao relato das violências criminais, como vítima ou algoz, o afro-brasileiro acaba confundido com a própria imagem do crime.

Nos jornais, o negro permaneceu, em geral, circunscrito às editorias: policial, relacionado à criminalidade; de esporte, principalmente no futebol e atletismo; de cultura, em geral cantores e/ou músicos (Ferreira, 1993; Conceição, 1996; Oliveira, 2002). Nessas editorias, em termos de referencialidade linguística, o negro figurou como agente da ativa, ao passo que nas outras e nos editoriais foi retratado com o uso de agente da passiva (Ferreira, 1993). De forma análoga, na publicidade em revistas, foi constatado alto índice de representação do negro como paciente, nesse caso, de ações sociais (Martins, 2000).

Outra constatação é a de que o branco é apresentado como representante *natural* da espécie humana (Conceição, 1996). Por exemplo, uma notícia sobre o carnaval de Salvador, tendo como título a letra de uma música: "A cor desta cidade... o canto desta cidade... são eles e elas" (Conceição, 1996: 191-2). A notícia era acompanhada de fotos de 58 "personalidades" de Salvador, entre elas nenhum negro numa cidade na qual os negros correspondiam a 85% da população, segundo o censo de 1990. Em geral, os negros foram tratados como Outros em textos de jornal que se referem a um leitor supostamente branco.

Processo análogo foi observado em publicidade de revistas. Os negros foram invisibilizados, sendo retratados em proporção muito baixa[12] (D'Adesky, 2001; Beleli, 2005). A justificativa para tal desproporção, segundo relataram empresários, era o receio de ligar suas marcas a negros (Hasenbalg, 1982; Martins, 2000; D'Adesky, 2001; Beleli, 2005). A proporção de negros em anúncios de revistas aumentou na década de 1990, conforme dados de Martins (2000: 138), passando de 5% no início da década para 12% em 1999. Mas os principais responsáveis pelo incremento foram os eventos esportivos (Jogos Olímpicos e Copa do Mundo de futebol), o que manteve o estereótipo. De acordo com Araújo (2000c), o empresariado brasileiro ainda não tomou consciência do aumento lento, mas constante, do mercado consumidor negro.

No editorial do jornal *A Tarde*, de Salvador, publicado em 13 de maio de 1998,[13] observou-se um exemplo de como a mídia escrita manteve o discurso que apregoava o Brasil como país de relações raciais harmônicas: "Esse clima de virtual democracia racial que espanta e faz inveja a boa parte do mundo só foi possível graças ao processo de miscigenação, que, corpo a corpo, derrubou as barreiras herdadas da escravidão" (*A Tarde,* apud Conceição, 1995: 291).

Algumas pesquisas em perspectiva diacrônica têm apontado mudanças na representação do negro. Conceição (1996) analisou o jornal *A Tarde* de Salvador (Bahia), considerado o maior jornal do Nordeste, no período de 1975 a 1990. Suas considerações foram transcritas no Quadro 1.

Quadro 1 – Principais mudanças na representação do negro no jornal *A Tarde* (1975-1990).

- a presença do negro no noticiário cresceu substancialmente entre 1981 e 1988;
- o aumento da presença do negro no noticiário é mais saliente em editoriais específicos, por ordem de grandeza nos editoriais de Cultura, Política e Geral;
- cada vez mais o negro deixa de ser assunto secundário para tornar-se assunto principal e sujeito histórico positivo;
- paralelamente, cresce em mais de 150% a descrição do negro como vilão no texto do jornal a que se refere tal pesquisa;
- o noticiário continuou retratando o negro de forma paternalística;
- há maior valorização do negro nos textos da editoria de Cultura;
- na Política, o negro pode ser valorizado, mas também é visto como ameaça à sociedade;
- a imagem do negro como inimigo social e, novamente, ameaça à sociedade é o que há de mais frequente na editoria de Polícia e essa tendência cresceu no período pesquisado.

Fonte: Conceição (1996, apud Conceição, 1998: 159).

O discurso antirracista passou a estar presente de forma mais significativa em textos de jornais nos últimos anos (Guimarães, 1995-1996). Por exemplo, em cartas publicadas de leitores negros, foi recorrente a queixa sobre o uso de palavras raciais de cor (tais como *negro, preto* ou *escuro*) com sentido pejorativo ou negativo. Por outro lado, a leitura atenta dos jornais também apontou para a sistemática negação ou desdém de brasileiros brancos e letrados por essas queixas: "poderemos ver que o maior obstáculo à luta antirracista no Brasil continua sendo a invisibilidade do próprio racismo para os brasileiros brancos" (Guimarães, 1995-1996: 91). Jornalistas são majoritariamente brancos, e a expectativa de se alterar o quadro nos próximos anos é reduzida: os estudantes dos cursos de Comunicação (via predominante de ingresso na carreira) são majoritariamente brancos, não apenas porque o acesso de negros ao ensino superior é reduzido, mas também porque se trata de curso universitário altamente elitista. Com efeito, uma pesquisa de Beltrão e Teixeira (2004) com base em dados de 2000 mostrou que o percentual de indivíduos que declararam ter concluído o curso de Comunicação Social foi de 11% de negros (10% de pardos e 1% de pretos), sendo que na média de cursos superiores, formaram-se 16% de negros.

Carone e Nogueira (2002) fizeram um acompanhamento de matérias publicadas sobre temas raciais na imprensa brasileira durante os anos 1990, focalizando alguns episódios nacionais e internacionais: as polêmicas sobre "A curva do sino" (*The Bell Curve*), uma novela da Rede Globo, "Pátria Minha", o noticiário sobre o branqueamento de Michael Jackson e a revolta dos negros de Los Angeles de 1992. Suas principais conclusões: os temas raciais são apresentados como explosivos, "um problema ou uma doença dos negros" (Carone e Nogueira, 2002: 179) e ganham maior destaque quando ocorrem fora do Brasil. Este último aspecto também foi observado por Ferreira (2005: 3):

> em muitos momentos, os confrontos étnicos internacionais serviram para que discursos políticos exaltassem a democracia racial brasileira contrapondo-a aos conflitos que ocorreram em outros países. Estes argumentos oportunistas, no entanto, eram imediatamente pulverizados por organizações de direitos humanos e movimentos populares organizados, que expunham categoricamente a situação de grupos minorizados no Brasil.

Ativistas e pesquisadores brasileiros vêm, nos últimos anos, desenvolvendo projetos de monitoramento da mídia sobre eventos ou temas relacionados ao combate ao racismo, como, por exemplo, o grupo de Estudos em Mídia e Etnicidade da Faculdade de Comunicação da Universidade Federal da Bahia. Iraci e Sanematsu (2002) analisaram a cobertura dada pela imprensa escrita à Conferência Mundial Contra o Racismo no período de 25 de agosto a 21 de setembro 2001. A análise mostrou que a maioria dos autores das matérias eram brancos (p. 134), que o tema a receber maior destaque foi o das políticas de ação afirmativa, que os jornais publicaram maior número de matérias contrárias às cotas e que os negros constituem o grupo "minoritário" mais frequentemente citado. Além disso, notaram que o noticiário sobre a Conferência desapareceu pela cobertura do episódio de 11 de setembro em Nova York. Borges (2003) efetuou uma análise de matérias publicadas no jornal *Folha de S.Paulo*, durante 2003, relativas ao debate sobre cotas para negros no ensino superior. A conclusão da autora foi a de que os editoriais que tratam da proposta de cotas são "guardiães" do mito da democracia racial (Borges, 2003: 252): "Com um tom marcadamente de crítica, esses editoriais avaliam as políticas de cotas, realçam as distorções que elas provocam e deixam um ensinamento: a saída para as desigualdades 'sociais' na educação e a escola pública e de qualidade para todos" (Borges, 2003: 246).

Em contraponto a essa posição sustentada pelo jornal *Folha de S.Paulo*, Borges (2003: 255) menciona uma das raras colunas regulares (semanal) de militante do movimento negro e feminista – Sueli Carneiro – no jornal *Correio Braziliense:*

> Ao textualizar o racismo, o sexismo e seus efeitos perversos, Sueli Carneiro promove outra tradição no debate das desigualdades raciais na imprensa: ela põe em xeque o mito da democracia racial, diz o que as matérias comumente não dizem, recobre expectativas e tendências excluídas.

Observa-se, também, que, em outros contextos, um discurso antirracista pode estar relacionado com estratégias de interesses mercadológicos de jornais, com o intuito de mostrarem-se politicamente corretos, visando ao incremento de vendas para públicos determinados, mas sem significar que o "discurso racial hegemônico" tenha sido abandonado (Conceição, 2001: 27).

Em 1995 foi criada a primeira revista comercial a grande tiragem especificamente destinada à população negra brasileira: *Raça Brasil.* Iniciando com uma tiragem considerada espetacular (280 mil exemplares), a revista conseguiu superar a crise (tiragem em 2006 de 50 mil exemplares) e as críticas (que acusaram a revista de racista, por segregar setores brancos, e alienada, por ter um foco *black is beautiful*). A revista é lida principalmente por mulheres negras adultas das classes A, B e C. Pesquisas sobre o discurso racial na revista *Raça* ainda estão em seu início (Amaral Filho, 2005).

TELEVISÃO

A televisão brasileira tem reduzido a percepção social da discriminação racial (Costa, 1988; Leslie, 1995). Repetem-se os estereótipos do negro associado particularmente ao futebol, carnaval e noticiários policiais (Costa, 1988). Os negros são sub-representados em programas e publicidade televisivas (Hasenbalg, 1988; Baccega e Couceiro de Lima, 1992; Data Folha, 1995; Leslie, 1995; Araújo, 2000b; Oliveira, 2004). A telenovela manteve uma postura de silenciamento sobre o tema racial (Araújo, 2000b; Oliveira, 2004). Leslie (1995) conclui que a televisão brasileira ajuda a sustentar o mito da democracia racial, negligenciando o contexto em que vivem os negros brasileiros. Leslie (1995) não identificou, até 1995, nenhum programa televisivo que examinasse ou problematizasse com seriedade as condições da população negra brasileira. Observou, ainda, uma associação positiva entre alta exposição de telespectadores à mídia e sua crença no mito da democracia racial.

Uma síntese alentada da representação do negro na telenovela brasileira foi elaborada por Joel Zito Araújo (2000b) em *Negação do Brasil*. Coordenando um grupo de pesquisadores durante quatro anos, Araújo analisou aproximadamente 70% das telenovelas produzidas no Brasil, talvez a principal forma de expressão da cultura popular brasileira contemporânea. "Para nossa surpresa, em mais de um terço das telenovelas produzidas no Brasil, não apareceu nenhum ator negro" [...] (Araújo, 2002: 64). A telenovela, além de repetir o padrão da televisão em geral, nem mesmo defendeu a mestiçagem brasileira (Araújo, 2000b), pois o mulato não foi representado como alternativa para a mobilidade social dos negros. O estereótipo mais comum foi o de "mulato trágico", como agente serviçal intermediário, voltado a subir na vida a qualquer preço, "suportando a humilhação por sua origem impura e buscando evitar as referências à sua condição de mestiço" (Araújo, 2000b: 308).

Para as atrizes, os estereótipos mais comuns foram os de *mammie*, empregadas domésticas totalmente devotadas aos seus patrões. Em depoimento a Joel Zito de Araújo, a atriz Zezé Mota relatou o comentário de uma vizinha ao saber que estava realizando um curso de arte dramática: "eu não sabia que para fazer papel de empregada precisava fazer curso" (apud Araújo, 2000a). A atriz Cléa Simões, ao ser arguida sobre o fato de ter tido muitos papéis de *mammies,* relatou: "Ah, sim, muito! Ao ponto de os colegas confundirem, né? E às vezes eu tinha que parar para acertar: – Olha, eu sou atriz e não sou sua empregada não. Sabe, então eu parava para acertar. Faziam confusão" (apud Araújo, 2000a). O mal-entendido dos colegas atores revela a naturalização da subalternidade da mulher negra. As empregadas domésticas negras estiveram presentes nas novelas de todo o período (1964-1997) analisado por Araújo (2002). O pranto e pesar da personagem Inácia (*mammie* na novela *Resnascer*, de 1993) pela morte de seu patrão colocaram a devoção a este em primeiro plano: "Vai com Deus, meu patrãozinho. Que Deus lhe receba, meu coronelzinho, de braços abertos". Uma personagem da novela *Antonio-Maria*, de 1968, proferiu discurso revelador:

Por que eu quero ficar nesta casa? Porque aqui foi o único lugar em que me senti gente [...] Eu sou criada sim, eu sei. Mas sou tratada como gente. A Dona Carlota outro dia até me beijou. [...] Aqui eles me deixam estudar, eu faço meu curso de inglês, de corte e costura por correspondência [...] Aqui eu sou tratada como gente. Eu amo a Dona Carlota, o Dr. Adalberto, como se eles fossem meus próprios pais. Na cor nós somos diferentes, na alma não! (apud Araújo, 2000).

Chama atenção a insistência em repetir que o lugar da subalternidade, da devoção aos patrões, é o único lugar onde a personagem pode "ser gente". O "aqui", a casa dos patrões, diferencia-se do "lá fora", onde a personagem, presumidamente, não pode estudar, não pode ser gente, não recebe beijo ou afago. O trecho finaliza com alusão à expressão racista tão comum no Brasil: a ideia de "preto de alma branca".

Além de aparecerem em baixíssima proporção e de ficarem restritos a posições subalternas, os papéis para os atores negros são quase invariavelmente sem importância na trama (Costa, 1988; D'Adesky, 2001; Araújo, 2000b). É o que se tem denominado de "papel para negro" (Pitanga, 2002: 79). Caso a sinopse elaborada pelo autor da novela não determine um personagem negro, a tendência invariável tem sido escalar um ator branco, o que revela a adoção da condição de branco como norma *naturalizada* no processo de produção das telenovelas (Araújo, 2000b). A presença de atores negros nos papéis principais, de protagonistas ou antagonistas, praticamente inexistiu até a metade dos anos 1990. Atores negros reivindicam cotas para negros nas novelas, o que lhes permitiria escapar ao "papel de negro" e assumir, também, papéis de brasileiros (Araújo, 2002).

Em programas humorísticos, foram observados discursos contraditórios. Por um lado, *Os Trapalhões*, um programa então com 35 anos, tratou o negro de forma estereotipada e discriminatória. "A imagem do negro produzida/reproduzida pelos *Trapalhões* se configurava como antiestética, animalizada e coisificada e, portanto, impossível de se constituir em objeto para qualquer aspiração" (Sant'Ana, 1994: 90). Nesse programa, o personagem negro Mussum foi associado a macacos, a um pé de pato e a um "toco preto". Foi tratado jocosamente de "cara preta", "morcegão", "pé de rodo", "pretinho feio", "escurinho" e "negão". Numa dessas vezes, contestou: "Negão é o teu passado". A autonegação foi bradada num contexto em que a cor negra era motivo de escárnio (Sant'Ana, 1994). Por outro, um programa de inovação humorística, o *Programa Legal*, apresentou expressões positivas da estética negra, porém sem eliminar ambiguidades, o que se nota no exemplo: "No Brasil inteiro a coisa tá preta, mas, aqui na Bahia, isso é encarado de uma forma positiva. Aqui na Bahia, graças a Deus, a coisa tá totalmente preta. É aqui, no Olodum, que a consciência negra bate mais forte" (Sant'Ana, 1994: 89).

O texto explicita a busca de contraposição ao sentido que a cor preta usualmente tem na metáfora "a coisa tá preta". Sentidos de positividade são agregados. "O Programa Legal é o único tele-humorístico que associa valores positivos à negritude, satiriza o desejo de 'embranquecimento' e explicita a autonegação do negro, a denúncia do racismo e a contradição que marca sua reiterada negação" (Sant'Ana, 1994: 89). A comentar que o *Programa Legal* deixou de ser produzido nos anos 1990, ao passo que os *Trapalhões* ganharam, nova roupagem no programa *Turma do Didi*, com linha de produção muito similar.[14]

Araújo (2000c) aponta algumas mudanças na TV brasileira a partir da década de 1990: um aumento do número de novelas com personagens negros (de 25 novelas com personagens negros entre 1963 e 1970 a 72 novelas entre 1991 e 1994); a primeira família de classe média negra entra na novela em 1995 e na propaganda em 1997; na novela *Xica da Silva* (1996), os personagens quilombolas foram tratados como heróis; a entrada recente de apresentadores negros nos noticiários; o impacto da globalização da cultura e a entrada de novas imagens negras via televisão norte-americana (filmes, shows, clips, musicais, séries, *sitcoms* etc.).

Em 2004, a rede de televisão Globo lançou uma novela tendo, pela primeira vez, no papel principal, uma atriz negra, o que foi apresentado como forma de valorização do negro. Mas a análise em profundidade revela a face do que é chamado, na literatura internacional, de "novo racismo" (Wieviorka, 2000), quando novas estratégias de desvalorização do negro, em geral mais sofisticadas, são utilizadas. Apesar de em maior número, os atores negros continuaram sub-representados nessa novela. O título da novela, *A cor do pecado*, associa a mulher negra e a protagonista com o estereótipo da sensualidade pecaminosa. A análise dos papéis do círculo de relações da protagonista revelou outras estereotipias (Dennis de Oliveira, 2004). Um personagem com quem a protagonista se relacionou representa o estereótipo do "negro de alma branca", "bonzinho", submisso, fiel ao patrão branco, de valores "embranquecidos". O outro personagem negro com quem a protagonista se relacionou faz o contrário do primeiro: é inescrupuloso, quer obter vantagem a qualquer custo. Não por acaso é o personagem que apresentava valores culturais afro-brasileiros mais marcados, na estética, na religião, nas opções culturais. O par romântico da protagonista foi um ator branco, que representa a altivez, a dignidade, a bondade, mas, ao mesmo tempo, era corajoso e ativo na trama.[15]

Muniz Sodré (1999: 247) considera que não se pode esperar da grande mídia a implantação de uma "verdadeira política antirracista" no plano discursivo. Suas expectativas são colocadas nas experiências locais, comunitárias "sem grandes investimentos financeiros e com um claro direcionamento político ideológico". Com efeito, na rede comunitária podem-se encontrar outra participação e representações de negros. Porém,

> Embora sejam importantes, é um tipo de ação com muitos limites, porque a TV comunitária é um canal que não tem nem um ponto de audiência. Quem faz programas para TV comunitária, faz sem dinheiro; por isso ela não consegue disputar a qualidade dos programas de TV aberta e, portanto, não tem possibilidade de competir (Araújo, 2002: 71).

LITERATURA INFANTOJUVENIL

Os personagens negros na literatura infantojuvenil publicada no Brasil até a década de 1920 praticamente não existiam e os exemplos raros eram remetidos ao passado escravocrata (Gouvêa, 2004, 2005). Na década posterior, os personagens negros passaram a ser mais frequentes, mas construídos como resgate folclorizado de características nacionais, com personagens apresentando estereotipia e simplificação de características; com referências marcadamente etnocêntricas, associados a simplicidade, primitivismo, ignorância, meio rural e passado, com características corporais animalizadas (Gouvêa, 2004: 219-62).

Na literatura infantojuvenil publicada entre 1955 e 1975, observou-se: sub-representação de personagens negros em textos e ilustrações; estereotipia na ilustração de personagens negros; associação de personagens negros com profissões socialmente desvalorizadas; menor elaboração textual de personagens negros; associação da cor negra com maldade, tragédia, sujeira; associação do ser negro com castigo e com feiura; associação com personagens antropomorfizados (não humanos) (Rosemberg, 1985). Nas falas diretas emitidas pelo narrador e destinadas ao leitor infantil, o modelo de criança, quando explicitado, era branco. A conclusão foi de que a literatura infantojuvenil apresentava constantemente a discriminação contra os não brancos, tanto de forma aberta quanto latente, porém sem a valorização de um discurso abertamente racista. Assim, a discriminação contra personagens negros conviveu com a defesa de teses antirracistas no estilo "negros e brancos somos todos irmãos" (Rosemberg, 1985: 80-1).

Os exemplos de associação com sujeira, maldade e tragédia como cor simbólica foram profusos na amostra de Rosemberg (1985: 84-5):

> O pobre casal de velhos que o criava, com tanto amor, com tanto trabalho, já não sabia o que fazer. Não valiam conselhos, pedidos, reprimendas, castigos, surras... Parecia incorrigível.
> – Que pretinho ruim é o Agapito! Exclamava nhô Fidélis. Eu nunca soube de outro assim.

> Adiante, apareceu um edifício negro, arredondado, parecendo um forno gigante.
> – É ali! – Disse Beto, apontando para o edifício que tinha várias chaminés de onde saíam nuvens de fumaças negras.

Uma das formas de discriminação racial observada na literatura infantojuvenil foi a associação da cor negra ao castigo (Rosemberg, 1985: 87):

> – Nada pude fazer. Quando cheguei à terra e soube o que se passara, fiquei horrorizada! Voltei ao Reino das Fadas e contei tudo à Rainha. Ela zangou-se e castigou-me. Pedi-lhe que me perdoasse, mas ficou surda a meus rogos. Retirou-me os poderes mágicos e ordenou que passasse a viver como simples criatura humana...
> – Mas, não era você branca, moça e linda? Por que, então, ficou preta e velha?
> – É que a Rainha, com a varinha de condão, transformou-me no que sou e, sem mais conversa, fez com que eu fosse transportada para uma vasta planície.

Pesquisa que atualizou o estudo de Rosemberg (1985), analisando o período posterior (1975-1995), observou mudanças tênues (Bazilli, 1999). Lima (1999: 102 e ss.) também aponta a invisibilização de personagens negros e o tratamento estereotipado. Verificou-se menor proporção de personagens não brancos antropomorfizados e um ligeiro aumento de personagens pretos exercendo profissão de tipo superior (Bazilli, 1999). Mas as tendências gerais de privilégio aos personagens brancos se mantiveram: personagens negros sub-representados, com posição menos destacada nas tramas, literariamente menos complexos, exercendo profissões menos valorizadas. Além da desproporção, algumas dessas obras também trazem formas de hierarquização entre brancos e negros. A análise de determinados personagens negros aponta que alguns deles passaram a ganhar certo destaque nas tramas e mesmo chegam a ocupar o papel de protagonista (Lima, 1999; Souza, 2005). Mas a condição naturalizada dos brancos e a subordinação dos negros a estes se mantêm.

A naturalização da condição de branco como representante da espécie humana mostrou-se, no estudo de Bazilli (1999), de forma análoga à verificada no estudo sobre o período anterior. De forma similar aos resultados de Rosemberg (1985), o branco, na posição de representante da espécie, teve seus atributos sendo comunicados como universais, negando o direito de existência aos não brancos. As estratégias de apresentação dos personagens fornecem exemplos de como os personagens brancos são tratados como representantes da espécie:

> Olá amiguinho! Meu nome é Fábio, mas todo mundo me chama de Fabinho. Eu gosto muito de brincar, correr, pular, jogar bola; um dia quero ser um craque e jogar na seleção! Eu moro numa casa linda com um jardim enorme bem no começo da rua, com meu pai Carlos, minha mãe Clarisse e meu irmãozinho mais novo, o Beto (*Cortina de fumaça*, apud Bazilli, 1999: 76).

No primeiro exemplo, o personagem Fabinho e seu irmão aparecem na ilustração como duas crianças brancas na ilustração. O branco, como "representante da espécie", raramente tem sua pertença étnico-racial descrita no texto. Via de regra, a ilustração foi fonte privilegiada para fixar a pertença, que não precisa ser nomeada, pois as pessoas são "naturalmente" brancas (Bazilli, 1999: 75). No caso de personagens negros (ou não brancos), a classificação de cor/etnia foi praticamente obrigatória nos textos.

Um estereótipo que foi lugar-comum nos estudos (Rosemberg, 1985; Bazilli, 1999; Lima, 1999: 109-12; Souza, 2005: 187-8) foi a mulher negra sendo retratada, quase com exclusividade, como empregada doméstica:

> A dona Laura contratou [...] uma cozinheira. Esta era dona Eudóxia, mais preta que carvão, miúda, magra de pescoço comprido, braços e pernas finas. Quando caía na risada, deixava aparecer os dentes brancos e, quando gargalhava, empinava a cabeça para trás, batendo com as mãos nas pernas. Estava sempre de lenço na cabeça e, por isso, ganhou um apelido: Cabecinha de fósforo. Viúva, mãe de três filhos do casamento e mais três "extras", nascidos nos anos de viuvez, conforme ela mesma explicara. Zé e Ibanez, os dois menores, ficaram encarregados de entregar marmitas [...] A caçula – Maria – estava com quinze dias quando dona Eudóxia começou a trabalhar. Miúda e fraquinha, ninguém acreditava que a menina sobrevivesse (José, apud Bazilli, 1999: 100).

Outra estereotipia detectada foi a apresentação de personagens negros quase sempre na condição de escravos ou relacionados ao passado escravista, de forma que "é possível apreender que ocorre [...] a eternalização que enrijece de tal forma o caráter histórico do passado escravista que termina por perpetuá-lo (Bazilli, 1999: 103-4; Lima, 1999: 103-4).

A coerência na caracterização estereotipada dos personagens negros foi tomada como fruto da focalização da criança branca como público da literatura infantojuvenil (Rosemberg, 1985; Negrão e Pinto, 1990; Gouvêa, 2004: 262). "A discriminação racial [...] se faz presente na própria definição deste gênero de literatura, na medida em que o cotidiano e a experiência da criança negra estão alijados do ato de criação dos personagens e do enredo desta literatura" (Negrão, 1987: 87). Uma possível hipótese explicativa seria a dificuldade dos autores (também de ilustradores, revisores etc., isto é, as equipes de produção), predominantemente brancos, de construir textos em que a sua própria condição racial não seja naturalizada. Araújo (2002: 65) oferece o mesmo tipo de interpretação para a criação de personagens negras na novela televisiva brasileira: "é a cabeça de quem conviveu na infância e adolescência com pessoas negras em sua casa, mas como serviçais. Que adorava a dona Maria, que a via quase como parte da família – mas sempre como subalterna, sem se interessar por sua família ou sua comunidade de origem".

Escritoras brancas de literatura infantojuvenil assumiram, com a laicização da produção após a década de 1980, uma nova estética, com a presença de novas temáticas, inclusive a sexualidade (Piza, 1995), tema anteriormente banido da literatura infantojuvenil brasileira. Os estereótipos de "mulata sensual", até então restritos à literatura adulta, passaram a ter lugar também na literatura infantojuvenil. "Algumas personagens, hoje, continuam empregadas domésticas, mas com o dom de misturar no mesmo prato da sexualidade a nutrição e a sedução" (Piza, 1995: 12). Um exemplo é a personagem Laura, descrita pelo narrador como "A rameira mais conhecida da cidade [...] negra ladina nas artes da cozinha e do amor [...] gigante de mulher, tanajura rainha, peitos rijos" e nas palavras de um dos personagens "gozas com a mesma competência com que fazes seus banquetes, delícia dos juízes, dos doutores, dos coronéis" (Nicolelis, apud Piza, 1995: 167). As escritoras brancas, na complexa interação entre as múltiplas subordinações sociais, avançaram contra a subordinação de gênero se apoiando na subordinação de raça. Para Piza (1995: 129-30), as autoras foram prisioneiras de determinações que pesaram sobre elas, inclusive as raciais.

No âmbito da literatura infantojuvenil, não se nota a mesma movimentação da literatura adulta, que, mesmo parcimoniosamente, ostenta produção de escritores negros. Joel Rufino dos Santos, consagrado escritor de literatura infantojuvenil, é estrela solitária. Alguns intentos de produzir literatura infantojuvenil antirracista ainda são desajeitados ou inadequados. Conforme Rosemberg (2005), a inclusão das crianças na pauta das reivindicações do movimento negro ainda é incipiente e a pesquisa educacional brasileira vem se interessando, apenas recentemente, pelo tema das relações raciais.

LIVRO DIDÁTICO

O tema do racismo no livro didático foi um dos mais frequentes na bibliografia consultada. O Brasil constitui um dos países que efetua distribuição gratuita de livros aos alunos das escolas públicas do ensino fundamental. Por esta razão, a tiragem atinge cifras importantes (entre 1996 e 2002, o governo brasileiro comprou e distribuiu para as escolas a média de 118 milhões de exemplares ao ano, correspondente a 36% do total de vendas, no período, do mercado editorial brasileiro como um todo), o que incita a atenção de pesquisadores e ativistas. No Quadro 2, apresentamos síntese dos resultados mais significativos das pesquisas realizadas sobre racismo em livros didáticos brasileiros, a partir da década de 1980.[16]

Quadro 2 – Síntese de resultados de pesquisas sobre o negro
em livros didáticos brasileiros (1980-2005).

- Personagem **branco como representante da espécie**, muito mais frequente nas ilustrações, mostrado em quase a totalidade de posições de destaque (Pinto, 1987; Ana Silva, 1988); personagem negro menos elaborado que branco (Pinto, 1987; Ana Silva, 1988; Cruz, 2000; Paulo Silva, 2005). **Sub-representação do negro** (Ana Silva, 2001; Paulo Silva, 2005).
- Personagens **negros aparecem menos frequentemente em contexto familiar** (Pinto, 1987; Ana Silva, 1988, 2001; Paulo Silva, 2005) e **desempenham número limitado de atividades profissionais**, em geral as de menor prestígio e poder (Pinto, 1987; Ana Silva, 1988; Cruz, 2000).
- Negros prevalentemente como personagens sem possibilidade de atuação na narrativa, em posição coadjuvante ou como **objeto da ação do outro**, em contraponto com os personagens brancos, com atuação e autonomia (Pinto, 1987; Chinellato, 1996; Cruz, 2000; Paulo Silva, 2005).
- Discursos das crônicas transcritas em livros didáticos apresentam as **concepções preconceituosas compartilhadas pelos personagens negros** (Chinellato, 1996).

- **Contexto sociocultural do negro omitido**, prevalecendo valores da cultura europeia (Negrão, 1988; Ana Silva, 1988, 2001; Chinellato, 1996; Pinto, 1999; Oliveira, 2000; Paulo Silva, 2005).
- **Ênfase na representação do negro escravo**, vinculando-o a uma passagem daquela condição à de marginal contemporâneo (Oliveira, 2000), associando o trabalho livre e o progresso do país aos brancos (Cruz, 2000).
- Manutenção da **população negra confinada a determinadas temáticas** que reafirmam o lugar social ao qual ela está limitada (Oliveira, 2000; Pinto, 1999; Cruz, 2000; Paulo Silva, 2005).

Fonte: Paulo Silva, 2005.

Os resultados das pesquisas realizadas nos últimos cinco anos (Pinto, 1999; Oliveira, 2000; Cruz, 2000; Ana Silva, 2001; Paulo Silva, 2005) são unânimes na apreensão de certas mudanças no discurso sobre o negro dos livros didáticos publicados na década de 1990. Mas tais modificações não significaram um tratamento equânime de brancos e negros ou a ausência de discurso racista (Chinellato, 1996; Pinto, 1999; Oliveira, 2000; Cruz, 2000; Paulo Silva, 2005): as modificações notadas foram pontuais e há uma centralidade discursiva na *branquidade normativa*, isto é, no branco como norma de humanidade. Da mesma forma que Bazzilli (1999) observara na literatura infantojuvenil, os personagens dos textos didáticos que não tiveram sua condição étnico-racial explicitada no texto foram, via de regra, ilustrados como brancos, ao passo que os não brancos precisaram da explicitação textual de sua pertença racial. Além disso, observou-se que os personagens negros, em textos e ilustrações, só existiam em contextos determinados, particularmente quando a intenção era discutir a desigualdade racial (Paulo Silva, 2005: 157), o que reforçou a branquidade normativa, negando ao negro a existência plena.

Observou-se a manutenção de notável menor proporção na frequência de representações de personagens negros na produção de livros didáticos contemporâneos (entre 1976-2004) analisados por Paulo Silva (2005), de forma equivalente ao que Pinto (1987) observara para livros didáticos publicados em período anterior (entre 1941-1975): no texto, foram localizados um personagem negro para 16,7 personagens brancos adultos e um personagem negro para 22,9 personagens negros infantojuvenis.

Em análise diacrônica que comparou livros didáticos de três períodos (1975-1984; 1985-1993; 1994-2003), Paulo Silva (2005) observou que os personagens negros foram pouco frequentes em todos os períodos. Entre 1975 e 1984, praticamente não se identificaram os personagens negros humanos. A maior parte deles era antropomorfizada e outra parte significativa era de personagens somente evocados, sem nenhuma participação nas tramas. Entre 1985 e 1993 a tendência se manteve. Um exemplo de personagem negro de existência limitada tem um apelo significativo: "O tempo passou. O bem-te-vi talvez tenha viajado [...] Talvez tenha sido atacado por um desses crioulos fortes que agora saem do mato e atiram sem razão nenhuma contra o primeiro vivente que encontram" (Cecília Meireles, apud Silva, 2005: 156). O exemplo é uma narrativa sobre a forma de cantar diferente de um pássaro. A frase racista, que atribui ao negro a tendência à criminalidade gratuita, não tem qualquer importância para a trama. Ou seja, funciona simplesmente para difundir a estereotipia. Os poucos personagens negros humanos observados no período (1985-1993) trazem traços estereotipados.

Entre 1994 e 2003 observamos personagens negros humanos ligeiramente mais frequentes. A estereotipia não mais se manifestou com passagens de racismo explícito. A tendência observada foi de apresentar os pouco frequentes e menos complexos personagens negros infantojuvenis em situação de pobreza e miséria. Selecionamos um exemplo do tema com maior frequência, o trabalho infantojuvenil:

Geração condenada

A cada dia cerca de cem meninos e meninas de cinco anos, em média, carregam sobre suas pequenas costas pesados sacos de açúcar, regressando depois com roupas que passam por contrabando na fronteira [...] As atividades variam, mas em muitas nações africanas as crianças não vão à escola porque são obrigadas a fazerem trabalhos que beneficiem os adultos. Trata-se da forma mais criminosa de exploração infantil (Achieng, apud Procópio, 2001).

O exemplo[17] dá mostras de que o discurso do texto em questão assume estilo sensacionalista,[18] com uso de manchetes e boxes destacando aspectos impactantes ("Geração condenada" é o título da matéria. O subtítulo mais importante, destacado em corpo de texto maior e em vermelho, é "Uma tragédia"; fotos e boxes dão ênfase a aspectos de miséria social). Além da associação entre a criança negra e a situação de miséria social, o texto estabelece, discursivamente, a criança negra como o outro, desviante, e o continente africano como lugar do "primitivo".

No que se refere aos personagens negros nas ilustrações, apreendemos certas modificações. Pinto (1981) apreendera, nas unidades de leitura publicadas entre 1941 e 1975, o tratamento estético empobrecido do negro em relação ao branco e, frequentemente, o negro ilustrado de maneira grotesca. Nos livros didáticos publicados entre 1975 e 1984, observamos que, nas poucas ilustrações em que apareciam, os personagens negros, via de regra, eram representados com lábios exagerados, desproporcionais aos traços da face. O uso de estereótipos fisionômicos como forma de difusão de ideias raciais foi utilizado na Europa desde o século XVIII (Pallotino, 1994). No caso dos negros, as representações de traços estereotipados serviram como mensagem emotiva de que se tratava de povos não civilizados, impuros, sujos e selvagens (Goglia, 1994: 32). Os lábios agigantados eram comuns em tiras de quadrinhos, cartões postais e reportagens da revista fascista *La difesa della razza*. A circulação desse tipo de imagem pelo continente americano é notória, mas não esperávamos observá-la em livros didáticos publicados no Brasil, entre os anos 1975 e 1993. Nos livros publicados após 1994, não mais encontramos ilustrações de negros com tais traços grotescos. Com relação a esse aspecto específico, encontramos passagem gradativa da ilustração distorcida da face do negro à ilustração sem tal estereotipia. Podemos afirmar que ocorreram modificações nas ilustrações do negro, mas que o discurso racista se apresenta sobre outro formato. Se entre 1994 e 2004, imagens estereotipadas do negro, as mais comuns no período inicial, deixaram de ocorrer, as imagens que acompanham as unidades de leitura limitaram os personagens negros a duas situações sociais em particular: miséria e escravidão. Imagens que valorizaram aspectos fenotípicos dos negros foram exceção, não a regra.

Num exemplo de ilustração de texto do período 1985-1993, observamos uma das raras passagens de depreciação racial explícita: a personagem Emília,[19] ao fazer conjecturas sobre o que modificaria no mundo, pergunta: "Para que tanto beiço em Tia Nastácia?" (Monteiro Lobato, apud Silva, 2005: 156). Os livros didáticos de língua portuguesa são, em grande parte, transposição de fragmentos ou textos da literatura infantojuvenil brasileira. O autor com maior recorrência em nossa amostra foi Monteiro Lobato. Na compreensão de Brookshaw, mesmo matizado pelo nacionalismo de Lobato, a perspectiva negrofóbica do autor prevalece em seus escritos dirigidos à infância e "contribuiu e reforçou, por gerações afora, o estereótipo do negro como criatura fundamentalmente ilógica" (Brookshaw, 1983: 71). O fato de ser o autor a quem os compiladores dos livros didáticos mais recorrem é indicativo de que a perspectiva estereotipada sobre o negro pode ter sido transposta da obra de Lobato.

O mesmo padrão dos textos, de naturalização do branco como representante da humanidade, foi observado por ilustrações de trechos que se dirigem diretamente aos leitores. Foram observados pelos diversos aos alunos/leitores: para passar à posição de autor; explorar a escrita; pôr mãos à obra; criar e recriar; fazer seu próprio texto; resumir; expressar oralmente. Observaram-se mais de oitocentos trechos nesse formato com imagens de personagens brancos (em amostra de livros publicados entre 1992 e 2004).

Nos textos que acompanham essas imagens, as referências ao leitor foram, em geral, diretas, particularmente com o uso dos pronomes *você* e *nós*. O interjogo entre imagens e textos definiu mensagens em que tanto o *você* quanto o *nós* foram discursivamente estabelecidos como *naturalmente* brancos. Os contraexemplos, personagens negros acompanhando falas diretas ao leitor, foram observados em número muito inferior (pouco mais de uma dezena) e, além disso, o personagem negro, quando figurou nessa situação, foi, invariavelmente, acompanhado de personagens brancos. Ou seja, o negro pôde, em raras oportunidades, integrar o *nós*, mas quase nunca (uma única exceção) representou a espécie humana individualmente ou em grupos exclusivamente negros. A existência plena foi sistematicamente negada aos personagens negros, via as ilustrações (para discussão pormenorizada e exemplos, ver Paulo Silva, 2005: 168-79, particularmente pp.176-8).

Outro aspecto observado foi a extrema economia no uso de termos do vocabulário racial brasileiro. No caso dos personagens brancos, apontou-se ausência quase total de vocabulário de classificação racial. Pode-se interpretar essa parcimônia como uma das formas de operar do silêncio, do que "não pode ser dito" (Gonçalves, 1987: 27). Duas formas correlatas de silêncio, segundo Gonçalves (1987, 1988), operam na escola brasileira: uma que se cala para as particularidades culturais da população negra brasileira e outra que nega o processo de discriminação. Ambas podem ser compreendidas como manifestação do que Orlandi (1993: 12) define como *silenciamento*, "aquilo que é proibido dizer em certa conjuntura" (Orlandi, 1993: 24).

O sentido do silêncio articula-se com a complexa *etiqueta das relações raciais* do "racismo à brasileira". É o silêncio que mantém o discurso, na escola, que tenta "construir a igualdade entre os alunos a partir de um ideal de democracia racial" (Gonçalves, 1987: 28), ocultando processos de discriminação contra os negros.

Além disso, observou-se uma característica recorrente na relação entre personagens brancos e negros, em geral transposta da mídia escrita: a do branco que atua para "salvar" o negro ou, mais sutilmente, para "corrigir" suas crenças, opiniões, valores (em perspectiva análoga à criticada por Giroux, 1999: 116-21, na análise do filme *Dangerous Minds*). Um exemplo:

Elói, o guerreiro de Lagoa Santa

Que ninguém duvide da garra desse adolescente de 14 anos, aluno da oitava série, com cabelos cortados, a moda Arnold Schwarzenegger, tênis 44 e 1,92 m de altura. Elói Marcelo de Oliveira Silva não brinca em serviço. Desde o início do ano, ele luta para que cada criança de sua cidade, Lagoa Santa, em Minas Gerais, ocupe o seu lugar na escola. Se encontra alguma resistência, Elói não se intimida [...] O resultado já começa a aparecer: 23 crianças e adolescentes de 7 a 16 anos, que estavam fora da escola, hoje já foram reintegrados. Na aparência, Elói é um adolescente como qualquer outro (*Revista Nova Escola*, apud Procópio, 2001: 47).

Elói, um menino branco, tem três fotos estampadas nas páginas em que tem seu nome citado dezenas de vezes e é discursivamente construído como herói. As crianças referidas no texto como as que são colocadas de volta à escola também aparecem em fotos, sendo majoritariamente negras. O tratamento a elas tende a ser, como no trecho transcrito, generalizante, com poucos detalhes, colocadas como objeto da ação do "herói".

Os estudos sobre livros da disciplina de História apontam, também, algumas atualizações no tratamento textual às questões relativas ao negro, mas com a manutenção de um discurso desfavorável, que pode ser qualificado como discurso racista. Os textos apresentam tendência a manter uma lógica que privilegia o papel dos brancos como sujeitos dos processos históricos em detrimento de negros (e indígenas), tratados como objeto e descritos em restritos espaços na sociedade (Pinto, 1999; Oliveira, 2000; Cruz, 2000).

A aprovação recente (2003) de uma lei para a inclusão de estudos afro-brasileiros no currículo do ensino fundamental pode provocar alguma mudança na representação de negros nos livros didáticos brasileiros na medida em que abre novo nicho no mercado editorial.

Combatendo os discursos racistas na mídia brasileira

A movimentação social em torno da representação do negro na mídia tem sido intensa no Brasil das últimas décadas. O tema esteve presente nos momentos mais significativos das discussões sobre políticas e práticas antirracistas e integrou pautas de reivindicações do movimento negro. Assim, reivindicações específicas para alteração da "imagem do negro" no livro didático têm estado constantemente presentes nas diversas manifestações contemporâneas do movimento negro: desde o manifesto de lançamento do Movimento Negro Unificado (MNU) em 1979, passando pelos conselhos estaduais e municipais da comunidade negra, pelo documento entregue à Presidência da República quando da Marcha Zumbi contra o Racismo, pela Cidadania e a Vida (1995), até os Seminários Regionais Preparatórios para a III Conferência Mundial contra o Racismo, Discriminação, Xenofobia e Intolerância Correlata (Sabóia, 2001).

Em relação a outros meios midiáticos, os apelos também têm sido quase permanentes. Os pontos mais frequentemente criticados e objetos de reivindicações reparadoras têm sido a visibilidade dos negros nas diferentes formas de representação (texto e imagem), bem como a crítica a sua representação estereotipada associada à escravidão e subalternidade.

Em 1995, após a realização da importante marcha em Brasília contra o racismo (Marcha Zumbi contra o Racismo, pela Cidadania e a Vida), o Governo Federal criou um Grupo de Trabalho Interministerial (GTI) que definiu como uma de suas competências "estimular e apoiar iniciativas públicas e privadas que valorizem a presença do negro nos meios de comunicação" (Silva Júnior, 1998: 78). Nos relatórios do GTI, nas ações desenvolvidas, a principal foi a busca da inclusão de maior número de negros na publicidade oficial do governo federal e das empresas estatais. Outros pontos citados foram o financiamento e a produção de programação específica com objetivos de valorização da população negra e o apoio a iniciativas de aprimoramento profissional de trabalhadores negros na mídia (pelos nossos dados, sem nenhum subsídio de pesquisas sobre o tema nos anos imediatamente anteriores).

Em 1995, as câmaras municipais de Vitória, Rio de Janeiro e Belo Horizonte e, em 1996, a de Aracaju aprovaram leis que definiram a participação de artistas e modelos negros em peças publicitárias dos respectivos municípios (Silva Júnior, 1998) (a lei de Vitória estabelecera que as peças publicitárias deveriam "assegurar a pluraridade étnica". As leis do Rio de Janeiro e Belo Horizonte estabeleceram um mínimo de 40% de negros). Nos anos seguintes, foi apresentado, no Congresso Nacional, um projeto de lei para estabelecer a obrigatoriedade da presença de negros na publicidade oficial. Ações, em diversos níveis e locais, demonstram capacidade de organização dos movimentos reivindicatórios, mas elas se limitaram a um tema único que é a publicidade oficial. O Programa Nacional de Direitos Humanos I (de 1996) e II (de 2002) também ficaram limitados às propostas de representação proporcional dos grupos raciais somente nas propagandas institucionais. Além disso, criar leis sobre determinadas temáticas tem sido, no Brasil, forma de dar resposta rápida, mas pouco eficaz, a reivindicações sociais, visto que não implica a mobilização de recursos financeiros, como no caso que analisamos sobre os livros didáticos (Rosemberg, Bazilli e Silva, 2003).

A agenda da mobilização para a Conferência Mundial contra o Racismo, Discriminação Racial, Xenofobia e Intolerância Correlata foi mais ampla. Organizou-se uma pré-conferência temática específica sobre o papel da indústria de comunicação (Moura e Barreto, 2002: 48). Entre as propostas condensadas para a área de comunicação e cultura, encontram-se: institucionalizar mecanismos que garantam visibilidade positiva da população negra nos meios de comunicação; desenvolver e estimular a implantação de programas especiais de valorização e atenção à população negra; incluir, nas escolas de graduação de jornalismo, disciplinas voltadas para a formação de profissionais; criar mecanismos legais de espaços na programação das emissoras de rádio e TV para a veiculação de programas referentes à realidade da população negra; criar mecanismos de capacitação de profissionais afro-brasileiros nas áreas de criação, direção e interpretação.

Na própria III Conferência, um dos grupos temáticos foi sobre "cultura e comunicação", e nas recomendações do relatório está listada uma série de proposições aos estados signatários no que se refere à "informação, comunicação e mídia" (Moura e Barreto, 2002: 138-9), entre as quais destacamos: "Insta os Estados e incentiva o setor privado a [...] incentivar a representação da diversidade da sociedade entre o pessoal das organizações de mídia e das novas formas de informação."

Toda essa movimentação contrasta com as limitadas modificações nas expressões do racismo discursivo apontadas pelos estudos aqui focalizados. A discussão sobre desigualdades raciais nas décadas de 1980 e 1990, as manifestações do movimento negro, as pesquisas sobre desigualdades estruturais, as críticas ao mito da democracia racial e o funcionamento de órgãos de combate à discriminação ligados às diversas esferas de governo parecem ter repercutido de forma mitigada e selecionada no discurso midiático brasileiro, que sustenta e produz a dimensão simbólica do racismo à brasileira. Amaral Filho (2006: 26) pergunta: "O negro 'ganhou' a mídia ou a mídia se readequou para receber as benesses de uma classe média negra, a vida de consumo ostensivo, mas deixando-a detrás da cerca de estereótipos historicamente erguida?". Nossa expectativa é que as jovens gerações de ativistas e pesquisadores negros (e brancos antirracistas) consigam povoar o imaginário brasileiro com novas imagens.

NOTAS

[1] A partir deste ponto, não mais utilizaremos a fórmula o(a), adotando o genérico masculino e visando, assim, a simplificação do texto.

[2] Charles Expilly, 1977, originalmente publicado em Viajante francês ao Brasil, 1862.

[3] Neste trecho, Gobineau prevê o fim da população brasileira. Refere-se a Costa Cabral em vez de Pedro Álvares Cabral, o navegador português que iniciou em 1500 a colonização portuguesa do Brasil.

[4] Algumas exceções (certamente não exaustivas): sobre livros didáticos, Regina P. Pinto da Fundação Carlos Chagas (FCC) e Ana C. Silva da Universidade Estadual da Bahia; sobre jornais e televisão, Solange C. Lima, Joel Z. Araújo, Fernando Conceição e Ricardo A. Ferreira da Escola de Comunicação de Artes (ECA) da Universidade de São Paulo (USP); sobre cinema, João C. Rodrigues; sobre literatura infantojuvenil, Fúlvia Rosemberg, Edith Piza e Shirley Bazilli da FCC e do Negri/Pontifícia Universidade Católica de São Paulo (PUC-SP) e Andréia Lisboa de Souza; sobre literatura, Zilá Bernd e Domício Proença Filho.

[5] Apesar da importância da música no contexto cultural brasileiro, poucas pesquisas recentes têm tratado do tema da ótica das relações raciais, por isso esse veículo não foi incluído neste texto. Recentemente, uma série de pesquisas tem tratado do *hip-hop* e do *rap* no contexto dos estudos sobre juventude negra (Andrade, 1997; Abramo, 1992).

[6] Anterior ao período aqui considerado, deve-se mencionar os estudos clássicos de Roger Bastide (1953), *Estereótipos de negros através da literatura brasileira*, e de Teófilo Queiroz Filho (1982) sobre a mulher negra na literatura brasileira de ficção. Sobre o teatro, deve-se mencionar a pesquisa de Miriam Garcia Mendes (1982), que estudou os papéis desempenhados por atores negros desde as primeiras peças de teatro no Brasil até 1980.

[7] Foi analisada no estudo a totalidade de romances (258) publicados entre 1990 e 2004 por três casas editoriais consideradas, no meio literário, como as mais importantes na publicação de prosa brasileira de ficção.

[8] Utilizamos a categoria "negra/negro" como correspondente ao agrupamento das categorias "negra" e "mestiça" utilizadas pela autora.

[9] Adriana Piscitelli (1996) tratou dessa associação em discursos sobre turismo sexual.

[10] Mariza Correa (1996) publicou instigante artigo intitulado *Mulata* em diversas obras literárias, analisando a construção da personagem/categoria de uma perspectiva das relações de gênero.

[11] Tivemos (e temos) algumas experiências de imprensa negra no Brasil ao longo do século xx. No geral, foram jornais de reduzida circulação, produzidos por grupos políticos e culturais negros a partir de 1915 (*Menelik, O Clarim da Alvorada, Voz da Raça, Mundo Novo* etc). Dentre os mais famosos, pode-se citar os *Jornais da Frente* Negra Brasileira e *O Quilombo*, editados por Abdias Nascimento, criador do Teatro Experimental do Negro.

[12] Um trabalho pioneiro sobre a representação do negro na publicidade foi o de Carlos Hasenblag (1982), *O negro na publicidade.*

[13] Comemoração do Dia da Abolição da Escravidão.

[14] Afirmamos como inferência, sem o amparo de novas investigações sobre relações raciais no humorismo televisivo brasileiro.

[15] Ver análise de Amaral Filho (2006).

[16] Dante Moreira Leite (1950) elaborou o estudo clássico "Preconceito racial e patriotismo em seis livros didáticos primários brasileiros".

[17] Pode-se argumentar que a presença de tais textos nos livros didáticos cumpre a função de apresentar contradições da sociedade e contribuir para uma visão crítica da mesma. É um ponto de vista ingênuo sobre o tratamento midiático das notícias como bens simbólicos. A influência das agências multilaterais na construção de "problemas sociais" e sua participação na arena de negociações sobre as políticas sociais em países subdesenvolvidos, como o Brasil, foi analisada numa perspectiva crítica por Rosemberg e Freitas (2002) e por Freitas (2004). No caso dos livros didáticos de língua portuguesa, parece-nos que a compilação passa à margem dessa análise crítica, fazendo uso da "midiação do sofrimento" numa posição favorável à sua associação com o humanitarismo, mas pouco atenta à criação de uma retórica da piedade, "terreno propício à produção de estigmas" (Andrade, 2004: 81).

[18] Utilizamos a definição do termo "sensacionalismo" na mídia conforme Andrade (2004: 76).

[19] Em acordo com Coelho, a boneca Emília cumpre função de *alter ego* de Monteiro Lobato, "irreverente porta-voz de suas ideias" (Coelho, 1995: 853).

Bibliografia

Abramo, H. *Cenas jovens*: punks e darks no espetáculo urbano. São Paulo: Scrita,1994.

Amaral Filho, N. C. *Mídia e quilombos na Amazônia*. Rio de Janeiro, 2006. Tese (Doutorado) – eco, Universidade Federal do Rio de Janeiro.

Andrade, E. N. de. *Movimento negro juvenil:* um estudo de caso sobre jovens rappers de São Bernardo do Campo. São Paulo, 1996. Dissertação (Mestrado) – Universidade de São Paulo.

Andrade, L. F. *Prostituição infantojuvenil na mídia:* estigmatização e ideologia. São Paulo, 2001. Tese (Doutorado) – Pontifícia Universidade Católica de São Paulo.

Araújo, J. Z. *A negação do Brasil.* Brasil, 92 min., colorido, 35mm, 2000a.

_____. *A negação do Brasil:* o negro na telenovela brasileira. São Paulo: Senac, 2000b.

_____. Estereótipos raciais e imagens sobre o negro na tv brasileira. In: Guimarães, A. S.; Huntley, L. *Tirando a máscara.* Rio de Janeiro: Paz e Terra, 2000c.

_____. A estética do racismo. In: Ramos, Sílvia (org.). *Mídia e racismo.* Rio de Janeiro: Pallas, 2002, pp. 64-71.

Baccega, M. A.; Lima, S. M. C. de. *Manipulação e construção da identidade da África Negra na imprensa brasileira.* São Paulo: eca-usp, 1992 (mimeo).

Barcelos, L. O(s) centenário(s) da abolição. *Estudos Afro-Asiáticos.* Rio de Janeiro, n. 20, jun. 1991, pp. 197-212.

Bastide, R. Estereótipos de negros através da literatura brasileira. *Boletim de Sociologia.* São Paulo, fflch-usp, 1953.

Bazilli, C. *Discriminação contra personagens negros na literatura infantojuvenil brasileira contemporânea.* São Paulo, 1999. Dissertação (Mestrado) – Pontifícia Universidade Católica de São Paulo.

Beltrão, K. I.; Teixeira, M. P. *O vermelho e o negro*: raça e gênero na universidade brasileira – uma análise da seletividade das carreiras a partir dos censos demográficos de 1960 a 2000. Texto para discussão n. 1052. Rio de Janeiro: Ipea, 2004. Disponível em <www.ipea.gov.br/pub/td/2004/td_1052.pdf>.

Bernd, Z. Negro, de personagem a autor. *Anais IV da Bienal Nestlé de Literatura*. São Paulo: 1988, pp. 25-8.

Borges, R. S. O já-dito e o não dito: o papel da imprensa no debate sobre as cotas. In: Silva, C. (org). *Ações afirmativas em educação*: experiências brasileiras. São Paulo: Summus/Selo Negro, 2003.

Brookshaw, D. *Raça e cor na literatura brasileira*. Tradução Marta Kirst. Porto Alegre: Mercado Aberto, 1983. (Série Novas Perspectivas).

Carneiro, M. L. T. *Preconceito racial em Portugal e Brasil colônia*. São Paulo: Perspectiva, 2005.

Carone, I; Nogueira, I. B. Faíscas elétricas na imprensa brasileira: a questão racial em foco. In: Carone, I; Bento, M. A. S. *Psicologia social do racismo*. Petrópolis: Vozes, 2002.

Chinellato, T. *Crônica e ideologia*: contribuições para leituras possíveis. São Paulo, 1996. Tese (Doutorado) – Faculdade de Filosofia, Letras e Ciências Humanas, Universidade de São Paulo.

Conceição, F. *Imprensa e racismo no Brasil*: a manutenção do "*status quo*" do negro na Bahia. São Paulo, 1995. Dissertação (Mestrado) – Escola de Comunicações e Artes, Universidade de São Paulo.

Corrêa, M. Sobre a menção da mulata. *Cadernos Pagu*, n. 617, 1996, pp. 35-50.

_____. Qual a cor da imprensa? In: Oliveira, D. D. et al. (orgs.). *A cor do medo*. Brasília: UnB, 1998, pp. 153-62.

_____. *Mídia e etnicidades no Brasil e Estados Unidos*. São Paulo, 2001. Tese (Doutorado) – Escola de Comunicações e Artes, Universidade de São Paulo.

Costa, H. O negro no teatro e na tv. *Estudos Afro-Asiáticos*. Rio de Janeiro, n. 15, 1988, pp. 76-83.

Cruz, M. *A história da disciplina Estudos Sociais a partir de representações sobre o negro no livro didático (período 1981-2000)*. Marília, 2000. Dissertação (Mestrado) – Universidade Estadual Paulista.

D'adesky, J. *Pluralismo étnico e multiculturalismo*. Rio de Janeiro: Pallas, 2001.

Dalcastagnè, R. A personagem do romance brasileiro contemporâneo: 1990-2004. *Estudos de Literatura Brasileira Contemporânea*. Brasília, n. 26, jul.-dez. 2005, pp. 13-71.

Damasceno, C. M. A. "Em casa de enforcado não se fala em corda": notas sobre a construção social da "boa" aparência no Brasil. In: Guimarães, A. S.; Huntley, L. (orgs.). *Tirando a máscara:* ensaios sobre o racismo no Brasil. São Paulo: Paz e Terra, 2000, pp. 165-99.

Data Folha. *Racismo cordial*. São Paulo: Ática, 1995.

Essed, P. *Understanding Eveydary Racism*. Londres: Sage, 1991.

Evaristo, C. Gênero e etnia: uma escre(vivência) de dupla face. Trabalho apresentado no IV Congresso Brasileiro de Pesquisadores Negros. Salvador, 13 a 16 set. 2006.

Expilly, C. *Mulheres e costumes do Brasil*. São Paulo: Nacional/INL, 1977.

Fazzi, R. C. *O drama racial de crianças brasileiras*: socialização entre pares e preconceito. Belo Horizonte: Autêntica, 2004.

Fernandes, F. *A integração do negro na sociedade de classes*. São Paulo: Dominus, 1965.

Ferreira, R. A. *A representação do negro em jornais no centenário da abolição da escravatura no Brasil*. São Paulo, 1993. Dissertação (Mestrado) – Escola de Comunicações e Artes, Universidade de São Paulo.

_____. *Reelaboração do olhar:* a instrumentação e formação do comunicador na cobertura das diferentes realidades africanas e do segmento afrodescendente brasileiro, a partir do jornalismo científico e jornalismo especializado. 2005. Disponível em <www.reacao.com.br/programa_sbpc57ra/sbpccontrole/textos/ricardoalexinoferreira.htm>. Acessado em 25/2/2006.

França, J. M. C. O negro no romance urbano oitocentista. *Estudos Afro-Asiáticos*. Rio de Janeiro, n. 30, 1996, pp. 97-112.

Freitas, Rosângela R. *O tema trabalho infantojuvenil na mídia*: uma interpretação ideológica. São Paulo, 2004. Tese (Doutorado) – Pontifícia Universidade Católica de São Paulo.

Freyre, Gilberto. *O escravo nos anúncios de jornais brasileiros do século XIX*. São Paulo: Dominus, 1979.

Giroux, H. *Cruzando as fronteiras do discurso educacional*. Porto Alegre: Artes Médicas, 1999.

Gobineau, J. A. *Essai sur l'inégalité des races humaines*. Paris: Librarie de Firmin-Didot, 1874.

GoGLIA, L. Le cartoline illustrate italiane della guerra 1935-1936: il negro nemico selvaggio e il trionfo della civiltà di Roma. In: CENTRO, Furio Jesi. *La Menzogna della razza*: documenti e immagini del razzismo e dell'antisemitismo fascista. Bologna: Grafis, 1994, pp. 27-40.

GONÇALVES, L. Reflexão sobre a particularidade cultural na educação das crianças negras. *Cadernos de Pesquisa*. São Paulo, n. 63, nov. 1987, pp. 27-9.

_____. A discriminação racial na escola. In: MELO, R.; COELHO, R. (orgs.). *Educação e discriminação dos negros*. Belo Horizonte: IRHJP, 1988, pp. 59-63.

GOUVÊA, M. C. S. *O mundo da criança:* a construção do infantil na literatura brasileira. Bragança Paulista: São Francisco, 2004.

_____. Imagens do negro na literatura infantil brasileira: análise historiográfica. *Educação e Pesquisa*. São Paulo, v. 31. n. 1, jan./abr. 2005, p. 77-89.

GUIMARÃES, A. S. A. O recente antirracismo brasileiro: o que dizem os jornais diários. *Revista USP*. São Paulo, n. 28, dez.-fev. 1995-1996, pp. 84-95.

_____. Racismo e restrição de direitos individuais: a discriminação publicizada. *Estudos Afro-Asiáticos*. Rio de Janeiro, n. 51, out. 1997, pp. 51-78.

_____. O mito anverso: o insulto racial. In: GUIMARÃES, A. S. A. *Classes, raças e democracia*. São Paulo: Fundação de Apoio à Universidade de São Paulo, n. 34, 2002, pp. 169-95.

HASENBALG, C. *Discriminação e desigualdades raciais no Brasil*. Rio de Janeiro: Graal, 1979.

_____. O negro na publicidade. In: HASENBALG, C.; GONZÁLES, L. *Lugar do negro*. Rio de Janeiro: Marco Zero, 1982, pp.103-15.

_____. As imagens do negro na publicidade. In: HASENBALG, Carlos; SILVA, Nelson do Valle (orgs.). *Estrutura social, mobilidade e raça*. Rio de Janeiro: Vértice, 1988, pp. 183-8.

IANNI, O. Literatura e consciência. *Estudos Afro-Asiáticos*. Rio de Janeiro, n. 15, 1988, pp. 209-17.

IBGE. *Indicadores sociais:* 2001. Rio de Janeiro: IBGE, 2003.

IRACI, N.; SANEMATSU, M. Racismo e imprensa: como a imprensa escrita brasileira cobriu a conferência mundial contra o racismo. In: RAMOS, S. (org.). *Mídia e racismo*. Rio de Janeiro: Pallas, 2002, pp. 122-51.

LEITE, D. M. Preconceito racial e patriotismo em seis livros didáticos primários brasileiros. *Psicologia*. São Paulo, n. 3, 1950, pp. 207-31.

LEITE, S. U. Presença negra na poesia brasileira moderna. *Revista do Patrimônio Histórico e Artístico Nacional*. Rio de Janeiro, n. 25, 1997, pp. 112-57.

LESLIE, M. The Representation of Blacks on Commercial Television in Brazil: some Cultivation Effects. *Intercom – Revista Brasileira de Comunicação*. São Paulo, v. 18, n. 1, jan.-jun. 1995, pp. 94-107.

LIMA, H. P. Personagens negros: um breve perfil na literatura infantojuvenil In. MUNANGA, Kabengele (org.). *Superando o racismo na escola*. Brasília: MEC, 1999, pp. 101-16.

LIMA, S. M. C. *O negro na televisão de São Paulo*: um estudo de relações raciais. São Paulo, 1971. Dissertação (Mestrado) – Universidade de São Paulo.

LOPES, L. *Identidades fragmentadas:* a construção discursiva de raça, gênero e sexualidade em sala de aula. Campinas: Mercado Aberto, 2002.

LORENSO, S. R. *Literatura negra e regimes de interação:* um percurso semiótico. São Paulo: USP, 2005 (mimeo).

MARTINS, M. *A personagem afrodescendente no espelho publicitário de imagem fixa*. São Paulo, 2000. Tese (Doutorado) – Pontifícia Universidade Católica de São Paulo.

MENDES, M. G. *A personagem negra no teatro brasileiro*. São Paulo: Ática, 1982.

MENEZES, M. *Reflexos negros*: a imagem social do negro através das metáforas. Belo Horizonte, 1998. Dissertação (Mestrado) – Universidade Federal de Minas Gerais.

MOURA, C. A.; BARRETO, Jônatas Nunes. *A Fundação Cultural Palmares na III Conferência Mundial de Combate ao Racismo, Discriminação Racial, Xenofobia e Intolerância Correlata*. Brasília: Fundação Cultural Palmares, 2002.

MUSSA, B. Estereótipos de negro na literatura brasileira: sistema e motivação histórica. *Estudos Afro-Asiáticos*. Rio de Janeiro, n. 16, 1989, pp. 71-90.

NEGRÃO, E. Preconceitos e discriminações raciais em livros didáticos. *Cadernos de Pesquisa*. São Paulo, n. 65, maio, 1988, pp. 52-65.

_____. Pinto, R. *De olho no preconceito*: um guia para professores sobre racismo em livros para crianças. São Paulo: FCC, 1990.

Oliveira, D. Representações e estereótipos do negro na mídia. *I Seminário Internacional Mídia e Etnia*. São Paulo: ECA-USP, 25-26 maio 2004.

Oliveira, E. A imprensa e o racismo. In: Ramos, Sílvia (org.). *Mídia e racismo*. Rio de Janeiro: Pallas, 2002, pp. 36-41.

Oliveira, M. *O negro no ensino de História*: temas e representações. São Paulo, 2000. Dissertação (Mestrado) – Faculdade de Educação, Universidade de São Paulo.

Oliveira, R. *Relações raciais na escola*: uma experiência de intervenção. Dissertação (Mestrado) – Pontifícia Universidade Católica de São Paulo.

Orlandi, Eni P. *As formas do silêncio:* no movimento dos sentidos. Campinas: Unicamp, 1993.

Pereira, E. A. Canto poemas: uma literatura silenciosa no Brasil. In: Fonseca, M. N. S.; Figueiredo, M. C. L. (orgs.). *Poéticas afro-brasileiras*. Belo Horizonte: Mazza/PUC-Minas, 2002.

Pereira, J. *Cor, profissão e mobilidade:* o negro e o rádio de São Paulo. São Paulo: Edusp, 2001.

Pallottino, P. Origini dello stereotipo fisionomico dell' "ebreo" e sua permanenza nell'iconografia antisemita del novecento. In: Centro, Furio Jesi (ed.). *La Menzogna della razza*: documenti e immagini del razzismo e dell'antisemitismo fascista. Bologna: Grafis, 1994, pp. 17-26.

Pinto, Regina P. *O livro didático e a democratização da escola*. São Paulo, 1981. Dissertação (Mestrado em Ciências Sociais) – Universidade de São Paulo.

Pinto, R. A representação do negro em livros didáticos de leitura. *Cadernos de Pesquisa*. São Paulo, n. 63, nov. 1987, pp. 88-92.

_____. Diferenças étnico-raciais e formação do professor. *Cadernos de Pesquisa*. São Paulo, n. 108, nov. 1999, pp. 199-231.

Piscitelli, A. "Sexo tropical": comentários sobre gênero e "raça" em alguns textos da mídia brasileira. *Cadernos Pagu*, n. 617, pp. 10-18.

Pitanga, A. TV, cinema, teatro e dança. In: Ramos, S. (org.). *Mídia e racismo*. Rio de Janeiro: Pallas, 2002, pp. 78-83.

Piza, E. *O caminho das águas:* estereótipo de personagens femininas negras na obra para jovens de escritoras brancas. São Paulo, 1995. Tese (Doutorado) – Pontifícia Universidade Católica de São Paulo.

Procópio, M. M. S. *Letra, palavra e texto*: língua portuguesa e projetos – ensino fundamental, 4ª série. São Paulo: Scipione, 2001.

Proença Filho, D. A trajetória do negro na literatura brasileira. *Revista do Patrimônio Histórico e Artístico Nacional*. Rio de Janeiro, n. 25, 1997, pp. 159-77.

Queiroz Filho, T. *Preconceito de cor e a mulata na literatura brasileira*. São Paulo: Ática, 1982.

Ramos, S. (org.). *Mídia e racismo*. Rio de Janeiro: Pallas, 2002.

Rodrigues, J. *O negro brasileiro e o cinema*. Rio de Janeiro: Globo-Minc, 1988.

Rosemberg, F. *Literatura infantil e ideologia*. São Paulo: Global, 1985.

_____. Childhood and social inequality in Brazil. In: Penn, Helen (org.). *Unequal childhoods*: children's lives in the south. Londres: Routledge, 2005, v. 1, pp. 142-70.

_____; Freitas, R. Participação de crianças brasileiras na força de trabalho e educação. *Educação & Realidade*, v. 27, n. 1, jan.-jun. 2002, pp. 95-125.

_____; Bazilli, C.; Silva, P. Racismo em livros didáticos brasileiros e seu combate: uma revisão da literatura. *Educação e Pesquisa*. São Paulo, v. 29, n. 1, jan.-jun. 2003, pp. 125-146.

Sabóia, G. (org.). *Anais de Seminários Regionais Preparatórios para Conferência Mundial contra Racismo, Discriminação Racial, Xenofobia e Intolerância Correlata*. Brasília: Ministério da Justiça, 2001.

Sant'ana, L. Humor negro. *Estudos Afro-Asiáticos*. Rio de Janeiro, n. 26, set. 1994, pp. 81-98.

Santos, H. Discriminação racial no Brasil. In: Sabóia, Gilberto V. (org.). *Anais de Seminários Regionais Preparatórios para Conferência Mundial contra Racismo, Discriminação Racial, Xenofobia e Intolerância Correlata*. Brasília: Ministério da Justiça, 2001.

Schwarcz, L. *Retrato em branco e negro*: jornais, escravos e cidadãos em São Paulo no final do século XIX. São Paulo: Companhia das Letras, 1987.

Silva, A. *O estereótipo e o preconceito em relação ao negro no livro de Comunicação e Expressão de primeiro grau, nível I.* Salvador, 1988. Dissertação (Mestrado) – Universidade Federal da Bahia.

_____. *As transformações da representação social do negro no livro didático e seus determinantes.* Salvador, 2001. Tese (Doutorado) – Universidade Federal da Bahia.

Silva, P. *Relações raciais em livros didáticos de Língua Portuguesa.* São Paulo, 2005. Tese (Doutorado) – Pontifícia Universidade Católica de São Paulo.

Silva Jr., H. *Antirracismo*: coletânea de leis brasileiras. São Paulo: Oliveira Mendes, 1998.

Sodré, M. *Claros e escuros*: identidade, povo e mídia no Brasil. Petrópolis: Vozes, 1999.

Souza, Andréia L. A representação da personagem negra feminina na literatura infantojuvenil brasileira. In: Secad/MEC (org.). *Educação antirracista*: caminhos abertos pela Lei Federal n. 10.639/03.

Telles, E. *Racismo à brasileira*: uma nova perspectiva sociológica. Tradução Nadjeda Rodrigues Marques e Camila Olsen. Rio de Janeiro: Relumé Dumará/Fundação Ford, 2003.

Thompson, J. *Ideologia e cultura moderna*: teoria social crítica na era dos meios de comunicação de massa. Petrópolis: Vozes, 1995.

Wieviorka, M. *Il razzismo.* Tradução Cristiana Maria Carbone. Roma-Bari: Laterza, 2000.

Chile: o caso mapuche

María Eugenia Merino, Mauricio Pilleux,
Daniel Quilaqueo e Berta San Martín

Situação atual e histórica dos mapuches no Chile

O impacto da conquista espanhola sobre o povo mapuche durante mais de dois séculos de confronto teve múltiplas consequências, o que originou profundas transformações na organização política, econômica e cultural da sociedade mapuche. Em primeiro lugar, o povoado "pikunche", assentamento mapuche situado ao norte do rio Bío-Bío, teve que enfrentar a irrupção armada do exército espanhol com repercussões de escravidão, a sujeição ao sistema de encomendas e a transmissão de doenças que não existiam na comunidade indígena. Consequentemente, os sobreviventes viram-se obrigados a se mobilizar conforme sua própria organização social, os butalmapus,[1] criando uma onda de migrações em busca de refúgio que os levou a áreas de difícil acesso situadas nos atuais territórios do Chile e Argentina. A perda de território mapuche confinou esse povo no espaço geográfico entre os rios Bío-Bío e Toltén. Por sua parte, as forças espanholas, por meio de incursões e controle de certas áreas, reinstalaram fortes e cidades na região denominada Araucanía e outras situadas ao sul do rio Toltén, território dos williches[2] do grupo mapuche.

No final do período colonial, os mapuches pikunche são assimilados pelo domínio espanhol e, juntamente com os crioulos, constituem um movimento independentista que dá origem, tanto no discurso como nas estratégias políticas, ao processo de formação do Estado chileno, que dura quase todo o século XIX. Com o objetivo de constituir um Estado-Nação, os líderes da independência desenharam políticas para assimilar o povo mapuche, promulgando leis indígenas que forçaram a estabelecer assentamentos em áreas específicas e delimitadas, conhecidas como *reduções indígenas.* O Estado instaura nesses espaços uma institucionalidade de características coloniais após outorgar os Títulos de Concessão e nomear como caciques[3] as autoridades indígenas para serem legalmente reconhecidas pelo nascente Estado chileno.

Esse processo é reforçado por outras leis e mecanismos de controle e dominação condensadas na política indígena, cujo objetivo é tornar os mapuches cidadãos chilenos com direitos e deveres. Simultaneamente, outras leis entram em vigor e conseguem se impor progressivamente sobre as reduções e expandir, assim, o sentido de nacionalidade chilena sobre uma área que até 1880 não formava parte do território nacional. Para o povo mapuche, esse processo significa, mais uma vez, uma dispersão geográfica, uma imposição de formas de propriedade de terras, que é alheia à sua forma de vida, e um sistema educacional que anula e nega o reconhecimento mapuche e seus direitos culturais de acordo com suas tradições. A partir desse período, o povo mapuche fica submetido aos poderes do Estado chileno, passando da condição de povo livre à de povo dominado.

Essa nova forma de assentamento humano por meio da criação de reduções indígenas é complementada com uma ideologia de superioridade manifesta em diversos planos da cultura e das políticas estatais. Para justificar a imposição dos Títulos de Concessão, o Estado promove o discurso do *índio incivilizado e inculto,* cuja permanência cultural e forma de vida poderiam atentar contra a ideologia e as estruturas da emergente nação chilena (Merino e Quilaqueo, 2003: 105-16).[4]

A resistência mapuche contra essas práticas de submissão é tomada como exemplo pelos líderes independentistas, o que posteriormente dará origem ao discurso da negação do mapuche por parte da nascente população chilena.[5] Esse discurso foi reforçado por estereótipos e preconceitos que os chilenos foram construindo sobre os mapuches. Assim, o preconceito do *mapuche violento* que Bengoa (1992: 126) cita, "o álcool e o contato com foragidos chilenos que tinham se refugiado em seu território degeneraram-nos e os tornaram violentos e sanguinários", constitui um exemplo desse discurso. Assim, o estereótipo do mapuche violento torna-se o *bode expiatório* da sociedade chilena para justificar políticas de exclusão e discriminação contra o povo mapuche. Do mesmo modo, o discurso da História do Chile trata o indígena como parte do passado, com o propósito de construir uma integridade nacional, mas baseada na negação do indígena.

No Chile, a atual ix Região da Araucanía possui traços e características que a distinguem das outras regiões do país tanto pela sua composição física como pela estrutura étnico-cultural de sua população. Além das colônias alemã, suíça, italiana e inglesa, entre outras, que se radicaram na região, durante séculos nesta zona coexistiram duas culturas que mantiveram relações interétnicas e interculturais marcadas por um conflito de dominação: a não mapuche e a mapuche.[6] Cantoni (1978) discute se a sociedade chilena considera o mapuche como um ser humano naturalmente inferior, uma espécie de *sub-humanidade*, a quem não se aplicam os valores, critérios e normas da civilização ocidental. Por outro lado, Saiz e Williams (1991) afirmam que em alguns acontecimentos do desenvolvimento do país, tanto no âmbito público como no privado, essas diferenças foram motivo de situações conflituosas com maiores ou menores consequências que, em geral, incidem sobre as relações entre a sociedade chilena e o grupo étnico mapuche. Essas situações desencadeiam mal-entendidos, desacordos e conflitos que são desfavoráveis principalmente para os mapuches. Stuchlik (1974) postula a existência de estereótipos ordenados historicamente, como: *guerreiros valentes e bravos*, desde a conquista até aproximadamente 1840; *bandidos sanguinários*, entre 1840 e 1893; *índio que se submete ao paternalismo do homem branco*, de 1920 a 1960; e *selvagens gentis a quem só falta educação*, de 1960 em diante. Por seu lado, Cantoni (1978: 305) afirma que:

> é um fato reconhecido em particular pelos próprios chilenos a existência generalizada de atitudes e condutas discriminadoras contra o mapuche, especialmente nas zonas de maior concentração indígena, onde os descendentes de colonos alemães, franceses, ingleses procuram preservar sua fisionomia étnica diferente e onde são considerados como uma espécie de aristocracia racial e cultural.

Os preconceitos e estereótipos do povo mapuche, que foram sendo construídos desde a época colonial e que permanecem até a atualidade, são transmitidos principalmente através do discurso dos meios de comunicação, do sistema de educação formal do processo de escolarização e do discurso cotidiano que sustenta o processo de socialização do indivíduo.

Neste capítulo, apresentaremos a situação atual do racismo discursivo nas relações interétnicas e interculturais entre mapuches e não mapuches, e serão analisados os seguintes tipos de discurso não mapuche: *discurso cotidiano, discurso dos meios de comunicação, discurso político* e *discurso de livros didáticos*. Aqui, concebe-se o discurso como um sistema complexo composto de três elementos inter-relacionados e interdependentes entre si: o texto e seus elementos constitutivos, a prática discursiva dos falantes através dos textos e a prática social em que tanto a prática discursiva quanto o texto são modelados ideologicamente (Fairclough, 1995). A análise crítica do discurso apoia-se na proposta metodológica de Van Dijk (1997), que estuda os textos e a fala que emergem da crítica linguística, da crítica semiótica e, em geral, do modo sociopolítico consciente, oposicionista, em que se investiga a linguagem, o discurso e a comunicação.

Preconceitos e estereótipos
no discurso cotidiano dos não mapuches

A análise da fala cotidiana de não mapuches[7] sustenta-se numa amostra de 264 entrevistas semiestruturadas aplicadas a homens e mulheres não mapuches, representativos dos estratos socioeconômicos alto, médio e baixo, e de três grupos etários: adulto jovem, adulto e adulto idoso da cidade de Temuco. O *corpus* foi recopilado em gravações de áudio de 30 minutos de duração, no domicílio dos entrevistados. Esse estudo teve como propósito descobrir a existência de preconceitos contra os mapuches, estabelecer uma categorização dos tipos de preconceito e estereótipos baseados em traços comuns e conhecer quais estratégias semânticas locais (Van Dijk, 1984) são as mais frequentes nesse tipo de discurso.

O discurso dos entrevistados revelou uma importante presença de preconceitos e estereótipos (em torno de 80% da amostra), que correspondem à representação social que os não mapuches possuem dos mapuches. As expressões de preconceito são construídas sobre a base de categorias mais amplas e abstratas que orientam cognitivamente as representações construídas. Na Tabela 1, apresentamos cada categoria com suas expressões protótipicas respectivas e a frequência que cada uma atinge no discurso.

Tabela 1 – Categorias de preconceitos e estereótipos.

Categoria	Expressões de preconceito e estereótipos	Percentual
Racialismo: nível z de progresso	*inferiores, primitivos, atrasados, ignorantes, sem educação, bêbados, frouxos, que impedem o progresso*	32
Diferença	*diferentes, feios, negros, sujos, malvestidos, horríveis*	24
Violência	*violentos, agressivos, briguentos, extremistas*	15,3
Subtotal		71,3
Paradoxo do reconhecimento mapuche	*O mapuche de hoje não é como o de ontem, antigamente existiam os mapuches, mas hoje não são os mesmos, a raça mapuche degenerou-se, hoje são todos chilenos*	13,2
Paternalismo	*não são capazes de se autossustentar, não fazem nada por si mesmos, tem que dar tudo feito*	7,5
Contradiscriminação	*o Estado favorece demais em detrimento de chilenos que também são pobres, eles têm bolsas de estudo e créditos especiais a que o resto do povo não tem acesso*	4,4
Ambivalência no reconhecimento de ascendência mapuche do chileno	*os mapuches eram os donos destas terras e nós descendemos dos espanhóis que se misturaram com os índios e daí originamos, portanto, agora todos somos chilenos*	2,0
Extemporaneidade das reivindicações de terras	*exigem terras que eles já perderam, agora essas terras têm dono, as terras já não pertencem a eles*	
Total		100

Fonte: Os autores (dados coletados para este estudo).

A categoria "racialismo" atinge a frequência mais alta no discurso dos entrevistados, com 71,3%. Nessa categoria, distinguem-se três subcategorias: nível de progresso, diferença e violência. Essa categoria sustenta-se na ideologia racialista, levada para a América pelo conquistador europeu e que persiste até hoje. Essa ideologia é racista, porque se manifesta em favor do menosprezo pelas pessoas que possuem características físicas definidas e diferentes das do modelo europeu, e é racialista em relação ao modo de julgar e categorizar as raças humanas. Também admite a existência de raças como grupos que compartilham características físicas similares, o que implica que há uma correspondência entre estas e as diferenças culturais. Da mesma forma, postula que o comportamento individual depende em grande parte do grupo racial e cultural ao qual pertence. A ideologia racista organiza as raças numa hierarquia que vai do maior ao menor, utilizando como critério os atributos construídos pelo próprio grupo, especialmente de acordo com a ótica ocidental europeia (Todorov, 1991; Morgan, 1990). O racialismo constitui um fenômeno ideológico que representa um grupo de crenças cujo argumento é que a raça branca tem todas as características próprias de um ser humano e todas as outras raças seriam inferiores (Quince e Powel, 1988).

O nível de progresso atribuído ao povo mapuche é explicitado no item sobre a condição de *frouxidão e primitivismo* como características próprias do povo mapuche: *os mapuches são primitivos* ou *sua raça é uma raça fraca, ignorante*. As mulheres não mapuches da classe média são as que usam mais essa categoria, como em: *"É que é uma raça muito fraca... Acho que eles* [mapuches] *não evoluíram..."* (mulher jovem, classe média).

A subcategoria "diferença", com uma frequência de 24%, destaca as diferenças tanto físicas como culturais entre mapuches e não mapuches. A exaltação das diferenças gera distanciamento e polarização entre os membros de ambos os grupos que se traduzem na forma de marcar a diferença. Nos seguintes testemunhos, ela aparece implicitamente quando se nota que o falante evita dar uma opinião direta e opta por usar descrições e eufemismos:

1. *Acho que um chileno não vai se casar com mapuche, porque o mapuche é... nós temos sangue mais, mais fraco... ele* [mapuche] *é mais forte,... pelo menos eu nunca vi um chileno casando com mapuche* (homem adulto, classe baixa).

2. *E a gente tem certa tendência a ver, a deixar de lado essas pessoas, pela forma como se vestem, por tantas coisas* (mulher adulta, classe baixa).

O discurso da "diferença" caracteriza o mapuche como portador de traços culturais diferenciados, tais como sua forma de vestir, suas comidas típicas e um "cheiro" típico. Implicitamente, sob esses testemunhos existe o conceito de "incivilizado" atribuído ao mapuche, o que de certo modo vincula esta categoria ao racismo.

A subcategoria "violência", com uma frequência de 15,3%, alude a estereótipos e preconceitos que implicam um sentimento de ameaça percebida pelos não mapuches. De acordo com Wieviorka (1992: 160), a violência racista é "um fenômeno histórico, e como tal, sempre depende de numerosas causas ou fatores que fazem com que cada ato de violência seja um acontecimento único, ainda que se reproduza de forma idêntica". O discurso dos seguintes testemunhos mostra os mapuches como *violentos, agressivos, conflituosos, bêbados, briguentos, extremistas, teimosos* e *cegos*:

3. *Escutei na farmácia no centro... e todos correndo porque vinham os mapuches com paus e pedras* [...] (mulher adulta, classe média).

4. [...] [os mapuches] *estão destruindo os campos... senti a agressividade, as ameaças e toda essa prepotência que não sabem controlar* (homem adulto, classe média).

O discurso de atribuição de violência aos mapuches mostra o seguinte esquema argumentativo que os culpa:

Argumento 1: os mapuches são os responsáveis pela violência que existe na região.

Argumento 2: são os responsáveis pela má imagem da região.

Argumento 3: por sua culpa, os investidores não querem investir na região.

Conclusão 4: por culpa dos mapuches, a IX Região é a mais pobre do país.

A segunda categoria é o "paradoxo do reconhecimento histórico e a atribuição de um traço tabu ao mapuche contemporâneo", com uma frequência de 13,2%. Essa categoria consiste em reconhecer e valorizar o mapuche da época da conquista do país pelos espanhóis mediante a exaltação de sua bravura, sua coragem, seu espírito guerreiro e sua resistência aos exércitos *realista*, da coroa espanhola, e *chileno*, situação que se reflete nos nomes de guerreiros mapuches dados a ruas e cidades do país, mas, ao mesmo tempo, desconhece-se ou subestima-se o mapuche atual. Dessa forma, construiu-se uma representação do mapuche de hoje em torno a uma concepção de *degeneração da raça, que era muito diferente da que foi outrora*, e, portanto, a presença etnocultural mapuche gera no não mapuche um sentimento de vergonha. Assim, o discurso cotidiano evita a referência ao mapuche contemporâneo e desloca-se para aqueles valentes guerreiros elogiados pelo poeta Ercilla em *La Araucana*.

Consultados se consideram importante que nas escolas e colégios se estude e conheça mais sobre os mapuches, os testemunhos sugerem que qualquer fato sobre o povo mapuche deve estar situado nas origens do período da República chilena:

5. *Me parece bom que estudem sobre os mapuches assim como sobre a História* [...] (mulher adulta, classe baixa).

Desse modo, fica claro que existe um *tabu discursivo* na fala cotidiana, comprovado pela atitude de vergonha e desconforto que sentiam os entrevistados quando o tema de conversa era sobre os mapuches: hesitações, pausas, fala entrecortada, permanente autocorreção, ruborização, atitudes nervosas, abandono do tema, entre outras, foram comuns nas entrevistas no momento de falar dos mapuches.

A terceira categoria é o "paternalismo", com uma frequência de 7,5%. Trata-se de uma forma de dominação e proteção que se assemelha à exercida pelo pai com seu filho pequeno: "Existe um paternalismo político, industrial, social [...]" (Howard, 1993). Essa categoria constitui a expressão contemporânea do racialismo clássico, em que a imagem de *primitivo* torna-se implícita e se redefine em torno de uma atitude paternalista de superproteção e dominação em relação a um grupo que *não sabe cuidar de si mesmo*. Nessa categoria, torna-se evidente a crença de que os não mapuches devem se responsabilizar pela sociopolítica do povo mapuche para evitar sua interferência no desenvolvimento do país. Preconceitos como "*os mapuches são dependentes do Estado, esperam que o Estado lhes dê tudo, só aceitam trabalhos do tipo manual como padeiros, carpinteiros etc., atrapalham o progresso, deveriam explorar turisticamente a sua cultura, comercializar seus objetos folclóricos*" constituem exemplos dessa categoria. Nas mulheres, foi possível observar um discurso paternalista compassivo baseado em diminutivos. No seguinte testemunho, a entrevistada nega a possibilidade de que o povo mapuche possa ser partícipe do progresso e de seus benefícios econômicos:

6. *Acho que é difícil porque... é que eu imagino uma mapuchinha assim saindo de uma "rukita"... a ocidentalização é muito global e a cultura mapuche é muito pequenininha* (mulher adulta, classe média).

A categoria "contradiscriminação" atinge uma frequência de 4,4%. Argumenta-se que há uma discriminação positiva por parte das políticas do Estado em detrimento de outros não mapuches que também são pobres. Essa é uma categoria utilizada majoritariamente pelos falantes das classes média e alta, como se pode observar no seguinte testemunho:

7. [...] *as subvenções que têm, porque olhe, outro dia conversamos com uma amiga que vive num lugar só de mapuches e ela não é mapuche, todos receberam luz grátis menos ela que não era mapuche... tem muitos privilégios o mapuche... tem algumas regalias que inclusive tem mais do que os chilenos como as bolsas de estudo porque tem sobrenome mapuche* [...] (mulher adulta, classe média).

Observa-se uma concorrência pelos benefícios que o Estado oferece, que se apoia na crença de que os mapuches são incapazes de investir adequadamente os recursos em seu próprio desenvolvimento ou no da região. Outro argumento recorrente é que o governo não exige dos mapuches as mesmas obrigações e deveres como faz com outros setores socialmente marginalizados. Manipula-se a crença de que o Estado dá aos mapuches ajuda e bens, enquanto aos não mapuches em situação de pobreza o Estado só dá uma ajuda que devem devolver em dividendos ou empréstimos a longo prazo.

A categoria "ambivalência no reconhecimento da ascendência mapuche do chileno" apresenta uma frequência de 2%. Trata-se de um discurso contraditório em que se discute a identidade do chileno e não se estabelecem claramente seus limites. Aceita-se, por um lado, que os chilenos descendem da mistura entre espanhóis e mapuches, de mestiços ou de mestiços e mapuches e, por outro lado, argumenta-se que isso ficou num passado remoto e que na atualidade "todos somos chilenos"; portanto, alimentos mapuches como "catutos" e "mote"[8] são, conforme os entrevistados, *tipicamente chilenos, pertencentes ao folclore chileno.*

Finalmente, a categoria "extemporaneidade das reivindicações de terras e a falta de fundamento legal", que só atinge 1,6%, revela o questionamento sobre a veracidade legal das demandas de recuperação de terras dos mapuches. Argumenta-se que, mesmo que se comprovasse a veracidade de suas reivindicações, *não se resolve nada entregando terras aos mapuches porque não sabem trabalhar.* Nessa categoria, aparecem marcas de ideologia racista em relação à incapacidade de progresso do indígena, a qual constitui uma forma de autoproteção da sociedade chilena ante a pressão sociopolítica que as organizações mapuches estão exercendo, juntamente com a demanda dos povos indígenas dos últimos tempos, exigindo um tratamento diferente à problemática dos indígenas no mundo (Merino et al., 2005).

Estratégias de semântica local

As estratégias discursivas semânticas mais recorrentes no discurso dos falantes são encontradas na classe média, na qual ocorrem, por exemplo, estratégias como *evasão, implicaturas, apresentação positiva de si mesmo e negativa do mapuche, atenuação de juízos e concessão aparente.* Com menor frequência, registram-se as estratégias de *polarização intergrupal, despersonalização de juízos, desvio da responsabilidade* em relação à solução dos problemas dos mapuches para outros membros do endogrupo (governo, autoridades regionais, políticos), *pressuposições e generalização de opiniões.*

Tabela 2 – Estratégias semânticas (ocorrências por classe social e porcentagem total).

Estratégias	Classe baixa	Classe média	Classe alta	%
Evasão	45	60	30	19,9
Implicaturas	21	44	30	12,3
Autoapresentação positiva	27	33	31	11,6
Atenuação	30	33	23	10,6
Concessão aparente	24	35	22	9,7
Polarização interétnica	27	20	30	8,9
Despersonalização	25	29	20	8,3
Desvio de responsabilidade para o endogrupo	20	27	24	7,8
Generalização	15	21	25	5,9
Pressuposições	15	19	22	4,9
TOTAL	249	321	257	100

Fonte: Os autores (dados coletados para este estudo).

Expressa-se a "evasão" por meio de várias modalidades discursivas, como abandono de um tema ou atenuação de ênfase dos agentes do endogrupo que perpetram ações contra os mapuches. Os eufemismos, pronomes demonstrativos, subjuntivo potencial, passiva com o "se" e sujeitos impessoais são os recursos linguísticos mais recorrentes desta estratégia. Em termos gerais, as mulheres tendem a evadir mais do que os homens.

No testemunho a seguir, o entrevistado evita explicar por que não compraria um terreno cujos vizinhos fossem mapuches e opta por abandonar o assunto:

8. B: [...] *porque se fosse um mapuche a minha terra estaria em perigo.*
   A: *E por que sua terra estaria em perigo?*
   B: *Essas perguntas estão aí?* (indica a folha do questionário).
   A: *Em... não, mas se não quiser, não responda.*
   B: *Porque estariam em perigo e* [...] (homem adulto, classe média).

As "implicaturas" contêm proposições preconceituosas que subjazem no discurso e devem ser inferidas. Os falantes da classe média apresentam um discurso mais implícito, especialmente as mulheres. Por sua parte, os falantes da classe alta revelam um comportamento discursivo diferenciado. Assim, quando se encontram entre pares, em situações privadas, seu discurso é mais explícito; no entanto, em situações de discurso público e de representação social, este se torna implícito e encoberto.

No relato a seguir, o falante estabelece, mediante uma descrição implícita, a diferença cultural percebida entre mapuches e não mapuches:

9. [...] *se o senhor for ao campo e observar um campo, nunca foram feitas regularmente, me parece, rotações de cultivo, por exemplo, cultivou-se sem tecnologia, explorou-se abusivamente o bosque, o solo e tem muito terreno que está em erosão ou cheio de pica-pica, por exemplo, e isso é falta de tecnologia e falta de conhecimento. Se o senhor for à região de Villarrica, a gente percebe imediatamente quando vai ao terreno de alguém, de alguém que eu... não quero dizer gringo, mas alguém que chegou com mais conhecimento e mais tecnologia, os campos estão realmente trabalhados de forma diferente* (homem adulto, classe média).

Em seu discurso, o falante sugere que os mapuches são *frouxos, atrasados, sem educação,* diferentemente dos não mapuches, que são *trabalhadores, educados e progressistas.* Note-se o uso de passiva com o "se" e sujeitos impessoais para se referir implicitamente aos mapuches.

Apresentar-se como *vítimas* das ações dos mapuches é uma estratégia que os falantes das classes média e alta utilizam, e isso se realiza principalmente pelo uso do pronome em primeira pessoa do singular ou plural e do verbo em infinitivo:

10. *Parece que seus genes... é que disseram que tinham que ser... teimosos... mas são seus genes... não, os mapuches são superteimosos. Me disseram: não contrate essas pessoas... cumpriu-se o previsto, que eram muito teimosos [...]* (homem adulto, classe média).

Atenuar opiniões é uma prática recorrente entre os falantes, principalmente do sexo feminino, de classes sociais média e baixa. A atenuação discursiva se dá pelo uso de marcadores, como diminutivos, eufemismos e voz passiva com "se", entre outros:

11. *Isto é, eu sim acho que nós de Melipeuco estamos tão perto da comunidade onde nós trabalhamos, e sei dessa discriminação, de que dizem como uma mapuchinha moreninha de carinha redonda vai estar no ato da banda da escola [...]* (mulher adulta, classe média)

Os dados deste estudo revelam que aproximadamente 80% dos habitantes não mapuches da cidade de Temuco possuem um discurso preconceituoso e estereotipado em relação aos mapuches. As expressões de preconceito e estereótipos realizam-se de forma mais explícita e direta nos entrevistados da classe social baixa, enquanto o discurso é mais implícito e subjacente nos falantes das classes média e alta, fato que confirma a hipótese de que, à medida que ascende na escala social, a prática discursiva preconceituosa sobre os mapuches realiza-se de forma mais dissimulada.

As estratégias semânticas locais de maior frequência tendem a evitar o tema mapuche, a se distanciar social e etnicamente e a não reconhecer a descendência mestiça de indígena com espanhol. Nesse sentido, a autoapresentação positiva e negativa do mapuche constitui uma maneira de justificar e compensar ideologicamente a contradição que se observa entre a teoria e a prática social interétnica. Ou seja, valoriza-se o mapuche que lutou por sua independência e liberdade como símbolo do primeiro chileno e, por outro lado, discriminam o mapuche atual e sentem vergonha dele.

Entre as categorias de preconceito e estereótipos mais relevantes, destaca-se o "racialismo", ideologia que se conserva até hoje no discurso dos não mapuches, e que dá origem a subcategorias como "diferença" e "violência". Além disso, a análise sugere que as outras categorias, como "paradoxo do reconhecimento histórico e atribuição de tabu ao mapuche contemporâneo", "contradiscriminação", "ambivalência no reconhecimento da ascendência mapuche do chileno" e "extemporaneidade das reivindicações de terras" apoiam-se, epistemologicamente na ideologia racista. Por outro lado, a categoria "paternalismo" constitui uma expressão contemporânea e mais encoberta derivada do racialismo. Confirma-se, assim, que a categoria "racialismo" constitui uma macrocategoria que é transversal às outras categorias encontradas (Merino e Quilaqueo, 2003).

Conforme os dados, confirma-se também que o preconceito, como fenômeno social e cognitivo, representa crenças e valores individuais e coletivos dos chilenos não mapuches em relação aos mapuches. Essas crenças e valores se expressam por meio de estratégias discursivas para utilizar os mapuches como *bodes expiatórios* para justificar a incompreensão cultural da sociedade chilena com os povos indígenas e suas lógicas culturais.

O DISCURSO DA IMPRENSA SOBRE OS MAPUCHES NO CHILE

Este estudo tem como objetivo descobrir a representação que os jornais de circulação nacional, tais como *El Mercurio, La Época* e *La Tercera* (doravante EM, LE e LT, respectivamente) dão dos mapuches.[9] Foram analisadas, de abril de 1997 a abril de 1998, todas as notícias relacionadas com esta etnia, que somaram 237 eventos no total. A análise foi baseada em *Análisis crítico del discurso* e nas propostas teóricas de T. van Dijk. Os dados foram agrupados de acordo com as seguintes categorias: "tema", "contextualização histórico-cultural", "contextualização local", "nível de especificidade e generalização", "léxico", referente aos mapuches e suas ações, "comparação e contraste" e "voz passiva".

TEMAS

A temática das notícias em que se menciona a etnia mapuche relaciona-se principalmente, de forma direta ou indireta, com acontecimentos de violência e criminalidade, como se pode observar nos seguintes títulos:

12. *Seis comunidades mapuches invadiram uma chácara na Oitava Região* (22 jan. 1998).

Racismo e discurso na América Latina

13. *Desalojaram os mapuches da chácara em Lumaco* (LE e LT, 5 out. 1997).

14. *Negam liberdade a mapuches de Lumaco* (LT, 7 jan. 1998).

15. *Mapuches ameaçam com novas invasões se não houver acordo antes de terça-feira* (LT, 4 mar. 1998).

Observa-se também uma alta frequência de temas de índole social, que remetem a situações de desamparo, pobreza material, pedido e entrega de doações:

16. *Mapuches pedem solução para sua pobreza. Quatrocentos mil vivem em Santiago* (LT, 28 dez. 1997).

Existem também, de forma significativa, os temas relacionados com a agitação social que os grupos mapuches provocam atentando contra a ordem pública:

17. *Pehuenches*[10] *protestaram no centro pela central Ralco**(LT, 13 out. 1997).

18. *Mapuches voltam a protestar* (LE, 21 dez. 1997).

Resumindo, das 237 notícias revisadas, 178 associam os mapuches com temas de violência, agressividade, ilegalidade ou pobreza.

CONTEXTUALIZAÇÃO HISTÓRICO-CULTURAL

Sobre a contextualização histórico-cultural, ou seja, sobre os antecedentes do problema, descobrimos que, em geral, as notícias focam as ações e as consequências das ações protagonizadas pelos mapuches sem um contexto que explique as razões para realizarem essas ações. Por exemplo, em relação com a negativa dos *pehuenches* em abandonar sua terra, dá-se a seguinte explicação:

19. [...] *porque é um atentado contra a dignidade e o território do povo mapuche* (LT, 17 maio 1997).

Quem desconhece a cultura pehuenche dificilmente entende a razão da negativa. Outra modalidade é a explicação sintética, parcial ou incompleta:

20. *Repetiram insistentemente* [os "lonkos"[11]] *que a cultura pehuenche corre o risco de desaparecer se for realizada a obra* (LE, 9 out. 1997).

21. *Comunidades mapuches da comuna de Lumaco, IX Região, insistem em recuperar terreno de propriedade privada, alegando direitos ancestrais* (EM, 3 dez. 1997).

---

* Nota do tradutor (N.T.): Central Hidrelétrica de Ralco. Projeto aprovado em 1997 pelo governo chileno. Apesar dessa aprovação, 14 famílias pehuenches negaram-se a permutar suas terras e continuaram resistindo apoiadas por diversas organizações indígenas, ecologistas e de direitos humanos. Uma das irregularidades refere-se à violação da legislação indígena, o que tornou vulnerável os direitos consagrados dos pehuenches.

Em outros casos, neutraliza-se a informação que explicaria as situações vividas pelo povo e que os levou à posição em que se encontram, matizando a explicação por meio da conjunção "conforme" ou do uso das "aspas".

22. [...] *conforme afirmam* [os mapuches], *seus antepassados habitaram* (EM, 7 abr. 1998).

23. [...] *invasão que tem sua origem, conforme os indígenas, na recuperação histórica de terras usurpadas* (LT, 19 fev. 1998).

A publicação desses antecedentes que são omitidos ou simplificados permitiria, sem dúvida, compreender os acontecimentos que se relatam nas notícias e, ao mesmo tempo, contribuiria para mudar o estereótipo que, do contrário, se reforça e legitima no discurso jornalístico.

É possível imaginar que essa omissão obedece ao fato de que a história dos mapuches, por ser parte da história do Chile, é de conhecimento comum que o jornalista não questiona. Achamos que não é esse o caso e estamos de acordo com Bengoa (1999) quanto à ignorância dos chilenos em relação à história desse povo, principalmente porque ela não foi escrita pelos não mapuches. Em consequência, o que se conhece é o que se quis dizer, ouvir e ler do ponto de vista não mapuche. Efetivamente, de 1883 até hoje, todos os fatos e processos que pudessem envergonhar a nossa sociedade, que se considera justa, civilizada e tolerante, foram apagados.

CONTEXTUALIZAÇÃO LOCAL

No caso das proposições que dão conta das causas ou razões de uma situação, ação ou evento referido numa proposição prévia, descobrimos que os fatos informados são explicados apenas parcialmente:

24. *Então puderam constatar* [os funcionários da Conadi[12]] *que existe desconfiança, incerteza e confusão entre os indígenas* (EM, 23 set. 1997).

O exemplo anterior é a explicação que o jornal dá para o título "A maioria dos pehuenches rejeita o realocamento", o que impede o leitor de compreender o que motiva a negativa e deixa de informá-lo sobre as razões que originaram a confusão e desconfiança dos pehuenches.

Resumindo, a contextualização dos fatos informados é feita a partir da perspectiva cultural dominante. As consequências de uma situação histórica são apresentadas como as próprias causas do problema, o que contribui para criar uma imagem errônea, confusa e pouco compreensível da situação mapuche, bem como para fortalecer e legitimar um estereótipo negativo desse povo.

GENERALIZAÇÃO VS. ESPECIFICIDADE

O léxico da língua espanhola permite apresentar os fatos com maior ou menor grau de especificidade (Van Dijk, 1998b, 1996a, 1996b), dependendo do que ou de quanto queremos revelar ou ocultar. Assim, é possível referir-se ao mesmo fato num nível tal de generalidade que isso daria origem a múltiplas interpretações, vagas, imprecisas e provavelmente errôneas, ou, então, é possível expressar-se com tanta especificidade que o texto não daria margem a interpretações e formaria uma representação mental clara e nítida.

Em nossa análise, descobrimos que as situações que afetam os mapuches são descritas com palavras de alto nível de generalidade, recurso que permite ocultar o prejuízo causado a esse povo:

25. *Para a Conadi, a proposta de realocamento é insuficiente* [...], *posto que as comunidades enfrentarão mais isolamento e dificuldades para desenvolver suas atividades* (EM, 8 ago. 1997).

O jornalista refere-se aos problemas que o translado traria aos pehuenches com tanta generalidade – *"dificuldades para desenvolver suas atividades"* – que não informa absolutamente nada sobre o custo social e cultural que a mudança significa para os indígenas.

Para informar sobre a violência ou as agressões cometidas contra os mapuches, o jornalista recorre a palavras vagas ou de sentido muito genérico, sem entrar em detalhes:

26. *Diretor da Corporação* [Conadi] [...] *expressou sua preocupação com as numerosas pressões que exerceriam sobre os pehuenches* (EM, 5 jul. 1997).

O jornalista não informa nada sobre as pressões que são denunciadas. Além disso, introduz um tom de dúvida sobre a veracidade da informação, ao usar o modo condicional "exerceriam".

Por outro lado, as ações violentas ou delituosas dos mapuches, bem como as explicações que as justificam, clarificam ou que, em geral, contribuem para formar uma ideia positiva das atuações do governo ou dos empresários contra os mapuches, são tratadas de forma explícita e clara:

27. [...] *um grupo de indígenas assaltou-os... os quais com paus e pedras atacaram os caminhões... outros 15 mapuches derramaram combustível nas carroçarias e puseram fogo* (EM, 3 dez. 1997).

LÉXICO

A representação do mapuche como usurpador é reforçada mediante a reiteração de palavras ou frases que indicam claramente quem são atualmente os proprietários do terreno:

28. *Forestal Mininco, dona da terra [...] e que agora pertencem a Forestal Mininco* (LT, 19 fev. 1998).
29. [...] *ocupação ilegal de um prédio de propriedade privada* (EM, 7 abr. 1998).
30. [...] *de um possível confronto entre mapuches e os legítimos proprietários* [das terras] (EM, 20 abr. 1998).

Tendo em vista que os modelos de contexto do escritor controlam também a produção léxica na elaboração de seu discurso, aparece como uma constante o fato de que palavras que expressam *violência* (ações ilegais, invasões, usurpações, protestos, agressões, terrorismo, intimidações de qualquer tipo) sejam usadas explicitamente para se referir às ações que os mapuches praticam:

31. [...] *dois dirigentes mapuches que golpearam e causaram lesões a dois carabineiros que foram chamados para pôr fim a uma ocupação ilegal protagonizada pelos indígenas [...]. José Chureo Ponoleo, de 36 anos, e Ismael Piroleo Colipi, de 50 anos, ficaram à disposição da Justiça Militar de Angol, por terem agredido no chão os uniformizados que tinham caído da motocicleta numa valeta* (EM, 16 out. 1997).

Note-se também o uso do gentílico "mapuche" para identificar a origem étnica dos participantes em casos de problemas:

32. *12 mapuches detidos [...] 15 dirigentes mapuches detidos por ocupação* (LE, 4 set. 1997).

Não acontece o mesmo quando se menciona alguém que, mesmo sendo mapuche, possui grau de autoridade ou importância. Assim, por exemplo, nem os diretores da Conadi nem os advogados ou parlamentares de origem mapuche são referidos como "o diretor mapuche" ou "o mapuche Namuncura". Uma exceção é a entrevista que o jornal *La Tercera* fez com Namuncura quando este assumiu o cargo, na qual o jornalista se refere às origens étnicas do personagem. Essa estratégia também contribui para situar os mapuches num âmbito de subcultura, uma vez que, por um lado, se respeita sua participação em atividades que gozam de prestígio ou poder na sociedade não mapuche e, por outro, reforça-se sua presença nas atividades em que predominam a violência, a criminalidade ou ilegalidade.

Nesse sentido, estabelece-se uma conexão entre o movimento mapuche e os grupos de conotação política extremista com a qual se pretende desvirtuar as motivações dos mapuches para vinculá-las com as aspirações puramente ideológicas dos grupos extremistas. A vinculação torna-se mais evidente ao serem os mapuches classificados como *violentos*. Assim, o objetivo dessa estratégia é apresentar os mapuches como *violentos e politicamente motivados:*

> 33. [...] *as ações violentas não teriam sido protagonizadas exclusivamente por indígenas, mas outros indivíduos teriam participado* [...] *com fins políticos que não especificou* [...], *tendo em vista a forma de atuar desses homens violentos, é claro que não participaram só mapuches, mas também gente com preparação e instrução nesse tipo de ação, que os dirige e age conjuntamente com eles* (EM, 3 dez. 1997).

Também é utilizada a estratégia "*conceptual engineering*" (Leech, 1981), que consiste em usar uma palavra, tirando proveito de suas conotações positivas e aplicando-as a um mesmo (ou ao nosso) grupo contra o "outro", neste caso, contra os mapuches:

> 34. [...] *seu translado significa uma mudança qualitativa em suas vidas* [...] *que radica na necessidade de inserir os mapuches na sociedade chilena* (EM, 5 jul. 1997).

As palavras "mudança" e "inserção" (estas duas palavras tornam-se equivalentes a "integração"*)* são muito valorizadas na nossa sociedade. No caso de "mudança", funciona como antônimo de "imutabilidade" e como sinônimo de "movimento com resultados positivos", o que, logicamente, nem sempre é assim, uma vez que uma mudança também pode implicar o trânsito a um estado ou a condições inferiores (López Quintás, 1988). No caso de "inserção", esta se opõe a "exclusão", que não goza de prestígio em nossa sociedade, pois remete a "elitismo", a grupos fechados, a segregação. No entanto, no contexto analisado, "inserção" funciona como um eufemismo de "supressão da cultura primitiva", ou seja, a "inserção" dos mapuches na sociedade chilena corresponde à absorção da cultura mapuche e seu desaparecimento em longo prazo. Dessa forma, a representação da sociedade não mapuche é feita dissimuladamente, como um sistema superior e qualitativamente melhor, à qual se deve aspirar. Também o uso de eufemismos deixa entrever que a cultura mapuche é atrasada; para se referir ou qualificar o mapuche, são usadas palavras cheias de conotações negativas.

Voz passiva

Outra estratégia para ocultar, esconder, minimizar ou evitar tanto as agressões quanto os ataques dos agentes responsáveis por essas ações é o uso da voz passiva com o "se":

35. [...] *famílias pehuenches que vivem no Alto Bío-Bío e que se verão afetadas pela construção da central* [...] (LT, 25 nov. 1997).

Usando a estratégia de camuflar os agentes reais contra os mapuches em geral, ocultando o processo e mostrando apenas os fatos decorrentes, consegue-se uma naturalização dos fatos apresentados: eles ocorreram como resultado de processos naturais e inexoráveis, que não podem ser impedidos ou revertidos:

36. [...] [os mapuches] *têm um título de propriedade onde consta que lhes pertencem 120 hectares e medindo a extensão de terrenos que eles ocupam, só têm 54* [...] *Os indígenas reclamam seu "direito histórico" – avalizado por títulos de domínio – de 150 hectares, 80 das quais já são ocupadas por empresas florestais* (LE, 22 jan. 1998).

Como se observa, tanto os atores responsáveis como os afetados pelo processo ficam ocultos. Assim, legitima-se moralmente a agressão, pois ela é associada a processos naturais, o que ajuda a construção de um modelo social que não é responsável nem culpada dos acontecimentos. Desse modo, reforça-se, difunde-se e legitima-se o estereótipo do "chileno bom", "justo", "não racista" e, por oposição implícita, o do mapuche "mau", "criminoso".

Baseando-nos na análise dos jornais chilenos, podemos afirmar que a imagem negativa do mapuche é construída, por um lado, descontextualizando histórica e culturalmente os fatos noticiados e, por outro, enfatizando as ações negativas cometidas pelos mapuches (destacando-as nos títulos, repetindo a informação e utilizando palavras como "usurpação", "ataque", "estado de guerra" etc.). Nesse sentido, priorizam-se as temáticas relacionadas com âmbitos de conflito e pobreza, dá-se ampla informação e detalhe das situações de violência em que alguns grupos dessa etnia se veem envolvidos, ocultam-se ou neutralizam os eventos que provocaram as reações mais radicais dos mapuches e, além disso, não se mencionam os agentes responsáveis por esses eventos.

Nas notícias em que há alusões aos mapuches, subjaz uma oposição *mapuche vs. não mapuche* e uma correspondência entre não mapuche e progresso, legalidade (justiça), crescimento econômico, em oposição ao mapuche, a quem são atribuídos traços de violência, delinquência, ignorância, atraso cultural, conflito e resistência ao progresso.

Os fatos são apresentados da perspectiva da cultura chilena, o jornalista examina os problemas a partir de sua cosmovisão e ideologia, com os códigos e normas que lhe são próprios, mas que não são iguais aos do povo mapuche. Em nenhum momento é adotada a perspectiva cultural mapuche, esta é simplesmente ignorada; portanto, a *recuperação de terras* torna-se sinônimo de *vandalismo e pilhagem,* e sua negativa em abandonar as terras ancestrais é vista como teimosia e oposição ao progresso. No caso dos dois grandes acontecimentos que os jornais analisados fazem a cobertura, a construção da central Ralco e o movimento de reivindicações territoriais, nota-se que não se considera absolutamente a compreensão que a cultura mapuche tem do fato; mais do que isso, enfatiza-se os prejuízos econômicos que as ocupações geram. Além disso, privilegia-se a apresentação do problema como um simples fato judicial, ou seja, como mais um caso delituoso, cuja única solução é fazer cumprir a lei e, em consequência, oculta-se o *background* histórico e cultural da situação mapuche.

Pela leitura dos jornais sobre o povo mapuche, tem-se a sensação de que este existiu em dois momentos históricos diferentes: quando os espanhóis chegaram e na atualidade. O intervalo a partir de 1883 até hoje é ignoto e misterioso, já que nunca se menciona esse período, que é fundamental para entender os problemas do presente, ou seja, o período da colonização espanhola (o indígena mítico) e o do presente (o indígena das invasões e dos protestos). O modelo estereotipado de *mapuche* que a sociedade dominante possui, como um índio ausente do progresso nacional, frouxo, criminoso, delinquente, antagônico ao modelo civilizado europeu, está tão arraigado na consciência nacional que filtra todas as leituras e percepções sobre este grupo.

Não podemos dizer que só os jornais examinados apresentam uma tendência racista. Eles representam o modelo preferido da sociedade a qual informam, mas difundem, legitimam e reforçam através do discurso o modelo predominante, que é também criado para os que não o têm. Por isso, não se pode minimizar a importância que os jornais têm na nossa sociedade como fonte de informação e de conhecimento. O discurso jornalístico e, em geral, o discurso da mídia produz, reproduz e distribui o conhecimento que permite dar sentido à experiência e dar forma às percepções, bem como ajuda a armazenar o passado e compreender o presente (McQuail, 1991).

O DISCURSO POLÍTICO CHILENO SOBRE OS MAPUCHES

A racionalidade que subjaz no discurso político chileno sobre as minorias étnicas não considera os imigrantes de origem europeia ou asiática assentados no país, mas foca principalmente os grupos de origem indígena. Uma das características mais relevantes do discurso político sobre o povo mapuche[13] é que não só responde a crenças preconceituosas de origem individual, mas também constitui uma função do contexto social em que operam os grupos econômicos dominantes. Assim, o discurso político é o resultado das condições políticas que caracteriza a estrutura democrática do país e sua ideologia nacional, sem falar na influência exercida pelos partidos e agremiações políticas dominantes que têm maior acesso à mídia escrita e falada.

De acordo com as condições sociopolíticas pelas quais o país passou, o racismo discursivo revelou-se de diferentes maneiras, desde modalidades abertamente discriminatórias até formas mais implícitas e sutis. No primeiro caso, o exemplo é a expressão "cinturão suicida", usada pela imprensa das regiões do sul do Chile, expressão preconceituosa que surgiu nos anos 1920 com a consolidação das primeiras cidades e povoados no país, mas que se manteve em vigor dos anos 40 até os 60. Essa expressão obedecia às inquietações dos representantes não mapuches dos grupos políticos e instituições estatais, dos agricultores e comerciantes que consideravam as comunidades mapuches que rodeavam as cidades como um obstáculo para o desenvolvimento regional. Para esse grupo, os mapuches ocupavam terrenos sem obter proveito nem para eles próprios nem para o desenvolvimento da região, ou seja, constituíam um sério obstáculo que impedia o uso e o aproveitamento dos terrenos da então "fronteira". Essa situação pode ser observada no seguinte extrato que alude a ela:

37. *O dique contra um progresso maior da economia regional reside justamente nas terras que por estarem em mãos ociosas vêm se constituindo em circuito negativo visível à simples vista e conhecido como cinturão suicida de Cautín* (El Diario Austral de Temuco, set. 1946).

Aqueles que usavam essa expressão em geral tinham a intenção de despojar os mapuches de seus pertences e empurrá-los para a periferia urbana ou para outras regiões mais isoladas (Merino e Quilaqueo, 2003).

O discurso político contemporâneo foi se adaptando aos novos cenários internacionais que defendem e promovem os direitos dos indígenas. O discurso político não mapuche tornou-se mais sutil, situação que se observa na análise do discurso de parlamentares, autoridades governamentais nacionais e regionais, empresários e dirigentes agrícolas.

São dois tipos de discurso político. O primeiro caracteriza-se pela presença de níveis variáveis de preconceito étnico e racismo, como é o discurso de parlamentares e líderes políticos de direita e dirigentes agrícolas, mais aberto e explícito, na mesma proporção que o discurso das autoridades governamentais e empresários tende a ser mais implícito e encoberto. O segundo tipo de discurso corresponde ao dos parlamentares e líderes políticos de centro-esquerda, que se caracteriza por posições favoráveis às demandas e reivindicações da causa mapuche e em que se observa um claro viés paternalista.

O estilo lexical do primeiro grupo caracteriza-se pelo uso de um bom número de categorias negativas em relação aos mapuches, como: "ataque", "violência" e "terrorismo". Por exemplo, o governador em exercício da época atribui ao grupo mapuche práticas de terrorismo rural e o vincula a grupos extremistas internacionais:

38. [...] *os incidentes de quinta-feira* [...] *são claramente uma emboscada terrorista* [...] *entre os mascarados houve um que utilizou uma máscara com o rosto de Che Guevara* (*El Diario Austral de Temuco*, 10 jan. 1999).

Para legitimar seu argumento, a autoridade governamental utiliza a estratégia de vincular o uso de máscaras e gorros com a figura de Che Guevara e de outros líderes internacionais de extrema-esquerda. Assim, instala-se na opinião pública a crença de que a região vive uma escalada de tipo terrorista alojada no movimento mapuche das últimas décadas, além de confirmar o estereótipo de *violento*, atribuído historicamente ao mapuche.

Os parlamentares de centro-esquerda da IX Região referem-se em termos positivos e a favor do movimento mapuche, aprovando suas demandas. No exemplo a seguir, um deputado do partido PPD (Partido pela Democracia) exorta a opinião pública e as autoridades governamentais a elaborarem políticas que resolvam as demandas de recuperação de terras do povo mapuche:

39. [...] *É o momento de entender e respeitar a diversidade cultural dos indígenas, com a elaboração de uma política que permita resolver suas demandas históricas e tornar efetiva a lei Indígena para melhorar suas condições de vida* (*El Diario Austral de Temuco*, 25 mar. 1999).

Seu discurso de "uma política que permita resolver suas demandas" revela a perspectiva paternalista que as classes políticas do país manejam, já que eles fazem as leis para os mapuches sem a participação direta dos indígenas em sua elaboração. O viés paternalista, assimilacionista em algumas ocasiões, que se manifesta no discurso dos parlamentares de centro-esquerda, aparece principalmente na entrega de fórmulas de solução aos problemas que são vistos da ótica não mapuche e sem a participação da comunidade mapuche. Em consequência, pensa-se *pelo* mapuche e *para* o mapuche, sem a sua participação, o que indica a persistência de preconceitos que têm sua origem na ideologia racista trazida pelo conquistador europeu que postula que os indígenas não possuem a capacidade de pensar nem de se desenvolver por si mesmos.

O estilo discursivo muda conforme o tipo de emissor. Assim, uma ação que para as autoridades governamentais, prefeitos e governadores constitui *invasões ou usurpação* de terras, para os parlamentares de centro-esquerda constitui *obtenção* de terras ou *direito* a elas.

O discurso político caracteriza-se também pela recorrência de estruturas sintáticas como a oração ativa enfática, a passiva com o "se", o infinitivo, o subjuntivo e o uso do pronome pessoal de terceira pessoa plural "eles" em oposição a "nós". A voz ativa enfática constitui um recurso linguístico de uso diferenciado de acordo com o tipo de emissor. Os parlamentares e autoridades governamentais apresentam as ações do grupo mapuche como uma ameaça contra o progresso, o desenvolvimento da região e a institucionalidade do país; eles, por seu lado, se apresentam como vítimas das ações do grupo mapuche. No exemplo a seguir, o subsecretário do Interior da época faz um convite à reflexão sobre o uso da violência pelos grupos mapuches como instrumento reivindicativo de terras e assinala que:

40. *Apesar de serem minoritários* [os mapuches], *o Estado utilizará as armas do Estado de direito para evitar uma nova escalada de violência em La Araucanía* (*La Tercera*, 13 nov. 2002).

Nota-se o discurso enfático da autoridade governamental nas medidas de força que serão tomadas. Observe-se o uso da metáfora "armas do Estado de Direito", que sugere uma ameaça velada dirigida aos grupos mapuches. Por outro lado, o discurso enfático em voz ativa de parlamentares de centro-esquerda é usado para criticar as políticas e ações das autoridades governamentais e solidarizar com os mapuches como no discurso de um deputado do Partido Radical do distrito sudeste da IX Região:

41. [...] *quando o povo mapuche pede o reconhecimento constitucional da nação mapuche, está pedindo algo tão elementar, tão importante, que eu não compreendo por que não se atendeu a essa demanda* (*El Diario Austral*, 31 jan. 2002).

O recurso de passiva com o "se" é usado frequentemente por parlamentares de centro-esquerda e autoridades governamentais para delegar a própria responsabilidade a terceiros não identificados, como se observa na frase *"não se atendeu"*. Subjaz nesse tipo de discurso uma estratégia maior de evasão. Por exemplo, as autoridades governamentais desconhecem sua própria responsabilidade nas ações que os carabineiros realizam contra os mapuches, em circunstâncias em que a ordem para acioná-los é dada pela própria autoridade regional. Essa estratégia é usada especialmente pelas autoridades governamentais em relação a temas que têm a ver com as demandas de recuperação de terras apresentadas pelos indígenas. A evasão é recorrentemente usada no discurso das autoridades de governo, tal como o subsecretário do Ministério de Desenvolvimento e Planejamento coloca:

42. *No tema indígena e em outros, deve se proteger os interesses de todos e a paz social, imprescindível para o funcionamento do país, mas também deve se proteger os direitos das partes. As florestais têm seus direitos, independentemente de algumas discussões que possam vir a acontecer sobre a propriedade de determinados territórios, porque as comunidades têm os seus. Deve se fazer um esforço para dialogar que permita avançar* (*El Diario Austral*, 30 set. 2001).

O uso de passiva com o "se" torna o discurso da autoridade ambíguo, evitando comprometer a sua responsabilidade e a de outras autoridades governamentais em relação à proteção dos interesses de todos e aos direitos das partes, como também é ambíguo quando se refere à discussão sobre a propriedade de determinados territórios. Quem vai assumir o esforço de diálogo fica num terreno de completa indefinição e ambiguidade. Os parlamentares de centro-esquerda usam a passiva com "se" principalmente para enfatizar a ação desenvolvida tanto pelo governo quanto pelos grupos antagônicos ao movimento mapuche, e isso é conseguido pelo deslocamento do agente da passiva. No extrato a seguir, o secretário do Partido Comunista rejeita a política assumida pelo governo ante o tema mapuche, em que as ações favoreceriam mais as transnacionais e as empresas florestais do que os indígenas:

43. [...] *o Executivo submete-se ao peso das transnacionais* [...] *o único terrorismo que existe neste país é o terrorismo das transnacionais e o terrorismo das empresas florestais que se apoderam das terras do povo apuche, porque o povo mapuche não faz mais do que defender-se* (*Diario El Mostrador*, 16 mar. 2002).

Outro recurso frequente no discurso político não mapuche é o infinitivo que é utilizado para evitar o comprometimento com juízos e acusações contra terceiros, especialmente quando são membros da sociedade chilena. Trata-se de declarações de boas intenções em que o falante evita envolver-se nas ações que ele mesmo sugere. Em relação ao recrudescimento das ações violentas atribuídas aos mapuches, o senador do Partido Socialista e presidente da Comissão de Direitos Humanos questiona:

44. *Evidentemente existem interesses em magnificá-lo, em tornar o tema mapuche em algo mais explosivo e radical* [...] (*El Diario Austral*, 2 maio 2002).

Outra estratégia importante é a oposição dos pronomes de primeira e terceira pessoal do plural para marcar a relação assimétrica entre chilenos e mapuches. Tanto as autoridades governamentais como os líderes empresariais de tendência direitista opõem o "nós"/"eles" para estabelecer um distanciamento interétnico e denegar de certa forma o respeito aos membros do grupo mapuche, o que limita possíveis aproximações ao diálogo. No discurso a seguir, o presidente da Câmara de Comércio de Temuco critica a política do governo de entregar duzentos mil hectares de terreno demandados pelos mapuches:

45. *Dar-lhes esses hectares não soluciona o problema, já que dentro de algum tempo exigirão mais terras e o conflito continuará* [...] *Com essa atitude* [as manifestações dos mapuches] *não estão se integrando, mas estão fazendo uma contrapropaganda, pois eu como empresário não contrataria um mapuche por considerá-lo uma pessoa conflituosa.* (*El Diario Austral*, 2 maio 2002).

As estratégias léxicas e sintáticas que caracterizam o discurso político chileno servem de instrumento linguístico para a expressão de estratégias discursivas de semântica local, ou seja, para a construção, concatenação e coesão de conjuntos de proposições que se expressam para desenvolver um tópico ou tema. As estratégias discursivas semânticas de maior recorrência no discurso político são as implicaturas, a evasão, a atenuação, a apresentação positiva de si mesmo e negativa do outro.

As autoridades governamentais são as que mais fazem um discurso implícito, apoiando-se principalmente em pressuposições compartilhadas pela opinião pública não mapuche com respeito às ações que se espera que as autoridades exerçam sobre o tema mapuche. Um exemplo disso é a metáfora "armas do Estado de Direito" (exemplo 40) para dirigir implicitamente uma ameaça aos grupos mapuches. As *armas* constituem um recurso estilístico poderoso que transmite de forma implícita uma contundente mensagem de advertência aos grupos mapuches.

A atenuação no discurso político serve para matizar ou bloquear inferências negativas no receptor e mostrar aparente compreensão e tolerância com as minorias étnicas. As autoridades governamentais atenuam para orientar e dirigir as inferências do receptor. O prefeito da cidade de Temuco mostra-se favorável à ofensiva dos policiais ante a manifestação mapuche no centro da cidade.

46. [...] *Foi adequado. Houve um planejamento acertado, aceito pelo alto comando da polícia. Inclusive tratamos do assunto pessoalmente com o General Bernales e eu concordei com as iniciativas que eles estavam tomando* (*El Diario Austral*, 21 nov. 2002).

Mediante a estratégia de atenuação, a autoridade orienta a opinião pública a inferir que as Forças de Ordem não atacam os mapuches, mas são os efetivos policiais que se veem na obrigação de atuar em defesa própria ante a violência exercida pelos grupos mapuches, reforçando também a imagem socialmente compartilhada dos mapuches como agressores e os não mapuches como vítimas.

O discurso de autoapresentação positiva e negativa do outro é construído sobre um esquema de dupla argumentação. Em primeiro lugar, faz-se uma negação aparente dos fatos, destacando o grupo mapuche como superior em capacidade de ataque e força; em segundo lugar, afirma-se que entre o pessoal público e os mapuches da zona existem *relações muito boas*. Essa estratégia opera também por meio de negações aparentes com o propósito de mostrar à opinião pública que a autoridade não atua precipitadamente e sem justificativa no tema mapuche, apelando, assim, a um reconhecimento de sua forma objetiva de tratar os problemas. Por exemplo, os parlamentares de direita desenvolvem argumentos que implicam a necessidade de que se busquem soluções ao conflito, mas condicionam essa solução a que o Estado exija dos mapuches que respeitem o Estado de Direito e assumam suas obrigações como cidadãos chilenos. Esse argumento implica a crença generalizada de que os mapuches tiraram proveito político e social de sua condição, o que gera um círculo vicioso de incomunicação e distanciamento intergrupal. Com respeito aos incidentes que os grupos mapuches protagonizaram no centro de Temuco, um deputado do partido Renovação Nacional da IX Região afirma:

47. *Com fatos como esses, só se prejudica a imagem da IX Região. Temos o triste recorde de ser a região mais pobre do Chile, e com fatos assim, afugentamos os investidores e reduzimos as possibilidades de alcançar mais desenvolvimento. Tomara que os dirigentes mapuches possam controlar seu povo e não se repitam mais incidentes tão sérios como os de quarta-feira* (*El Diario Austral,* 30 jul. 2001).

Resumindo, entre as estratégias discursivas mais relevantes, a evasão constitui uma estratégia transversal às outras, posto que a tendência generalizada do discurso político não mapuche é evitar opinar e emitir juízos sobre a situação mapuche atual, pois os falantes tendem por natureza a fugir desse tema, recorrendo a recursos estratégicos como a atenuação, implicaturas e a apresentação positiva de si mesmo. Nesse sentido, a evasão constitui o substrato discursivo de outras estratégias de semântica local, como a generalização, descrição, exemplificação, ênfase e contraste.

O discurso político dos parlamentares de direita, secretários de Estado, governadores, dirigentes agrícolas e empresários florestais revela níveis variáveis de preconceito étnico e racismo, sendo mais explícito e beligerante o discurso dos dirigentes agrícolas e florestais, e mais implícito e encoberto o das autoridades governamentais. Esse tipo de discurso dá conta da persistência de preconceitos e estereótipos historicamente atribuídos aos mapuches como *violentos, agressivos, primitivos, sem educação, incapazes de reflexão lógica, guiados por seu instinto.* Por outra parte, o discurso político de parlamentares e líderes políticos de centro-esquerda apresenta-se favorável às demandas e reivindicações da causa mapuche, mas com claro viés paternalista. Ou seja, subjaz nesse comportamento a concepção racista de *melhorar* as condições de vida dos mapuches, mas pensando *por* eles, tomando decisões *para* eles e executando ações e políticas *em favor* deles. Essa atitude mostra a permanência de estereótipos antigos que situam o mapuche num nível primário de desenvolvimento, tanto socioeconômico como cultural.

Em síntese, o discurso político chileno mostra uma racionalidade contraditória. Por um lado, faz-se um esforço para parecer compreensivo e solidário com as demandas e problemas que afetam os mapuches, mas, por outro, quando se trata de materializar ações concretas para solucionar os problemas, abundam estratégias evasivas que permitem despersonalizar a opinião, evadir o comprometimento pessoal e desviar a responsabilidade para outros membros do grupo não mapuche. Enfim, isso significa que ninguém se dá o trabalho de buscar soluções conjuntas com o povo mapuche, que se torna invisível para a sociedade não mapuche, gerando nele um sentimento de abandono.

ESTEREÓTIPOS E PRECONCEITOS EM LIVROS DIDÁTICOS E NO DISCURSO DE PAIS DE FAMÍLIA

Nesta seção, são apresentados os resultados de um estudo realizado sobre os textos escolares de História do Chile com destaque aos estereótipos e preconceitos sobre os mapuches. Em primeiro lugar, são apresentados os dados encontrados em livros didáticos e exemplares do suplemento "Icarito" do jornal *La Tercera*, relativos à História do Chile.[14] Em seguida, mostraremos a influência que esses livros didáticos exercem no discurso dos pais de família que ajudam os filhos nas tarefas escolares, utilizando esse material como referência. O discurso dos pais revela a incorporação dos estereótipos e preconceitos presentes nesses textos. Finalmente, correlacionaremos os estereótipos e preconceitos transmitidos pelos livros didáticos e o suplemento "Icarito" com o discurso de pais de família, o que permite observar como opera a reprodução de preconceitos e discriminação pelos mapuches mediante esses recursos didáticos.

A amostra examinada corresponde a livros didáticos de História para o ensino fundamental e a 14 números do suplemento "Icarito", ao passo que a amostra de pais corresponde a 24 pais de família não mapuches de alunos de escolas e institutos da cidade de Temuco.

PRECONCEITO E ESTEREÓTIPOS EM LIVROS DIDÁTICOS E SUPLEMENTO "ICARITO" DO JORNAL *LA TERCERA*, RELATIVOS À HISTÓRIA DO CHILE

Os livros didáticos constituem ferramentas pedagógicas fundamentais para as crianças e instrumentos de referência e guia para os professores. O prestígio do livro didático não é discutido e é aceito como parte do desenvolvimento de conhecimentos na sociedade ocidental, uma vez que, por se tratar de textos escritos por *especialistas*, constituem referentes que modelam as percepções e a mentalidade dos futuros cidadãos.

Nos conteúdos educativos dos livros didáticos, raramente se assume a presença dos povos indígenas como componentes de uma nacionalidade variada em sua composição. Nesse sentido, os conteúdos referentes à história do povo mapuche são mínimos, além do mais, este aparece tergiversado e com expressões estigmatizadas. Nota-se que os preconceitos contra os mapuches evoluíram, bem como se observa uma "expressão negativa mais implícita ao referir-se à história e vida dos mapuches" (Marimán e Flores, 1996: 17). Além disso, esses autores afirmam que o reconhecimento de um passado comum representa um papel fundamental no ensino dessa disciplina.

Atualmente, o Ministério de Educação do Chile (Mineduc) tomou uma posição em favor de uma educação que assume a realidade multiétnica e aceita a contribuição cultural dos diversos grupos étnicos originários do país para a constituição da sociedade chilena. A escola aparece como um aliado essencial na busca de uma nova abertura e concepção de sociedade menos etnocêntrica. Nesse sentido, o sistema educacional tenta mudar a forma de incorporar os conteúdos educativos dos diferentes setores no processo de ensino/aprendizagem. Assim, a Reforma Educacional de 1996 propõe a autonomia curricular (Mineduc, Decreto n. 40) que considera: 1) a elaboração de planos e programas de estudo que integrem novos conteúdos de aprendizagem de acordo com a realidade sociocultural de cada educando, e 2) que na ação pedagógica concreta de cada escola sejam respeitados os princípios de diversidade e identidade cultural. Propõe também que nos conteúdos educativos de História transpareça coerentemente a diversidade cultural, na qual os membros dos diversos grupos culturais sejam apresentados como pessoas com capacidade para decidir sobre suas vidas (Mineduc, Decreto n. 40). Além disso, os costumes, os estilos de vida e as tradições dos grupos étnicos devem ser mostrados como espelho de seus valores para promover a autoimagem positiva de todos os grupos culturais, eliminando sentimentos de superioridade de outras culturas majoritárias.

Os livros didáticos utilizados no meio escolar foram concebidos e desenhados a partir de uma perspectiva universalista, destacando valores e conteúdos que correspondem à sociedade chilena, desconhecendo os pontos de vista dos outros grupos culturais existentes no país. Devido a essa situação, gera-se uma carga de estigmas, o que leva a produzir a segregação e discriminação. Por exemplo, nota-se que até hoje não existem livros didáticos com uma interpretação própria do mapuche sobre sua história como povo. Em relação aos temas abordados, as crônicas e outros relatos históricos referem-se ao mapuche como uma cultura de *selvagens, pagãos* e de *costumes bárbaros*. Insistem em destacar as diferenças físicas, costumes, estilos de vida das outras culturas como uma forma de mostrar as diferenças entre os grupos. Os conteúdos centram-se em imagens e ilustrações apoiadas por uma linguagem carregada de expressões negativas que reforçam, potencializam e reproduzem as representações sociais que a sociedade dominante tem da sociedade mapuche. Por sua vez, essa percepção é "reforçada pela imagem que se construiu em torno da autoridade do professor e do sistema educacional" (Carrasco, 2001: 13).

Para ilustrar o anteriormente dito, no livro de História e Geografia da quinta série do ensino fundamental, o mapuche é descrito como pertencente a: *um povo belicoso* [...] *constituíam um povo extremamente guerreiro* [...] *suas armas eram muito inferiores* (Mineduc, 1997: 119). Por sua parte, Marimán e Flores (1996) criticam o livro de História e Geografia da terceira série do ensino médio de Villalobos e Zapater (1985), porque através do livro projeta-se uma imagem negativa do "*machi*", destacando que os mapuches:

48. [...] *para as práticas mágicas recorriam ao machi, um homem ou mulher de aspecto sujo, que cobrava pelos serviços que* [...] *realizavam como bruxos* [...] *suas formas de diversão compreendiam grandes bailes e bebedeiras.* (1994).

Em um estudo sobre as representações dos mapuches pelos chilenos, Stuchlik (1974) postulou a existência de cinco estereótipos de mapuches, correspondentes a diversos períodos históricos do país: *guerreiros valentes e bravos* (da conquista a 1840), *bandidos sanguinários* (de 1840 a 1890), *índios sob o paternalismo do homem branco* (de 1920 a 1960) e *selvagens gentis a quem só falta a educação* (a partir de 1960). Essas representações podem ser encontradas no livro de História e Geografia do quinto ano do ensino fundamental de 1997:

49. *Nas grandes etapas da história, viveram no Chile diversos povos indígenas, entre os quais se destacavam os mapuches por seu espírito guerreiro, embora suas armas fossem inferiores.* (p. 46).

Em seu estudo sobre as relações entre mapuches e não mapuches, Cantoni (1978) propõe que os últimos atribuem duas categorias sociais gerais sobre os primeiros baseadas no critério cronológico: *mapuche do passado* e *mapuche do presente*. A primeira categoria constitui o reflexo de uma imagem heroica e mítica dos mapuches, enquanto a segunda reflete a imagem *decadente* desse povo. O parágrafo anterior demonstra que os preconceitos e estereótipos existiram ao longo da história do país desde que este se constituiu como nação independente.

A INFLUÊNCIA DOS LIVROS DIDÁTICOS NO DISCURSO DOS PAIS DE FAMÍLIA

O discurso dos pais de família constitui o reflexo dos conteúdos apresentados nos livros de História do Chile sobre os mapuches, conhecimento adquirido durante o período escolar dos adultos. Em seu discurso, os pais assinalam que:

50. *Sempre me lembro desse assunto do toqui Lautaro, Caupolican da raça araucana do poema de Alonso Ercilla, foi uma coisa marcante nessa época, de que tinham sido líder e tinham lutado por sua raça, de que o*

espetaram numa estaca, disso nunca me esqueço, lembro que da época dos ancestrais mapuches quase nada, sempre mais de História do Chile e universal (homem adulto, classe média).

No discurso dos pais, aparecem os estereótipos positivos e negativos sobre a sociedade mapuche, situados principalmente no período de invasão dos territórios ocupados pelos mapuches:

51. [...] *lembro a história dos mapuchitos, os personagens importantes que figuram na História do Chile Caupolican, como Lautaro, Galvarino, suas lutas transcendentes, da liderança que tiveram, mas foi bem resumido que nos ensinaram, uma grande parte desses conhecimentos eu aprendi no colégio, ou seja, conforme os livros* [...] (homem adulto, classe média).

Neste depoimento, observa-se como os livros influem na reprodução de preconceitos e estereótipos que os pais possuem em relação à história da sociedade mapuche. Fairclough (1995) afirma que o que está no livro pode ser explícito ou implícito. A análise do conteúdo implícito oferece informações interessantes sobre o que é considerado "senso comum", o qual também oferece uma boa oportunidade de realizar análise ideológica dos livros, já que as ideologias geralmente são implícitas.

ESTEREÓTIPOS E PRECONCEITOS NOS LIVROS, E O DISCURSO DOS PAIS NA REPRODUÇÃO DE PRECONCEITOS E DISCRIMINAÇÃO NA SOCIEDADE CHILENA

Contrastando o discurso dos pais com o dos livros didáticos, pode-se afirmar que não se nota preocupação nem interesse da maioria dos pais entrevistados em conhecer mais sobre a história do povo mapuche; eles apenas continuam reproduzindo e transmitindo o discurso dos livros.

Do estudo comparativo entre o discurso dos livros didáticos e o dos pais foram destacadas as categorias que estão presentes também no discurso cotidiano dos não mapuches referido anteriormente.

A categoria "racialismo" no discurso dos livros de História está presente nas características atribuídas aos mapuches como *menos avançados que outras culturas, pobres sem cultura, sem acesso à educação, submetidos e conquistados.*

É provável que concepções como estas tenham induzido a falar normalmente dos mapuches como um povo menos desenvolvido do que outros povos indígenas, como se observa no suplemento "Icarito":

> 52. *Os picunches e os mapuches falavam o mesmo idioma e enterravam seus mortos de forma muito parecida. No entanto, aqueles eram mais adiantados em seu desenvolvimento do que estes* ("Icarito", n. 6: 8).

No discurso dos pais, destacam-se juízos como: *não existe civilização nem desenvolvimento entre os mapuches, o mapuche é ignorante, pobre e marginalizado*. Do estereótipo *mapuche pobre* derivam, por associação, os estereótipos *mapuche frouxo, horrível e bêbado*, como, por exemplo, quando se diz que: *"tem que reconhecer que são frouxos, tem alguns que são muito frouxos, tem gente que quer terras por querer e está aí parado [...]".*

A maioria das expressões usadas pelos pais entrevistados rotula o mapuche como inferior, percepção que é acompanhada do adjetivo "ignorante", quando afirmam que *"[...] sentem-se totalmente discriminados porque não têm o mesmo nível educacional que nós".*

No suplemento de História "Icarito", abundam expressões associadas com a subcategoria "violência", onde o mapuche é descrito como um povo *vingativo, feroz, selvagem, belicoso, traiçoeiro*. Talvez um dos problemas mais recorrentes da forma como foi abordada a cultura mapuche nos livros didáticos seja justamente a reprodução dos estereótipos criados pelos primeiros cronistas e, posteriormente, reproduzidos pelos historiadores, como se pode observar nos seguintes conteúdos de "Icarito":

> 53. *Os indígenas começaram sentir animosidade contra os que usurparam suas terras* ("Icarito", n. 681: 10).
>
> 54. *Os mapuches não eram um povo pacífico, constantemente se metiam em lutas de vingança* ("Icarito", n. 757: 8).
>
> 55. *Este povo enfrentou os espanhóis com ferocidade e resistiu mais de 300 anos sem aceitar ser dominado por eles* ("Icarito", n. 757: 8).
>
> 56. *Os mapuches eram um povo muito guerreiro, independente* ("Icarito", n. 6: 8).

A imagem de violência atribuída aos mapuches está intimamente relacionada com a falta de explicações sobre as causas e circunstâncias histórico-sociais que justifiquem sua tenacidade na guerra. Para uma criança mapuche, ouvir e ler sobre sua cultura como é feito tradicionalmente nos livros utilizados na educação formal constitui o insumo que gera o conflito com uma identidade que ela não deseja ter, o que a leva inclusive a sentir vergonha de ser mapuche. No discurso dos pais, a categoria "violência" é definida como ações que usam as forças para conseguir as metas pretendidas. Os pais entrevistados utilizam atributos como *subversivos, prepotentes, não calculam riscos, não sabem reagir, não são humildes.*

Nos textos de "Icarito" é recorrente a categoria "diferença – polarização intergrupal" que se manifesta como a não aceitação dos traços físicos dos mapuches, por exemplo, quando se diz: "*nos sentimos ofendidos quando alguém nos diz que temos traços indígenas*" ("Icarito", n. 312: 4). Assim, subjaz nos textos de História um racismo discriminatório que afasta uma pessoa por sua origem, cor de pele. Produz-se um distanciamento e exclusão do mapuche por não possuir os traços físicos *aceitáveis*, de acordo com o cânone ocidental dos não mapuches. No discurso dos pais, essa categoria manifesta-se ao considerar o mapuche como portador de características físicas *anormais, não aceitáveis, nem ideais* em contraste com a imagem construída pela sociedade ocidental. Observa-se que o *normal* é representado pelos não mapuches, e o *anormal*, pelos mapuches, em que estes últimos seriam diferentes por sua forma de viver, traços físicos, sobrenomes, sotaque, modo de pensar e modo de ser. Assim, afirma-se que:

57. *A gente acha eles meio estranhos porque muitos deles, especialmente os antigos* [...], *não gostam das coisas normais, entre aspas, como nós,* [...] *o mapuche, porque o mapuche é de campo, não é de muita vida social, esse tipo de coisas, não dá pra eles virem pra cidade, se a gente não quiser que te vejam como bicho raro* (mulher adulta, classe média).

O "gênero", como outra categoria, está presente nos suplementos "Icarito" com expressões preconceituosas diferenciadas entre mulheres e homens mapuches. As mulheres mapuches são caracterizadas como *muito trabalhadoras*, que trabalhavam mais do que o homem. Por exemplo, afirma-se que:

58. *Ter várias esposas permitia aumentar a produção, já que eram as mulheres que cultivavam a terra, faziam as colheitas, teciam, fabricavam bebidas, produziam cerâmica* [...] ("Icarito", n. 757: 8).

A imagem que se difunde nesses textos é a de que as mulheres mapuches são as que realizam todos os trabalhos, ao contrário dos homens, que são descritos como *ferozes, soberbos, altivos, orgulhosos e precoces nos vícios.*

59. *Fomentava-se a altivez nos meninos, não eram castigados para não se humilhar nunca, a precocidade era tolerada até nos vícios* ("Icarito", n. 757: 8).

Essa categoria também está presente no discurso dos pais. Ante a pergunta sobre o papel da mulher na sociedade mapuche, os pais opinaram que:

60. *Assume papéis que seriam masculinos, esforça-se muito mais, é muito mais esforçada, o mapuche fala e ela caladinha ao seu lado, eu não acho que tenha mulher mapuche melindrosa porque elas não fazem nada sem autorização do homem, além disso, a mulher é super esforçada, não acho que haja uma mulher mapuche frouxa* (mulher adulta, classe baixa).

Esses dados mostram que a mulher mapuche conta com uma imagem melhor do que a do homem, pois apresenta-a como trabalhadora, esforçada, mas submetida e utilizada pelo homem, diferentemente desse último que é *bêbado, bravo, briguento* e *frouxo.*

As informações encontradas nos textos do "Icarito" sobre a cultura e sociedade mapuche indicam que seus conteúdos difundem preconceitos e estereótipos. O exemplo disso é sua influência e presença no discurso dos pais entrevistados, o que pode ser constatado em suas opiniões, quando expressam atributos negativos, categorizando os mapuches com estereótipos negativos. A informação transmitida pelos livros é reproduzida pelos leitores infantis e adultos, o que leva estes últimos a manifestar atitudes discriminatórias através de um discurso preconceituoso e estereotipado.

Desde o princípio da conquista, as visões em relação aos mapuches deram origem à configuração de uma falsa dicotomia entre a mulher mapuche como possuidora de traços positivos e o homem mapuche de traços negativos. Em ambos os casos, trata-se de uma visão deformada da realidade.

Conclusão

Neste capítulo, o discurso cotidiano não mapuche caracteriza-se por uma importante presença de preconceitos e estereótipos que se realizam de forma mais explícita e direta nos entrevistados de classe social baixa e mais implícita nos falantes das classes média e alta. Isto significa que, à medida que se ascende na escala social, mais subjacente se torna a prática discursiva sobre os mapuches. As categorias de preconceito e estereótipos mais relevantes são o "racialismo", o "paternalismo" como uma expressão contemporânea e mais dissimulada que a anterior, a "diferença" e a "violência". A categoria "racialismo" constitui uma macrocategoria que é transversal às outras (Merino e Quilaqueo, 2003). As crenças e os valores individuais e coletivos dos chilenos não mapuches sobre os mapuches expressam-se através de estratégias discursivas que utilizam como *bode expiatório* os mapuches para justificar a incompreensão cultural da sociedade chilena sobre os povos indígenas e suas lógicas culturais.

Por outro lado, o discurso da mídia atualiza a ideologia e as categorias da cultura predominante na tentativa de explicar do seu ponto de vista os conflitos interétnicos que recrudescem no sul do país, o que contribui para a permanência da imagem enviesada do mapuche que a sociedade chilena construiu ao longo da história. O conhecimento distorcido do grupo indígena e a permanência de estereótipos que substituíram a figura real do mapuche constituem as atitudes que prevalecem até hoje.

O discurso político chileno revela níveis variáveis de preconceito étnico e racismo, sendo mais explícito e beligerante o discurso dos dirigentes agrícolas e florestais, e mais implícito e dissimulado o discurso das autoridades governamentais. Este discurso explica a permanência de preconceitos e estereótipos historicamente atribuídos aos mapuches, como *violentos, agressivos, primitivos, sem educação, incapazes de reflexão lógica, guiados por seu instinto.* Embora o discurso político de parlamentares e líderes políticos de centro-esquerda mostre-se favorável às demandas e reivindicações da causa mapuche, observa-se um claro viés paternalista que sugere a permanência de estereótipos de longa data que situam o mapuche num nível primário de desenvolvimento socioeconômico e cultural. O discurso político chileno também mostra uma racionalidade contraditória: por um lado, faz-se um esforço para se apresentar compreensivo e solidário com as demandas e problemas que afetam os mapuches, e, por outro, quando se trata de materializar ações concretas para solucionar os problemas, prevalecem estratégias evasivas, desviando suas responsabilidades para outros.

A informação que se difunde sobre a cultura e sociedade mapuche nos livros didáticos confirma os preconceitos e estereótipos que abundam em seus conteúdos. O uso massivo que os estudantes, professores e pais fazem de suplementos de apoio à disciplina de História do Chile, como é o caso do suplemento do jornal *La Tercera*, "Icarito", permite que os estereótipos atribuídos aos mapuches sejam confirmados e que sejam adquiridos e reproduzidos por alunos, pais e professores.

O povo chileno mostra um significativo etnocentrismo que se reflete no uso de estereótipos e preconceitos sobre os mapuches, o que torna necessária uma revisão da linguagem utilizada e da relação do não mapuche com os mapuches. Trata-se tanto de aprender a aceitar o outro com sua identidade quanto de assumir a nossa própria mestiçagem, o que se pode conseguir na medida em que a sociedade chilena for reconhecendo o direito dos mapuches a se expressar em sua diferença conforme seus próprios direitos.

(Tradução: Terumi Koto Bonnet Villalba, professora de Língua e Literatura Espanhola da UFPR)

NOTAS

[1] Os "butalmapus" constituíram a máxima unidade sociopolítica dos mapuches quando os espanhóis chegaram.

[2] Denominam-se "williches" os mapuches que ocuparam a região sul do território a partir do rio Toltén.

[3] O termo "cacique" corresponde a uma denominação de origem espanhola que não representa os líderes tradicionais mapuches.

[4] Os autores afirmam que ao esforço de assimilar o povo mapuche subjazia um espírito expansionista da nova nação chilena, que pretendia assentar institucionalmente a cultura de base europeia e a configuração de um povo homogêneo de identidade inequívoca.

[5] Historicamente, no processo de dominação do povo mapuche, a palavra "mapuche" substituiu o termo "araucano". Na realidade, Alonso de Ercilla tirou o termo "araucano" do nome de um forte, com o qual se designou mais tarde a raça mapuche, seu idioma e seu território; portanto, é indiferente usar "mapuche" ou "araucano". Os indígenas desprezaram essa denominação porque procedia dos "huincas", termo com que os mapuches denominam os chilenos, que deriva de "we ingka", ou seja, "novo inca" ou "invasor", e continuam chamando a si mesmos de "mapuche" ou "mapunche".

[6] O povo mapuche constitui a maior sociedade indígena da América do Sul. De acordo com o Instituto Nacional de Estatística do Chile (1992), a sociedade mapuche é o principal grupo indígena do país, cuja trajetória de resistência em tempos de conquista e colonização permite que se destaque sobre os outros grupos étnicos. É considerada por alguns como uma subcultura ou cultura minoritária dentro da sociedade chilena dominante e representa 10% da população nacional (Censo 1992).

[7] O preconceito no discurso falado dos não mapuches faz parte do projeto Fondecyt 1010839 (2001-2003), Prejuicio étnico en el discurso de no mapuches de la ciudad de Temuco. Un aporte a las relaciones interculturales entre mapuches y no mapuches.

[8] *Catutos*: trigo cozido e logo colocado em pedra de moer até formar uma pasta, que é modelada em tubinhos colocados para secar. *Mote*: trigo macerado em farinha até que se torne suave; serve para acompanhar pratos variados; e também servido com água para abrandar a sede.

[9] O estudo do racismo discursivo na imprensa nacional chilena mostra uma parte dos resultados da tese de doutorado de San Martín (2001) intitulada *La representación de los mapuches en la prensa nacional.*

[10] Nome dado pelos mapuches aos mapuches que vivem nas áreas andinas.

[11] Nome mapuche dado ao líder tradicional de cada comunidade.

[12] Corporação Nacional de Desenvolvimento Indígena.

[13] O discurso político chileno constitui uma parte dos resultados da tese de doutorado de Merino (2003) intitulado *El discurso intragrupal acerca del mapuche en el discurso público chileno y la representación del no mapuche en el discurso público mapuche por medio de la prensa regional de la Novena región, Chile.*

[14] O estudo do discurso dos livros didáticos, especialmente do suplemento de História do Chile, "El Icarito", faz parte do projeto Fondecyt (2001-2003), Prejuicio étnico en el discurso de no mapuches de la ciudad de Temuco: un aporte a las relacionas interculturales entre mapuches y no mapuches.

BIBLIOGRAFIA

BENGOA, J. *Conquista y barbarie:* ensayo crítico acerca de la conquista de Chile. Santiago: Sur, 1993.

BUSTINZA, J.; LÓPEZ, M. *La enseñanza de la historia.* Buenos Aires: AZ, 1997.

BUSTOS, A. Raíces históricas y socioculturales de la intolerancia hacia el otro en la sociedad chilena. *Revista Hombre y Desierto:* una perspectiva cultural, n. 8. Instituto de Investigaciones Antropológicas. Antofogasta, Chile: Universidad de Antofagasta, 1994.

CANTONI, W. *Relaciones del mapuche con la sociedad nacional chilena.* Raza y clase en la sociedad postcolonial. Madrid: Organización de las Naciones Unidas para la Educación, la Ciencia y la Cultura, 1978.

CARRASCO, I. et al. *Síntesis de investigación.* Santiago: Mineduc, Programa de Educación Intercultural Bilingüe, 2001.

CENSO 1992. Chile: Instituto Nacional de Estadística de Chile, 1992.

ERCILLA, A. *La Araucana.* Santiago: Editorial Universitaria, 1974.

FAIRCLOUGH, N. *Critical Discourse Analysis:* the critical study of language. London: Longman, 1995.

FRÍAS, F. Epoca contemporánea y geografía. *Historia y Geografía.* Tomo III. Santiago, 1949.

GARRETA, J. La diversidad cultural en los manuales escolares: crónica de una selección y revisión necesarias. In: ESSOMBA, Miguel Angel (ed.). *Construir una escuela intercultural.* Barcelona: Grao, 1999.

LA TERCERA. Suplemento Icarito. Especial n. 6, 37, 55, 79, 304, 306, 307, 308, 312, 564, 681, 757, 794. Santiago.

_____. Suplemento Icarito. Primera ayuda memoria de Historia de Chile. Santiago.

LUZURIAGA, L. *Pedagogía*: biblioteca pedagógica textos. Santiago: Losada, 1957.

MARIMAN, P.; FLORES, J. *La sociedad mapuche en la enseñanza de la historia en Chile.* Temuco: Universidad de la Frontera, 1996.

MERINO, M. *El discurso intragrupal acerca del mapuche en el discurso publico chileno y la representación del no mapuche en el discurso publico mapuche a través de la prensa regional de la Novena región, Chile.* Chile, 2003. Tesis (Doutorado em Ciências Humanas, menção em Literatura e Linguística) – Facultad de Filosofía y Humanidades, Universidad Austral de Chile.

_____. et al. Informe Final proyecto Fondecyt 1051047, 2001-2003: el prejuicio étnico en el discurso de los no mapuches de la ciudad de Temuco: un aporte a las relaciones interculturales entre mapuches y no mapuches. Proyecto Regular del Fondo Nacional de Ciencia y Tecnología, Chile, 2003.

_____. Perspectiva interpretativa del conflicto entre mapuches y no mapuches sobre la base del prejuicio y discriminación étnica. *Revista Persona y Sociedad.* Chile: Universidad Padre Alberto Hurtado, v. 18, n. 1, 2005, pp. 111-28.

_____. QUILAQUEO, D. Ethnic Prejudice against Mapuche in Chilean Society as a Reflection of the Racist Ideology of the Spanish Conquistadors. *American Indian Culture and Research Journal.* American Indian Studies Center, UCLA, v. 27, n. 4, 2003, pp. 105-16.

MINEDUC. *Decreto 4002/80 y sus modificaciones.* 2. ed. Santiago: s.n., n. 79, 1989.

_____. *Objetivos fundamentales y contenidos mínimos obligatorios de la educación básica chilena.* Santiago: Santillana, 1996.

_____. *Historia y Geografía:* quinto año básico. Santiago: Santillana, 1997.

Saiz, J. L.; Williams, G. Estereotipos adscritos al indígena mapuche por adultos no mapuches de Chile meridional. *Actas Coloquio Intercultural sobre Culturas, Universidad Católica de Temuco y Universidad de la Frontera,* 1991.

San Martín, B. *La representación de los Mapuche en la prensa nacional.* Santiago, 2001. Tesis (Doutorado em Linguística) – Universidad Católica de Valparaíso.

Stuchlik, M. *Rasgos de la sociedad mapuche contemporánea.* Temuco: Nueva Universidad, 1974.

Van Dijk, T. *Prejudice in Discourse:* an analysis of ethnic prejudice in cognition and conversation. Amsterdam/Philadelphia: John Benjamins Publishing Company, 1984.

_____. *Racismo y análisis crítico de los medios.* Barcelona: Paidos, 1997.

_____. Había un problema y se ha solucionado. In: Martín Rojo, L.; Whittaker, R. (eds.). *Poder-decir o el poder de los discursos.* Madrid: Arrecife, 1998, pp. 169-234.

_____. *Ideología.* Barcelona: Gedisa, 1999.

Colômbia: invisibilidade e exclusão

Sandra Soler Castill3o e Neyla Graciela Pardo Abril

Apesar da história comum de conquista violenta e colonização que as nações latino-americanas[1] compartilham, que levou ao extermínio quase total de seus habitantes originais e dos descendentes da diáspora africana pelas mãos dos europeus, nos últimos decênios elas assistem a um processo de redescobrimento, reconhecimento e revalorização de sua gente e tradições. Em menos de vinte anos, os países latino-americanos passaram da reivindicação de uma única língua, religião e raça como base de suas identidades nacionais ao reconhecimento de sua própria diversidade étnica e cultural.[2] No entanto, há uma enorme brecha entre o papel e a realidade, pois na Colômbia os indígenas e os afro-colombianos constituem os segmentos mais pobres do país e apresentam sérios problemas de saúde, educação, marginalização,[3] e são as principais vítimas da violência, produto do choque das diversas forças armadas que atuam no país, sejam guerrilhas, paramilitares, narcotráfico ou instituições do Estado (Comissão de Estudos sobre a Violência 1988, Stavenhagen, 2004; Villa e Houghton, 2005).

A ideia de multietnicidade contrapõe-se à de país mestiço que, ao longo da história, as elites dominantes incentivaram através de discursos políticos e meios de comunicação, que a escola, como a principal transmissora de valores, impulsionou, e, por que não dizê-lo, que os acadêmicos disseminaram através de suas obras-primas. A recorrente tese sobre a capacidade democratizadora da mestiçagem teve como consequência a "invisibilização" da gente negra, que só aparece no panorama nacional como estereótipos de habilidade para assuntos relacionados com a estética e a corporalidade (Friedemann, 1984, 1989, 1992, 1995; Friedemann e Arocha, 1986; Restrepo, 1998).

COLÔMBIA:
UM OLHAR HISTÓRICO AO PROBLEMA RACIAL

Na Colômbia, as regiões e a geografia da cultura foram consideradas fatores determinantes quando se trata de raça e nação (Wade, 1997). Para muitos, e a partir do surgimento da tese do determinismo racial e geográfico no começo do século XIX, o país está dividido em grandes regiões com características sociais e culturais diversificadas e com diferentes níveis de desenvolvimento econômico: a Andina, as costas sobre o Caribe e o Pacífico e a Amazônia-Orinoquia. A primeira é habitada majoritariamente por brancos e mestiços; a segunda, por mulatos e negros; e a terceira, por indígenas. Diferentemente de alguns países latino-americanos, como Peru e Venezuela, a capital colombiana está situada no interior do país e não no litoral, o que implica que a região de maior desenvolvimento econômico é a andina, em detrimento dos dois litorais e da região amazônica, lugares em que existe uma grande falta de serviços públicos, saúde e educação, consequência do andinocentrismo dos governos centrais.

A atual hierarquização da diversidade geográfica nacional remonta à época da conquista, pois quando chegaram ao atual território da Colômbia os espanhóis fundaram os primeiros assentamentos do Caribe; no entanto, a pirataria inglesa, as dificuldades do clima, o paludismo, a resistência indígena e a aridez do solo fizeram com que buscassem novos assentamentos.

Assim, os espanhóis começam um longo período de colonização do interior andino, que contava com um clima mais benévolo, uma terra mais apta para a agricultura e estava habitada por povos pacifistas. Embora as condições do interior andino levassem os espanhóis a estabelecerem suas cidades em importantes centros pré-coloniais do povo muisca, como Bogotá e Tunja, foram criados também outros importantes núcleos econômicos de tráfego de mercadorias e de comércio de ouro, como Santafé de Antioquia, Popayán e o porto de Cartagena.

O emprego inicial de mão de obra indígena para as atividades de extração mineira, somado às enfermidades trazidas pelos europeus e sua total ignorância sobre a riqueza cultural do território americano, levou a um genocídio de proporções descomunais. A população negra, por sua parte, que chegou à América com os conquistadores como serviçais pessoais (Arocha, 2001), em 1580 começou a ser trazida em grandes quantidades, produto da demanda produzida pelo auge da mineração do ouro. No período compreendido entre 1580 e 1640, como assinala Arocha, estima-se que em torno de 135 mil e 170 mil africanos foram trazidos cativos pelos espanhóis através do porto escravista de Cartagena de Índias (Arocha, 2001).

O assassinato dos indígenas e a brutalidade esgrimida pelos colonizadores contra os africanos tornaram evidente uma dupla moral aplicada a cada um desses grupos. Enquanto a Igreja se preocupava e julgava a barbárie praticada contra os indígenas e a Coroa criava medidas de proteção (a escravidão indígena foi abolida na América hispânica a partir de 1542), outro era o trato reservado aos negros africanos. A ideia de escravidão negra foi aceita como prática social durante vários séculos. Esse seria o início de um longo período de diferença de *status* entre indígenas e negros, que inclusive existe até hoje.

Durante o período colonial, a sociedade esteve amplamente dividida por conta do que foi conhecido como *sociedade de castas*. A superioridade intelectual, política e econômica, bem como as possibilidades de participação e inserção social, estavam determinadas pelo grau de mescla racial: os estratos mais altos, de sangue europeu puro, encontravam-se na parte superior da pirâmide social, enquanto os indígenas e a gente negra encontravam-se na base, constituindo as castas mais baixas. Nina de Friedemann (1992: 25), pioneira dos estudos afro-colombianos, assinala que

> uma pirâmide de classes socioétnicas, em cujo ápice estavam os europeus e seus descendentes, foi dando lugar à concentração e ao uso do poder em detrimento dos grupos dominados, que eram formados pelos índios despojados de suas riquezas de ouro, de suas terras, de suas habilidades tecnológicas e de suas próprias vidas. E pelos africanos, arrancados de seu continente numa emigração de morte e vergonha.

Durante a Colônia, as teses políticas giraram em torno da "limpeza de sangue". Para ingressar na universidade, na administração ou na carreira eclesiástica, exigia-se que fosse branco e que pudesse demonstrá-lo, o que se fazia por meio de um certificado ou licença outorgados pela Coroa, cujo valor era mais que o dobro do que custava um escravo negro da melhor qualidade (Wade, 1997: 40). Nessa época, eram frequentes os casos judiciais decorrentes da difamação por causa da herança racial. Um exemplo de processo de limpeza de sangue é o de José Urreta, aspirante a ingressar no Colégio do Rosário, que devia

> demonstrar que nem seu pai nem seu avô tinha tido "mancha na terra" ou de mulato, nem tinha incorrido em nenhuma infâmia, que seus avós tinham sido cristãos antigos, limpos de toda má raça de mouros, índios confessos, muçulmanos e de outra seita condenada, que seus pais avós tinham sido leais à coroa de Castela e nunca penitenciados pela Inquisição [...] (Lemaitre, 1984: 9, apud Mosquera, 2003: 106).

Friedemann (1992: 27) apresenta outro caso que ocorreu em 1787, quando

> Juan Ignacio de Salazar declarou que sendo originário de 'gente honrada limpa de toda raça de africanos' querelava contra seu próprio filho Juan Antonio por ter contraído matrimônio 'em secreto' com a jovem Salvadora Espinosa 'de raça' mulata. O pai percebia o dano social deste casamento em sua pessoa e no futuro social de suas outras duas filhas que receavam não encontrar esposo de sua mesma categoria, devido ao parentesco que acabavam de adquirir com a referida jovem. No documento o pai solicita a ação punitiva das autoridades contra o sacerdote que os havia casado, ao mesmo tempo em que deserdava o filho 'delinquente' de seus bens, foros e honras, renegando-o como membro da família, tratando dessa forma recuperar o lugar na sociedade de castas (AHNC misc).

No século XIX, as elites políticas e intelectuais crioulas, que promoveram a independência da Nova Granada, influídas pelo pensamento liberal anglo-saxão e francês, enfrentaram o desafio de construir uma identidade nacional moderna. Para assumi-la, os ilustrados colombianos tomaram como referência os debates sobre o determinismo geográfico, a influência do clima no desenvolvimento intelectual das diferentes raças humanas e a superioridade da civilização europeia, o que levou a promover a mestiçagem biológica e cultural como um caminho certo para o progresso da nação. A aspiração consistia em eliminar todos os elementos raciais, indígenas, mas principalmente negros, que condenavam a nascente República ao atraso. Através da mestiçagem, a população colombiana apagaria em três gerações as diferenças entre a população nativa, os europeus e os africanos (Gros, 2000: 181). Essa ideia constituiria o objetivo futuro e desejado, embora aparentemente inacessível pelas próprias características da população constitutiva da nação colombiana. Falou-se com certo romantismo do passado glorioso dos indígenas, mas a verdadeira intenção incluía sua integração à sociedade mestiça e branca. Tratava-se assim de uma assimilação por mestiçagem e um desaparecimento paulatino das culturas indígena e africana. Dessa forma, a ideia do branco associado com o progresso e com o bom permanecia intacta. Favorecia-se a mestiçagem, mas, quanto mais branco, melhor.[4] As políticas de branqueamento de muitos intelectuais e políticos objetivavam favorecer a imigração europeia, como constata Humphreys (apud Wade, 1997: 44), ao citar as palavras do cônsul britânico de 1824, que afirma que

> a preponderância de sangue africana, ao longo desta muito extensa linha da costa [litoral atlântico] em tempos agitados como o presente, não pode deixar de provocar sérias reflexões neste país. Os que estão no poder [...] sentem a importância da conveniência de convidar europeus para estabelecerem sua residência na Colômbia [...], onde seus descendentes deviam melhorar as qualidades físicas e morais dos colombianos.

Por outro lado, contemplavam as propostas do padre Uldarico Urrutia, que achava que vascos e catalães, dada sua superioridade racial, eram os mais indicados para melhorar a raça indígena do Vale do Sibundoy, mas que, como os imigrantes, eram escassos, conformaram-se com os antioquenhos, que também eram considerados racialmente superiores (Arocha, 1984: 38; Friedemann e Arocha, 1983: 130-35), assim como outras propostas mais radicais, como a de Jerônimo Torres, de enviar prostitutas e vagabundos brancos às zonas com maior concentração de população negra (Mosquera, 2003: 65).

As ideias de branqueamento para melhorar a raça estavam estreitamente relacionadas com falsas concepções sobre a população negra, frequentemente associada à preguiça, ao atraso, à desídia, ao abandono, como assinalaram várias personalidades da época, entre elas o geógrafo Agustín Codazzi, que os qualificava de "indolentes" e "não aptos para o progresso", ou seu colega Santiago Pérez, que criticava sua "estupidez selvagem, sua insolência boçal, sua espantosa desídia e seu escandaloso cinismo" (Restrepo, 1984: 153). Essas ideias baseavam-se em um dos personagens mais influentes do início do século XIX, Francisco José Caldas, o cientista mais importante da Colômbia, membro da Expedição Botânica, que apoiava a tese do determinismo geográfico, especialmente no que se refere aos fatores como o clima, capazes de moldar aspectos como o caráter, as ideias e os valores dos grupos sociais. Ao comparar os ângulos faciais de europeus e africanos, o cientista afirmava:

> O europeu tem 85 e o africano, 70. Que diferença entre estas duas raças do gênero humano! As artes, as ciências, a humanidade, o império da terra são patrimônio da primeira; a estupidez, a barbárie, a ignorância, são as dotes da segunda. O clima que formou este ângulo importante, o clima que dilatou ou comprimiu o crânio, também dilatou e comprimiu as faculdades da alma e a moral (Caldas, 1966: 86-87, apud Cunin, 2003: 71).

E continua:

> [...] simplório, sem talentos, só se ocupa com os objetos da natureza conseguidos sem moderação e sem freio. Lascivo até a brutalidade, entrega-se sem reserva ao comércio da mulher. Estas, talvez licenciosas, tornam-se rameiras sem rubor e sem remorsos. Ocioso, mal conhece as comodidades da vida [...] Aqui, idólatras; ali, com uma mistura confusa de práticas supersticiosas, pagãs, do Alcorão e algumas vezes também do evangelho, para seus dias no seio da preguiça e da ignorância (Caldas, 1966: 86-87, apud Cunin, 2003: 71).

Esse determinismo biológico era aceito pela grande maioria dos intelectuais da época. Nesse mesmo sentido, José Eusebio Caro afirma:

> Porque na Raça humana parece que se segue a mesma lei que existe em outras espécies vivas. As raças inferiores estão destinadas a desaparecer para dar lugar às raças superiores. Os índios da América já quase desapareceram. Os negros da África e da América desaparecerão do mesmo modo; no dia em que a Europa e a América estiverem povoadas por alguns milhões de homens brancos, nada no mundo poderá resistir a eles. Assim como a espécie humana está destinada a substituir outras espécies animais que não lhe

servem de instrumento ou alimento, também a raça branca está destinada a substituir todas as outras raças humanas. Na raça branca, finalmente, prevalecem os tipos mais perfeitos (Rojas, 2001: 94).

Da mesma forma, no final do século xix, José María Samper, um dos políticos mais influentes da época, qualificava o negro de "homem primitivo, tosco, brutal, indolente, semisselvagem e requeimado, e usava os mais duros adjetivos para a mescla destes com índios. Afirmava:

A evidente inferioridade das raças mães (a africana e a indígena cobreada) e sua degradação mais ou menos profunda, auxiliadas por um clima no qual tudo fermenta (porque o sol e a terra abrasam ali com infinita lubricidade) produziu no zambo uma raça de animais em cujas formas e faculdades a humanidade sente repugnância em encontrar uma imagem ou uma grande parte do seu ser [...] o zambo revela-se em toda sua feiura de três maneiras: ao lado do bote, na praia, bailando 'currulao', e em seu rancho, às margens do rio, gozando do dulcíssimo *far niente* do selvagem (Rojas, 2001: 256).

Os índios eram também vítimas desses estigmas, embora em menor escala. Assim, José María Samper defendia a tese de que o índio puro só podia se salvar, em pequena escala, mediante sua assimilação pela educação, ou seja, que as "raças inferiores" deveriam ser mantidas sob a tutela das "raças superiores". Essas ideias prevalecem até a atualidade. Em meados do século xx, Laureano Gómez, presidente da República, assinalava:

Nas nações da América onde predominam os negros reina a desordem. Haiti é o exemplo clássico da democracia turbulenta e irremediável. O elemento negro constitui uma tara. Nos países onde o negro desapareceu, como na Argentina, Chile e Uruguai, foi possível estabelecer uma organização econômica e política com sólidas bases de estabilidade (Gómez, 1928: 48).

Podemos notar, assim, que as elites favorecem a mestiçagem ao falar de raças melhores, que teriam maiores possibilidades de progresso, o que abre espaço para um processo de branqueamento da população nacional que continua até os nossos dias e que chega a extremos como o apontado pelo Prêmio Nobel de Literatura, Gabriel García Márquez:

Vi que os relatos do libertador à medida que ia passando o tempo iam-no branqueando. Há um retrato em Haiti onde é um mulato e há outro pequeno na Espanha onde tem o cabelo encaracolado. À medida que ia vencendo as batalhas, que o glorificavam, os pintores branqueavam-no e agora até parece um romano (*Voz,* II-23, 1989).

Transcorreram 103 anos desde que a Constituição de 1886 proclamou um Estado nacional homogêneo até a Constituição de 1991, a qual finalmente reconhece a heterogeneidade da população e legitima a diversidade étnica e cultural. Mas o que mudou? Quais são as consequências dessa nova ordem jurídica do país?

Tempos de mudança:
Colômbia, um país de mestiços, afro-colombianos e indígenas

Ao final do século xx, algo parece mudar na história. São aceitas as demandas dos diferentes grupos étnicos que configuram a "identidade nacional", o que implica o fim de um Estado-Nação baseado na homogeneidade de "um Deus, uma raça, uma língua", como se lia até há poucos anos nas paredes da Academia Colombiana da Língua (Arocha, 1993: 500).

Neste contexto, surge a nova Constituição colombiana de 1991, que reconhece a existência de diversidade de etnias e povos – culturas que historicamente desenvolveram formas de governo, domínio territorial e organização social próprias e que procuram se manter como tais e exigem seus direitos, estes usurpados desde a chegada dos espanhóis. Trata-se de 81 povos indígenas que congregam aproximadamente 701.860 habitantes (Dane, 1997; Igac, 2003)[5] de 7.494.164 afro-colombianos, que em sua maioria habitam o litoral Pacífico e a região do Caribe (DNP, 1998; Igac, 2003), e de 8 mil "rom" ou ciganos, situados principalmente nas zonas urbanas.

A nova Constituição colombiana introduz mudanças tão importantes como as que aparecem nos artigos 7, 13 e 68, as quais se referem a uma Colômbia multiétnica e pluricultural. No artigo 7, "o Estado reconhece e protege a diversidade étnica e cultural da nação colombiana"; o artigo 13 assinala que

> todas as pessoas nascem livres e iguais perante a lei, receberão a mesma proteção e trato das autoridades e gozarão dos mesmos direitos, liberdades e oportunidades sem nenhuma discriminação, por razões de sexo, raça, origem nacional ou familiar, língua, religião, opinião política ou filosófica. O Estado promoverá as condições para que a igualdade seja real e efetiva e adotará medidas em favor de grupos discriminados ou marginados.

Já o artigo 68 indica que "[...] os integrantes dos grupos étnicos terão direito a uma formação que respeite e desenvolva sua identidade cultural".

Apesar da importância destes artigos, após 15 anos da promulgação da Constituição inclusiva, o Estado não cumpre seus compromissos. Inclusive alguns artigos vêm sofrendo reformas e ainda são objeto de álgidos debates por parte das comunidades negras, que leem neste processo uma nova forma de discriminação flagrante, pois, no momento da redação da nova carta constitucional, tratou-se principalmente dos povos indígenas que, apoiados por amplos setores da intelectualidade colombiana que se identificava com suas demandas, participaram de todo o processo de formulação. Os povos negros não tinham sido reconhecidos plenamente como grupos étnicos, sob a alegação de que não possuíam elementos "autóctones" que os identificassem como tais.

A exclusão da qual os afro-colombianos foram vítimas durante a formulação da nova carta "tem a ver com o desmonte imperfeito do sistema de castas sociorraciais que esteve em vigor ao longo da colônia espanhola: sua nomenclatura racial pode ter desaparecido, mas não as condutas discriminatórias associadas a ela" (Arocha, 1996: 40). De acordo com esse autor, nas sessões preparatórias para a Constituição de 1991, alguns participantes afirmavam que o caráter de grupo étnico só pertencia aos indígenas, que possuíam credenciais territoriais, históricas, sociais e legais que os identificava como etnia. O problema territorial parece estar no centro dos debates e das relações sociais. Os afro-colombianos exigem os territórios que seus antepassados criaram, dentro dos quais exerceram domínio legítimo durante séculos. No entanto, até 1991 diversas administrações presidenciais, bem como algumas instituições estatais – como o Instituto Colombiano de Reforma Agrária, hoje Instituto de Desenvolvimento Rural –, não reconheciam esse direito, pois identificam esses lugares como "baldios" (Friedemann, 1985, 1987, 1989; Friedemann e Arocha, 1986). Apesar disso, no final das sessões, a Assembleia Nacional Constituinte aceitou incluir o artigo transitório 55 que posteriormente foi regulamentado pela Lei n. 70 de 1993, a qual reconhece, entre outros direitos, a propriedade coletiva dos afro-colombianos não só sobre os territórios do Chocó biogeográfico, onde eles e seus antepassados habitaram durante mais de três séculos, mas também sobre outras regiões que apresentarem condições similares às do litoral Pacífico.

Analisando a transcendência e os alcances da Carta de 1991, o antropólogo Peter Wade considera que o grande desacerto da Constituição foi querer igualar os afro-colombianos aos indígenas, fato que é recorrente ao longo da história e que, logicamente, não tem sentido, pois ambos os grupos apresentam tradições históricas bem diferenciadas. O autor assinala (Warde, 1996: 290-1):

> A Lei 70 implica uma imagem da identidade negra que contrasta com a que comporta a ideologia do cimarronismo, e que é análoga à imagem da identidade indígena. Conforme a Lei, a cultura e a sociedade negras têm vários elementos que a definem (artigo 2):
> A comunidade negra definida como "o conjunto de famílias de descendência afro-colombiana que possuem uma cultura própria, compartilham uma história e possuem suas próprias tradições e costumes dentro da relação campo povoado, que revelam e conservam a consciência de identidade que as distingue de outros grupos étnicos,[...]"

> Esta representação implícita reflete em vários sentidos a imagem da sociedade indígena na Colômbia: a comunidade estabelecida e ancestral, a terra comunal, as práticas de produção que se remontam à antiguidade. A ênfase está na raiz ancestral. As comunidades negras deverão se encarregar da proteção do meio ambiente, tal como se espera dos indígenas. E assim como acontece na mobilização indígena, o enfoque principal é a terra e o território.

Dessa forma, o conceito de país pluriétnico e multicultural presente na Constituição de 1991 seria apenas uma ilusão que nega a verdadeira existência da plurietnia ao tentar assimilar duas culturas diferentes numa só e estabelecer uma oposição binária entre mestiços e "outros". Essa crítica une-se à de outros autores, como François Correa (1992:52), que afirma que na atualidade "o elemento índio" é tido como pertencente a

> uma era pré-histórica cujo testemunho é possível observar nos museus. Aquela parte de nossa história, pacientemente resgatada pela arqueologia, é transformada em conjunto de objetos exóticos de tempos remotos sem relação com o presente. Assim, seus protagonistas são considerados como gente que vivia fora da história, no mito ou na lenda: Bochica, Nemquetéba.

Hoje, os territórios a que se refere a Lei n. 70 adquiriram uma enorme importância geopolítica e econômica devido à sua riqueza em recursos naturais, como madeiras finas, metais preciosos, abundante água; por isso, o litoral Pacífico transformou-se em cenário de pugna dos interesses de instituições públicas e privadas para instaurar uma nova ordem territorial baseada na modernização e progresso tecnológico. Trata-se mais uma vez de lutas políticas por terras que afundaram o país numa eterna guerra, na qual as comunidades indígenas e negras foram assassinadas pouco a pouco com total impunidade, ou na qual, na melhor das hipóteses, foram deslocadas para as grandes orbes, onde passam a engrossar os cinturões de miséria.

Em contraste com a "igualdade" proclamada pela Constituição, a situação atual de afro-colombianos e indígenas caracteriza-se pela permanência de estados de marginalidade, cujos principais focos de conflito residem na imposição de novos esquemas de territorialidade, na violação dos direitos fundamentais, no desconhecimento dos direitos culturais e na existência de condições econômicas precárias.

As heranças da sociedade de castas da época colonial e republicana – na qual negros e indígenas eram considerados ignorantes, deficientes, pobres, marginais e culpados do atraso da nação – continuam vigentes e manifestam-se na desvalorização cotidiana da diferença, no ceticismo em relação aos saberes tradicionais dos grupos étnicos, em sua exotização, na naturalização da pobreza e na exclusão em que vivem, na imposição de modelos ocidentais de vida e na vitimização dos povos indígenas e afrodescendentes (Cassiani, 2002; Mosquera et al., 2002).

Ainda hoje, na mentalidade da maioria dos dirigentes políticos colombianos, o país fica no interior, e as outras regiões são praticamente desconhecidas. Os imaginários sobre as costas e a Amazônia estão associados à sua especificidade pelo tipo de povo – negros e indígenas –, à pobreza, à violência, ao deslocamento e aos famosos estereótipos da alegria dos negros e da relação indígena-natureza. Assim, o abandono e a ausência do Estado nessas regiões poderiam ser vinculados à constituição racial dos grupos étnicos que as habitam. Séculos de aparente condenação à exclusão não serviram para nada. Continuam indiferentes ao sofrimento e ao esquecimento dos povos negros do Chocó e, em geral, do litoral Pacífico. As matanças de indígenas pela defesa de seus territórios mal afetam o resto da população. Inclusive, esta chega às vezes a culpá-los pelo seu sofrimento, responsabilizando-os pelo seu atraso e dando a entender que eles escolheram morar nesses lugares inóspitos e difíceis. A sua história é esquecida com frequência.

O evidente abandono dessas regiões pelo Estado também tem um fundo de discriminação racial. Afirmam-no alguns pesquisadores, como Sotomayor,

Rincón, Quevedo e Torres (1999), que denunciam formas latentes de racismo no campo da saúde e controle das doenças na Colômbia atual:

> Na atualidade, as doenças como o cólera, o paludismo e a subnutrição existem, principalmente, nos estados e regiões colombianas onde os negros e os indígenas estão concentrados: Chocó, Cauca, Putumayo, Amazonas, Vaupés e Nariño. A província de Chocó, habitada em sua maioria por pessoas negras, apresenta uma realidade patética em comparação com a também grave situação do resto do país: na maioria de seus municípios, 98% da população carece de infraestrutura básica, a taxa de mortandade materna, em 1990, foi a mais alta do país, juntamente com a da Guajira (de maioria indígena); o paludismo foi a principal causa de internamento em hospitais no período de 1989 a 1992, e a leishmaniose nesse estado ocupa o primeiro lugar em incidência e prevalência com relação ao resto do país [...]. Hoje as doenças gastrintestinais em geral, e o cólera em particular, apresentam nas regiões habitadas por afro-colombianos as taxas mais altas do país, como acontece também com a hepatite A e B, e em geral, com as doenças infecciosas, porque sua solução como problema de saúde pública depende de redes de esgoto e de água potável adequadas e suficientes.

Nesse sentido, o relator especial das Nações Unidas sobre o Racismo solicitou ao Estado colombiano, no relatório apresentado em 2002, que tomasse medidas para reduzir o racismo expresso na inferioridade econômica das comunidades indígenas, afro-colombianas e ciganas, as quais estão sendo profundamente afetadas pela situação de violência que o país vive (Cassiani, 2002). Esses grupos populacionais sofrem os efeitos mais negativos da guerra que hoje o país vive, pois enfrentam uma grave violação de direitos humanos e são vítimas de desaparecimentos, sequestros, recrutamentos forçados, torturas, massacres, assassinatos, violações sexuais, deslocamento forçado e sujeição a estilos de vida promulgados pelos grupos armados.

O próprio documento das Nações Unidas reconhece que, após a Constituição de 1991, o Estado colombiano conta com ferramentas eficazes para empreender ações afirmativas em favor das comunidades discriminadas. Tais ações refletem-se em fatos reais, como a recuperação dos territórios pelos povos,[6] a inclusão de dinâmicas nacionais, a consolidação organizacional e institucional das comunidades, a possibilidade de autogoverno, o reconhecimento da legalidade dos prefeitos indígenas, dos conselhos das comunidades e das autoridades tradicionais, além da elevada e influente mobilidade das organizações étnicas no âmbito nacional e internacional, que garantem o reconhecimento como sujeitos e coletivos com direitos.

Vale a pena ressaltar este último fator, evidente em todos os membros das comunidades que tiveram a oportunidade de refletir sobre si mesmos, questionar suas identidades e participar na interpretação de suas culturas. Mais do que tudo, a comunidade afro-colombiana reforçou processos de politização de sua identidade e construção de projetos de etnicidade que contribuem para sua autoidentificação e permitem atingir novas formas de participação e integração no país.

APROXIMAÇÕES AOS DISCURSOS RACISTAS NA COLÔMBIA

O poder que o discurso tem de "nomear e fazer" ou "nomear fazendo", permite que o dito tenha uma dupla dimensão. As realidades são narradas, mas também são criadas com o discurso. Através do discurso, os grupos dominantes podem exercer controle sobre as mentes dos outros, sobre suas representações culturais e sociais. As instituições ou pessoas que exercem o poder não ignoram a importância do discurso, assim como também não o ignoram a Igreja, os meios de comunicação e inclusive os pais de família.

A Análise Crítica do Discurso está comprometida com a revisão das formas de instaurar o poder na construção da realidade através da linguagem, a qual, em termos de cultura, torna indispensável o desenvolvimento de processos interpretativos e reflexivos sobre como se instauram no dizer as hierarquias e formas de conhecimento que representam a realidade (Van Dijk, 2003a). Nesse sentido, o debate sobre a exclusão deve se apoiar em revisões empíricas de formas de racismo, etnicismo[7] e xenofobia em diversos discursos situados num contexto histórico.

A escola e os meios de comunicação são lugares privilegiados para exercer formas de poder. Talvez sejam os principais transmissores não só de cultura e saberes, mas também de ideologias e formas de exclusão; por isso, neste texto, estamos interessados nesse espaço de análise.

EDUCAÇÃO, ESCOLA E RACISMO

A escola, depois da família, é o lugar em que a criança se socializa, onde se ensina novos e velhos conhecimentos, comunicam-se ideologias e discursos; no entanto, nem sempre a escola esteve relacionada com práticas democráticas e igualitárias. Na realidade, durante séculos ela esteve fechada para uma boa parte da humanidade: negros, indígenas, mulheres e pobres, entre outros setores da população. Revisar a história da escola na Colômbia é evidenciar séculos de exclusão e racismo.

Durante a época colonial, a educação esteve a cargo da igreja católica e da Coroa, instituições que tendiam a inferiorizar indígenas e negros e que dispensavam um trato diferenciado a cada um dos grupos. Frei Bartolomé conseguiu que os indígenas fossem reconhecidos como humanos, impedindo sua escravização. No entanto, isso foi feito em troca da escravização dos negros em que o espírito racista do colonizador só se desloca de uma etnia para outra, pois os cativos africanos foram classificados como mercadorias e seu *status* era algo semelhante ao de sub-humanos que seriam redimidos mediante a escravização e a educação (Arocha, comunicação pessoal).

A educação seria a encarregada de reformar e polir essas "almas inferiores", assim ficou estipulado nos códigos de negros de 1768, 1769 e 1784 no caso dos negros. O código de Versalhes de 1769 expressa que "todos os escravos que se encontram em minha província serão instruídos na religião católica apostólica e romana" (Mosquera, 2003: 101). Com essa instrução, pretendia-se controlar os escravos, ensinar-lhes a submissão e a obediência aos brancos e apagar suas memórias culturais: não se tratava de uma educação científica escolarizada de hoje em dia. O que se buscava era sua submissão, uma vez que sua resistência ao cativeiro e seu chimarronismo[8*] às vezes implicavam levantamentos armados.

O sistema de hierarquização sociorracial que organizava a sociedade de castas era o mecanismo que designava os ofícios e determinava quem ingressava ou não nas escolas: índios e negros "puros" estavam excluídos dessa possibilidade, mas não estavam excluídos aqueles cujos ascendentes tivessem se misturado há duas ou mais gerações com os brancos, como assinala o código negro Carolino de 1783:

> As escolas públicas de primeiras letras e de religião estão fechadas, a partir de agora, para os negros e pardos não mestiços, que devem ser destinados todos à agricultura, sem se misturar com os brancos de terceira ou quarta geração, e outros, que serão

---

* N.T.: "Chimarronismo" equivale à noção de "quilombismo".

colocados em salas de aula separadas, dirigidas por pessoas brancas, que lhe imprimam sentimento de respeito e obediência aos brancos com quem devem se igualar algum dia (Mosquera, 2003: 104).

A escola constituiu o veículo mais eficaz para popularizar o projeto de modernização nacional baseado na mestiçagem, pois é uma instituição fundamental para a aprendizagem e a transmissão de valores. Tratava-se de educar seres humanos iguais, sem levar em conta suas particularidades individuais nem a identidade cultural de determinados grupos sociais, um grande projeto homogeneizador que pretendia modernizar o país através da castelhanização e da alfabetização das "degradadas raças" negra e indígena para assim facilitar sua assimilação.

Em 1991, com a nova Constituição nacional, houve uma tentativa de superar esses modos institucionalizados de discriminação, pois foram reconhecidos os direitos dos diversos grupos a uma educação bilíngue e bicultural e às diferenças culturais do país.

Mas, como assinala García Márquez (1995), "somos dois países ao mesmo tempo: um de papel e outro na realidade", pois o papel da escola foi e continua sendo fundamental na transmissão das ideologias que promulgam uma identidade nacional homogênea. Nesse sentido, analisando os livros escolares, encontramos muitas ideias prevalecentes na época colonial que os livros se encarregaram de transmitir e inculcar nos imaginários dos estudantes, pois durante anos foram quase exclusivamente os únicos recursos com que o sistema educativo contava. O que dizem se transforma em dogmas que criam e legitimam visões de mundo. Os livros de Ciências Sociais, em particular os de História, são considerados portadores de verdade, razão pela qual constituem instrumentos inestimáveis na hora de estudar as formas de pensar e sentir de uma época, bem como suas representações sociais e culturais.

Na Colômbia, apenas recentemente foi iniciada a análise dos livros. A seguir, apresentaremos duas pesquisas que se centram na representação da diversidade étnica nos livros escolares e na análise das estratégias discursivas utilizadas pelos textos para legitimar práticas racistas, etnicistas e xenófobas. A primeira corresponde a uma análise do período compreendido entre 1900 e 1950 enquanto a segunda analisa a época atual.

A IDENTIDADE NACIONAL NOS LIVROS ESCOLARES: COLÔMBIA 1900-1950

A pesquisa apresentada por Martha Herrera e um grupo de pesquisadores da Universidade Pedagógica (2003) mostra como as ideias políticas e a escola estão estreitamente ligadas. Os ideários de nação, identidade e raça correspondem-se plenamente: são os políticos, intelectuais e autoridades eclesiásticas principalmente que escrevem, imprimem e comercializam os manuais escolares durante o período mencionado.

Esse trabalho, publicado recentemente no contexto das pesquisas vinculadas ao projeto de pesquisas sobre manuais escolares (MANES) da Universidade Nacional de Educação a Distância (UNED), de Madri, tem como objetivo indicar como a escola se torna uma das principais ferramentas na criação de imaginários que fortalecem o projeto de Estado-Nação empreendido pelas elites colombianas do século XIX. A seção que nos interessa tem a ver com o tratamento dado às relações entre etnia, raça, região e nação. Os resultados são claros e, às vezes, vergonhosos.

> A educação entre 1900 e 1950 tem um duplo propósito: educar nos valores pátrios e na fé cristã. Conceitos como nação e pátria predominam em boa parte dos livros escolares, mas as ideias que se proclamam são evidentemente homogeneizantes, seletivas e excludentes. A ordem e as hierarquias sociais da nação são um aspecto fortemente destacado nos livros; fala-se da natural superioridade de uma raça sobre a outra devido ao determinismo biológico e geográfico. O território colombiano era habitado por seres superiores, inteligentes e aptos para o progresso: os habitantes brancos dos Andes e seres inferiores, subdesenvolvidos e selvagens: a gente negra e indígena habitantes das planícies, costas e selvas. Os livros contribuíram para a propagação de imaginários errôneos e negativos dos povos indígenas e negros, que são descritos como idólatras e antropófagos, selvagens, intratáveis, indomáveis e bárbaros. Assim, o território colombiano se reduz aos Andes, enquanto as outras regiões não existem ou são habitadas por selvagens não aptos para serem representantes da identidade nacional: "nos modelos promovidos nos livros, as imagens mais altas eram ocupadas pelos residentes da zona andina e, principalmente, pelas elites bogotanas. Também em relação aos fatores raciais, o privilégio era para os brancos e os crioulos ilustrados, deixando os indígenas e os negros nos últimos lugares da pirâmide social (Herrera, 2003: 133).

Os pesquisadores assinalam que no *Catecismo de historia de Colombia*, escrito por Soledad Acosta de Samper, as unidades didáticas apresentam perguntas como: "Em quantos estados a República está dividida? Resposta:

sem contar com os territórios de Caquetá e Putumayo, povoados em sua totalidade por índios selvagens, a Administração da Guajira e a Polícia Civil e Militar do Meta, existem vinte e sete" (Acosta de Samper, 1908: 5).

Em contraste, os livros fazem verdadeiras apologias da raça branca europeia e de suas qualidades:

> A raça indo-europeia é a mais importante e domina moralmente em todas as partes. Caucásica, branca e indo-europeia [...] esta raça é a mais inteligente e é constituída pelos povos que chegaram ao máximo nível de civilização [...] A raça branca, que é a mais civilizada e inteligente, distingue-se pela cor branca e a regularidade de suas feições: é a única que exibe cabelos loiros e olhos azuis [...] Raça branca originária da Ásia Ocidental, povoa hoje a Europa e grande parte da América, e é a senhora do mundo e criadora da civilização moderna (Francisco Javier Vergara e Velasco, 1999, apud Acosta de Samper, 1908: 140).

Novamente é possível observar a correspondência entre os ideais políticos de projeto nacional e a propagação de seus ideários através da escola e, mais exatamente, dos livros escolares. Apesar da representação negativa dos indígenas, nos livros prevalece a ideia de que fazem parte do passado colombiano e, mesmo que constituam um passado não muito glorioso, são parte da realidade. Sobre os mestiços, tentam despertar sentimentos de compaixão pelo sangue indígena que os condena a uma miséria e a uma penúria das quais só serão salvos pela messiânica intervenção dos europeus que levarão o país à civilização.

O tratamento dispensado aos outros povos "inferiores", os negros, varia num aspecto fundamental, pois estes não são considerados como parte da identidade nacional, mas seriam alheios "ao colombiano" pelo fato de seus ancestrais estarem longe, num continente inclusive mais pobre e subdesenvolvido que o nosso. Os negros tornam-se simples instrumentos de trabalho e até são culpados pelo atraso do país, uma vez que "vieram" usurpar os direitos dos índios e tornaram-se seus inimigos (Herrera et al., 2003: 144).

A representação etnocêntrica e excludente do que é racial nos livros escolares na primeira metade do século XX apoia-se no determinismo biológico e cria preconceitos tão fortes contra os povos indígena e negro que, até hoje, não só estão arraigados nos imaginários dos colombianos brancos e mestiços, como também foram interiorizados pelos próprios povos indígenas e afro-colombianos.

No século XXI, a Colômbia continua sendo mestiça e negando seu passado

Na área da educação, o reconhecimento constitucional dos direitos étnicos manifesta-se na regulamentação da Cátedra de Estudos Afro-Colombianos, cujos conteúdos devem ser estudados de forma transversal em todas as escolas e colégios do país, bem como na elaboração de projetos etnoeducativos para as comunidades indígenas baseados na educação bilíngue e bicultural implantada a partir dos movimentos indígenas de 1970. Além disso, tomando como base os debates sobre a proclamação da Constituição de 1991, começou-se a regulamentar a produção de livros escolares que passariam a ter uma seção editorial denominada "princípios para a equidade étnica e de gênero" cuja função consistiria em evitar que os livros escolares tivessem qualquer conotação negativa de raça e de gênero. Da mesma forma, o Ministério da Educação Nacional, por meio das Diretrizes Curriculares – cuja finalidade é sugerir temáticas para os programas acadêmicos das diversas áreas de conhecimento –, incluiu aspectos raciais e de gênero em seus programas.

No entanto, é importante observar que, em termos educativos, continua existindo a discriminação na Colômbia. O governo nacional não adotou as mesmas políticas educativas para indígenas e afro-colombianos. Assim, até a atualidade, a Cátedra de Estudos Afro-Colombianos quase não foi discutida e nem ocorreu a sua implementação nas escolas e colégios colombianos. Além disso, o governo fechou o Gabinete de Etnoeducação Afro-Colombiana, enquanto o dos indígenas continua funcionando.

Racismo e discurso nos livros escolares

Sandra Soler Castillo (2005) realizou uma revisão exaustiva dos livros escolares de ciências sociais de duas editoras de maior difusão na Colômbia: Grupo Editorial Norma e Santillana. A pesquisa revelou que a persistência de ideias racistas, quando se trata de identidade nacional, está encoberta, mas, nem por isso, é menos perigosa. Os livros desenvolveram novas formas de exclusão que poderiam ser resumidas em três tipos: ocultação de práticas de atores sociais; tergiversação e fragmentação dos fatos históricos e problematização das comunidades negra e indígena, que passam do anonimato a um problema nos livros.

Ocultação de atores sociais:
AFRO-COLOMBIANOS E INDÍGENAS DESAPARECEM DOS LIVROS

Soler (2005) denomina de *ocultação* a prática sistemática dos autores dos livros escolares de evitar a inclusão de todos os grupos étnicos em iguais condições de representatividade como agentes históricos e sociais do país.

Assim, no primeiro momento, a autora fala de uma ocultação de atores, assinalando que as diversas temáticas que poderiam fazer referência à diversidade étnica do país, como a composição dos grupos sociais em ambientes familiares, escolares ou regionais, relacionam-se à típica família nuclear branca, à escola onde não há diversidade e, inclusive, nega-se a existência de grandes contingentes de negros ou indígenas nos estados, onde é clara sua presença. Ao analisar um livro de terceiro ano do ensino básico, Soler (2005) assinala:

> Ao descrever a região do Caribe, afirma-se que a maioria da população é mestiça e se faz uma breve referência às populações indígenas que habitam em cada província. Alude-se a cada grupo indígena e se indicam suas características. A população negra é totalmente apagada desta descrição. Nem sequer são nomeados como habitantes do arquipélago de Santo André, Providência e Santa Catarina. Quando se refere ao litoral, só a província de Chocó é lembrada, e se menciona que a maior parte da população é negra. É surpreendente a omissão da população negra do Vale do Cauca, Cauca e Nariño, que fazem parte do que se conhece como a costa do Pacífico, região totalmente esquecida pela Geografia e História da Colômbia.

Novamente aparecem refletidas aqui as ideias expostas pelos intelectuais dos séculos XIX e XX, nas quais, como assinala Rojas (2001: 294), os negros e os índios parecem mais fazer parte da topografia do país do que da sociedade nacional.

Na análise, a diferença será uma constante na representação de indígenas e negros, estes últimos apagados da Geografia e História da Colômbia, embora haja algumas exceções. A presença da população negra é assinalada de modo positivo só quando se faz referência a suas habilidades para a música ou o esporte. Nos livros são surpreendentes frases como: "através de algumas atividades, as comunidades afro-americanas começaram a ser visíveis e importantes para todos os habitantes da América Latina: essas atividades são o esporte, a música e a dança" (Melo et al., 2003). Conforme esse enunciado, só agora o negro começa a existir. A pergunta que brota é: "existir para quem?". Além disso, o que se faz com os afro-colombianos advogados, médicos, cientistas, políticos, professores e outros profissionais?

Ocultação de práticas: racistas são os outros

Como é de se supor, se as comunidades afro-colombianas desaparecem da história do país, também desaparece dos livros toda alusão a práticas racistas e discriminatórias na sociedade colombiana. Há uma constante negação do racismo; fala-se em discriminação, que aconteceria principalmente nas sociedades estrangeiras, talvez nos Estados Unidos ou na África do Sul. Conforme afirma a autora, nos poucos livros em que se explicam as práticas discriminatórias, recorre-se a estratégias discursivas que ocultam os responsáveis pelas ações. São frequentes os enunciados como: "Nos Estados Unidos existiam leis de discriminação contra as pessoas negras"; "O *apartheid* foi um sistema de segregação racial contra os negros implantado em 1948 na África do Sul."; "A África do Sul desrespeitou todos os tratados de direitos humanos aprovados pela ONU" (Melo et al., 2003: 90). Como se observa nessas frases, os sujeitos das ações desaparecem, nomeiam-se apenas lugares e fatos como referências e recorre-se ao uso de substantivos próprios não humanos, como no último exemplo.

Atualmente, recorre-se nos livros ao emprego de argumentos e teorias errôneas para explicar e justificar as práticas racistas. Existe uma naturalização do racismo e a discriminação como fenômenos normais do desenvolvimento das sociedades e como produtos da convivência. Como o seguinte livro assinala:

> O gênero humano, ao longo da história, desenvolveu uma grande variedade de sociedades e culturas que nos permitem diferenciar uns grupos de outros. Isso constitui uma grande riqueza para a humanidade; no entanto, em muitas ocasiões, foi o motivo da discriminação de uns contra outros (Melo et al., 2003: 84).

Expressões ambíguas como essa impregnam os livros escolares quando se trata de explicar fenômenos como a discriminação ou o racismo. Aqui, os argumentos selecionados pelos autores dos textos para explicar as práticas discriminatórias se reduzem à naturalização dos fatos. Nomeiam-se identidades abstratas como "gênero humano", como sujeitos de ações *a priori* positivas, reconhecidas historicamente como "desenvolvimento das sociedades e culturas", que paradoxalmente terminam produzindo ações negativas de "uns contra outros", sem que a identidade desses grupos seja determinada. Por que não se indica que se trata de grupos de população branca ou mestiça que exercem violência contra grupos negros ou indígenas?

Inclusive, em alguns livros, os argumentos de justificativa da intolerância e do racismo apelam ao "bem comum" como estratégia. Recorre-se ao livre direito que os povos têm de agir em legítima defesa: "os grupos sociais que se sentirem ameaçados pela presença 'do outro' criam políticas e mecanismos de defesa contra os grupos invasores, amparados pelo direito de defender a identidade cultural" (Mora, 2004: 27).

Assim, são os "Outros" os invasores que obrigam os "grupos sociais" a criar mecanismos de defesa. Uma análise detalhada desse enunciado sugere também que seja evidenciada a separação entre "grupos sociais" e "o Outro". Por acaso esses "Outros" não possuem uma organização social? Ou essa organização não é legítima? Aparentemente, trata-se apenas de "invasores".

Outro elemento que esta pesquisa ressalta tem a ver com o fato de que não só os autores dos livros ocultam atores e ações, como também que o dito não corresponde plenamente com o ocorrido, ou que simplesmente se faz uma seleção parcial da informação que dá margem a mal-entendidos e tergiversação da história e da realidade.

O QUE SE DIZ: TERGIVERSAÇÃO E FRAGMENTAÇÃO

A passagem pela escola traz uma considerável porcentagem de conhecimentos e noções gerais que as pessoas usam para interpretar o mundo. No entanto, às vezes a informação que os materiais escolares oferecem é tergiversada, não corresponde aos fatos, é apresentada de forma parcial, eliminando-se sistematicamente as causas e consequências, dá a conhecer somente um ponto de vista ou, ainda, a informação fica limitada a aspectos pouco relevantes, como datas, cifras etc.

Nos livros analisados, uma parte da informação que os autores apresentam é parcial, recorre a estereótipos ou está desatualizada. Por exemplo, quando se fala da história, costumes ou desenvolvimentos dos grupos indígena e negro, limita-se a cifras, estatísticas e dados geográficos. Às vezes, são apresentados dados cuja interpretação deficiente causa confusão ou distorções na informação, como quando se fala em minorias, mas as cifras mostram que os afro-colombianos e mestiços são a maioria na Colômbia. Nesse caso, o correto seria esclarecer que as minorias não são definidas unicamente em termos de números demográficos, mas também por sua situação de vulnerabilidade e suas dificuldades de acesso ao poder.

A maioria das referências aos negros refere-se ao passado, ao período da escravidão, o que dá a ideia de que este grupo existiu, mas que na atualidade não é parte importante do desenvolvimento social e político do país. Além disso, sua descrição não respeita o rigor e sistematicidade próprios da história. A seguir, apresentaremos algumas análises realizadas por Soler (2005).

Quando os autores dos livros analisados tratam da escravidão, a informação é tão confusa e parcial que, inclusive, se chega a afirmar que: "a escravidão é a 'situação legal ou de fato em que um ser humano está permanentemente privado e obrigado a fazer o que o outro, seu proprietário ou dono ordenar" (Soler, 2005: 18). Ou seja, a escravidão é definida como um fato que está sob a legalidade e continua vigente.

No mesmo livro, mais adiante, a escravidão é descrita como um fato espontâneo e voluntário, e na descrição não aparecem os responsáveis pelas ações:

Desde o ano 1550, aproximadamente, começou o tráfico de escravos da África para a América, e a partir de 1720, para as ilhas do oceano Índico, onde eram obrigados a trabalhar nas plantações de açúcar, tabaco, algodão e cacau e nas minas de ouro e prata.

O fluxo de negros escravizados perdurou quatrocentos anos durante os quais milhões de africanos atravessaram o oceano Atlântico para posteriormente serem vendidos aos colonizadores da América. O tráfico escravista, nesse período, gerou a diminuição da população africana. Milhões de crianças, homens e mulheres em idade reprodutiva foram enviados a América e Ásia, outros tantos morreram durante as longas travessias pelo mar e outros, nos portos, esperando ser embarcados. Várias regiões africanas ficaram despovoadas, como o Congo, Ndongo e Quissana (Soler, 2005: 19).

Soler (2005) conclui:

Aqui, de novo, os autores ocultam os agentes da escravidão, reiteram o uso das orações impessoais, empregam também vozes passivas que evitam o sujeito. E, algumas vezes, devido às construções sintáticas e às seleções de verbos, fica a impressão de que os fatos da escravidão sucederam porque os escravos queriam, ou que, pelo menos, ninguém os obrigou. Note-se que se apresenta a ideia de que os escravos vieram por vontade própria, pois eles só "atravessaram" o Atlântico, bem como se desvirtua o caráter negativo da escravidão com o emprego do verbo "perdurar", de caráter claramente positivo. Note-se também o uso da passiva e a atribuição de sujeito a fenômenos, e não a atores concretos, como no caso do "tráfico escravista".

Como no caso do racismo já mencionado, evidencia-se certa tendência a acreditar que a escravidão foi um fenômeno inevitável e que as consequências do extermínio da população negra e sua exclusão ocorreram por sua própria culpa, devido a supostas dificuldades de adaptação às novas condições sociais e ambientais impostas por seus donos, que, em comparação, aparecem como seres generosos e amáveis:

> As pessoas negras foram trazidas desde as primeiras etapas da Conquista... depois, com a redução do número de aborígines durante a Colônia, foram destinadas a atividades agropecuárias, mineiras ou de serviço doméstico. [...] e assim como aconteceu com os aborígines, muitas escravas negras tiveram filhos com seus amos brancos. Alguns fazendeiros, embora não reconhecessem seus filhos, deixaram-lhes terra, outorgaram-lhes liberdade e até os nomearam administradores em alguns de seus negócios (Melo et al., 2004: 141).

A pesquisa aponta a evidente representação positiva dos espanhóis em alguns livros como o anterior, em que se destaca que eles "até" tiveram a generosidade de se casar com suas escravas. Do mesmo modo, quando se trata do tema da escravidão, fica evidente que o livro recorre a perífrases que indicam que os africanos e seus descendentes "foram destinados" a diferentes tipos de trabalho, a construções com conotações claramente positivas que destacam a boa vontade dos espanhóis com os escravos ao atribuir-lhes trabalho. Assim, quando mencionam a mistura de escravos e amos, também oculta-se a informação de que muitos filhos de espanhóis com mulheres negras e indígenas foram frutos de violações, e não da união amorosa e da convivência pacífica.

Parece incrível que, depois de tantas controvérsias e críticas em relação ao olhar que foi direcionado ao processo de conquista e colônia – olhar que apresentava os espanhóis como heróis – e após os inumeráveis debates durante a comemoração do quinto centenário do chamado descobrimento da América, os livros continuem exaltando a imagem e o trabalho dos espanhóis. Conforme Soler (2005), quando os livros tratam da conquista e da colônia, o resumo sempre será este:

> O processo da conquista foi realizado em quatro fases durante as quais o contato entre espanhóis e indígenas foi "muito cordial" e houve "intercâmbios" de objetos e "comércio" entre eles. Os espanhóis passaram por muitas "dificuldades", mas foram "amigáveis" e "bondosos" com os índios, e quando os índios lhes contaram sobre as riquezas do El Dorado, eles sentiram "admiração e entusiasmo".

A autora conclui que seu trabalho não pretende julgar a história e o que aconteceu cinco séculos atrás, mas trata-se de questionar a representação dos fatos e a responsabilidade dos autores na transmissão de conhecimentos e na criação de modelos mentais aos quais se seguirão práticas concretas de exclusão e racismo.

De anônimos a problemas...

Como dissemos, os livros escolares desenhados para o ensino das Ciências Sociais mostram uma identidade nacional que exclui o afro-colombiano e o indígena e tergiversa e parcializa os acontecimentos históricos. Mas Soler aponta um fato ainda mais preocupante: os livros escolares estão organizados de tal forma que a maior parte da concentração dos temas étnicos e raciais se dá em seções externas e isoladas das unidades centrais; em geral, as referências aos negros e indígenas figuram nas partes que apresentam e desenvolvem problemáticas que afetam as sociedades. Efetivamente, a seção dos livros em que aparece a maior quantidade de informação e referências aos grupos étnicos é aquela denominada *situação problema*, o que dá a entender que nem todos os temas e atores sociais têm o mesmo valor e importância e, o que é pior, que afro-colombianos e indígenas são *problemas*.

A temática étnica costuma ser relacionada com problemáticas nacionais, como a violência, a pobreza, o deslocamento, o desemprego ou a superpopulação. Assim, negros e indígenas passaram de um anonimato generalizado a problemas para o país. A situação agrava-se quando os textos vão acompanhados de fotografias – em sua maioria de gente negra em estado de abandono e indefesa – que reforçam as crenças na mente do estudante.

Racismo e imprensa

A análise dos meios de comunicação constitui um fator essencial na determinação da geração e circulação dos saberes e significados sociais dos povos. Conforme Van Dijk (1997), "os meios de comunicação desempenham um papel crucial na reprodução da hegemonia e do controle 'moderno' baseado no consenso e estruturado ideologicamente". A linguista Neyla Pardo Abril (no prelo b) assinala que

> A notícia é, na pesquisa social mais recente, um lugar de privilégio para a compreensão e análise do mundo sociocultural. As diferentes perspectivas da

análise do discurso revelaram os modos como as sociedades procuram um lugar para o reconhecimento e consenso ou dissensão no que parece constituir o tecido social (Pardo Abril, no prelo a: 100).

Em relação ao racismo na Colômbia, a imprensa como geradora de representações negativas das comunidades negra e indígena foi pouco analisada. Na próxima seção, mencionaremos duas pesquisas que analisam este tema.

Discurso na imprensa sobre as etnias indígenas

Neyla Pardo Abril (no prelo b) ilustra um caso através da análise de um *corpus* composto de 53 artigos de imprensa de circulação nacional, 46 coletados de *El Espectador* e 7 de *El Tiempo*. A autora estuda notícias publicadas entre 1986 e 1996, período que antecede e sucede a elaboração da Constituição Política da Colômbia de 1991, pois considera que desta forma poderia dar conta de seus efeitos políticos sobre o modo como circulava o discurso público sobre os povos indígenas do país. Para a análise, segue a formulação metodológica elaborada por Pardo Abril (2006) em que se integram as técnicas de análise de dados textuais, o estudo de recursos linguísticos e a interpretação crítica baseada na constituição de formas de representação da realidade.

Baseando-se nas palavras mais frequentes, consideradas como unidades léxicas que, em princípio, dariam conta da maneira como se constrói o significado em torno do indígena (excluindo preposições, artigos e interjeições, porque não possuem valor analítico), procede-se à constituição das redes conceituais que regem a representação do que é ser indígena na imprensa.

Coletivização

A primeira rede conceitual reúne as denominações que a imprensa utiliza com maior frequência para se referir ao indígena; em todos os casos, trata-se de um coletivo cujas diferenças são eventualmente indicadas.

Os indígenas também propõem que lhes seja concedida plena autonomia política, administrativa e territorial, que seja consagrado o respeito às autoridades tradicionais e chefes indígenas, bem como o direito de constituir unidades político-administrativas autônomas, separadas do regime municipal e estadual, das administrações estaduais ou locais. Igualmente pedem que os povos índios sejam reconhecidos como proprietários plenos de seus territórios (*El Espectador,* 18 out. 1990).

Como se pode notar, a elaboração do que é indígena para ocupar o lugar do "outro" inclui cada uma de suas diferenças (o idioma, os costumes) dentro da estruturação discursiva de formas descritivas. Essa descrição não reconhece elementos comuns entre colombianos e indígenas, como se tratasse de dois grupos sociais muito diferentes. O recurso linguístico com o qual se marca a distância entre um grupo e outro é a terceira pessoa, de modo que esta primeira rede abrange uma representação do que é indígena como sendo o outro que necessita de garantias em virtude de suas particularidades culturais, comportamentais e sociais.

Cenários da diversidade

A segunda rede semântica configura uma espécie de espaço em que se estabelecem vários conceitos. Em primeiro lugar, a ideia de cenário diverso, mas integrado, que subjaz à noção de "Colômbia" e "país" e que permite estabelecer uma descrição geográfica e populacional. Em segundo lugar, um cenário conceitual de influência das marcas discursivas em termos normativos, "nacional". Em terceiro lugar, a existência de vários mundos – um global para todos, um indígena e um colombiano não indígena –, definidos como ocidentais. Por exemplo, o indígena relaciona-se com a reivindicação de uma ordem social que responda à perspectiva de realidade prefixada na cultura ocidental contemporânea de "um mundo com justiça social": "Hoje, mais do que nunca, a Quarta Cúpula Ibero-Americana fortalece o mecanismo de diálogo que, a partir das diferenças, busca consensos na construção de um mundo com justiça social e relações equilibradas" (*El Espectador,* 14 jun. 1994).

Esse mundo de Ocidente que supostamente impulsiona os povos indígenas não se aproxima conceitualmente do outro mundo que se constrói na imprensa, o do índio. O que se chama "mundo índio" já não é uma perspectiva de realidade, mas um elemento coletivo indeterminado que a sociedade maltratou. Assim, os indígenas estruturam-se como vítimas de ações e atores que não são especificados.

> É o verdadeiro ano novo, porque é o dia de regozijo, de perdão, de reconciliação, quando todo mundo deixa para trás seus trabalhos domésticos e sai de suas ruas como um grupo multicolor, mobilizando-se numa caravana disciplinada e entoando música com flautas, chifres, tambores, "rondadores", chocalhos, e se expressa o verdadeiro sentir de um povo e se reflete também a tristeza pelo estrago e trato social que o mundo índio recebeu (*El Espectador,* 22 fev. 1993).

Conflito étnico

A terceira rede conceitual gira em torno de um conflito entre os indígenas e os Estados americanos, em que constantemente se destaca a outorga de direitos às comunidades indígenas que exigem respeito e cumprimento de seus direitos. Tudo está atravessado por uma reiteração dos valores democráticos como eixo que possibilita o estabelecimento e o reconhecimento das diferenças em igualdade de condições, embora simultaneamente se misturem as especificidades dos interesses de diferentes povos indígenas em matéria de territorialidade, autonomia e preservação cultural. No nível discursivo, as comunidades indígenas constantemente solicitam, lutam ou exigem os direitos consagrados constitucionalmente, historicamente adquiridos ou por efeito da implantação da democracia. Ao mesmo tempo, enfatiza-se a distância ideológica entre o saber indígena e o ocidental, com o qual se argumenta uma particularidade na situação indígena em termos culturais e, em consequência, se favorece a inferência de que os povos indígenas não são proprietários da democracia, mas procuram tirar proveito dela para obrigar o Estado a compensar a marginalidade à qual estão sujeitos e alcançar a autonomia e a independência necessárias para permanecer como comunidade, cultura e nação. Em outras palavras, a imprensa destaca alguns acontecimentos como sendo conquistas da democracia, ao mesmo tempo em que define o indígena como um ser situado fora dos valores democráticos.

O objetivo central da política indígena: garantir, ampliar e designar territórios que lhes pertencem por direito próprio, sob a forma de colônia, além do fortalecimento de suas autoridades locais e suas organizações. Nesse sentido, a conquista mais importante foi a entrega – depois de 100 anos – do "território putumayo" para aqueles que nunca tinham deixado de ser seus verdadeiros donos: os indígenas. Efetivamente, essa extensa zona de 6 milhões de hectares selváticos entre a Administração do Amazonas, o Estado do Caquetá e a Administração estadual do Putumayo é hoje – com seus respectivos títulos – propriedade de aproximadamente 10 mil indígenas, que incluem as comunidades andoques, nonuyas, rasigueros, boras, mirañas, okainas e yuris. Nesse sentido, também se deve destacar a constituição de 82 novas colônias de que se beneficiaram 34 mil indígenas. Foram entregues um pouco mais de 13 milhões e 15 mil hectares, dos quais 56% estão situados em zonas de reabilitação. O investimento foi de 17 milhões de pesos colombianos, o que significa um aumento de 95% frente aos governos anteriores, dos quais 40% – 6 milhões e 600 mil – foram do PNR (*El Espectador,* 14 jun. 1990).

Note-se que nas notícias se juntam algumas ideias em conflito devido a uma evidente proximidade contextual. Por exemplo, afirma-se, ao mesmo tempo, que os indígenas receberam suas terras por ser seus verdadeiros donos, mas são considerados beneficiários, o que se minimiza o papel das lutas indígenas e torna o Estado colombiano um poderoso benfeitor. Se os indígenas obtêm algo que é seu, não estão querendo nada diferente do que o direito próprio lhes outorga e, em consequência, o Estado só está cumprindo, parcialmente, sua obrigação social de fazer respeitar os direitos das comunidades e das pessoas.

Nesta rede, notícias como a mencionada a seguir apoiam a configuração do indígena como vítima do sistema político, contextualizado numa longa tradição de genocídio e exclusão. A vitimização das comunidades indígenas favorece a diferenciação entre um coletivo indígena e outro não indígena na América. Assim, fica claro na descrição da vítima que esta pertence a um grupo em extinção, submetido, com quem o Estado e a nação colombiana só estabelecem nexos políticos insuficientes.

Mais um ano de lutas indígenas

Agoniza o ano internacional dos povos indígenas e, exceto para os 82 grupos étnicos do país, a comemoração passou inadvertida na Colômbia. Também ficaram para trás a novidade do Quinto Centenário do Descobrimento da América e o entusiasmo da nova Constituição, de modo que as comunidades indígenas regressaram a sua tradição de 500 anos: a luta pela sobrevivência. Em 1492 eram 100% da população do atual território da Colômbia; hoje, seu número não chega a um milhão de habitantes e constitui apenas 2% do país: uma minoria que suportou estoicamente a extinção de suas comunidades e seus líderes, e que para o futuro vê sua integridade cultural, social, política e econômica ameaçada pela nula vontade de apoio do Congresso e do governo (*El Espectador*, 26 dez. 1993).

É importante deter-se no significado da resistência – que é usada na imprensa para se referir à permanência no tempo dos traços identitários dos povos indígenas como símbolo do não desaparecimento total – cuja descrição omite as transformações próprias dos povos e das culturas. Assim, a expressão "resistência" serve como mecanismo linguístico para simplificar e formular o índio como algo estático, o que repercute na representação do indígena como algo mumificado, permitindo, por sua vez, que este seja considerado como exótico e como força opositora.

A situação atual

São muitos os problemas que os emberas enfrentam na atualidade: falta de terras, destruição e saqueio dos recursos naturais (por exemplo, os do alto Sinu estão ameaçados com a construção da represa de Urrá e os baudós, com a Estrada Pan-Americana); desnutrição, doenças, falta de serviços de saúde e educação; discriminação cultural, social e política. Apesar disso, continuam resistindo. E, depois de quinhentos anos, estão aí: com seus problemas e dificuldades, mas também com suas crenças e costumes; com sua língua e sua medicina tradicional; com seus corpos e rostos pintados, com seus colares de "chaquiras" e com seus "okamá". Mas, principalmente, com sua firme decisão de defender seu direito a continuar existindo como um povo com uma cultura diferente da dos outros colombianos, sem deixar por isso de serem filhos de uma mesma pátria. Para os emberas, assim como para todos os indígenas, a democracia não é só o direito à igualdade, mas também o direito a serem diferentes (*El Espectador,* 16 nov. 1990).

Ressaltar as particularidades do indígena é uma estratégia discursiva recorrente na imprensa. No próximo exemplo, um ato de campanha e proselitismo é acompanhado de adjetivos como "estranho" quando os interlocutores são indígenas. Esse qualificativo dignifica a encenação dos atos que são considerados como próprios dos povos indígenas, os quais incluem a queixa – como se esta fosse um costume que faz parte da identidade indígena – reduzindo, assim, a importância da exigência do respeito pelos direitos dos povos.

Ontem Andrés Pastrana Arango presidiu uma estranha reunião no norte de Santafé de Bogotá. Estranha, porque foi organizada pelo Agrupamento Indígena de Suba, uma organização que poucos imaginavam que existia. Num dos setores considerados de maior tradição, o aspirante à primeira magistratura reuniu-se com delegados de diferentes famílias indígenas de todo o país; recebeu o Bastão de Comando, máxima condecoração que os nossos antepassados outorgam; ouviu o cumprimento que um dos mamos ofereceu com o som milenar do caracol rosado e brindou com a autêntica "chicha" servida em pequenas vasilhas decoradas com signos que sobreviveram ao passar dos séculos. Naturalmente, Andrés Pastrana ouviu os clamores indígenas que não só sobreviveram aos tempos, mas também se agravaram com o correr dos anos; recebeu um documento assinado por numerosos chefes indígenas e apresentou ao país o programa que elaborou para as comunidades aborígines (*El Espectador,* 21 jun. 1994).

O "Outro" diferente

A quarta rede refere-se às expressões que dotam, definem e caracterizam a existência das comunidades indígenas. Nesses casos, recalca-se a diferença entre os modos de organização, as concepções de mundo e as estruturas relacionais das comunidades indígenas em relação aos Estados ocidentais, o que, em geral, se vincula ao argumento da imprensa de que existem dificuldades intrínsecas às relações interculturais, dentre as quais se destaca a suposta incapacidade das comunidades indígenas de se adaptar e compreender um dos principais expoentes da modernidade: o Estado-Nação.

> Nasci – disse, dirigindo-se a seus colegas – como todos os seres humanos, numa sociedade convulsiva, assim como evoluiu o resto da sociedade nacional. Nós – e eu, pessoalmente – estamos admirados, e aprendemos algumas palavras, ainda que tivemos medo de errar por inexperiência. De todos os modos, devido à minha rebeldia, estou aprendendo aqui com os senhores. Porque foi a rebeldia que me trouxe aqui. É uma rebeldia que ainda conservamos, porque é raciocinada. Essa palavra, eu a aprendi com padre Mariano. Quero falar sobre nossa filosofia, nosso pensamento, para não pensarem que só existe uma fórmula legalizada para fazer as coisas, para que vejam que há muitas outras formas de fazê-las e nós temos as nossas. Sim, porque em nosso meio existem outras formas de pensar e agir. Nós não estamos acostumados com a pirâmide, com a verticalidade, com as decisões que impõem de cima. Nós estamos acostumados com soluções horizontais, produto da gente de nosso meio. Nós não temos presidente, não temos junta diretiva, não temos comitê executivo. Nós mandamos entre nós mesmos. Eu sei que, para muitos dos senhores, isso não é possível, sei que pensam que não existe. Mas para nós, sim, existe, é como um espírito. E eu sou produto disso (*El Espectador*, 14 fev. 1991).

Colombianos e indígenas

A última rede conceitual propõe uma demarcação temporal e a quantificação na representação do indígena. Neste caso, a população colombiana divide-se em dois tipos: os grupos étnicos e o que a imprensa denomina de "propriamente colombianos". Como se pode notar nas citações, inclui-se o indígena na definição de "nacional", mas nega-se o seu caráter de colombiano. Isso coincide com a discussão sobre os traços definidores da nacionalidade, pois os indígenas são o passado que faz parte da história da identidade nacional, mas na atualidade eles e sua cultura não são tidos como colombianos, uma vez que suas diferenças não contribuem para a suposta "necessidade de homogeneidade humana" que sustenta a arraigada ideia de nação (uma raça, uma língua, uma religião).

> Existem na Colômbia dois mundos diferentes que agora encontraram a possibilidade de se misturar dentro de uma mesma cultura e um mesmo desenvolvimento político. As comunidades indígenas criticaram a atitude das autoridades eleitorais por fazerem valer somente as duas "curules" da circunscrição especial, como um desconhecimento dos direitos de um setor dos colombianos que ficaram marginalizados durante 500 anos (*El Tiempo*, 22 mar. 1992).

As observações aqui apresentadas não são suficientes para afirmar a existência de uma forma de xenofobia na Colômbia. Desse modo, da leitura e interpretação do *corpus* se extrai em aparência a ideia de uma imprensa comprometida com as lutas dos povos indígenas, respeitosa com o fio dos acontecimentos e da forma como se estabeleceram as relações entre as comunidades indígenas e o Estado. Os indígenas são representados como o Outro. A imprensa deixa claro, então, por meio da representação do indígena com negações de seu lugar de poder e distante da visão e forma de vida da cultura ocidental, que o indígena constitui um grupo diferenciado e alheio aos traços que unem a nação.

Conforme o assinalado até aqui e em concordância com as proposições de Van Dijk (2003b), o discurso da imprensa colombiana sobre o indígena responde mais a uma estratégia de legitimação da xenofobia. Como indica Van Dijk, os americanos branqueados, posicionados em seu lugar de proprietários de territórios, as instituições e a bagagem cultural ocidental veem os indígenas como forasteiros com características e costumes muito diferentes, que ameaçam a estabilidade cultural e propiciam formas de oposição ao regime estabelecido. A elaboração dessa representação, neste caso, passa pelo reconhecimento de seu caráter de nacionais não colombianos, portadores de mundos simbólicos diferentes, vítimas das circunstâncias, beneficiários das ações estatais e força opositora. Esse discurso xenófobo legitima a ordem social da Colômbia e legitima-se, em primeiro lugar, em virtude da significação dos povos indígenas como peças de museu que devem ser preservadas em cenários restringidos, como parte de um passado vivo de caráter exótico, selvagem, mítico, fantástico e emblemático, como um elemento simplesmente histórico da identidade nacional. Em segundo lugar, o discurso está em conformidade com a bipolaridade do poder, que não dispensa a existência de um setor dominado e inferior política, social e culturalmente (o indígena) para dar conta de um setor poderoso (as elites brancas ou mestiças).

A IMPRENSA E A REPRESENTAÇÃO DO CONFLITO
ENTRE INDÍGENAS E FAZENDEIROS POR TERRAS

Em outro estudo, Bibiana Romero (2005)[9] analisa 11 notícias publicadas entre 2002 e 2005 no jornal de maior circulação da Colômbia, *El Tiempo*, sobre um tema que gerou muita controvérsia no país: a luta dos indígenas pela recuperação de terras, que em vários momentos levou a enfrentamentos violentos entre as forças do Estado e as comunidades. Os índios exigem e lutam por terras que, segundo eles, lhes pertencem por questões ancestrais, das quais foram expulsos paulatinamente ao longo da história e que, hoje em dia, pertencem a grandes fazendeiros e latifundiários.

Para essa análise, a autora segue as discussões de Van Leeuwen (1996) em relação à representação de atores sociais e propõe como categorias básicas de análise a exclusão e a inclusão dos agentes das ações no discurso.

Exclusão

Conforme Romero (2005), nos artigos de imprensa existe uma exclusão seletiva, parcial ou total, dos agentes das ações, principalmente quando se trata das realizadas pela polícia contra os indígenas. Por exemplo, os títulos dos artigos analisados rezam: "Despejo. Um morto durante o enfrentamento na fazenda Japio, de Caloto" (*El Tiempo*, 11 nov. 2005); "Batalha e morte em mutirão indígena" (*El Tiempo*, 11 out. 2005); "28 feridos na tentativa de despejo" (*El Tiempo*, 16 ago. 2005). Como se pode notar, não se menciona a polícia como agente dos assassinatos e enfrentamentos violentos.

Outra forma de representar os atores é a exclusão parcial, *backgrounding* em termos de Van Leeuwen. Por meio dessa estratégia, os atores não são mencionados em relação direta ao fato, mas são introduzidos como complementos circunstanciais; assim, não se focaliza a responsabilidade das ações e dos assassinatos, mas a descrição da cena, que funciona como dissimulação do ponto central do fato, como acontece no seguinte texto: "Ontem, enquanto a confusão reinava na fazenda Japio de Caloto, onde um comunitário morreu durante o enfrentamento com a força pública, a uma hora dali, camponeses e nativos invadiram mais duas fazendas" (*El Tiempo*, 11 nov. 2005). Note-se que a morte do indígena passa a ser mais uma informação dentro do texto, nem sequer é a informação mais relevante. O que prima aqui simplesmente é a encenação de um fato. A mesma estratégia pode ser encontrada na seguinte descrição: "Eram 12h45 da tarde, quando o indígena Marcos Soto Guevara, de 60 anos, ficou estendido no chão, conforme os nativos, asfixiou-se por efeito dos gases, caiu e morreu" (*El Tiempo*, 11 out. 2005). Devido a essa "teatralização", sugere-se ao leitor o sentido de que tudo o que ocorreu são fatos naturais. Assim, na descrição feita no artigo, o indígena fica estendido no chão, quase por si mesmo, se asfixia e morre. Esse recurso também faz parte da forma como a mídia torna interessante uma informação e a transformam em objeto de consumo.

O recurso da exclusão parcial predomina na descrição dos fatos: "Outros 20 emberas ficaram feridos ao enfrentar os policiais. Aproximadamente 300 crianças foram envolvidas" (*El Tiempo*, 11 out. 2005) ou "Um embera morreu e 40 tiveram ferimentos em meio a enfrentamentos com a polícia que impedia a marcha" (*El Tiempo*, 11 out. 2005). Nesses exemplos, é possível observar que a atenção é deslocada para os enfrentamentos e não se enfoca a ação da polícia; além disso, deve-se ressaltar a maneira estratégica de se selecionar o verbo "enfrentar" e apontar que são os indígenas que enfrentam a polícia, e que, portanto, é de sua responsabilidade o que possa acontecer; a polícia simplesmente cumpre seu dever: "impedir a marcha".

Outra forma de exclusão é a supressão de agentes pela nominalização, mecanismo que permite criar a impressão de que os fatos são originados não por agentes humanos, mas por entidades concretas que exercem suas forças na ação social: "O confronto deixou quatro policiais e seis indígenas feridos" (*El Tiempo*, 19 out. 2005); "O não cumprimento de um compromisso que o governo assumiu em 1995 com as comunidades indígenas do Cauca para realizar a reforma agrária [...] originou a onda de ocupações das fazendas" (*El Tiempo*, 19 out. 2005); "Autoridades dizem que, se não for solucionado a tempo, o conflito poderá deixar vários mortos, como no ano passado" (*El Tiempo*, 19 out. 2005). Nesses casos, os agentes das ações não possuem correlatos na realidade e, portanto, se eximem de responsabilidade.

Outras estratégias frequentes de ocultação de atores são o uso de orações impessoais e de voz passiva, especialmente quando se trata de ações em que os indígenas são vítimas da ação de outros: das forças do Estado: "O líder indígena foi baleado ao meio-dia de terça-feira na rua Juntas" (*El Tiempo*, 19 out. 2005). Referidos os fatos dessa forma, é quase impossível perguntar quem são os responsáveis pelas mortes e pelo conflito, e o que é mais importante: o modo como se estruturam as notícias representa a impunidade para alguns setores e a responsabilidade para outros.

Porém, não se trata apenas de excluir os atores sociais, mas de selecionar e excluir a voz desses atores. Os artigos analisados tendem a ocultar a voz dos indígenas e a apresentar a voz dos outros agentes do conflito: governo e forças do Estado. A inclusão de vozes no discurso contribui para a objetividade, pois recorre ao recurso de autoridade; conforme Van Dijk (1997), o acesso ao discurso é uma das dimensões sociais mais importantes no exercício da dominação. Nesse sentido, um dos recursos do poder é privilegiar e oferecer um acesso preferencial ao discurso através da manipulação do contexto da notícia, ou seja, através do controle do tempo, lugar, ambiente e da presença ou não de participantes.

Nas notícias analisadas, o manejo das citações é preferencial. Ministros, governadores, autoridades policiais têm direito à voz, mas não os indígenas. Aqueles têm nomes próprios e cargos e podem citar estatísticas, datas ou cifras, estes só "dizem" ou "denunciam". Notem-se as diferenças:

> Governador: "Hoje se trabalha na ampliação de colônias e há 20 bilhões de pesos para esse fim [...] os indígenas contam com 31 milhões de hectares [entre as colônias antigas e novas] dos 144 milhões que existem no país".

> Indígenas: "Dizem que dos 2% de terrenos com títulos, 67% ficam na selva amazônica do Pacífico, razão pela qual não são aptos para agricultura" (*El Tiempo*, 19 out. 2005).

Entre essas duas vozes, os argumentos dos indígenas perdem legitimidade por serem introduzidos a partir da especulação, do dizer sem recorrer a fontes. Pelo contrário, a voz do governador torna ilegítima a demanda de terras dos indígenas, apresentando algumas cifras que indicam que os indígenas já possuem a quarta parte das terras do território nacional.

Inclusão

A representação de atores sociais no discurso ocorre quando estes são explicitados por meio de sua representação como força dinâmica de certa atividade (Van Leeuwen, 1996), ou seja, quando os sujeitos se apresentam como agentes de suas ações. No conflito por terras entre indígenas e Estado, a inclusão de atores e de suas ações realiza-se de forma estratégica, assim como ocorre na exclusão. A ativação dos atores indígenas apresenta-se fundamentalmente quando se trata de ações conflituosas, e, ao contrário, os agentes governamentais são ativados quando se destacam ações positivas.

Desta forma, os indígenas são incluídos como protagonistas de ações de protesto, invasão, distúrbios, como integrantes de um coletivo ou como cifras de um relatório: "Os líderes indígenas invasores do território [...]" (*El Tiempo*, 6 fev. 2002); "os nativos invadiram 50 hectares da fazenda Bellavista" (*El Tiempo*, 6 fev. 2002); "um embera morreu e 40 ficaram feridos" (*El Tiempo*, 11 out. 2005). Ao relatar conflitos, é frequente encontrar na mídia a tendência a transformar em cifras uma parte dos participantes do conflito. Por exemplo, aqui se quantificam os indígenas, mas não as forças armadas que intervêm no conflito, o que impede o leitor de configurar um quadro real dos fatos, uma vez que a informação apresentada é fragmentada.

Quando se representam as forças do Estado e o governo, a ativação é acompanhada de processos de argumentação que consolidam o estatuto social dessas entidades como legítimas promotoras do bem e da segurança social. Por exemplo, "as autoridades investigam de onde veio a bala, pois a polícia garante que na zona não se utilizam armas" (*El Tiempo*, 11 nov. 2005); "a polícia, que impedia a marcha" (*El Tiempo*, 11 out. 2005); "a polícia evitou a invasão da fazenda Miraflores" (*El Tiempo*, 19 out. 2005); "a briga com os Esquadrões Móveis de Atenção de Distúrbios (Esmad), que por ordem presidencial impediam o avance dos nativos, tinham provocado várias batalhas" (*El Tiempo*, 11 out. 2005). Podemos observar que são ações positivas acompanhadas do processo de funcionalização, em que o agente da ação executa a ação que se espera dele.

No seguinte esquema, são apresentadas resumidamente as ações que são atribuídas a cada um dos atores.

ações dos indígenas	ações dos atores governamentais (polícia, governo, exército)
Concentrar-se	Impedir marchas
Brigar	Autorizar mobilizações
Disputar	Conter protestos
Provocar disputas	Lançar gases
Invadir	Investigar os fatos
Ocupar	Informar
Provocar distúrbios	Despejar (desalojar)
Provocar desordens públicas	Permanecer na zona
Causar enfrentamentos	Adotar medidas preventivas
Provocar golpes	Prometer
Lutar	Trabalhar
Exibir machadinhas	Ocupar a zona
Atirar pedras com estilingues	Evitar invasões
Causar conflitos	
Discutir	

Como se pode observar, as ações atribuídas aos indígenas são negativas, e é possível deduzir que eles operam fora das leis do Estado. Ao contrário, o governo e a polícia agem de forma legítima e em suas ações procuram preservar o bem comum e realizam ações positivas e desejáveis. Essa representação dos diversos atores que a imprensa monta, selecionando a informação e a maneira de apresentá-la, contribui para a legitimação do tecido das relações de poder e ratifica as hierarquias sociais de participação dos atores sociais em consonância com o contexto axiológico fortemente eurocêntrico e excludente (Romero, 2005).

Analisando as estratégias argumentativas da imprensa em relação ao conflito, o que chama a nossa atenção é o fato de que o jornal *El Tiempo* toma partido em favor da defesa da propriedade privada, ou seja, é favorável aos fazendeiros, donos das fazendas exigidas pelos indígenas, os quais têm forte ligação com os meios de comunicação. Quando trata do conflito, o jornal mencionado assinala que as fazendas exigidas pelos indígenas são propriedades privadas e fazem parte do patrimônio nacional, uma vez que são monumentos históricos, culturais ou constituem importantes focos de desenvolvimento agrícola do país. Esses argumentos são irrisórios. Ao se referir a uma das fazendas, o jornal afirma:

A fazenda Ambaló, de aproximadamente 600 hectares, cenário da disputa de aproximadamente 800 indígenas guambianos para se apropriarem dessas terras, faz parte da história taurina do país. A fazenda, que pertence aos herdeiros do falecido pecuarista José María Estela, dedica-se à criação de touros de corrida. Em seus campos ondulados só existem touros e novilhos que futuramente serão usados nas diversas touradas (*El Tiempo*, 19 out. 2005).

Assim, a exigência de retomar as áreas ancestrais pertencentes aos indígenas, de onde foram expulsos, banaliza-se e reduz-se à preservação de uma tradição que poderíamos denominar de diversão das elites colombianas: a tourada. Nessa argumentação também não aparece outro problema que o país enfrenta: a posse de extensos territórios por alguns poucos – as famílias "tradicionais" do país. Referindo-se a uma outra fazenda em litígio, o mesmo artigo afirma:

No meio dos 900 hectares da fazenda Japio encontra-se a histórica casa que em várias ocasiões abrigou Simón Bolívar e serviu de quartel-general para sua tropa durante a campanha libertadora. O imóvel, onde o libertador pernoitou pela última vez em dezembro de 1829, um ano antes de sua morte, e declarado Monumento nacional pelo decreto 0763 de abril de 1996, faz parte das exigências de 500 indígenas (*El Tiempo*, 19 out. 2005).

Esta argumentação, que relaciona o presente com o passado, pretende recorrer à história para justificar a legítima posse da fazenda pelos atuais donos: no entanto, desconhece a "verdadeira" história e oculta os processos pelos quais os indígenas foram expulsos de suas terras durante séculos. Além disso, seus argumentos apresentam sérias contradições; por exemplo, o trecho assinala que Bolívar dormiu nessa casa "pela última vez" e, logo mais adiante, indica que foi "um ano antes de sua morte".

Com estes paradigmas argumentativos, procura-se justificar a legitimidade da propriedade privada das fazendas e as consequências negativas que haveria para o país, e não para uns poucos, se as terras fossem devolvidas aos indígenas, seus donos legítimos.

Usando as estratégias mencionadas, a mídia – e, neste caso, o jornal *El Tiempo* – não só informa sobre uma notícia, mas, através de diversos mecanismos, instaura uma forma particular de construir uma realidade social que evidencia uma parcialidade, em que os indígenas são representados como atores conflituosos que causam confusões, ocupam fazendas ou invadem territórios, enquanto a força do Estado se encarrega de preservar a ordem pública e os direitos dos cidadãos de "bem", mesmo que isso signifique assassinar a população indígena. Neste caso, simplesmente se "mascara" essa informação de modo que não apareçam os responsáveis das ações ou se desvie a atenção para outro foco da notícia.

Conclusão

As relações apresentadas entre história, educação, imprensa e racismo permitem a primeira aproximação para a compreensão das características do racismo na Colômbia e a identificação de algumas estratégias discursivas através das quais este se desenvolve e se mantém. Nesse sentido, o percurso histórico resgata os principais significados presentes durante a colônia, produzidos pelas elites e reproduzidos através de suas instituições até a atualidade. Tais significados implicam a construção do homem branco e europeu como raça superior, dotada de racionalidade. As outras etnias são representadas como inferiores, irracionais ou exóticas. Essas representações circulam desde a época colonial para justificar a sujeição, a privação de direitos e a invisibilização de indígenas e afro-colombianos.

A escola, como instituição especializada na socialização e reprodução cultural, transmite o sistema de crenças sobre o racismo na Colômbia. Neste caso, através da análise do discurso dos livros escolares, filtra-se um conjunto de significados em que os afro-colombianos e os indígenas são apagados do panorama nacional ou apresentados através de estereótipos ou informação parcializada que os transforma em simples cifras, elementos da paisagem ou curiosidades ou, o que é pior, em problemas, enquanto os espanhóis e europeus são representados pelos autores dos livros como "raças" dominantes, dotadas de traços heroicos.

O estudo da imprensa, por um lado, leva à formulação do racismo a partir de traços xenófobos, para o qual é fundamental a reivindicação da democracia e o Estado-Nação como características intrínsecas ao pensamento ocidental, naturalizadas no território americano, e alienadas da cosmogonia indígena. Assim, ao atribuir ao ameríndio o significado de não ocidental e distanciá-lo da democracia e da racionalidade, este é conceituado como estranho e alheio ao Estados-Nações. Por outro lado, a análise do discurso da imprensa mostra a maneira seletiva de representar os diversos atores sociais incluídos no conflito por territórios ancestrais – indígenas e forças do Estado. O jornal *El Tiempo*, usando a estratégia da inclusão, apresenta indígenas minimizados, reduzidos ou vencidos pela força do Estado e como executores de ações negativas; já a polícia e o governo são representados como executores de ações legítimas, desejáveis e em prol do bem comum. Da mesma forma, através de processos de exclusão, ocultam-se as ações violentas do Estado contra os indígenas.

Baseando-nos no que foi dito anteriormente, concluímos que um dos aspectos mais nocivos do racismo e de qualquer forma de representação da realidade orquestrada pelas elites é o poder de aquele se situar como *a* representação natural do fato narrado, razão pela qual é tão difícil erradicar logo essas representações, que passam a fazer parte da cultura nacional.

O panorama do racismo na Colômbia mostra um país impossibilitado de incluir e considerar o outro como igual-diferente. Afro-colombianos e indígenas, no entanto, podem ser equiparados. Os colombianos continuam aceitando a dicotomia mestiço/indígena, apregoada por mais de um século pelas elites, sem deixar nenhuma possibilidade de inclusão dos afro-colombianos. Isso não implica uma total integração dos indígenas à sociedade colombiana. Os problemas de deslocamento, violência e abandono estatal continuam afetando essas comunidades. No entanto, a população afro-colombiana sofre um processo mais duro de segregação. O governo, a academia e os colombianos em geral não conseguem se identificar com eles nem com suas demandas de igualdade de trato. Os negros na Colômbia padecem um paradoxo: seus direitos especiais não são reconhecidos, como acontece com os indígenas, por não serem considerados diferentes; no entanto, também não são vistos como iguais, com os mesmos direitos dos mestiços ou brancos.

Atualmente, o país enfrenta novos desafios que, se não forem encarados com seriedade e responsabilidade, poderão se tornar verdadeiros problemas sociais. Os cenários da africanidade, antes relegados a regiões afastadas, deslocam-se para as grandes capitais. A convivência interétnica está começando a apresentar os primeiros conflitos; portanto, é indispensável ampliar as margens de tolerância e gerar uma nova consciência que permita ver o outro como seu semelhante em sua diferença, que lhe dê a possibilidade de ser diferente. É somente na medida em que os colombianos puderem superar as diferenças e assumirem de uma vez por todas o pluralismo proclamado nas letras da Constituição de 1991 que se poderá falar de identidade nacional, ou melhor, das identidades nacionais.

Esta tarefa não corresponde apenas ao governo e aos organismos do Estado; não podemos continuar deixando o poder de ação para as elites. A academia deve assumir o papel de protagonismo. Corresponde a ela, por um lado, a urgente transformação das realidades discursivas, que no final acabam sendo as realidades da prática social, o que implica, em primeira instância, revelar as estruturas e as estratégias discursivas que legitimam práticas excludentes – como o racismo – e, por outro lado, talvez mais importante, gerar ações de diversos tipos, principalmente pedagógicas, que contribuam a transformar a totalidade das práticas sociais. Consequentemente, é necessária uma forte transmissão das noções da Análise Crítica do Discurso. Sua inclusão nas salas de aula, usando uma linguagem menos especializada e mais acessível a todos os públicos e idades, pode torná-la uma ferramenta útil para alunos e professores contra a exclusão e a dominação. Dessa forma, poderiam ser minimizadas, e inclusive evitadas, algumas práticas produzidas e reproduzidas pelos livros escolares, pela mídia ou pelos discursos políticos.

(Tradução: Terumi Koto Bonnet Villalba, professora de Língua e Literatura Espanhola da UFPR)

NOTAS

[1] A realização deste trabalho contou com as relevantes e valiosas observações, comentários, sugestões e precisões dadas pelo professor Jaime Arocha, docente da Universidade Nacional da Colômbia e principal autoridade na Colômbia sobre o tema da afro-colombianidade. Além disso, as autoras agradecem a colaboração e contribuição do assistente de pesquisa Edwar Eugenio Hernández Vargas, psicólogo da Universidade Nacional da Colômbia, e de Wilmor Villa, professor da Universidade Distrital.

[2] Até este momento (2007), mais de 14 países latino-americanos reformaram ou mudaram suas cartas constitucionais. A Colômbia, após árduos debates, em 1991 introduziu uma nova Constituição que reconhece os direitos dos povos indígenas e afro-colombianos.

[3] De acordo com o estudo realizado pelo Banco Interamericano de Desenvolvimento (1998, apud Cifuentes, 2001: 84). No caso da população negra, na Colômbia, a mortandade infantil na costa do Pacífico, de maioria negra, é de 191 em cada mil crianças, superior à média de toda Colômbia e similar à de Haiti ou África do Sul. Dos afro-colombianos, 80% não possuem a infraestrutura básica, 76% vivem abaixo da extrema pobreza e 42% não têm emprego. Enquanto a escolarização básica nacional é de 88%, a das comunidades afro-colombianas é de 59%.

[4] Esta situação é paradoxal se levarmos em consideração que os dois principais portos, situados na costa do Atlântico e Pacífico, o de Barranquilla e o de Buenaventura, são baluartes fundamentais de desenvolvimento de Cali e Bogotá, as duas maiores cidades do país.

[5] As comunidades wayúu, nasa e emberá têm mais de cinquenta mil habitantes, enquanto as restantes, em sua maioria, são de menos de quinhentas pessoas.

[6] Já foram reconhecidas 647 colônias indígenas em uma superfície de 31.066.430 hectares, que agrupam 85.818 famílias compostas de 441.550 pessoas e que ocupam quase 30% do território nacional (Stavenhagen, 2004). Para as comunidades negras, o Estado reconheceu títulos coletivos de 5 milhões de hectares do litoral Pacífico.

[7] Entende-se por etnicismo o "sistema de predomínio de um grupo étnico que se baseia na categorização conforme critérios culturais, diferenciação e exclusão, entre os quais se encontram a linguagem, a religião, os costumes ou as concepções de mundo" (Van Dijk, 2003).

[8] O *cimarronismo* foi uma forma de resistência dos escravos africanos, que lutaram por sua liberdade e foram a paragens afastadas para ali formar suas comunidades, em lugares conhecidos como "palenques".

[9] Estudo realizado como trabalho final do módulo de Análise de Discurso da cátedra de Sociolinguística do mestrado em Linguística do Instituto Caro y Cuervo. As conclusões foram ampliadas pela professora do curso, Sandra Soler Castillo.

BIBLIOGRAFIA

ACOSTA DE SAMPER, Soledad. *Catecismo de historia de Colômbia*, s. l.: s. n., 1908.

AROCHA, Jaime Rodríguez. Los negros y la Nueva Constitución de 1991. *América Negra*. n. 3, 1992, pp. 39-54.

_____. Afrogénesis, eurogénesis y convivencia interétnica. In: ESCOBAR, A.; PEDROSA, A. Pacífico: desarrollo o diversidad? Bogotá: Gente Nueva, 1996, pp. 316-28.

_____. *Los afrochocoanos:* de protagonistas políticos a desplazados. Bogotá: Universidad Nacional de Colombia, 2001.

_____. Africanía y globalización disidente en Bogotá. *La universidad piensa la paz*. Bogotá: División de Extensión, Universidad Nacional, 2002.

_____. *Afro-colombianos desterrados en Soacha*: entre el retorno y la inserción urbana. Bogotá:Universidad Nacional de Colombia, 2003 (documento inédito).

_____; FRIEDEMANN, Nina de. *Un siglo de investigación social:* antropología en Colombia. Bogotá: ETNO, 1984.

BARBERO, J. M., LÓPEZ DE LA ROCHE, F.; JARAMILLO, J. E. (eds.). *Cultura y globalización*. Bogotá: CES Universidad Nacional de Colombia, 1999.

BOURHIS, R. *Estereotipos, discriminación y relaciones entre grupos*. Madrid: McGraw Hill, 1996.

CASSIANI, A. Balance de las conclusiones. III Conferencia Mundial de la ONU Contra el Racismo, la Discriminación Racial, la Xenofobia y Otras Formas de Intolerancia Relacionadas: Implicaciones para el Movimiento Social Afro-Colombiano. In: MOSQUERA et al. *Afrodescendientes en las Américas, trayectorias sociales e identitarias:* 150 años de la abolición de la esclavitud en Colombia. Bogotá: Universidad Nacional de Colômbia, 2002.

CIFUENTES, Alexander. Un tercio de los latinoamericanos. *Boletín Cultural y Bibliografico*. Bogotá: Banco de la República, v. 28, n. 57, 2001.

COMISIÓN DE ESTUDIOS SOBRE LA VIOLENCIA. *Colombia*: violencia y democracia. Informe apresentado ao ministério do governo. Bogotá: Universidad Nacional de Colombia, 1988.

CORREA, François. Imagen de lo "indio" en el desarrollo y la identidad nacional. In: CÉSPEDES, Laurent (ed.). *Diversidad es riqueza*: ensayos sobre la realidad colombiana. Bogotá: Instituto Colombiano de Antropología, Consejería presidencial para los derechos humanos, 1992.

CUNIN, Elisabeth. *Identidades a flor de piel*. Bogotá: Arfo Editores e Impresores, 2003.

DE LA FUENTE, A. Esclavos africanos en la Habana: zonas de procedencia y denominaciones étnicas, 1730-1699. *Revista Española de Antropología Americana*, n. 20, 1990, pp. 135-60.

_____. *Una nación para todos:* raza, desigualdad y política en Cuba. 1900-2000. Madrid: Colibrí, 2000.

DEPARTAMENTO ADMINISTRATIVO NACIONAL DE ESTADÍSTICA (DANE). *Cuentas nacionales:* División de síntesis. Bogotá: DANE, 1997.

DEPARTAMENTO NACIONAL DE PLANEACIÓN (DNP). *Plan nacional de desarrollo de la población afracolombiana*: hacia una nación pluriétnica y multicultural, 1998-2002. Comisión para la Formulación del Plan de Desarrollo de la Población Afrocolombiana. Bogotá: DNP, 1998.

ESCOBAR, Arturo; PEDROSA, Álvaro. *Pacífico:* ¿Desarrollo o diversidad? Bogotá: Gente Nueva, 1996.

_____. Modernidad y desarrollo en el pacífico colombiano. In: ESCOBAR, A.; PEDROSA, A. *Pacífico*: ¿desarrollo o diversidad? Bogotá: Gente Nueva, 1996, pp. 13-28.

FRIEDEMANN, Nina de. Estudios de negros en la antropología colombiana. In: AROCHA, Jaime; FRIEDEMANN, Nina de (eds.). *Un siglo de investigación social*: antropología en Colombia. Bogotá: ETNO, 1984.

_____. *Creole, creole son, del pacífico negro*. Bogotá: Planeta Editorial Colombia, 1989.

_____. Negros en Colombia: identidad e invisibilidad. *América Negra*, n. 3, 1992, pp. 25-38.

_____; AROCHA, Jaime. *Cunas:* parlamentarios y poetas. Herederos del Jaguar y la Anaconda. Bogotá: Carlos Valencia Editores, 1982.

_____. *De sol a sol:* génesis transformación y presencia de los negros en Colombia. Bogotá: Planeta Colombiana, 1986.

GAMBOA MARTÍNEZ, J.; GÓMEZ FUENTES, V.; PATERNINA ESPINOSA, H. A. La identidad de los gitanos en Colombia. *I Tchatchipen/ La Verdad*. Barcelona: Unión Romaní de España, n. 26, 1999b, pp. 4-13.

_____. Los gitanos: tras la huella de un pueblo nómada. *Nómadas*. Bogotá: Departamento de Investigaciones Universidad Central, n. 10, 1999b.

_____. Los gitanos en Colombia. Límites y posibilidades de la invisibilidad como estrategia de resistencia étnica. In: ZAMBRANO, C. V. (ed.). *Etnopolíticas y racismo*: conflictividad y desafíos interculturales en América Latina. Bogotá: Universidad Nacional de Colombia, Facultad de Derecho, Ciencias Políticas y Sociales, 2002, pp. 253-86.

GARCÍA MÁRQUEZ, G. La proclama: por un país al alcance de los niños. *Colombia al filo de la oportunidad*. Bogotá: Cooperativa Educativa Magisterio, 1995.

GÓMEZ, Laureano. *Interrogantes sobre el progreso de Colombia*. Bogotá: Minerva, 1928.

GROS, Christian. *Políticas de la etnicidad:* identidad, estado y modernidad. Bogotá: Instituto Colombiano de Antropología, 2000.

HERRERA, Martha et al. *La identidad nacional en los textos escolares de Ciencias Sociales*. Bogotá: Universidad Pedagógica Nacional, 2003.

MELO et al. *Identidades 6*. Bogotá: Norma, 2003.

MORA, S. *Identidades 8*. Bogotá: Norma, 2004.

MOSQUERA, Néstor Emilio. *Diez tesis afrocolombianas e indígenas*. Bogotá: Uryco, 2003.

MOSQUERA, C.; PARDO, M. Y.; HOFFMANN, O. *Afro-descendientes en las américas, trayectorias sociales e identitarias*. 150 años de la abolición de la esclavitud en Colombia. Bogotá: Universidade Nacional de Colombia, 2002.

PARDO ABRIL, Neyla Graciela. *¿Cómo hacer análisis del discurso?*: perspectivas latinoamericanas. Santiago: Frasis, 2006.

_____. *Discurso, impunidad y prensa*. Bogotá: Universidad Nacional de Colombia (no prelo a).

_____. *Discursos sobre categorías socio-culturales en Colombia*. Bogotá: Universidad Nacional de Colombia (no prelo b).

PARDO, Mauricio. Movimientos sociales y relaciones interétnicas. In: ESCOBAR, A.; PEDROSA, A. *Pacífico*: ¿Desarrollo o diversidad? Bogotá: Gente Nueva, 1996, pp. 299-315.

RESTREPO, Eduardo. La construcción de la etnicidad. Comunidades negras en Colombia. In: SOTOMAYOR, María (ed.). *Modernidad, identidad y desarrollo*. Bogotá: Instituto Colombiano de Antropología-Colciencias, 1998.

RESTREPO, Olga Luz. La comisión corográfica y las ciencias socieales. In: AROCHA, Jaime; FRIEDEMANN, Nina de (eds.). *Un siglo de investigación social:* antropología en Colombia. Bogotá: ETNO, 1984, pp. 131-58.

_____. Ciudadanía y situación de derechos humanos indígenas. *Actualidad étnica*. Disponível em <www.etniasdecolombia.org/periodico_detalle>. Acessado em 10/08/2006.

ROJAS, Cristina. *Civilización y violencia*. Bogotá: Norma, 2001.

ROMERO, Bibiana. *La representación social de los indígenas y de sus acciones (la defensa de sus territorios) en el diario El Tiempo*, 2005 (inédito).

Rosero, C. Los afro-descendientes y el conflicto armado en Colombia: la insistencia en lo propio como alternativa. In: Mosquera et al. *Afro-descendientes en las Américas, trayectorias sociales e identitarias:* 150 años de la abolición de la esclavitud en Colombia. Bogotá: Universidad Nacional de Colombia – Instituto Colombiano de Antropología e Historia, 2002.

Soler Castillo, Sandra. *Racismo y discurso en los textos escolares de Ciencias Sociales en Colombia,* 2005 (inédito).

Sotomayor Tribín, H. et al. El racismo en Colombia: historia y antropología médica. *Medicina.* Bogotá: Academia Nacional de Medicina, v. 21, n. 3, 1999. Disponível em: <www.encolombia.com/medicina/academedicina/n-07sotomayor.htm>. Acessado em 22/10/2005.

Stavenhagen, Roberto. *Informe del Relator Especial sobre la situación de los derechos humanos y las libertades de los indígenas.* onu (2004). Disponível em <www.iwgia.org/graphics/Synkron-Library/DocumentsSpanish/AsuntosIndigenas/InformeRelatorColombiaG0416518.pdf>. Acessado em: 10/12/2005.

Vasco Uribe, L. G. Nacionalidad y etnocidio. *Politeía.* Bogotá: Universidad Nacional de Colombia, v. 1, n. 4, 1989.

Villa, W. El Estado multicultural y el nuevo modelo de subordinación. *Universidad Nacional de Colombia 1991-2001, Seminario de evaluación:* diez años de la constitución colombiana. Bogotá: Ilsa-Unibiblos, 2001.

_____; Houghton J. *Violencia política contra los pueblos indígenas en Colombia 1974-2004.* Medellín: Altivuelo, 2005.

Taussig, Michael. *Shamanism, Colonialism and de Wild Man.* Chicago: University of Chicago Press, 1987.

Van Dijk, Teun A. *Racismo y análisis crítico de los medios.* Barcelona: Paidos, 1997.

_____. *Racismo y discurso de las elites.* Barcelona: Gedisa, 2003a.

_____. *Dominación étnica y racismo discursivo en España y América Latina.* Barcelona: Gedisa, 2003b.

Van Leeuwen, Theo. Representing Social Actor. *Discourse and society,* v. 6, n. 1, 1995.

Wade, Peter. El movimiento negro en Colombia. *América negra.* Bogotá: Universidad Javeriana, 5, 1992, pp. 173-92.

_____. Identidad y etnicidad. In: Escobar, A.; Pedrosa A. *Pacífico:* ¿Desarrollo o diversidad? Bogotá: Gente Nueva, 1996, pp. 283-98.

_____. *Gente negra:* nación mestiza. Medellín: Uniandes, 1997.

Guatemala: práticas sociais e discurso racista das elites

Marta Casaús Arzú

Atual situação dos povos indígenas e os custos da discriminação

A Guatemala é o país da América Central com a maior porcentagem de população indígena e uma das mais altas de todo o continente latino-americano. Compõe-se de aproximadamente 11 milhões de habitantes, dos quais a população indígena representa perto de 41% do total.[1] A maior parte da população denominada indígena pertence ao povo maia (incluindo seus 22 grupos etnolinguísticos: achi, awakateko, chalchiteko, chorti', chuj, itza', ixil, jakalteko, kaqchikel, k'iche, mam, mopan, poqomam, poqomchi', q'anjob'al, q'eqchi, sakapulteko, sipakapense, tektiteko, tzu'tujil e uspanteko) e aos povos garifuna e xinka. A outra parte da população, expressada tradicionalmente em oposição às anteriores, foi classificada como *não indígena* ou ladina no censo de 2002.

A diversidade étnica e cultural vem sendo acompanhada por duros condicionantes de desigualdade e exclusão. Em geral, na Guatemala a taxa de pobreza é alarmante e uma das mais agudas da América Latina, assim como o país possui um dos índices de maior desigualdade do planeta. Conforme os últimos censos, o coeficiente Gini é de 0,57%, só superado pelo Haiti e Panamá.

Nas análises do Banco Mundial do ano 2000, registrava-se que "mais da metade dos guatemaltecos, ou seja, 56%, aproximadamente 6,4 milhões de pessoas viviam em condições de pobreza [...] e 16% em condições de extrema pobreza".[2] Foi provado que mais de 81% dos pobres e dos 93% dos pobres extremos encontram-se na área rural, o que implica que três quartos dessa população estão abaixo da linha de pobreza geral e um quarto permanece na pobreza extrema. A resposta é alarmante e aponta para um dos principais desafios que o país deve resolver. Os indígenas "constituem 58% dos pobres e 72% dos pobres extremos. Mais de três quartos da população indígena vivem na pobreza, em comparação com 41% da população não indígena. Além disso, a pobreza neste grupo também é mais profunda e severa [...]". O censo do ano 2000 também revela importantes diferenças nas taxas de pobreza dos diversos grupos indígenas frente aos ladinos.[*] Existe uma clara relação entre estratificação socioeconômica e etnicidade: os estratos baixos e baixos extremos, em que se concentra a pobreza extrema, são formados, em sua maioria, pelos indígenas, os estratos médios e médios baixos da população ladina; já o estrato alto é formado por população não indígena que se considera branca ou crioula. Por conseguinte, esses dados "ilustram a desigualdade de ingressos da população guatemalteca" e sua polarização em termos de etnicidade e área geográfica (INDH, 2005: 99).

As etnias mais numerosas são k'iché, kaqchikel, mam e q'eqchi, das quais as últimas duas apresentam as taxas de pobreza mais altas (Banco Mundial, 2000/2001: 10). Curiosamente, o mapa da pobreza coincide com o mapa étnico, e podemos afirmar que os custos da discriminação incidem especialmente numa taxa maior de pobreza e aprofundam a desigualdade.

A Guatemala apresenta também um dos piores índices de desnutrição da região. Atualmente, foram registrados alguns avanços nas áreas de educação, saúde e serviços básicos, mas não existe até o momento uma mudança substancial nos padrões observados: continua prevalecendo a desatenção às necessidades da população indígena e rural, sendo a mulher indígena o segmento mais vulnerável.[3] Da mesma forma, as condições de pobreza vêm acompanhadas por sérias deficiências na área dos serviços sociais básicos. Passaremos a examinar de perto os dois campos mais significativos para o desenvolvimento humano: a saúde e a educação.

---

[*] N.R.T.: Na Guatemala (e países vizinhos), o termo "ladino" refere-se aos descendentes de mestiços de maias com europeus, particularmente os que só falam espanhol.

A situação da saúde apresenta sérias desigualdades interétnicas,[4] que se mantêm ao longo dos anos e em alguns casos aumentam. Os indicadores que geram maior alarme são os de mortandade infantil, desnutrição e mortalidade materna. Esses indicadores referem-se ao acesso aos serviços básicos de saúde, mas também à estrutura social desigual do país. Por exemplo, ao falar dos altos índices de desnutrição crônica das crianças indígenas, é inevitável fazer uma reflexão sobre as condições de pobreza ou exclusão que impedem seu acesso a uma alimentação melhor. A taxa de desnutrição das crianças indígenas (69,5%) praticamente é o dobro da taxa das crianças ladinas (35,7%). "Estima-se que, na velocidade de descenso atual, a população ladina levará 20 anos para superar o problema, enquanto a população indígena levará 80."

A mortalidade materna depende dos diversos estratos socioeconômicos do país. Na Guatemala, morrem por dia duas mulheres por causas relacionadas com a gravidez. A mortalidade materna é três vezes maior entre as mulheres indígenas (211 mortes por mil nascidos vivos) do que entre as mulheres ladinas (70 por mil). A desaceleração desse indicador nos últimos anos tende a ser maior nos estados com menor concentração de população indígena. É evidente a desigualdade na assistência dada pelo Estado nas áreas onde a população indígena é a maioria. É possível generalizar e afirmar que existe menor atendimento nessas regiões; assim, nas regiões com maior concentração indígena, há um posto de saúde para atender 16.600 pessoas, enquanto nas regiões com maioria ladina a proporção é de um centro de saúde para cada 7.800 habitantes (a média nacional é um posto de saúde para cada 13.400 habitantes).

No âmbito da educação, as cifras são similares no que se refere à desigualdade interétnica e revelam um dos piores dados da América Latina. O censo de 2002 indica uma taxa de alfabetização que oscila em torno de 69% da população, o que implica que 31% da população guatemalteca é analfabeta, com uma taxa só superada pelo Haiti e Nicarágua. Quando analisa a relação entre alfabetização e etnicidade, Sáenz de Tejada observa que existe uma ampla desigualdade entre o total de alfabetizados indígenas (52,3%) e ladinos (79,6%). A diferença é de 27,3%, liderada pela população ladina. Nos últimos anos, houve uma redução das desigualdades interétnicas (em geral observa-se um incremento da alfabetização que oscila entre 4% e 8%), mas isso não implica modificações nas posições: as mulheres indígenas, urbanas e rurais contam com os piores indicadores nesses dados (54,7% e 34,7%, respectivamente).[5]

Sáenz de Tejada acrescenta que

Embora os indígenas apresentem médias de escolaridade gravíssimas, seus indicadores vêm melhorando lentamente: o adulto indígena tem uma escolaridade média de 2,5 anos em 2000, um aumento de 92% em relação à média de 1989 (1,3 anos); o incremento entre os ladinos foi menor (24% ou 1,1 anos), o que indica que a lacuna étnica tende a fechar.

Em geral, observa-se uma escolaridade menor dos indígenas em todos os grupos de idade e, em termo médio, chegam à maioridade sem ter completado a educação primária. Os ladinos, ao contrário, conseguem completar o primário aos 16 anos.[6]

Usando os dados dos últimos censos, Edwards e Winkler (2004, apud Tejada, 2005) estudaram a escolaridade média necessária para superar a linha de pobreza. Assinalam que "um homem ladino poderia sustentar uma esposa e dois filhos se tivesse 10,7 anos de escolaridade, uma mulher indígena necessitaria 21 anos de escolaridade (a mulher ladina, em comparação, necessitaria 13,5 anos, enquanto o homem indígena necessitaria 15,5)." Eles explicam que isso seria o resultado da articulação entre qualidade educativa, seleção do emprego e a remuneração do mercado de trabalho (Sáenz de Tejada, 2005: 19).

Numa pesquisa recente sobre a formulação de políticas públicas contra o racismo e a discriminação étnica na Guatemala, Wilson Romero, baseando-se em outros estudos do Banco Mundial sobre os custos da discriminação na população indígena feminina e rural na Guatemala, chega à conclusão de que esses custos não só afetam as pessoas mais vulneráveis, aprofundam a pobreza e a exclusão e aumentam a lacuna das desigualdades, como também constituem um custo para o Estado e para a sociedade em geral. Ele o denomina "o custo de oportunidade" e considera que é um custo que se pode medir como uma perda de crescimento real do conjunto da economia. Em sua opinião, o custo nacional da discriminação para o ano 2003 foi de seis bilhões de Quetzales,[7] o equivalente a 3,3% do PIB, um dado que demonstra que "com a discriminação, todos perdemos", os mais vulneráveis, as empresas e o Estado. Como diria Bernardo Kliksberg: "na Guatemala a pobreza tem cara de mulher indígena"[8]

Alguns espaços foram chamados de "aberturas de participação ou janelas de inclusão" (Cojtí Cuxil, 2006) e supõem uma novidade no âmbito da participação política e nas cotas de representação política. Cabe mencionar, por último, que a apreciação dos resultados do avanço dos povos indígenas que o Decênio Internacional das Populações Indígenas faz, para o caso da Guatemala entre 1994 e 2004, é muito ambivalente e expressa-se em aspectos específicos. Reconhece-se que, no âmbito da saúde, da cultura e da educação, houve um importante progresso, especialmente na educação bilíngue e na pertinência étnica em matéria de saúde; no entanto, a desigualdade entre indígenas e não indígenas continua sendo enorme e aumentaram as diferenças e desigualdades no acesso aos serviços do Estado.

O surgimento do movimento maia e de sua presença nos últimos três governos foi notória; sua contribuição política para o cumprimento dos acordos de paz e sua contribuição teórica para visibilizar o problema do racismo e da discriminação são realmente notáveis e de grande relevância internacional. A possibilidade de ter um ou uma presidente indígena nas próximas eleições, ou nas de 2012, é bastante grande, o que faz com que tenhamos um novo panorama e novas esperanças.

Figura 1 – Mapas da incidência da pobreza na população indígena da Guatemala.

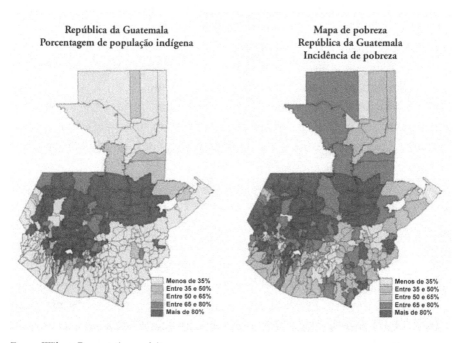

Fonte: Wilson Romero (no prelo).

Contexto histórico do racismo e situação atual dos povos indígenas

Os espaços do racismo na sociedade colonial

O racismo na Guatemala é um condicionante histórico-estrutural que surge na colônia e se reproduz através das diferentes etapas, atores e espaços até a atualidade, gerando uma série de práticas sociais e raciais que abrangem praticamente todo o *ethos* da sociedade colonial e da vida cotidiana e representa um pilar importante nos princípios que configuram a estrutura social e política da Guatemala.

Na Guatemala cruzam-se as duas lógicas do racismo: a segregação e a discriminação. Essa discriminação pode ser institucional ou étnico-racial e pode proceder do Estado ou dos grupos étnicos, mas nem sempre estes operam conjuntamente e algumas vezes podem ser excludentes. A política da Coroa espanhola de segregação residencial e a divisão do território em repúblicas de índios e repúblicas de espanhóis marcaram as fronteiras e delimitaram os espaços onde os grupos sociais podiam e deviam mover-se. Vários decretos reais e normativos estabeleceram espaços para os crioulos, os espanhóis e os índios. Esta segregação residencial provocou grandes mudanças na estrutura econômica, social e política dos indígenas, que se viram obrigados a modificar substancialmente sua forma de vida e seus costumes.

As justificativas desta segregação residencial geográfica, classista e territorial tinham um fundo racialista e discriminatório, que contribuíram para configurar o estereótipo do indígena como um ser "inferior, preguiçoso, bárbaro e selvagem".

A construção do preconceito sociorracial da elite crioula data do século XVI como uma forma de justificar sua dominação e exploração. Severo Martínez, em sua análise do índio colonial, afirma que os três preconceitos básicos do crioulo são que os índios são preguiçosos, conformistas e bêbados. Esses epítetos aparecem na pesquisa de opinião que realizamos junto ao núcleo oligárquico. Talvez o estereótipo de preguiçoso seja um dos mais utilizados ao longo da história. O preconceito contra o índio, que além de ser étnico é um preconceito de classe, está diretamente relacionado com a posição classista da oligarquia, com a exploração e opressão que esta exerce sobre ele.

Esse estereótipo tem profundas raízes históricas, surgiu na época colonial e dura até hoje, como podemos observar nas declarações de alguns intelectuais representativos da elite intelectual do princípio do século xx, como Samayoa Chinchilla, Federico Mora ou Epaminondas Quintana, na nossa pesquisa ou nos intelectuais contemporâneos, como Palmieri, Pérez, Morales etc., dando motivo a uma consulta popular ou à assinatura do Acordo sobre a Identidade e Direitos dos Povos Indígenas.

A construção do imaginário racista da elite crioula colonial e liberal é um dos mecanismos fundamentais para avaliar negativamente a diferença e transformá-la em desigualdade e opressão: aí está a metamorfose do racismo que opera com lógicas complementares em função de suas necessidades.

A discriminação sociorracial foi, no período colonial, o principal instrumento de organização hierárquica da sociedade. A "pigmentocracia", a pureza de sangue, os certificados de limpeza de sangue, o direito do primogênito a herdar os bens familiares, bem como as políticas matrimoniais endogâmicas, foram os principais mecanismos de concentração da riqueza e de configuração da estrutura social colonial.

O ESPAÇO DO RACISMO NA CONSTRUÇÃO DO ESTADO-NAÇÃO NOS SÉCULOS XIX E XX

A partir da Independência e com a chegada dos regimes liberais, o espaço do racismo não foi reduzido, como era de se esperar com a mudança de dominação, mas produziu-se uma nova e multifacetada metamorfose como consequência do surgimento de novos atores sociais, da modificação substancial do sistema agrário guatemalteco e das reformas liberais. O exercício do racismo procedia diretamente do Estado e manifestou-se nas Constituições, normas de trabalho, na reestruturação político-administrativa, no imaginário das elites etc.

São constantes as expressões racistas que encontramos nos depoimentos dos chefes políticos e militares das diferentes regiões. Os tópicos mais comuns são:

> animais, ásperos, preguiçosos, mentirosos e desajeitados. Os indígenas estão entregues ao abandono e indigência de sua casta [...] jamais se vestem [...]. Nós conhecemos as necessidades dos indígenas, todos sabemos como são exíguas e insignificantes as

necessidades de sua vida apática e sedentária [...]. [Por isso] nós queremos ascender a uma esfera em que possamos educar nossos filhos e fazer deles membros úteis da sociedade (Robert Carmack, 1979: 262).

A imagem reiterada de um indígena com aspecto "degradante e embrutecido [...] que permanece na mais crassa ignorância", e sua repetição mecânica, operou tanto para excluir o indígena da nova nação como para culpá-lo pela falta de progresso e engrandecimento. A partir de então, o racismo como ideologia começou a operar como *racialismo*, destacando as diferenças biológicas e raciais em vez das diferenças culturais ou sociais. O imaginário racista modificou-se substancialmente com a influência do liberalismo, o positivismo e o darwinismo social e operou como um forte mecanismo de diferenciação político-social e de exclusão econômica.

O racismo foi um elemento-chave no novo Estado liberal oligárquico, no qual o indígena, que durante a época colonial tinha sido reconhecido juridicamente como grupo sociorracial e gozava de certa autonomia para garantir o bom andamento do Estado corporativo, perdeu todos seus direitos e transformou-se em um ser invisível.

A metamorfose do racismo, a partir do século XIX, esteve vinculada às novas formas de dominação capitalista, com as quais operava o racismo de modo mais virulento e enérgico, mas, ao mesmo tempo, mais sutil e difuso. É na fase em que Miles denomina de "racialização"; Foucault, de "racismo de Estado"; e Young, de "[a raça] motor da história"[9] que o racismo se articula com outros discursos: o da construção da nação, o fortalecimento do machismo e a aplicação grosseira do darwinismo em sua vertente mais racialista. Essas variáveis reforçam o imaginário racista da elite; o espaço do racismo se esfuma e se dispersa por toda a sociedade e as formas de dominação tradicional se solidificam graças ao sistema de patrão e clientela que as elites crioulas reproduzem, recriam e reforçam a partir do Estado. Expressões como as seguintes são comuns ao longo do século XIX e princípios do século XX:

> Que se faça com o índio o que se faz com outras espécies animais que apresentam sintomas de degeneração. O gado bovino trazido para a Ilha de Santo Domingo pela primeira vez por Colombo, na segunda vez mostrou-se debilitado. Para melhorar o gado houve a necessidade de trazer novos exemplares [...]. Cabe perguntar, por que não se trazem elementos de outra raça vigorosa e mais apta para melhorar nossos índios? (Asturias, 1923: 115).

No início do século xx, uma boa parte da intelectualidade do país defendia uma política eugenética, de melhoramento da raça, por meio da imigração de europeus.[10] Essa é uma das razões pelas quais a permanência do racismo foi tão forte na Guatemala, porque as elites intelectuais e políticas nas décadas de 1920 e 1930 apostaram no modelo de nação eugenética, racista e excludente, em vez de imaginar uma nação homogênea ou mestiça, e com isso geraram um tipo de Estado autoritário, baseado na violência como principal fonte de controle social (Casaús Arzú, 2001).

Estamos de acordo com González Ponciano, quando afirma que a transformação da branquidade[11] em autoritarismo político foi o caminho que os liberais guatemaltecos adotaram, inclusive com critérios de imigração seletiva de alemães, anglo-saxões e nórdicos, para manter o Estado racista e excludente.[12]

O RACISMO DE ESTADO E O FORTALECIMENTO DA DOMINAÇÃO MILITAR OLIGÁRQUICA

Com a consolidação do Estado autoritário e o fortalecimento da dominação militar oligárquica a partir de 1963 – mas principalmente entre o final da década de 1970 e meados de 1980 –, podemos dizer que o racismo de Estado alcançou sua expressão máxima, porque a oligarquia não tinha sido capaz de legitimar seu domínio através de um Estado de Direito, razão pela qual recorreu ao exército, à fraude eleitoral e à militarização do Estado para manter-se no poder.

Em nossa opinião, a culminação do racismo de Estado coincidiu com a crise de dominação militar oligárquica e com o surgimento do movimento popular e revolucionário. De 1978 a 1984, produziu-se uma crise orgânica, um esvaziamento de poder e uma luta interoligárquica pela hegemonia. Tudo isso somado à adesão massiva dos povos maias às diferentes formas de luta política e de reivindicação social e à forte crise econômica devido ao esgotamento do modelo agroexportador, que provocaram reações agressivas e virulentas da elite, como ficou refletido nas respostas da pesquisa de opinião que realizamos em 1979.

Consideramos que foi então que o racismo operou como ideologia de Estado e proporcionou uma estratégia política para a ação. Foi durante esse período que a elite de poder projetou uma estratégia de repressão seletiva e indiscriminada, usou a tortura, a guerra psicológica e todo tipo de métodos repressivos contra a população civil e especialmente contra a população indígena, o que provocou um autêntico etnocídio, sobretudo durante a época de Ríos Montt. Isso explica o porquê da aliança militar/oligárquica e a tendência neopentecostal inspirada no mais rançoso puritanismo da doutrina calvinista, que justificaram o extermínio dos índios por não serem estes indivíduos de graça, por serem idólatras, pecadores e representantes das forças do mal.

Nessa fase, os níveis de racismo manifestaram-se em quase todas as instituições do Estado: nas Forças Armadas, na administração pública, na educação, em instituições da sociedade civil, nas igrejas neopentecostais, nos meios de comunicação, nos partidos políticos, nas associações gremistas, na estrutura social. Em todas as esferas, as divisões étnicas foram reforçadas e se polarizaram os antagonismos entre os grupos sociorraciais, especialmente no campo, por considerar-se que os índios eram a causa da guerra e da repressão (Dunkerley, 1990). No âmbito ideológico, o preconceito contra o índio incrementou-se e se mitificou. Aos traços absolutos e definitivos coloniais e pós-coloniais foram acrescentados novos estereótipos: seres comunistas, infiéis e não conversos; em poucas palavras, satanizou-se o índio. Dentro da elite, os partidários da teoria do extermínio encontraram novas justificativas ideológicas, políticas ou religiosas para realizar o etnocídio.

Após a assinatura dos acordos de paz em 1996, abriu-se uma nova etapa na vida política e social da Guatemala, que permitiu certa recuperação dos direitos elementares, da atividade política e da organização social. Pela primeira vez na história do país, houve diálogo e foram negociados aspectos fundamentais, como o direito à vida, a condição multiétnica e pluricultural do país, o direito ao reconhecimento dos povos indígenas e a consideração de delito da discriminação; também foram reconhecidos alguns direitos culturais e coletivos dos povos indígenas.

Os acordos de paz, especialmente o Acordo de Identidade e Direitos dos Povos Indígenas, proporcionaram o contexto e a ocasião para o movimento maia se organizar e lutar pela reivindicação de seus direitos como povo maia. Nas palavras de um de seus intelectuais, Demetrio Cojtí, o objetivo básico é buscar uma solução autonômica e de autodeterminação para que o povo maia goze de certos direitos, como a igualdade social e étnica, um tratamento diferenciado para conseguir a igualdade real, o direito à existência como povo, à diferença étnico-cultural, à autodeterminação política. Resumindo: trata-se de passar de um Estado étnico para um Estado multicultural (Cojtí Cuxil, 1994 e 2005).

Surgimento do movimento maia e suas organizações

Nesta situação de desigualdade econômica, em parte provocada pela discriminação étnico-racial que contribuiu e contribui para manter e aprofundar a brecha da pobreza entre indígenas e ladinos, em meados dos anos 1990 surgiu um inédito movimento social autodenominado "movimento maia", proveniente de diferentes grupos e coletivos étnicos, unificados em torno de uma série de reivindicações étnicas, culturais e sociais.

A identidade "maia" surgiu como uma identidade nova e emergente que responde a uma elaboração político-intelectual realizada por um setor da população, mas que ainda não foi assimilada totalmente pela população indígena da Guatemala, para quem ainda é difícil reverter a segregação que continuam vivendo todos os dias (INDH, 2005). O movimento maia ou indígena define-se como: "a mobilização política de organizações, instituições, grupos e pessoas indígenas, que através de sua própria ação tratam de transformar a relação entre a população indígena e o Estado-Nação guatemalteco". O denominador comum é "sua autonomia de ação: que eles mesmos, como indígenas ou como maias, possam decidir sobre seu próprio futuro e sua relação" (Camús e Camús, 2003).

O movimento social guatemalteco girou em torno da reivindicação dos direitos humanos e dos direitos étnicos, conforme suas orientações, seu desenvolvimento e suas práticas majoritárias. Foi catalogado por muitos autores como um movimento social e político com duas vertentes: uma que enfatiza o aspecto cultural ou os *maianistas*, ou seja, aqueles que dão prioridade ao idioma, à cultura, à discriminação, à religião e à preservação da identidade; outra que enfatiza o elemento popular ou os *populares*, ou seja, aquelas organizações que priorizam a luta contra a pobreza e a desigualdade e que estão vinculados às associações de desenvolvimento (Brett, 2005).

A peculiaridade dos movimentos sociais foi a relação entre desenvolvimento, etnicidade e democratização, com uma forte presença indígena em todos eles. Nesse sentido, cabe ressaltar três organizações que possuem mais de duzentos mil membros e que contam com uma forte participação popular e indígena. São essas três organizações que realizaram as maiores mobilizações sociais dos últimos tempos: a Organização de Direitos Humanos (Cerj) surgiu em 1988, na região de Quiché, para protestar contra o recrutamento obrigatório e a presença de patrulhas de autodefesa civil, recrutadas entre os membros das comunidades. A Coordenadora Nacional Indígena Camponesa (Conic) é a mais numerosa e combativa, sua base social encontra-se na região de Ocidente e suas principais reivindicações são a recuperação da terra e a proteção de seus direitos socioeconômicos e trabalhistas. Participa da plataforma agrária e vem desenvolvendo intensa atividade política nos últimos anos. A Defensoria Maya (DM), cujas reivindicações são exclusivamente étnicas, oferece apoio legal aos indígenas que tenham sofrido abusos ou tenham sido vítimas da discriminação (Brett, 2005).

Atualmente mais de 350 organizações maias estão unidas a essas três grandes organizações sociais, das quais aproximadamente 40 são de grande relevância por seu "ativismo, notoriedade e representatividade". No entanto, convém ressaltar também que sua viabilidade futura está sempre em jogo (PNUD, INDH, Guatemala, 2005). Após a consulta popular, essas organizações sofreram um processo de ruptura e desmembramento por falta de representatividade e por seu caráter elitista. Porém, para alguns analistas, esse desmembramento é um sinal de crescimento e maturidade, porque o movimento ganhou maior "capacidade de proposta, de diálogo e de negociação" (Camús e Camús, 2003; Cayzac, Monzón e Morales, 2004; Gálvez et al., 1997).

Sem dúvida alguma, nos últimos anos, após os acordos de paz de 1996, observou-se um enorme crescimento e maturidade do movimento maia, embora tenham ocorrido também cisões e novos reagrupamentos. Verificou-se também que o grupo ocupa novos espaços públicos e está mais presente nos movimentos sociais e em alguns cargos públicos local, regional e central.

ANÁLISE DO DISCURSO SOBRE A NATUREZA DO INDÍGENA E SUA INCORPORAÇÃO À NAÇÃO NA GUATEMALA (1920-2006)

Examinaremos discursivamente, através da análise de meios de opinião pública e da interpretação de uma pesquisa de opinião, os momentos históricos em que se produzem os debates sobre a natureza dos indígenas, seu papel na configuração do Estado nacional e as diferentes estratégias para sua incorporação ao mesmo. Vamos nos deter nos momentos mais álgidos do século xx, quando deles participa um grupo de elites intelectuais e políticas, e, em alguns casos, grupos subalternos que se contrapõem à visão hegemônica que são, em sua maioria, os que deram origem a esses debates.

Abordaremos a análise de uma ótica multidisciplinar, combinando a História com a Sociologia, a Antropologia, a Psicologia Política e a Análise do Discurso sob diferentes perspectivas e atores implicados no que Van Dijk denomina "o racismo de elite e a reprodução de seu discurso étnico".[13]

Analisaremos o discurso da imprensa escrita, dos jornais de maior tiragem na época, e o abordaremos basicamente sob a perspectiva das elites intelectuais e das elites simbólicas, entendidas como os grupos que estão diretamente envolvidos na elaboração e legitimação da política geral de decisões sobre minorias, ou seja, todos os líderes que incidem na opinião pública e que influem nos debates políticos da sociedade. Na última seção, tomaremos como referência o discurso dos discriminados, analisando de que maneira expressam sua situação de opressão e discriminação.

Combinaremos a análise do discurso com a análise das práticas racistas e discriminatórias,[14] bem como com as estratégias elaboradas para manter a situação de dominação. Essas práticas racistas e discriminatórias nos interessam porque são as que levam a ações negativas e lesivas para o grupo minoritário. Elas serão analisadas baseadas na interpretação de uma pesquisa de opinião que realizamos em 1979-1980 e de alguns discursos das elites políticas do governo atual ligadas aos partidos políticos, aos intelectuais orgânicos, empresários e militares. Ao mesmo tempo, abordaremos também as práticas discriminatórias contra a população indígena.

Os quatro momentos históricos selecionados são:

1) A sombra do índio como ser agônico e em decadência (1930-44).
2) O imaginário racista da elite de poder na Guatemala: interpretação dos dados de uma pesquisa (1979-80).
3) O índio como ameaça pública e a necessidade de seu extermínio: o etnocídio guatemalteco (1978-85).
4) As reivindicações étnico-culturais dos povos maias e a reação da mídia ante os acordos de paz e a consulta da reforma constitucional (1996-2006).

A SOMBRA DO ÍNDIO COMO SER AGÔNICO E EM DECADÊNCIA (1930-44)

Contexto histórico de surgimento do debate

No ambiente cultural guatemalteco dessas décadas, produziu-se o despertar da cultura maia e do estudo de seus vestígios nas comunidades indígenas, devido ao descobrimento de Tikal e Uaxactum algumas décadas antes, às inumeráveis viagens de Morley, entre 1914 e 1937, às expedições científicas para explorar a região do Petén, ao descobrimento da epigrafia, da astronomia e da cosmogonia maias, bem como à presença no país de antropólogos de renome, como Melvin Tumin, Manuel Gamio, Sol Tax, Benjamin Paul e Robert Redfield. Talvez os acontecimentos que desataram a polêmica na imprensa de 1937 tivessem relação direta com fatos como o descobrimento da Estela 26 em Uaxactum, a tradução do livro de Morley sobre as ruínas de Quiriguá por Alfredo Sierra Valle, a criação da cátedra de estudos maias e a tradução comentada do Popol Vuj de Adrián Recinos.[15] Essa eclosão e o descobrimento da civilização maia ressuscitaram a problemática indígena e contribuíram muito para a proliferação de artigos e livros cujas ideias foram se plasmando na opinião pública.

Assim ressurgiram as teorias eugenéticas, degeneracionistas e higienistas, as teorias integradoras ou assimiladoras e outras interpretações históricas divergentes sobre a história colonial e republicana que trataram de dar novas respostas a velhas incógnitas, mas o que desapareceu neste debate, em comparação com os anteriores a 1930, foi a relação entre "o problema do índio e o problema da nação".

O debate iniciado em 1937 discutia a natureza e o destino do índio, sua degeneração e sua incapacidade de integração e durou até 1944. Samayoa Chinchilla retomou as discussões positivistas a partir de um determinismo grosseiro de caráter biológico, psicológico e ambiental. Algumas de suas afirmações mais notáveis, que contribuíram para a geração dos tópicos atuais do indígena e as práticas sociais de discriminação e genocídio, foram as seguintes: "O índio da América já atingiu o ápice de sua missão. Em meu conceito, nada seria capaz de tirá-lo de sua letargia espiritual e o primeiro obstáculo para obter sua íntegra libertação é sua própria idiossincrasia."[16]

Samayoa Chinchilla e outros intelectuais da geração de 1920 aconselhavam "o extermínio do índio", como na Argentina, ou sua reclusão em reservas, como nos Estados Unidos, e se vangloriavam dos resultados desses países que "foram excelentes". Acreditavam que era inútil regenerá-los, talvez até prejudicial. Não valia a pena lutar para devolvê-los à vida porque "[...] seu espírito está agonizando e devemos ajudá-los a morrer".[17]

O discurso racialista de Samayoa Chinchilla, vinculado à tese de Le Bon e de Gobineau, chegava a caracterizar o índio como um ser inferior com caráter inflexível e absoluto na medida em que:

> O índio da Guatemala é um valioso elemento decorativo, faz parte de nossas paisagens e no que se refere à sua condição merece nosso respeito humano [...] Mas, o índio, carregado de conhecimentos e favorecido por todas as circunstâncias imagináveis, sempre será índio, ou seja, um ser arredio ante qualquer ideia nova, impenetrável e sonâmbulo entre o enxame de inquietações que acossam o homem em sua caminhada para a conquista do futuro [...] sua verdadeira redenção só chegará quando seu velho sangue tiver a oportunidade de se misturar com representantes de raça branca.[18]

Nesses parágrafos, aparecem todos os tópicos sobre os indígenas, "preguiçoso, degenerado, arredio, irrecuperável, um elemento decorativo", e o que é mais grave: para a construção do estereótipo e o preconceito racista, seu caráter é absoluto e inflexível como aparece nas frases do seguinte fragmento:

> "[o] índio sempre será índio", uma sombra, um ser agônico, um sonâmbulo, cujas energias gastas impedem que continue vivendo, a quem deveria ajudar a morrer ou eliminá-lo, porque "é um obstáculo para o desenvolvimento, um morto-vivo que deve ser ajudado a morrer"; e caso não se conseguisse eliminá-lo, o que seria desejável, teria que misturar seu sangue com "representantes de raça branca".

O que esse segundo fragmento está defendendo é sem dúvida um sistema de opressão e de dominação pela "raça branca". Está justificando a construção de um racismo de Estado, fundamentada na ditadura repressiva que durou 13 anos e no trabalho forçado dos indígenas para paliar a crise de dominação oligárquica que ocorreu com a queda dos preços do café.

Nesse debate, plasmaram-se todos os estereótipos que posteriormente serão atribuídos aos povos indígenas, farão parte do conjunto de tópicos da sociedade atual e continuarão sendo usados na mídia: "o índio genética e psicologicamente inferior", "a decadência das civilizações pré-hispânicas, seu esgotamento vital e degeneração atual", "a incapacidade intrínseca do índio para civilizar-se e regenerar-se", "o índio como paisagem e como parte do folclore", "o índio como obstáculo para o desenvolvimento" e, o que parece mais humilhante, "o índio como uma sombra, o índio que confunde a coisa com a sombra". Em outras palavras, o que aqui se expressa claramente é o indígena como ficção: "o índio como um ser invisível como fantasma errante".

Consideramos que uma boa parte das premissas sobre a invisibilidade dos indígenas como sujeitos históricos, portadores de cultura e como cidadãos com direitos específicos foi delineada com clareza nesse período. Não só estava presente toda a gama de estereótipos e preconceitos, mas também as estratégias que o Estado deveria assumir para redimi-los ou exterminá-los, uma vez que – segundo seus autores – não valia a pena perder tempo em regenerá-los.

O IMAGINÁRIO DE BRANQUIDADE NA ELITE DE PODER E SUA PERCEPÇÃO DO ÍNDIO: INTERPRETAÇÃO DE UMA PESQUISA DE OPINIÃO (1954-1980)

A ideia de fazer uma pesquisa de opinião junto às redes familiares que detinham o poder econômico e político do país durante esse período partiu da necessidade de analisar a natureza do racismo guatemalteco, suas formas de expressão, seus espaços, sua gênese, a construção dos tópicos etc. Deve-se levar em consideração que o período em que foi realizada a pesquisa, entre 1978-1981, era relevante não só do ponto de vista temporal, mas também pelas circunstâncias sociopolíticas que tinham reativado os estereótipos e reforçado os preconceitos de uma sociedade como a guatemalteca, atravessada pelo racismo e pela discriminação.

Consideramos que a pesquisa de opinião foi um ponto de inflexão, em que a ideologia e a teoria se transformaram em práticas sociais, porque, ao responderem às perguntas, os entrevistados manifestavam a intencionalidade de efetuar esses tipos de práticas discriminatórias, esses atos racistas que, alguns anos mais tarde, em 1983, se transformariam em genocídio da população indígena guatemalteca.

A seleção da amostra foi de 110 indivíduos sem distinção de gênero, idade e escolaridade, pertencentes às principais redes familiares longevas, já que a maioria delas procedia do período colonial e tinha permanecido no poder desde aquela época, o que garantia a representatividade do núcleo oligárquico desse período.[19]

A pesquisa foi realizada entre 1979 e 1980, aplicada exclusivamente ao núcleo oligárquico do país, após um estudo prosopográfico que durou uma década, e foi dividida em quatro grandes eixos temáticos: *identidade e racismo, história e racismo, cultura e racismo e economia e estratégias de integração.* Abordaremos as perguntas e respostas presentes nos discursos racistas das elites, em seu anseio de reproduzir a discriminação étnica e racial como um sistema de dominação global.[20]

Identidade e racismo

Neste bloco temático, a primeira coisa que nos chamou a atenção foi a relação direta entre a identidade assumida e o racismo. O primeiro aspecto relevante foi a autoatribuição identitária: dos 110 entrevistados, 59 consideraram-se brancos, 23 crioulos, 12 mestiços e 14 ladinos. As razões para se considerarem "brancos crioulos" foram "sua ascendência espanhola ou europeia" e "não ter sangue índio". Aparentemente, não existe uma diferença significativa em sua consideração étnica por gênero, idade, ocupação ou educação.

A soma entre os que se consideram brancos e crioulos atinge quase 80% da amostra das elites entrevistadas. Todos eles perceberam a diferença entre indígenas e não indígenas em função de aspectos de caráter biológico-racial. Em suas respostas, ficam claras as alusões a esse aspecto genético. Frases como as seguintes foram frequentes ao longo da pesquisa: *"As diferenças manifestam-se em tudo, mas principalmente em seu sangue índio. Eu abriria as portas a europeus para se misturarem e melhorarem a raça, pois esta raça é pior que a de antes".*

Um homem que se considerava branco, que era advogado e membro da Real Academia da Espanha, respondeu:

> *A vida de um sujeito está programada por seus genes, os genes determinam sua conduta e desenvolvimento. A transmissão genética dos índios é de uma raça inferior. Os genes da raça branca são superiores e essa raça superior produziu grandes inventos e artistas, a outra não criou nada.*

Uma mulher de 45 anos, que se considerava branca, era dona de casa e esposa de um industrial, respondeu: *"Existem claras diferenças, porque a mistura do alemão com índio é mais pura, mais sã, porque a raça espanhola não era pura, por isso o índio misturado é mais perverso e preguiçoso".*

De novo a construção do estereótipo era baseada na valorização dos traços negativos e imaginários que se elevavam à categoria de absoluto, e a mestiçagem reaparecia como algo perverso e negativo.

As relações sociais que implicam um contato interétnico é o lugar em que o racismo visceral mais se manifesta. Dois exemplos significativos são a resposta à pergunta: Adotaria uma criança indígena? A abstenção foi a resposta majoritária, enquanto 27% responderam negativamente, alegando dois motivos: por preconceitos (15%) e porque se tratava de uma raça inferior (12%). Novamente o fato de se considerar inferior a raça indígena continuava sendo uma razão de peso. As respostas mais comuns a essa pergunta foram: *"Não são de minha raça"*; *"Tenho preconceitos contra essa raça"*; *"Não saberia conviver com esse grupo e seus parentes"*; *"Não são como a gente"*.

Também devemos assinalar que 9% dos entrevistados responderam que os índios "são feios e não gosto deles". Em contrapartida, 2% responderam que era porque a criança pertencia a uma classe diferente, uma porcentagem baixa de respostas.

Esses resultados confirmam o argumento de que o preconceito racial pesa mais do que o de classe. Embora 9% não seja uma porcentagem muito alta, podemos afirmar que existe o racismo de caráter biológico no núcleo dominante, que se manifesta nítido e transparente quando se trata de tomar decisões que afetam a intimidade e a vida afetiva da elite branca dominante. É notável a relação entre atribuição de identidade, branquidade e racismo. O grupo que se define "branco" é o único que alega que a causa principal da negativa à resposta é o fato de os indígenas pertencerem a uma raça inferior. Os que se definem como crioulos priorizam os preconceitos. A maioria dos mestiços e os ladinos, 50% e 57% respectivamente, se abstém de responder.

As porcentagens de rejeição a contrair matrimônio com um indígena são superiores às de adoção. Ante a pergunta: "Deixaria sua filha casar-se com um indígena?", a rejeição ao contato interétnico foi de 68%, em contraste com a resposta afirmativa, que foi de 28%. A maioria das respostas que justificam a rejeição é por conta de preconceitos (22%), enquanto 19% responderam que o candidato pertenceria a uma classe social diferente. Ambas as respostas estão vinculadas ao grupo que se considera branco ou crioulo.

Houve algumas respostas de intolerância e machismo, principalmente dos que se consideravam brancos e crioulos, homens, agricultores e com estudos superiores. Opinavam que deixariam que o filho tivesse relações sexuais desde que fossem extraconjugais, mas nunca permitiriam o mesmo a uma filha. Em geral, no que se refere ao contato interétnico, observamos que os "brancos" dão respostas mais viscerais, contundentes e intolerantes que o resto dos entrevistados, o que os leva a emitir juízos e opiniões com uma forte carga racial e a dar respostas como estas: "*No sangue, leva-se a raça*"; "*Não gostaria pela inferioridade do índio*"; "*Vai ser índio toda a vida*"; "*Não pertencem à minha classe social nem à minha raça*". São respostas que se parecem muito com os argumentos de Samayoa Chinchilla no começo do século xx.[21]

A família como unidade básica e as redes familiares da oligarquia continuam sendo o centro de formação ideológica em que o racismo projetou-se no fundo da personalidade. A internalização dessa ideologia pode ser observada nos seguintes comentários de alguns jovens e das mães entrevistadas: "*Meus pais me ensinaram desde pequena a distanciar-me do índio, a juntar-me com os meus, os de minha raça. Vou ensinar a meus filhos os mesmos princípios, melhorar a raça e melhorar a espécie*".

Uma mulher de 40 anos, "branca", afirmou:

Nunca deixaria que minha filha se casasse com um indígena, por ser de uma raça diferente e estar distanciado totalmente. Não é porque é malvisto, é porque assim me ensinaram, porque é uma raça inferior e está catalogada geneticamente como tal. Nossa obrigação é melhorar a raça, não piorá-la.

História e racismo

Neste bloco histórico, analisaremos as opiniões da classe dominante sobre seus antepassados, os maias, e o modo como julgavam a conquista e a colonização espanholas. Este bloco compreende três perguntas que, mesmo que não abranjam a totalidade dos temas, nos proporcionam um imaginário da oligarquia sobre a população pré-hispânica e da conquista e colonização espanholas.

Um dos temas mais interessantes é a percepção da elite sobre sua própria história. As respostas mais representativas à pergunta "A que se deveu o triunfo dos espanhóis sobre os indígenas?" foram: a superioridade de armamentos, a superioridade dos espanhóis, mas 22% responderam que o triunfo se deveu ao fato de que "os indígenas eram uma raça débil e inferior".

Observamos novamente a superioridade de uns contra a inferioridade de outros, explicada e determinada, em primeira instância, em termos biológicos ou raciais. No caso da Guatemala, esta inter-relação entre conquista, despojo, dominação, colonização e racismo torna-se um fato evidente ao longo da história, inclusive no momento atual. Assim, podemos afirmar que o racismo é o elemento histórico-estrutural da sociedade guatemalteca. Representa o fio condutor da ideologia da elite de poder e desempenha um papel importante na superestrutura ideológica dessa classe como instrumento ideológico de dominação.

Com relação à pergunta sobre as vantagens e inconvenientes da conquista e colonização espanholas, quase todos os grupos deram uma resposta bastante homogênea, principalmente no que se refere às vantagens: 53% da amostra afirmou que a principal vantagem da conquista e colonização espanholas tinha sido "o melhoramento da raça"; 32% destas respostas foram emitidas pelos "brancos", 7% pelos "crioulos" e 6% pelos "mestiços e ladinos". A segunda resposta em importância foi a afirmação de que "os espanhóis possuíam uma cultura superior e isso constituiu a maior contribuição para a Guatemala". A superioridade cultural ocupou 22% do total dos entrevistados.

Assim como no bloco de identidade e racismo, confirmou-se o fato de que existe um profundo complexo no guatemalteco sobre sua identidade e seu passado histórico. Aqui há também – constante, direta ou indiretamente – alusões, manifestações, juízos de valor e expressões que tendem a subestimar tudo o que é indígena e valorizar tudo o que é estrangeiro ou espanhol. Também aparece um desejo constante de diferenciar-se do indígena, porque se considera que este é inculto, desprezível e inferior. Para 55% dos entrevistados, a chegada dos espanhóis significou a salvação em todos os sentidos, especialmente no que se refere a sua contribuição para "melhorar a raça", "trazer sangue puro", "sangue azul" etc. Essas respostas nos remetem à ideologia eugenética dos anos 1920 e 1930.

Quanto aos principais inconvenientes da conquista e colonização espanholas, as respostas são menos homogêneas, mas igualmente significativas: para 26% dos entrevistados, "não houve nenhum inconveniente"; para 17%, o preconceito foi "o despojo das riquezas e a destruição de sua cultura". Para 6%, a mestiçagem foi um grave inconveniente, porque não significou melhoramento racial, pelo contrário, a raça piorou "quando o espanhol se misturou com uma raça inferior". A mestiçagem como inconveniente foi uma opinião compartilhada por todas as idades, grupos étnicos e sexos, embora sejam os "brancos" os que mais mantêm essa opinião.

Por último, gostaríamos de destacar uma afirmação recorrente em toda a construção do discurso e das práticas racistas na Guatemala e que, mesmo que não tenha obtido uma porcentagem alta, foi significativa porque apareceu em muitas respostas da pesquisa e é também um tópico. Nesse sentido, um grupo assinalou como principal inconveniente da conquista o fato de que os espanhóis "não exterminaram todos os indígenas" quando de sua chegada, como tinham feito outras civilizações, os holandeses e os ingleses, por exemplo: "*Teria sido melhor exterminar o índio, isto teria produzido uma civilização superior. Não exterminá-lo foi um grave erro e agora estamos pagando por isso*".[22]

A teoria do extermínio do indígena, mesmo que em pequena porcentagem – entre 5% e 7% –, é uma constante em toda a pesquisa e reflete-se em várias respostas. Este trabalho, com uma pequena, mas significativa amostra da elite de poder branca, foi o que nos levou à conclusão em 1980 de que havia suficientes indícios para alertar contra um possível etnocídio, como realmente aconteceu em 1983. A necessidade de negação do Outro levou à elaboração de uma política de extermínio que, em momentos de crise política, causou os massacres das comunidades indígenas. Essas eliminações massivas de indígenas foram recorrentes ao longo da história da Guatemala nos séculos XVI, XVIII, XIX, e recentemente, no século XX.

Economia e racismo

Apesar de não ser o objetivo deste texto, gostaríamos de destacar o fato de que o racismo atua e está presente na base econômica da formação social guatemalteca, bem como nas relações sociais de produção. As três perguntas que formam este bloco são: a) Se tivesse que contratar pessoal para sua empresa, chácara ou casa, quem escolheria?; b) O senhor considera que o indígena é um lastro para o desenvolvimento econômico e social do país?; c) Qual papel o senhor acha que o indígena desempenha na economia nacional?

Para a primeira pergunta, quase 60% responderam que prefeririam contratar pessoal indígena, porque em geral eram "mais obedientes, fiéis, submissos e não causavam problemas"; 30% responderam que prefeririam os indígenas porque trabalhavam mais e se pagava menos. Quase todos os que responderam dessa forma eram agricultores que se consideravam "brancos", com estudos universitários e com idade entre 26 e 45 anos. Um estudante de 19 anos, que se considerava crioulo e era filho de um agricultor, respondeu: "*Sempre prefiro contratar indígenas porque dá para exigir mais deles, trabalham mais, não protestam, e a lei não os protege*". Quando lhe pedimos que justificasse seus argumentos sobre a razão pela qual se podia pagar menos, respondeu: "*Se deve pagar menos aos índios porque são seres inferiores. Não se deve pagar mais, mesmo que haja mais lucros, porque se acostumam com isso e se baixar o preço do café, já não dá para reduzir o pagamento*".

Outro jovem de 18 anos deu uma opinião similar:

Não se pode pagar mais porque são ignorantes e não entendem o que é utilidade e quando há prejuízo e não ganham se revoltam e, por último, não se deve pagar mais porque se acostumam a viver melhor e num nível superior ao que lhes corresponde e depois não querem trabalhar, nem cortar o café e a cana por menos dinheiro.

A segunda resposta sobre a preferência na contratação de pessoal reproduziu a conhecida divisão social do trabalho, um indígena para os trabalhos do campo e da chácara e um ladino para as empresas ou trabalho administrativo. Também ficou evidente a estrutura de poder nas respostas: os ladinos para mandar e os indígenas para obedecer. Essa contradição campo *vs.* cidade, trabalho manual *vs.* trabalho intelectual, vincula-se à contradição indígena *vs.* ladino.[23] Geralmente, em todas as chácaras, os indígenas costumam ser os peões e trabalhadores mais maltratados e mal pagos. Geralmente, os capatazes e administradores costumam ser ladinos pobres que, por sua vez, exercem a violência e o racismo contra a população indígena.

As respostas para a segunda questão, se os indígenas eram um lastro para a economia, foram as seguintes: 60% consideravam que o indígena não era um lastro, sendo que a maioria dos que assim respondeu se considerava crioulo ou ladino e era comerciantes; 40% consideravam que eram um lastro, e a maioria dos que assim respondeu se considerava "brancos ou mestiços" e era industrial e agricultor. As principais razões para afirmar que são um lastro eram: "*porque não consomem e não produzem*", porque "*são uma carga para o fisco e para o desenvolvimento do país*", "*porque são uma raça inferior, como os negros e outros grupos*". Essa opinião é compartilhada especialmente pelos agricultores brancos, com idade compreendida entre 46 e 65 anos e com estudos secundários.

Aqui encontramos novamente a eterna contradição dessa elite branca que despreza e humilha profundamente o indígena, a quem considera inferior, mas que, ao mesmo tempo é de sua preferência para trabalhar tanto no campo como na cidade. Tudo isso nos leva a contemplar o fato de que muitos dos questionamentos ideológicos sobre o índio têm sua origem nas relações sociais de produção, a partir das quais se elabora toda a concepção ideológica do índio como ser biologicamente inferior. O racismo incide diretamente nas relações sociais de produção e serve de base para a elaboração das teorias pseudocientíficas e ideológicas da inferioridade do indígena e da necessidade de discriminá-lo em todos os níveis: econômico, político, social e cultural.

Cultura e racismo

Nesta seção, analisaremos como a elite de poder percebe as culturas dos povos indígenas e os problemas de integração existentes entre indígenas, ladinos e outros grupos. As perguntas deste último bloco foram: a) O senhor considera que os indígenas possuem uma cultura própria?; b) O senhor acha que alguns elementos culturais indígenas poderiam contribuir para a cultura ocidental?; c) O senhor considera que o indígena está integrado na sociedade guatemalteca?; d) Qual solução o senhor proporia para conseguir uma integração plena do indígena no desenvolvimento econômico e social do país?

Sobre o reconhecimento de outra cultura, 65% responderam afirmativamente e 35%, negativamente. Com relação às razões para se afirmar ou negar a cultura indígena, 24% afirmaram que esta não era cultura, mas costumes ou crenças; 18% afirmaram que a maior parte de sua cultura tinha sido absorvida pela cultura ocidental; 14% responderam que possuíam uma cultura diferente da ocidental; 14% disseram que eles perderam sua cultura com a chegada dos espanhóis porque estavam em decadência ou porque esta foi destruída pelos dominadores. Apenas 8% consideravam que a cultura maia-quiché possuía profundos conteúdos filosóficos. Quanto à possibilidade de que a cultura indígena pudesse contribuir para a cultura ocidental, as respostas estavam mais polarizadas: 69% responderam que não podiam contribuir com nada e 40% responderam que contribuiriam com muito pouco.

Novamente encontramos uma grande carga emocional que se reflete no estereótipo do índio. Uma mulher de 59 anos, que se considerava ladina e era esposa de um pecuarista, respondeu: "*Os indígenas não podem ter cultura, porque são fechados, analfabetos, atrasados e preguiçosos e principalmente ladrões*".

Sobre a integração dos indígenas à economia do país, 83% pensam que o indígena "não está integrado no desenvolvimento econômico e social do país". São os "brancos" e, depois deles, os "crioulos", homens, com estudos universitários e industriais os que opinam desta maneira. Já 17% consideram que estão integrados. As principais razões de sua falta de integração são: "*porque seu nível de cultura impede*"; "*sua raça inferior e seus defeitos*". É interessante ressaltar que apenas 5% pensam que os índios estão integrados na produção.

Com a última pergunta pretendia-se conhecer qual seria a alternativa desta elite para achar uma saída ao problema. Para a pergunta "Qual solução o senhor proporia para conseguir uma integração plena do indígena no desenvolvimento econômico e social da Guatemala?", 40% opinaram que a melhor alternativa era a educação; 18% responderam que a melhor forma de integrá-los era "ladinizá-los". Foram os "brancos", industriais e homens que se inclinaram mais por essa opção. Para 14%, a melhor solução era assimilá-los à cultura ocidental, e apenas 11% achavam que era necessário melhorar suas condições de vida.

As três primeiras respostas somam 75% de todas as respostas, e todas elas buscam a solução a partir de uma perspectiva etnocêntrica e assimilacionista: a educação, a integração e a aculturação. Não procuram a origem do problema na situação de pobreza, na desigualdade econômica da população indígena e na natureza de um Estado excludente e racista, que não proporciona as mesmas oportunidades a todos os cidadãos, como se deduz dos relatórios do (PNUD) (INDH, 2006).

Por outro lado, 10% da amostra opinavam que a melhor solução era não integrá-los e deixá-los como estavam, porque a integração só ia trazer problemas e maiores conflitos para ambos os grupos. Foram principalmente os "brancos", homens, com idade compreendida entre 26 e 45 anos, com estudos universitários e industriais ou agricultores que se manifestaram dessa forma. Algumas respostas significativas foram as seguintes: "*Deve-se deixá-los onde estão, não integrá-los, cada um em seu mundo e cada coisa em seu lugar*"; "*Educá-los e ensinar-lhes em seu ambiente, mas sem integrá-los, nem permitir a mistura que foi um lastro para todos"*. Um deles, recordando o passado colonial, afirmou: "*O melhor seria criar um colégio para indígenas, como fez o bispo Marroquín, mas sem 'ladinizá-los' nem integrá-los*".

Em toda a pesquisa, encontramos duas estratégias de assimilação e uma de extermínio:

- *Os partidários da integração* propõem a integração unicamente no plano cultural ou educacional mediante diferentes políticas integracionistas: a aculturação mediante uma ação educativa e alfabetizadora, que fizesse com que o indígena compreendesse a necessidade de civilizar-se e "tornar-se gente". Propõem uma política assimilacionista e integradora por meio da "ladinização", definida como um processo gradual mediante o qual o indígena abandonaria sua cultura e seus costumes para tornar-se ladino.
- *Os partidários da não integração* assumem duas posições claramente diferenciadas, embora ambas se inclinem a justificar e a continuar uma política de segregação física, residencial, racial e cultural. A diferença está na forma de efetuar a não integração:

  – Os que consideram que a integração não é uma solução, porque implica mais inconvenientes do que vantagens, são os que opinam que "cada pessoa, grupo ou classe social deve estar no lugar que lhe corresponde e que "cada coisa deve ocupar seu lugar". Destacamos a palavra "coisa", porque para a elite de poder, bem como para os intelectuais da primeira metade do século XX, o indígena não é mais do que isso, *uma coisa ou uma sombra*, um objeto, e como tal deve estar no lugar que lhe corresponde, onde "o branco puser" ou no lugar que Deus ou a natureza tenha designado, sem ter a mínima possibilidade de mudar de *status* ou de vida.

  – Outro setor que se nega à integração expõe seus argumentos de forma mais beligerante e radical, uma vez que propõe que a única solução é "o extermínio do indígena", e 5% dos entrevistados mostram-se partidários dessa solução. Um engenheiro civil, industrial, de 55 anos, que se considera "branco" expressou-se nos seguintes termos:

Eu não vejo outra solução a não ser exterminá-los ou metê-los em reservas como nos Estados Unidos. É impossível incutir cultura em alguém que não tem nada na cabeça, educar essa gente é obra de titãs, são freio e peso para o desenvolvimento, seria mais barato e mais rápido exterminá-los.

Um jovem agricultor, de 26 anos, que se considera "branco" e com estudos superiores, opinou assim: *"Integrá-los não seria uma solução, também não vale a pena distribuir terra, nem dar-lhes dinheiro, nem sequer educá-los. No fundo sou um reacionário, porque algumas vezes tenho vontade de exterminar todos os indígenas do altiplano"*. Outro empresário de 49 anos com estudos universitários afirmou: *"A única solução para essa gente seria uma ditadura férrea, um Mussolini ou um Hitler que obrigasse a trabalhar e a educar-se, ou exterminaria todos eles"*.

Essas respostas são suficientemente eloquentes para se perceber o profundo desprezo, temor e ódio que um setor da oligarquia sente e expressa em relação ao indígena. O fato de que o indígena passasse de ser objeto a sujeito de sua própria história e se incorporasse à vida política de forma massiva através de organizações revolucionárias desencadeou nessas "elites brancas" todo esse inconsciente coletivo de extermínio que levaria à morte mais de trinta mil indígenas nos últimos oito anos. O temor à rebelião do índio e o desejo solapado de exterminá-lo uniam-se numa conjuntura histórico-política que acabaria num verdadeiro etnocídio.

Partidários do eugenismo ou do "melhoramento da raça"

Uma posição intermediária das duas anteriores, mas nem por isso menos racista, é a revelada por 2% da amostra nesta pergunta e em torno de 15% em toda a pesquisa. Trata-se daqueles que opinam que a única solução para integrá-los é "melhorar a raça". Geralmente, os entrevistados que mantiveram posições orientadas ao extermínio de um grupo étnico, fundamentados no racismo genético, defenderam o melhoramento da raça como um fim a ser atingido. Esta posição foi hegemônica no discurso das elites dos anos 1920 e 1930, como pudemos ver na primeira seção sobre a sombra do índio em vários artigos de imprensa nos quais se advogava ou pelo extermínio ou pela eugenismo da população indígena. Respostas similares encontradas nos discursos racistas do princípio do século são comuns ao longo de nossa pesquisa.

Transcrevemos duas das mais paradigmáticas, porque nos permitem observar a permanência desse racismo fenotípico e visceral nos discursos das elites: "[...] *a única solução que vejo para integrar o indígena é trazer europeus em grande quantidade, mesmo que fossem pobres e humildes, seriam superiores e ao se misturarem melhorariam a raça e acelerariam o processo de integração".*

Insistimos de novo na inter-relação de identidade e racismo na resposta de um engenheiro civil, agricultor e industrial, 48 anos, que na nossa pesquisa se considerava como "outra coisa" e que respondeu da seguinte maneira: *"A única solução para a Guatemala é melhorar a raça, trazer semental ariano para melhorá-la. Eu tive na minha chácara durante muitos anos um administrador alemão, e por cada índia que engravidava, pagava um extra de 50 dólares".*[24]

O ÍNDIO COMO AMEAÇA PÚBLICA E A NECESSIDADE DE SEU EXTERMÍNIO (1980-85)

Pela primeira vez na história da Guatemala, várias organizações, especialmente a Orpa e o EGP, incorporaram massivamente a população indígena em suas filas e assumiram o racismo como um dos pontos centrais de suas reivindicações políticas e ideológicas. Essa irrupção dos indígenas na vida pública produziu uma comoção nas elites de poder, e o fantasma do "índio irredento" reapareceu, sem falar no profundo desprezo dos militares pelos indígenas, fruto do racismo histórico-estrutural do país e de uma tentativa de distanciamento entre as elites mestiço-ladinas, que tratavam de se afastar do índio e de seu passado para fazer parte do aparelho repressivo de um Estado oligárquico, racista e excludente.

A pesquisa citada anteriormente (Casaus, 2005) já refletia claramente esse imaginário racista e era perceptível a tendência – não majoritária, mas significativa – que advogava pelo *"extermínio do índio ou por sua eugenesia"* como solução para integração na nação. Não se deve subestimar que uma boa porcentagem dos entrevistados, que em sua maioria se considerava branco e descendente de europeu, que advogava pelo melhoramento da raça e que era partidária do eugenismo ou do extermínio do indígena, foram os que chegaram ao poder entre 1980 e 1985 e causaram um dos maiores genocídios da história do país.

O discurso abertamente racista foi muito eloquente para entender o profundo desprezo, temor e ódio que um setor da oligarquia sentia e expressava no momento da realização da pesquisa. Da mesma forma, essa ideologia tinha penetrado no conjunto da população. Dois anos depois de aplicar o questionário, os massacres e o genocídio da população indígena começaram a ocorrer. Provavelmente esses juízos de valor, que faziam parte do inconsciente coletivo do núcleo oligarca, tornaram-se uma prática política da classe dominante e dos militares. Outros autores também destacam essa atitude racista nos altos mandos do exército. A ideologia racista latente contribuiu notavelmente para a execução de atos de genocídio, ainda que nem o exército nem o Estado guatemalteco os tenham reconhecido (Schrimer, 1999).

A apropriação de sua história pelo próprio indígena e sua incorporação massiva à vida política através de organizações revolucionárias desatou e desencadeou no núcleo de poder todo esse inconsciente coletivo de extermínio, o que provocou mais de duzentos mil assassinatos, cem mil desaparecidos, 626 aldeias arrasadas e mais de um milhão e meio de refugiados e deslocados entre 1978 e 1983. O temor à rebelião do índio e o desejo solapado de extermínio somavam-se numa conjuntura histórico-política que acabaria em etnocídio (Aguilera Peralta e Romero Imery, 1981; Delli Sante, 1996; Figueroa Ibarra, 1991).

Mais uma vez notamos que o discurso racista das décadas anteriores, os tópicos e preconceitos tornam-se práticas racistas e discriminatórias e atos de genocídio no momento em que se ativam os estereótipos e se desatam os preconceitos quando há uma crise de hegemonia ou o temor de perder o poder.

É por isso que defendemos que o racismo não é só uma ideologia, mas um conjunto de atitudes, manifestações e práticas sociais para justificar um sistema de opressão, exclusão e principalmente de dominação. CALDH, em um relatório elaborado por vários especialistas de organismos internacionais, nacionais e vítimas do genocídio, considera que o racismo institucional facilitou e deu origem ao genocídio na Guatemala:

> O racismo histórico-sociocultural foi um fator fundamental para determinar a natureza e brutalidade da violência durante os governos de Lucas García e de Ríos Montt, baseada na crença disseminada pelo exército em sua tropa de que a população indígena não merecia o respeito de [...] isso facilitou os atos de genocídio.[25]

Esse extermínio da população indígena foi sem dúvida obra do exército e da elite de poder durante a fase mais álgida da guerra que custou, conforme a Comissão de Esclarecimento Histórico (CEH), a vida de mais de duzentas mil pessoas, das quais mais de 83% eram maias. Essa violência teve um fundo racista na medida em que se tratou de exterminar o povo maia, declarando-o inimigo interno.[26]

Depoimentos como os que seguem são muito eloquentes sobre a relação entre racismo e etnocídio:

> *Os soldados gritaram que nós, os indígenas, não éramos nada, éramos animais, não merecíamos o respeito de um ser humano.*
> *[...] Vieram os soldados e mataram 15 pessoas e nós nos escondemos na montanha. Arrebentaram as cabeças das crianças e eu vi quando violavam as mulheres. Retiraram os fetos das mulheres grávidas e quebraram suas cabeças. [...] Nos trataram pior por sermos indígenas, não só com armas e balas, mas queimando as casas e cultivos.[27]*

Sanford chega à mesma conclusão quando afirma que o exército da Guatemala mudou sua estratégia repressiva – de assassinatos seletivos e massacres – a uma estratégia genocida de longa duração contra a população maia. Considera que "estas atrocidades devem ser consideradas como delito de genocídio". Para Sanford, houve três campanhas de genocídio planejadas e executadas contra a população maia: a estratégia de terra arrasada em zonas maias liderada pelos irmãos Lucas García e Ríos Montt, a perseguição implacável e matança dos sobreviventes e o estabelecimento de campos de reeducação e aldeias modelo.

O genocídio e o etnocídio na Guatemala foram históricos, assim como o ódio, a agressividade, a crueldade e a negação da existência da cultura dos indígenas. Esse discurso e prática de extermínio vêm sendo mantidos e reproduzidos de geração em geração, utilizados com maior intensidade pela oligarquia e o Estado (Chirix, 2004: 19-31). Não esqueçamos que todos esses massacres foram desenhados, amparados e em consenso com as elites de poder que, nesses momentos, colaboravam com os esquadrões da morte, grupos paramilitares que dirigiam as campanhas de terrorismo de Estado, os sequestros e assassinatos e tratava de justificar o etnocídio.[28]

As reivindicações étnico-culturais dos povos maias e a reação na mídia ante os acordos de paz e a consulta para a reforma constitucional (1996-2006)

As reivindicações das organizações maias e o resultado das Comissões dos acordos de paz foram inumeráveis. Particularmente importante foi o Acordo de Identidade e Direito dos Povos Indígenas (AIDPI) assinado em 1996.[29] Alguns resultados desse Acordo se resumem em propostas e conquistas bastante moderadas, mas importantes para os povos indígenas do país: a oficialização dos idiomas maias, a lei de educação bilíngue e intercultural, o respeito ao uso do traje e aos lugares sagrados, a penalização da discriminação étnico-racial, a lei de promoção educativa contra a discriminação, a lei de municípios, a lei dos conselhos de desenvolvimento urbano e rural etc.[30]

Nos últimos anos foram criados vários organismos de amparo do Estado com o objetivo de tratar e apoiar os acordos de paz e de paliar as diferenças e desigualdades dos povos indígenas. Entre outros, podemos citar o Fundo para o Desenvolvimento Indígena da Guatemala (Fodigua), 1994; a Secretaria para a Paz (Sepaz), 1996; a Defesa da Mulher Indígena, 1999; a Comissão Presidencial contra a Discriminação e o Racismo contra os Povos Indígenas da Guatemala (CODIRSA), 2002; o Conselho Assessor Indígena para a Presidência (instalado em abril de 2004); uma unidade específica dentro da Secretaria de Planejamento e Programação da Presidência (2005) e uma Unidade de Desenvolvimento e Povos Indígenas dentro da Secretaria da Paz.

Diante desses novos avanços do reconhecimento dos direitos étnicos, no contexto da aquisição de direitos humanos, surge uma reação virulenta das elites simbólicas na mídia que ataca essas demandas como uma violação dos direitos universais e como um atentado contra a unidade da nação. Opiniões como as seguintes (Flores, 1996) foram generalizadas entre as elites intelectuais e as políticas e expressas nos meios de comunicação:

> [...] Ladinos e indígenas, ambos são racistas radicais, racismo que não tem referentes reais [...] os indígenas [...] estão preparando seus pares em todas as ordens e níveis para o grande confronto. Estamos à beira do abismo pulando corda e pintando o rosto com 'achiote'.*

Os comentários de outro intelectual, Mario Roberto Morales, são ainda mais virulentos. Segundo sua opinião, é necessário impor

> condições aos maias para formarem parte da nação, uma vez que o ladino [– opina –] é o único a quem corresponde representar o guatemalteco: o ladino então É e sua identidade política é O Guatemalteco. Portanto, o ladino é O GUATEMALTECO. (Morales, 1998).

---

* N. T.: "achiote" é árvore típica da América Central.

Para aceitar a integração dos maias à nação, põe uma série de requisitos:

[...] os maias: [...] devem passar a fazer parte da nação de forma igualitária seja como indígenas ou como "maias", desde que: 1) Não se proponham a si mesmos como uma cultura contraposta à ladina, ignorando sua própria mestiçagem; 2) Não pretendam negar aos ladinos seu direito a este território, seu direito à cultura indígena de ontem e de hoje, e seu direito à cultura espanhola e europeia (Morales, 1998).

Uma boa parte dos acordos e dos resultados nas comissões mistas entre a sociedade civil e o Estado foram submetidos a um referendum no dia 16 de maio de 1999, com o objetivo de reformar a Constituição e incorporar à Carta Magna os aspectos substanciais como: a natureza pluriétnica, pluricultural e multilingue da nação, a penalização da discriminação racial e a educação bilíngue e intercultural, o direito a um tradutor bilíngue jurado nos julgamentos, a uma lei de descentralização administrativa, a lei de idiomas etc. Todas essas requisições são de grande importância para gerar um Estado plural, com reconhecimento da diversidade étnico-cultural.

Depois de uma forte campanha desenvolvida pelos partidários do "sim" e do "não", a resposta majoritária da escassa população que exerceu o voto, 18,55%, foi um "não" rotundo às emendas constitucionais. Diante desse fracasso, as perguntas foram: "Por que se deu essa virada?" e "Quais foram as causas do voto contrário?".[31]

A polêmica e o debate gerado por essas reformas, especialmente por aquelas que abordam o tema da definição da nação como pluriétnica, multilíngue e multicultural, suas consequências jurídicas e políticas, voltaram a produzir uma fratura na sociedade, que se refletiu no conflito entre elites indígenas e ladinas, setores urbanos e rurais, Igreja Católica e igrejas neopentecostais. Nessa polêmica saiu triunfante o voto do medo, do racismo e da intolerância, contribuindo para o fim dos espaços do diálogo, da democracia e da interculturalidade.

As razões levantadas na maioria dos meios de comunicação, oficinas e seminários foram de caráter jurídico ou de índole étnico-racial, sendo escassos os argumentos de caráter político ou social. Algumas vezes, o debate tornou-se uma acérrima polêmica de desqualificações mútuas, provocando o surgimento de velhos fantasmas coloniais em relação ao temor contra o índio, o perigo da guerra étnica, a defesa da "ladinidade" e da "guatemalidade", "o desmembramento da nação". Constitui outro momento de purga discursiva que explica, através dos debates dos meios de comunicação sobre a consulta popular, como se reativaram os temores, preconceitos e estereótipos e quais foram os tópicos usados nesse momento.

Um dos tópicos mais usados, de tons claramente liberais no imaginário dessas elites crioulo-ladinas e que volta a ser discutido, é o de um Estado e uma sociedade duais, com dois grupos confrontados, indígenas e ladinos, em que: "os maias querem tirar proveito dos acordos de paz e querem dividir a Guatemala com o apoio internacional". A dicotomia indígena-ladino ressurge como uma categoria bipolar e excludente, e o estereótipo do "índio" é fortalecido com o imaginário do "maia", os maias "*querem destruir o Estado e arrebatar o nosso poder*".

Alguns jornalistas que escreviam nos jornais de maior tiragem utilizaram a dualidade *indígena-ladino vs. bárbaro-civilizado*, e a discussão girou em torno de dois tipos de cidadania, "a dos que querem o bem comum, a igualdade e a paz" frente aos que querem "[...] uma cidadania diferenciada, pretendem ter privilégios e querem um novo conflito, a guerra étnica". O artigo de Luis Enrique Pérez sobre "as duas cidadanias" é esclarecedor:

> [...] Se você quiser que só os cidadãos ladinos falem espanhol, usem uniforme para ir ao colégio, submetam-se às autoridades ordinárias e às leis penais, enquanto os indígenas ficam liberados de todas essas obrigações, vote SIM. Se quiser que os maias formem sua própria nação, possuam seu próprio direito consuetudinário e tenham seu próprio território, VOTE SIM [...].[32]

Ficam evidentes as dicotomias de bárbaro e civilizado, cidadania universal e particular, direitos de todos, privilégios para uns poucos e, principalmente, recorre-se mais uma vez à ativação dos medos e temores de uma guerra étnica provocada pelas ânsias de poder de um grupo "bárbaro, inculto, aproveitador e abusivo".[33] Novamente, com a consulta popular de 1999, surgiram no imaginário coletivo os temores de "sublevação dos indígenas". O temor de perder a pátria ou compartilhar o poder com os "maias" transforma-se em pânico com o reaparecimento dos imaginários coloniais e liberais, e, o que é mais grave, os preconceitos são alimentados com novos elementos, "os indígenas querem acabar com os ladinos e tirar de nós a pátria".

Surgem alusões e comparações entre Guatemala e Iugoslávia, porque "os maias querem transformar a Guatemala em Kosovo", o que confirma nossa hipótese da permanência do racismo e dos estereótipos e preconceitos com ranço colonial e liberal. O temor colonial à sublevação dos índios e o terror liberal à "revolta dos índios e a guerra de castas", expressados em termos de guerra e limpeza étnicas, ressurgem no imaginário das elites crioulas e ladinas urbanas com grande força durante a campanha do "não" e pode reaparecer no momento em que haja uma elite de poder interessada em ativá-la. Estamos de acordo com Pacheco, quando este afirma que um dos tópicos mais generalizados é comparar a Guatemala com Iugoslávia e insistir na balcanização do país. A repetição permanente durante a campanha da mídia em todos os jornais era dirigida à criação de um temor da divisão da nação. *"Evitemos que a Guatemala seja um kosovo Chapín"*; *"Votar 'sim' nos leva à guerra étnica"*; *"Evite o perigo de um grave conflito entre indígenas e não indígenas da Guatemala"*; *"Votar 'não' é salvar a Guatemala"*; *"a balcanização não deve acontecer na Guatemala"* ou os comentários anteriormente citados sobre os argumentos do "não":

> Mas se não quiser que a nação se divida, que os indígenas se apoderem de suas propriedades, que não haja cidadãos de segunda categoria e que ganhe um grupo de políticos comprometidos com os guerrilheiros e com interesses forâneos, vote "não", para evitar que desemboque em guerra racial (Luis Enrique Pérez, 1999a, apud Casaús, 2000).

Na análise de discurso realizado sobre a consulta popular e as reformas constitucionais, dos 122 artigos analisados, Nicolas Pacheco escolheu 21 casos, dos quais 7 refletem um racismo manifesto contra as reformas constitucionais; todos eles expressam um profundo temor às conquistas e ao avanço dos povos indígenas, um pânico de perder o controle do Estado e da nação e um desprezo pelas etnias maias garifunas e xincas, por serem incapazes de se governar. Dos sete casos que chamaram para votar negativamente no referendum para as reformas constitucionais, os principais tópicos estavam relacionados com o temor a perder o controle da nação e do Estado e que este caísse nas mãos das "etnias bárbaras e incivilizadas", que não saberiam governar e que arrancariam dos ladinos os direitos adquiridos. Ouviam-se frases como: *"os maias querem tirar a nação de nós, querem apoderar-se de suas propriedades"* ou *"o fundamentalismo maia quer fazer com os ladinos o que dizem que os ladinos fizeram com eles"*.

O último argumento, que estimulou os votos pelo "não", foi o princípio liberal da igualdade de todos os cidadãos perante a Constituição. Votar "sim" é "violar a Constituição", "perder a igualdade perante a lei e perante as oportunidades, é discriminar os ladinos e privilegiar os indígenas". "*Vote por uma pátria onde não haja cidadãos que tenham mais direitos e menos obrigações que outros*"; "*As reformas constitucionais provocam a perda de igualdade perante a lei*". Em poucas palavras, votar é criar uma dupla cidadania que privilegia os indígenas em detrimento dos ladinos, e, além disso, é perigoso dar poder aos indígenas, porque são incapazes de se governar.[34]

Estes três tópicos, que já existiam nos debates da imprensa em 1937, são reiterados em 1944 com os debates sobre o voto dos indígenas, recrudescem durante o tempo do genocídio e ressurgem cada vez que existe uma conjuntura favorável a que os indígenas ganhem relevância, ampliem seus recursos étnicos ou adquiram mais cotas de poder. Podemos mencionar o caso da campanha contra Rigoberto Quemé, indígena quiché que assumiu a prefeitura da segunda capital do país, ou de Rigoberta Menchú, quando ganhou o Prêmio Nobel da Paz e foi insultada pelo FRG ao entrar no Congresso da República, ou ainda o caso da expulsão de Irma Alicia Nimatuj, uma intelectual maia quiché, de um lugar público.

Só gostaríamos de enfatizar a recorrência deste discurso na imprensa em 2006, por ocasião de vários relatórios e pesquisas que mostram, mais uma vez, a existência do racismo na Guatemala e a clara aceitação do governo do presidente Berger e do vice-presidente Stein de que o racismo e a discriminação supõem uma chaga para o país. Ante as reformas realizadas pelo governo Berger para dissimular essas diferenças e discriminações, que tratam de aplicar certa discriminação positiva em favor dos povos indígenas, essas elites simbólicas mostram de novo o temor de perder certas cotas de poder, de ceder certos espaços compartilhados de trabalho e de enfrentar uma negociação interétnica capaz de modificar o sistema de dominação tradicional.

Ao longo de 2006, foram frequentes manchetes como: "Agora racismo contra os ladinos. O Ministério de Educação realiza ações racistas contra o grupo étnico chamado ladino"; "Combatendo racismo contra racismo"; "O racismo só existe na mente do complexado"; "O país está dividido em duas Repúblicas"; "A possibilidade de um confronto abre as portas de um novo conflito armado".

Em todos esses artigos, os tópicos mais comuns são o reconhecimento do racismo como um problema de todos, porém "as vítimas do racismo não pensam em eliminá-lo, mas em transformar os racistas em suas vítimas"; ou tentam invisibilizar a existência do racismo afirmando que "[...] o racismo só existe na mente dos complexados"; "A razão é muito simples, as pessoas seguras de sua identidade não se deixam ofender por este tipo de qualificativos [...] É muito difícil eliminar o racismo porque sempre há complexados de ambos os lados".

Esses comentários surgiram devido a uma brincadeira racista feita a um intérprete indígena no tribunal de Chimaltenango, a quem felicitaram pelo aniversário, porque era o dia da raça e do herói mítico quiché, Tecún Umán, mas o referido intérprete apresentou uma queixa contra os funcionários desse tribunal, acusando-os de discriminação. A mídia lançou-se em defesa dos funcionários do tribunal, argumentando que essas brincadeiras eram normais e faziam parte do humor guatemalteco.

O fato mais relevante desse racismo é que ele não se deixa ver devido à sua naturalização e sua presença cotidiana; só é notado ou percebido quando a parte ladina sente-se ofendida, porque "arrebatam sua identidade", "arrebatam sua nação" e "tiram suas propriedades" e uma vez que, acima de tudo, negam sua identidade como ladinos no censo, no qual o catalogam como "não indígenas", caracterização que é certamente errônea. Não obstante, os ladinos não parecem ser conscientes de que durante quatrocentos anos desejaram que os indígenas abandonassem sua identidade e sua cultura, se "ladinizassem" e deixassem de ser o que são. Mas sobre esse processo de assimilação ou aculturação, ninguém disse nada na imprensa.

Em geral, ainda que seja possível observar certa atenuação no discurso do racismo manifesto na década anterior, o estereótipo racista contra a população indígena continua sendo muito forte e coeso. Pela análise realizada na mídia para o relatório sobre racismo e políticas públicas (2006),[35] os estereótipos vigentes continuam mostrando a trajetória do passado, o temor à sublevação dos indígenas, a incapacidade destes para governar, os preconceitos de que são mentirosos, vingativos e ingratos, ou, por outro lado, a existência do racismo é negada. Mas o que mais chama a atenção é a ideia recorrente de que o racismo é algo natural e que faz parte da vida cotidiana, que a Guatemala não é uma exceção e que o racismo existe em todas as partes. Mais ainda, após interpretar os dados da pesquisa de opinião, o relatório do Índice Nacional de Desenvolvimento Humano (INDH) chega a afirmar que na Guatemala não há racismo, que só existem algumas pessoas racistas (INDH, 2005: 257), o que supõe níveis alarmantes de tentativas de invisibilização do racismo, apesar de sua forte vigência no país.

RELATÓRIOS INTERNACIONAIS E PERCEPÇÃO DOS DISCRIMINADOS

As últimas avaliações sobre discriminação e racismo também não parecem muito promissoras na medida em que vários relatórios internacionais indicam que o racismo e a discriminação não diminuíram nos últimos anos. As conclusões dos resultados do Decênio sobre os Povos Indígenas afirmam que houve um retrocesso e agravamento nos níveis de pobreza e de racismo no país, e que este é um problema que deve ser corrigido.

O texto do relator da Organização das Nações Unidas para a Guatemala, no que se refere à discriminação e racismo, assinalou que nesse país ainda é muito forte a sua presença e recomendou que fossem aprofundados os estudos e investigados mais casos para que fossem estabelecidas leis mais rigorosas para penalizar a discriminação.[36]

A Procuradoria de Direitos Humanos assinalou a persistência de atitudes e práticas racistas contra a população indígena, baseando-se em 11 casos paradigmáticos de homens e mulheres indígenas que, durante o ano de 2004, foram "encarcerados, golpeados e humilhados por vestirem o traje regional", "por frequentarem a escola com seu traje ou entrarem em lugares públicos de onde foram expulsos". Especialmente relevante foi o caso de Irma Velásquez Nimatuj, que foi expulsa de uma cervejaria situada num bairro residencial da capital "por ir vestida de índia", negando-lhe a identidade como mulher maia.[37]

Em 2005, pela primeira vez na história da Guatemala, o jornal de maior tiragem *Prensa Libre*[38] realizou uma pesquisa junto a um universo populacional amplo em toda a República e chegou à conclusão de que a Guatemala é um país racista. Alguns dados dessa pesquisa indicam que 94,3% dos entrevistados afirmavam que existia discriminação e que eram os indígenas que a sofriam.

O fator racial continua pesando na medida em que 74,8% dos ladinos reconheceram ter "sangue espanhol ou estrangeiro", enquanto apenas 58,7% afirmaram ter "sangue indígena". Esse resultado é reforçado pelos 47,7% dos entrevistados que ainda consideram o sobrenome de origem espanhola como sendo melhor que o sobrenome indígena. A cor da pele continua sendo um marcador relevante para a maioria dos guatemaltecos, tanto indígenas como ladinos. Ante a pergunta do relatório do INDH se há discriminação pela cor da pele, 53% dos indígenas e 48% dos ladinos responderam afirmativamente (INDH, 2005), o que permite supor que o racismo biológico ou fenotípico como fator discriminante continua sendo muito alto e que a "pigmentocracia" ou a hierarquização racial pela cor da pele continua amplamente vigente.

Ainda existe uma percepção alta (74%), tanto entre indígenas como entre ladinos, de que ser loiro ou "canche" dá maiores oportunidades para participar no mercado de trabalho do que ser moreno. Os estereótipos relacionados com o trabalho e a etnicidade indicam que estes são reproduzidos e assumidos pelos mesmos grupos. Os indígenas consideram-se melhores para "as tarefas do campo" (96,5%), enquanto os ladinos se dão melhor nos trabalhos de escritório (57,8%), o que em parte ratifica os resultados de minha pesquisa sobre a divisão social do trabalho: os indígenas para o campo e as tarefas manuais, e os ladinos para o trabalho intelectual e para mandar.

Em geral, as perguntas dirigidas para visibilizar a imagem que tanto ladinos como indígenas têm de si mesmos e do Outro mostram que ambos os grupos reproduzem os estereótipos. *"O estereótipo funciona: os maias são 'trabalhadores, honestos e sujos'"*. Por outro lado, os ladinos são *"preguiçosos, limpos de corpo, mas muito corruptos."* O estereótipo colonial do índio "vagabundo e preguiçoso" muda e se dirige ao ladino.

De um modo geral, a mudança substancial entre esta pesquisa de 2005 e a de Casaús de 1979 radica na aceitação dos ladinos de que existem racismo e discriminação, num reconhecimento mais amplo de que a Guatemala é uma sociedade racista e excludente e de que o estereótipo do indígena em relação ao ladino continua marcado por traços fenotípicos, como a cor da pele e a aparência física ou o *status*, "ser loiro ou moreno", "ter um sobrenome espanhol", "pela cor da pele e a aparência", "ou por sua descendência espanhola" (INDH, 2005: 257). Como elemento novo, aparecem pela primeira vez uma percepção e um estereótipo um pouco mais positivo dos indígenas e um certo reconhecimento de que estes são portadores de uma cultura milenar. Após observar esses dados e a clara interpretação dos mesmos, o que parece inconcebível é que o relatório do PNUD sustente, apesar dos dados, que na Guatemala não há racismo ou há racistas sem racismo, o que nos leva a perceber, mais uma vez, a verdadeira magnitude do racismo que, apesar de sua constatação empírica, da inquestionável interpretação dos dados, o PNUD e os antropólogos culturais continuam negando. É miopia, encobrimento ou esse comportamento esconde a intencionalidade política de preservar o sistema de dominação vigente?

Por último, cabe assinalar que o recente Relatório Nacional de Desenvolvimento Humano, *Diversidad étnico-cultural: la ciudadanía de un estado plural* (2005), discute no capítulo 11 a existência de racismo e discriminação como uma chaga que açoita o país e que aprofunda as desigualdades étnicas e de classe. Considera que para a formação de um Estado plural é necessário eliminar o racismo, as exclusões e a desigualdade externa, reconhecer e assumir o racismo e combater os preconceitos e os estereótipos da sociedade para "destapar as discriminações ocultas e as arbitrariedades de qualquer signo". Para isso considera que é indispensável "o reconhecimento da diversidade étnico-cultural" (INDH, 2005: 257-307).

Numa pesquisa de campo realizada recentemente com 40 mulheres maias rurais entre 45 e 55 anos, de poucos recursos e baixo nível de escolaridade, observou-se que de suas histórias de vida se depreendem claramente os níveis de racismo e discriminação a que foram sujeitas ao longo de sua existência. Os tópicos e as frases mais comuns em quase todas as histórias foi a forma como eram chamadas pejorativamente: "ixtas", "menchú", referindo-se de maneira depreciativa à Rigoberta Menchú, que foi Prêmio Nobel, ou *Maria*, forma de invisibilização das mulheres, chamando todas com este nome genérico. Outras práticas racistas que aparecem nas histórias de vida são: "*diziam que nós não valíamos nem um 'len', que éramos simples 'champeras'*";[39] "*tinha que ser índia*"; "*índias porcas*". Outros ignoravam ou invisibilizavam-nas: "*não me viam*", "*me reduziam a ninguém*", "*não me levavam em consideração*".

Talvez o testemunho mais evidente do racismo cotidiano, vivido e sofrido pelas mulheres maias, seja o livro coletivo das mulheres de Kakqlá que, através de um exercício de terapia coletiva e de busca de uma nova forma de expressão individual e social, refletem magistralmente como vivem a opressão e a discriminação. Um dos temas centrais de reflexão em todo o livro é o racismo que as autoras expressam assim: "*o racismo é como a sombra que nos persegue [...] que nos oprime e nos faz oprimir outras pessoas [...] mantendo assim o paradigma da branquidade"* (Kakqlá, 2004: 41).

O principal problema do racismo é: *"[...] que gera medos, temores, subestima que afetam a todas nós, [...] a discriminação está tão internalizada que a exercemos conscientemente, por exemplo, dizemos que tudo que é negro é feio ou nos causa medo"* (Kakqlá, 2004: 66).

Uma das participantes do grupo considera que *"ao longo da história, as mulheres maias foram oprimidas e violentadas por sua condição de gênero e etnia [...] para manter relações desiguais, costumes discriminatórios e um sistema de dominação"* (Kakqlá, 2004: 21).

O racismo manifesta-se em desprezo e desvalorização e expressa-se com gestos e atos de fala com frases como: *"faziam uma cara"*, *"cuspiam pra nós quando passávamos perto de uma sala de aula para ladinos"*, *"te tratam diferente com olhares feios, meio de ironia"*. Na opinião das mulheres maias, o racismo tem uma relação direta com a identidade, porque se sentem negadas, anuladas e rejeitadas (Chirix, 2004: 26).

Analisam o racismo como uma agressão permanente que "faz com que elas se sintam como coisa", como um padrão de comportamento que se repete não só entre os oprimidos e os opressores, mas também entre as próprias mulheres maias de outras etnias que internalizam esses valores e os reproduzem. O racismo é analisado como um obstáculo para a felicidade e como freio para a sexualidade (GMMK, 2004: 50). As mulheres maias

> [...] sentem rejeição e menosprezo quando não falam com respeito com elas, quando as desqualificam, quando não as atendem, quando fazem gestos para elas, quando não as levam em consideração, quando as invisibilizam, quando não lhes permitem participar (Chirix, 2004: 26).

Algumas mulheres negam seu lugar de origem e suas raízes para não serem humilhadas e evitar que questionem sua identidade. Acabam concluindo que o racismo é uma chaga e que as mulheres maias vivem diferentes tipos de discriminação durante toda sua vida e por isso são tão sensíveis a este tema, porque *"muitas vezes inconscientemente cada uma de nós discrimina uma outra pessoa"*. Como fruto da educação e do racismo cotidiano:

> [...] a discriminação continua doendo em muitas de nós e não sabemos como reagir a ela, por isso ficamos caladas; os que nos discriminam sabem que conseguem machucar-nos; por isso temos que buscar ferramentas que nos permitam sair dessa opressão que internalizamos (Chirix, 2004: 61).

A nova vertente analisa o racismo como categoria central vinculada à *opressão* e entrelaça todos os vocábulos ou termos que o geram: agressão, dominação e infelicidade. E unem, por sua vez, essa opressão com a discriminação étnica e gênero, com o machismo, o racismo, a identidade e cosmovisão imposta, a repressão, a sexualidade e, principalmente, a liberdade e o direito à felicidade.

Assim como faz Memmi em *O retrato do colonizado*, as mulheres oprimidas consideram que o racismo resume e simboliza a relação fundamental que une tanto o colonialista como o colonizado e pensam que a única forma de se libertar é aceitar e superar essa relação, transformando-a através da reconstrução de suas identidades e reconquistando todas as dimensões de serem mulheres. São inumeráveis as expressões desse grupo de mulheres maias – atos de fala libertadores, sentimentos, experiências, vivências – que ousaram romper o silêncio de seu sofrimento e de sua opressão e que, sem dúvida, constituem um dos melhores pontos para compreender o dano tão profundo e a verdadeira magnitude do racismo e da opressão.

DO PONTO DE VISTA DAS MULHERES DISCRIMINADAS, QUAL É A CONTRIBUIÇÃO DESTA NOVA VISÃO DE RACISMO?

Em primeiro lugar, ela nos faz ver que o racismo é algo muito profundo, muito doloroso, vivido de forma trágica e penosa por toda a população oprimida, especialmente pelas mulheres indígenas e rurais. Em segundo lugar, vincula claramente ao racismo como a relação fundamental entre opressor e oprimido, como aquela que gera maior opressão, agressão e baixa autoestima que afeta de forma especial as mulheres, porque se mistura com o machismo, a violência doméstica e com outras formas de opressão. E afeta não só racional ou intelectualmente, mas também incide profundamente em sua identidade, em sua autoestima, em sua personalidade, pois o racismo, assim como a opressão, é uma forma de agressão social que está intimamente relacionada com o machismo e com a violência social, política e intrafamiliar.

No referido livro, o racismo constitui a prova mais evidente e dolorosa de sua existência e da constatação do dano que causou a uma sociedade enferma como a guatemalteca. Mas, o mais importante, e o que nos parece extraordinário a partir deste exercício de reflexão e liberação coletiva, é que o racismo como categoria analítica transcende o âmbito cognitivo racional, transcende o âmbito da academia, para tornar-se uma arma liberadora da sexualidade e das consciências das mulheres maias, que a utilizam como parte de uma terapia que lhes permite refletir sobre si mesmas e rebelar-se não só contra o dominador, mas também contra toda forma de opressão familiar, de violência intradoméstica, de cosmovisões opressoras, de identidades que liberam uns e submetem outros. O conceito transforma-se em arma de liberação, atacando a medula do problema, o sistema global de dominação. O que poderia ser mais libertador do que isso?

Concluímos afirmando que à luz dos fatos históricos, das práticas sociais e da análise do discurso que o racismo na Guatemala é um fator histórico e estrutural. Histórico, porque tem uma trajetória de longa duração, que não desaparece desde a colônia até nossos dias, mas simplesmente vai mudando, ampliando ou reduzindo seus espaços de atuação em função da correlação de forças no bloco do poder. Além disso, é estrutural e institucional porque permeia e atravessa todas as instituições da sociedade civil e do Estado, e é aqui o lugar em que se exerce um tipo de dominação racial que se expressa, em determinadas ocasiões, como segregação residencial, como exclusão econômica e política da cidadania, como políticas eugênicas, até chegar ao extermínio com os atos de genocídio nas últimas décadas do século XX.

Ao longo da história, essas mutações e metamorfoses do racismo, de suas instituições e atores sociais produziram o que alguns autores chamam de "naturalização" ou "cotidianidade", que o tornam mais difícil de evidenciar porque está presente em todos os espaços, se expressa e se dispersa em todos os âmbitos: na educação, na academia, nas formas da vida cotidiana, na mídia, nas piadas, no imaginário coletivo etc. Esse racismo não é visto, mas é tangível; é invisível, mas se sente, e, principalmente, mais da metade da população é vítima dele diariamente. É um racismo estrutural e simbólico na medida em que o discurso naturaliza a superioridade de um grupo e de uma cultura sobre as outras, e as práticas racistas, manifestas em atitudes, condutas, estereótipos e preconceitos, garantem e consolidam o sistema de dominação de uma elite de poder.

O racismo de Estado reproduz, retroalimenta e inclusive pratica políticas de exclusão econômica e de limitação ao acesso aos bens e serviços básicos, como: moradia, saúde e educação etc. Incrementa os custos de discriminação para os indígenas. O Estado exclui ou não promove a participação cidadã e a política dos povos indígenas e, inclusive, em momentos de crise de dominação, chegou a desenhar e executar atos de genocídio contra a população maia.

Queremos terminar com um fragmento de um grande literato guatemalteco a quem pedimos que fizesse um ensaio sobre o tema para uma pesquisa que estamos realizando sobre racismo e políticas públicas na Guatemala, e que expressou de forma magistral a persistência do racismo no país da seguinte forma:

> Mas o racismo, como a tosse, não se pode ocultar. Emerge porque existe oprimido, e o que é oprimido geralmente emerge de uma maneira impulsiva e súbita e muito violenta e sempre camuflada nas palavras, na linguagem, nas piadas e nas brincadeiras. Nós nos delatamos na linguagem. Ali desmascaramos a realidade que tanto desejamos esconder, que enfaticamente tratamos de negar. Se a linguagem é a casa do ser, como propunha o filósofo alemão Martín Heidegger, a casa do guatemalteco está alicerçada sobre a discriminação e cimentada sobre o racismo e a qualquer momento pode tremer um pouquinho e desabar sobre todos. A linguagem coloquial do guatemalteco – suas expressões e ditos, e particularmente suas piadas e brincadeiras – é uma linguagem ardentemente racista, sendo o indígena e a cultura do indígena alvos fáceis para desatar seu "oprimido ódio racial".[40]

(Tradução: Terumi Koto Bonnet Villalba, professora de Língua e Literatura Espanhola da UFPR)

NOTAS

[1] Instituto Nacional de Estatística, XI Censo Nacional de Población y VI de Habitación, Guatemala, 2002, p. 31.

[2] Banco Mundial, Informe Guapa 2000/2001, p. 8.

[3] Banco Mundial, 2000/2001, capítulos 2 e 4.

[4] Nesta seção nos referimos a desigualdades interétnicas que se produzem entre as categorias "indígena" e "não indígena"/"ladina", já que a maioria dos dados do setor de saúde apresenta-se desta forma (cf. Sáenz de Tejada, 2005: cap. 8).

[5] Sáenz de Tejeda (2005: cap. 8). Baseado em dados do X Censo Nacional de Población y V de Habitación, 1994 e XI Censo de Población y VI de Habitación, 2002. INDH, Guatemala, 2006 (anexo).

[6] Sáenz de Tejeda (2005: 11) assinala que o crescimento não só é desigual, mas também responde à densidade populacional: "ao comparar três províncias com população similar, Totonicapán, Sololá e Santa Rosa, observa-se que a disponibilidade de postos de saúde (17, 33 e 55, respectivamente) é significativamente diferente".

[7] Quetzal é a unidade monetária da Guatemala desde 1925. Correspondia a 0,124 do dólar americano em abril de 2004.

[8] Wilson Romero, Ensayo sobre "Los costos de la discriminación en Guatemala", trabajo presentado para la investigación de la Vicepresidencia de la República sobre Racismo y Políticas Públicas en Guatelama, Guatemala, 2006 (en prensa). Bernardo Kliksberg, Más ética, más desarrollo, Buenos Aires, Temas, 2004.

[9] Ver o excelente trabalho de R. Young (1995: 92 e ss.), em que analisa o conceito de "raça" como uma construção social, política, científica e cultural a partir do positivismo e do darwinismo, e como a raça passa a ser o elemento central do conhecimento e da ciência no século XIX.

[10] Em quase toda a imprensa da época, há uma chamada à imigração europeia e um convite do Estado concedendo terras e facilidades ao imigrante, já que se considera que ele "procede de uma raça superior e geneticamente mais forte e vital". Ver Una inmigración activa y de aspiraciones ayudaría a la Regeneración Nacional, *El Imparcial*, 15 jun. 1922; Juárez Muñoz, Cuál inmigración nos conviene?, *El Imparcial*, 17 jul. 1922.

[11] Optamos, tanto na tradução como no capítulo escrito em português, por utilizar o termo "branquidade", considerando-o como conceito relativo à identidade racial, importante por deslocar o branco do lugar de referente universal sem nome. Sobre a alternativa de usar o termo "branquitude", concordamos com a análise de Tomaz Tadeu da Silva (nota 1 do revisor, em Apple, 1996: 25) que afirma que o termo similar "negritude" tem uso comum associado a características positivas, relacionado ao movimento de valorização de raízes afro iniciado pela literatura. "Branquitude" poderia carregar conotações positivas de "negritude", o que não é apropriado. "Branquidade" expressa melhor o sentido negativo de ideologia que se funda na naturalização do branco como norma e, portanto, afirma os outros grupos étnico-raciais como desviantes e estabelece a supremacia branca de forma pouco perceptível.

[12] González Ponciano (2004) opina que: "a branquidade guatemalteca foi uma estratégia cultural eficaz para consolidar a ordem sociorracial ou sociocultural". Nesse sentido, a branquidade como ideologia e os estudos dos outros grupos em relação a "não brancos" poderiam ser um bom ponto de partida para analisar a história da Guatemala.

[13] Van Dijk (2003: 75) delimita o conceito de elite a partir das definições de Mills e Domhoff: as elites de poder são aquelas que concentram uma quantidade desproporcional de poder econômico, político e social em sua sociedade e possuem a capacidade para ser obedecidas e para que se cumpra seu mandato através do consenso. Para Van Dijk, são elites brancas: os políticos, os catedráticos, os editores, os burocratas etc., que executam e relevam muitos dos atos racistas sutis ou óbvios.

[14] Entendemos o conceito de "práticas sociais" de acordo com Van Dijk, como um aspecto fundamental e complementar do racismo discursivo, dado que a análise do discurso ou a genealogia dos conceitos não é a única expressão nem manifestação do racismo, mas geralmente é acompanhada por práticas sociais cotidianas de discriminação e exclusão que abrem espaço para a desigualdade de fato.

[15] Ver os muitos artigos do *El Imparcial* que tratam do tema: La creación de la facultad de antropología, historia y etnología, 7 jul. 1936; Leyendo el último maya, 24 jul. 1936; En torno al Popol Buj, 2 out. 1936; Ramón Blanco, Estudio de la civilización maya, 26 jun. 1936.

[16] Carlos Samayoa Chinchilla, em carta ao senhor D. Ramón Aceña Durán, *El Imparcial*, 25 jan. 1937. Observamos aqui a influência de Francisco Bulnes, que imputava a inferioridade da raça indígena à alimentação com milho.

[17] Samayoa Chinchilla, Algo más acerca del indio (I, II e III), *El Imparcial*, 25, 26 e 28 jan. 1937.

[18] Samayoa Chinchilla, *El Imparcial*, s.d., p. 6.

[19] Sobre a seleção da amostra e os dados da pesquisa, cf. Casaús Arzú, 2005. Das 22 famílias selecionadas, 5 pertenciam à oligarquia cafeeira tradicional, 4 à oligarquia modernizante, outras 5 ao setor industrial e as demais ao setor de serviços, priorizando o setor financeiro e os intelectuais orgânicos de cada grupo.

[20] Concordamos com Van Dijk (2003: 29) sobre a importância de analisar o discurso racial das elites, porque a elas corresponde a reprodução e reformulação do racismo, uma vez que são elas que difundem a ideologia e estabelecem as práticas sociais para o conjunto da sociedade.

[21] Sobre o tema da branquidade, é vasta a bibliografia recente. Citamos, em especial, um autor guatemalteco que aplica essas correntes para o caso da Guatemala com grande acerto e criatividade, Jorge Ramón González Ponciano, 1999 e 2004. O autor trata da necessidade de se fazer uma história da branquidade guatemalteca como mecanismo de poder e de imposição de um sistema de dominação autoritária e julga necessário considerar o ladino como uma identidade que se considera a si mesma "como não branca".

[22] Pesquisa n. 55.

[23] Esta é a tese sustentada por Guzmán Böckler e Herbert, que leva a pensar que a contradição indígena *vs.* ladino é a principal e dominante na Guatemala. Outros estudos que incorporam a variável étnica foram realizados no Brasil por Octavio Ianni, 1972; no Peru, por Alberto Flores, 1988, por Gonzalo Portocarrero, 1991, e por Rodolfo Stavenhagen.

[24] Esta resposta é muito ilustrativa do protótipo de personalidade racista intolerante e pertence ao segmento da população que estudou e que se considera "outra coisa", sem assumir nenhuma das catalogações do restante da amostra. O nível de intransigência e intolerância das duas pesquisas que temos com esta autocaraterização é maior do que a do restante da população analisada.

[25] CALDH, 2004, p. 22. Cf. também Rigoberta Menchú Tum, A jurisdição universal para o julgamento do genocídio na Guatemala (demanda apresentada pelo Prêmio Nobel da Paz perante a Audiência Nacional da Espanha), Fundação Rigoberta Menchú, 2001.

[26] Comissão de Esclarecimento Histórico, *Guatemala*: memoria del silencio, tomo v. Conclusões e Recomendações, n. 108 a 122. O relatório conclui que o Estado Guatemalteco, entre 1981 e 1983, executou atos de genocídio contra a população maia. Guatemala, UNOPS, 1999. Cf. Balsels Tojo, 2001.

[27] Depoimentos de sobreviventes da Comissão de Esclarecimento Histórico. Sobre depoimentos da repressão contados por suas vítimas e testemunhas fora das duas grandes recopilações, ainda não existe muita bibliografia contada por eles mesmos. O livro coletivo *Tiempo de callar, tiempo de hablar... Estamos empezando*, Guatemala, Ilugua, 2004, é um bom testemunho coletivo do ocorrido.

[28] Esta convivência aparece claramente exposta nos livros de Carlos Figueroa Ibarra, 1991, e no de Francisco Villagrán Kramer, 1994, em que se encontram com toda riqueza de detalhes e nomes os pactos secretos tripartidos entre o exército, a oligarquia e a administração norte-americana.

[29] O AIDPI, assinado em 23 de março de 1995, reconhece que a Guatemala é um país onde existe uma população indígena (maia, xinka e garifuna) que foi vítima do racismo e da discriminação; reconhece também seu caráter multiétnico, pluricultural e multilingue; e que essa população poderá superar a "opressão e a discriminação somente se reconhecer todos os aspectos da identidade e os direitos dos povos que a habitaram e a habitam, componentes todos de sua realidade atual e protagonistas de seu desenvolvimento". Cf. Casaús Arzú, 1998.

[30] CDIM, Resultado del decenio internacional de los pueblos indígenas, 1994-2004: caso Guatemala, Guatemala, 2004. As recomendações do relatório enfatizam que foram realizados importantes avanços, mas há muito chão para percorrer, especialmente porque falta aplicar as leis internacionais assinadas e sancionadas pelo governo da Guatemala, a invisibilidade nas estatísticas nacionais da população indígena continua, as políticas públicas de Estado em relação ao indígena são inexistentes, a participação política dos indígenas em cargos públicos é escassa e sua situação econômica e trabalhista piora cada vez mais.

[31] Sobre este tema, ver Casaús, 2000.

[32] Luis Pérez, 1999a. Este argumento é um dos mais utilizados durante a campanha pelo "não". Outros artigos sobre a consulta popular: Jorge Palmieri, 1999, e Luis Enrique Pérez, 1999b.

[33] Um grupo de jornalistas e comunicólogos, Doses, que defende um jornalismo social e comprometido, considera que a imprensa guatemalteca é uma das mais racistas e recomenda que se estabeleçam novas políticas editoriais e uma nova legislação para que possa haver um jornalismo sem discriminação. *Periodismo sin discriminación*, Norad, 2004.

[34] Estudo de Nicolás Pacheco sobre Análisis del discurso de la Reforma Constitucional de 1999 (no prelo).

[35] Cf. Análisis del discurso de casos emblemáticos sobre racismo y discriminación en la prensa guatemalteca, coordenado por Lucía Verdugo. Pesquisa dirigida por Marta Casaús, *Racismo y políticas públicas en Guatemala* (no prelo).

[36] *El racismo, la discriminación racial, la xenofobia y todas las formas de discriminación*. Relatório do Sr. Doudou Diène, relator especial da ONU, sobre as formas contemporâneas de racismo, discriminação racial, xenofobia e formas conexas de intolerância. Misión a Guatemala. 11 mar. 2005.

[37] Resolução do procurador dos Direitos Humanos, em Proteção e Defesa dos Povos Indígenas, Guatemala, Asdi, 2004. A descrição de como se sentiu com um acontecimento de tanta dor e humilhação aparece em seu artigo, Irma Alicia Velásquez Nimatuj, 2004.

[38] Jornal *Prensa Libre*, pesquisa realizada por Vox Latina, 28 ago. 2005, quando foram entrevistados 1.421 homens e mulheres, rurais e urbanos.

[39] O termo *champera* refere-se às pessoas que habitam as *champas*, os assentamentos. Uma pessoa "*champera*" não tem prestígio pela categoria de viver num terreno invadido, onde em geral não se paga água, luz e outros serviços. Cf. Aura Marina Chojlán e Marcela Gereda, *Historias de vida de las mujeres guatemaltecas* (no prelo).

[40] Eduardo Halfon, *Torres de Marfil: ensaios sobre o racismo e a discriminação*. Projeto de apoio à vice-presidência da República, PNUD, 2006 (no prelo).

BIBLIOGRAFIA

APPLE, M. Consumindo o outro: branquidade, educação e batatas fritas baratas. In: COSTA, M. V. (org.). *Escola básica na virada do século*: cultura, política e educação. São Paulo: Cortez, 1996.

AGUIRRE BELTRÁN, Gonzalo. *Zonas de refugio*. México: FCE, 1991.

AGUILERA PERALTA, Gabriel; ROMERO IMERY, Jorge. *Dialéctica del terror en Guatemala*. San José: Educa, 1981.

ASTURIAS, Miguel Ángel. *El problema social del indio*. Tese. Guatemala, 1923.

TIEMPO DE CALLAR, TIEMPO DE HABLAR... ESTAMOS EMPEZANDO. Guatemala: Ilugua, 2004.

BALSELS TOJO, Alfredo. *Olvido o memória*. El dilema de la sociedad guatemalteca. Guatemala: F&G, 2001.

BLANCO, Ramón. Estudio de la Civilización Maya. *El Imparcial*. México, 26 jun. 1936.

CALDH. *Genocidio la máxima expresión del racismo*. Guatemala: Maga, 2004.

CAMÚS, Santiago; CAMÚS, Manuela. *Entre el mecapal y el cielo:* desarrollo del movimiento maya en Guatemala. Guatemala: Cholsamaj e Flacso, 2003.

CARMACK, Robert. *Historia social de los Quichés*. Guatemala: Piedra Santa, 1979.

CASAÚS ARZÚ, Marta. Reflexiones en torno a la legitimidad del Estado: la nación y la identidad en el marco de los acuerdos de paz en Guatemala. In: SIEDER, R. (ed.). *Guatemala after the Peace Accords*. Londres: Ilas, 1998.

_____. Las élites intelectuales y la generación del 20 en Guatemala: su visión del indio y su imaginario de nación. In: CASAÚS ARZÚ, M.; PELÁEZ ALMENGOR, O. G. *Historia intelectual de Guatemala*. Guatemala: Ceur-UAM, 2001.

_____. *Guatemala:* linaje y racismo. 3. ed., versão corrigida e ampliada. Guatemala: F&G, 2005.

CASAÚS, M. E. En busca de la identidad perdida: reflexiones en torno a la consulta popular. In: CASAÚS ARZÚ, M.; GIMENO, J. C. *Desarrollo y diversidad en Guatemala*. Guatemala: UAM/Cholsamaj, 2000.

CAYZAC, Hugo; MONZÓN, Ana Silvia; MORALES, Hilda. Estado, pueblos indígenas y mujeres: de la represión a la convivencia democrática. *Revista de Estudios Interétnicos*, n. 17, out. 2004.

CHIRIX, Emma. Subjetividad y racismo: la mirada de los otros y sus efectos. *Los desafíos de la diversidad. Idei*, n. 18, año 11, nov. 2004, pp. 19-31.

CHOJLÁN, Aura Marina; GEREDA, Marcela. *Historias de vida de las mujeres guatemaltecas*. Guatemala (no prelo).

COJTÍ CUXIL, Demetrio. *Políticas para la reivindicación de los mayas de hoy:* fundamentos de los derechos específicos del pueblo maya. Guatemala: Cholsamaj, 1994.

_____. *La difícil transición al Estado multinacional*: el caso del Estado monoétnico de Guatemala. Guatemala: Cholsamaj, 2005.

DELLI SANTE, Ángela. *Nightmare or Reality:* Guatemala in the 1980s. Amsterdam: Tella Publishers, 1996.

DUNKERLEY, James. *Power on the Isthmus:* a political history of modern Central America. London: Verso, 1990.

EL IMPARCIAL. Una inmigración activa y de aspiraciones, ayudaría a la regeneración nacional. Oaxaca: 15 jun. 1922.

_____. La creación de la facultad de antropología, historia y etnología. Oaxaca: 7 jul. 1936.

_____. Leyendo el último Maya. Oaxaca: 24 jul. 1936.

_____. En torno al Popol Buj, 2 out. 1936.

_____. *El recuerdo del miedo*: ensayo sobre el Estado y el terror en Guatemala. San José: Educa, 1991.

FIGUEROA IBARRA, Carlos. *El recurso del miedo*. San José, Costa Rica: Editorial Universitaria Centroamericana, 1991.

FLORES, Marco Antonio. Todos somos mestizos. *La Ermita*, 1996.

GALINDO, Alberto Flores. *Buscando un inca:* identidad y utopía en los Andes. Lima: Horizonte, 1988.

GÁLVEZ, Víctor et al. *¿Qué sociedad queremos?*: una mirada desde el movimiento y las organizaciones mayas. Guatemala: Flacso, 1997.

GONZÁLEZ PONCIANO, Ramón. Esas sangres no están limpias: modernidad y pensamiento civilizatorio en Guatemala. In: ARENAS, C.; HALE, C.; PALMA MURGA, G. *Racismo en Guatemala?* Guatemala: Asociación para el Avance de las Ciencias Sociales en Guatemala, 1999.

_____. La visible invisibilidad de la blancura y el ladino como no blanco en Guatemala. In: EURAQUE, Darío; GOULD, Jeffrey; HALE, Charles (eds.). *Memorias del mestizaje:* cultura política en centroamérica, de 1920 até a atualidad. Guatemala: Cirma, 2004.

GUZMÁN BÖCKLER, Carlos; HERBERT, Jean-Loup. *Guatemala*: una interpretación histórico-social. Guatemala Cholsamaj, 1995.

HALFON, Eduardo. *Torres de Marfil*. Ensaios sobre o racismo e a discriminação, Projeto de apoio à vice-presidência da República, PNUD, 2006.

IANNI, Octavio. *Raças e classes sociais no Brasil*. Brasil: Vozes, 1972.

Instituto Nacional de Estatística. *XI Censo Nacional de Población y VI de Habitación.* Guatemala, 2002.

Juárez Muñoz, J. F. ¿Cuál inmigración nos conviene? *El Imparcial.* 17 jul. 1922.

Kliksberg, Bernardo. *Más ética, más desarrollo.* Buenos Aires: Temas, 2004.

Morales, Mario Roberto. Los ladinos son, son, son. *Diario Siglo XXI.* Abr. 1998.

Palmieri, Jorge. Gana Guatemala. *Siglo XXI.* Guatemala, 18 maio 1999.

Pérez, Luis Enrique. *Siglo XXI,* 29 abr. 1999a.

_____. El liberalismo y la igualdad ante la ley. *Siglo XXI,* Guatemala, 8 maio 1999b.

Asociación para el Desarrollo, Organización, Servicios y Estudios Socioculturales. Periodismo sin discriminación. Guatemala: doses/norad, 2004.

Portocarrero, Gonzalo. *Discriminación social y racismo en el Perú de hoy.* 500 años depués; ¿El fin de la historia? Lima: Escuela, 1992.

Resultado del Decenio Internacional de los Pueblos Indígenas. *1994-2004:* caso Guatemala. Guatemala: cdim, 2004.

Romero, Wilson. *Los costos de la discriminación en Guatemala.* Guatemala (no prelo).

Sáenz de Tejada. *Diversidad étnico-cultural.* Guatemala: indh, 2006.

Samayoa Chinchilla, Carlos. Algo más acerca del indio, nuestros aborígenes, a la llegada de los españoles: efectos de la conquista, errores y fantasías, la alimentación deficiente, otros tópicos. *El Imparcial.* 25 jan. 1937.

_____. Algo más acerca del indio (I, II E III). *El Imparcial.* 25, 26 e 28 jan. 1937.

Schrimer, Jennifer. *Las intimidades del proyecto político de los militares en Guatemala.* Guatemala: Flacso, 1999.

Stavenhagen, Rodolfo. *Las clases sociales en las sociedades agrarias.* México: Siglo XXI, 1975.

Van Dijk, Teun. *Racismo y discurso de las élites.* Barcelona: Gedisa, 2003a.

_____. *Dominación étnica y racismo discursivo en España y América Latina.* Barcelona: Gedisa, 2003b.

Velásquez Nimatuj, Irma Alicia. Traje folklorización y racismo en la Guatemala postconflicto. In: Hect, Meike; Palma, Gustavo. *Racismo en Guatemala:* de lo políticamente correcto a la lucha antirracista. Guatemala: Avancso, 2004.

Villagrán Kramer, Francisco. *Biografía política de Guatemala:* los pactos políticos de 1944 a 1970. Guatemala: Flacso, 1994.

Young, Robert. *Colonial Desire:* hibridity in theory, culture and race. London: Routledge, 1995.

México: o racismo mestiço

Alicia Castellanos Guerrero, Jorge Gómez Izquierdo
e Francisco Pineda

DIVERSIDADE E SITUAÇÃO ÉTNICA E CULTURAL

A diversidade cultural da sociedade mexicana contemporânea é um fenômeno que tem origens pré-hispânicas e transforma-se com a conquista e colonização espanhola, os processos nacionalistas dos séculos XIX e XX e as imigrações históricas internas e externas.

Mais de 56 grupos etnolinguísticos que moram em comunidades rurais e urbanas procedem também da separação de povos *originários* imposta pelas diferentes formas de dominação e por uma inserção diferenciada nas formações sociorregionais. A concentração histórica das etnias na Mesoamérica[1] persiste, ainda que o capitalismo e os consequentes processos de exclusão social e étnica, inerentes a sua expansão, tenham provocado movimentos populacionais internos e transnacionais, influenciando na recomposição sociocultural de cidades e regiões. Junto à indígena e à espanhola, a população negra é a terceira raiz na conformação demográfica e cultural, cuja relativa invisibilidade relaciona-se com sua condição de escravidão colonial, distribuição territorial, assimilação e negação de sua presença na fundação da sociedade mexicana.

A diversidade cultural também se produz a partir das imigrações de múltiplas origens sociais, nacionais e culturais, sobressaindo espanhóis, estadunidenses, cubanos, libaneses, alemães, italianos, franceses, chineses e japoneses, guatemaltecos, chilenos e argentinos. Apesar de o México não ter sido um país de imigração, os estrangeiros, com uma distribuição desigual no território, são uma população integrante da sociedade mexicana e intervém na dinâmica das relações socioétnicas.

Os mecanismos de exclusão e, particularmente, o discurso racista foram dirigidos a sujeitos de diversas origens étnicas e nacionais em contextos históricos específicos, mobilizando atores de variadas classes e estratos sociais e tradições culturais. Em um país "invadido, conquistado, arrasado, e conquistado novamente", o estrangeiro sempre "parece estranho" (Yankelevich, apud Blank-Cereijido e Yankelevich, 2003). No entanto, a ambivalência com o estrangeiro expressa na xenofobia e xenofilia dependerá do contexto histórico de sua chegada e origem nacional e social; do caráter contraditório das identidades nacional e regionais construídas ante formas de dominação interna e externa, motivos de seu deslocamento, presença e inserção na vida social, política e econômica; das políticas migratórias do Estado e as relações que o estrangeiro estabelece com o Estado e a nação.

Entre a diversidade de grupos imigrantes, o discurso pode ser etnocêntrico e racista, já que certas relações foram estabelecidas com base em políticas favoráveis a uma inserção privilegiada, como, por exemplo, a imigração europeia e estadunidense alentada durante o século XIX para colonizar regiões com uma suposta baixa densidade populacional e improdutividade, para estimular o desenvolvimento econômico e o "progresso da nação" e "melhorar a raça". Assinala Palma Mora (2003) que os colonos estrangeiros e imigrantes trabalhadores que chegaram sem capital foram a principal corrente imigratória até os anos 20 do século passado. Essas imigrações se implantam e participam das elites regionais e na reprodução de certas formas de racismo. Descendentes de estrangeiros ainda sustentam a ideia de "melhorar a raça", com o argumento de que "floresce mais a cultura", e rejeitam com subterfúgios discursivos os casamentos mistos com indígenas (Montes García, 1998). Os imigrantes alemães do Soconusco, Chiapas, no século XIX, tomaram para si as melhores terras e a bonança de suas fazendas cafeicultoras com a exploração de trabalhadores indígenas dos

Altos de Chiapas e da Guatemala legitimada em uma ideologia racista. Desde meados do século passado, a imigração é produzida em um "contexto de crescimento econômico e demográfico" e é conformada por homens de negócios e executivos das empresas multinacionais, majoritariamente estadunidenses e europeus, cuja estada é temporal, estabelecendo relações exclusivamente com suas comunidades de origem e membros da burguesia nativa (Palma Mora, 2003).

As práticas de exclusão/inclusão e as formas do racismo dependeram de múltiplos processos históricos, econômicos e políticos, e as características atribuídas aos "Outros" estrangeiros. Sem esquecer o latente ressentimento antiespanhol e antiamericano, expressão de uma consciência nacionalista, o racismo mexicano também se nutre da experiência racista contra chineses em estados do norte nos anos 20 do século passado, judeus na época do presidente Lázaro Cárdenas – perseguidos por pequenos grupos nazistas – e trabalhadores guatemaltecos na fronteira sul.

A ideologia da mestiçagem ocultou o racismo em relação aos "Outros" internos e externos. A sociedade mestiça, "livre" de racismo por definição, desvanece-se com a trágica história dos cidadãos chineses no México (Gómez Izquierdo, 2000), aos quais as portas foram abertas no século XIX, no marco de projetos estratégicos de colonização idealizados pelas elites mexicanas. A antipatia social pelos chineses, estigmatizados pelo pensamento racial europeu como "criminosos", "portadores de horríveis doenças" e "refratários à civilização ocidental", preparou a violência com que foram perseguidos e despojados de seus bens. O medo ante a "degeneração racial" que poderia sobrevir com a união de homens chineses e mulheres mexicanas, que não podiam proceder senão das classes humildes, influenciou na sanção de leis para proibir casamentos e uniões extraconjugais e motivou a privação de sua nacionalidade e expulsão do país, juntamente com seus filhos mestiços.

Os chineses eram pintados na iconografia como seres esgotados por causa de suas "condutas depravadas", "anormais". Essa imagem contrastava negativamente com o "vigor racial" que a sociedade mexicana glorificava em uma suposta "modernização progressista". A percepção social dos chineses apoiava-se no preconceito racista de que a aparência das pessoas revelava suas virtudes ou defeitos espirituais e sua predisposição ao crime (Gómez Izquierdo, 1991: 183). Essa população nunca constituiu uma "ameaça" para a "integridade racial" da nação mexicana. Em 1930, época de esplendor da colônia chinesa, ela representava 0,11% da população total, e dez anos depois, terminada a campanha antichinesa, os censos registraram 0,02% dos 19.653.552 do total de habitantes (Instituto Nacional de Estatística Geografia e Informática, 1986: 9, 44-5). O movimento antichinês mostrou a onipresença do racismo na sociedade mexicana, constatando-se seu ressurgimento, quando as classes médias percebem a ameaça do Outro por sua relativa ascensão social.

A história dos judeus no México é tão antiga como a dos africanos. Os séculos XVI e XVII foram testemunhas da maior emigração de judeus convertidos ou sefardis. A recusa e a aversão da Espanha se reproduzem na Nova Espanha, com proibições e perseguições promovidas pela Coroa e pela Santa Inquisição e na deportação e despojo patrimonial. A imigração europeia, para "modernizar o país", traz um novo contingente de judeus que representa 0,09% da população total (Martínez Montiel e Reynoso Medina, 1993). O ódio ao judeu durante a década de 1930 teve pouco vigor entre a população nacional e foi obra de grupos de classe média de ideologia nacionalista direitista, influenciados pelo discurso nazista e próximos aos falangistas espanhóis, mas nunca constituiu um movimento de massa, e sua influência na sociedade mexicana foi neutralizada pelo governo (Gojman de Backal, 2000; Monfort, 1993). O Comitê Pró-Raça foi uma das organizações que se constitui em defesa dos interesses nacionais. Em suas considerações fundamentais, ele reconhece:

> o trabalho muito diferente [...] de cada um dos grupos estrangeiros residentes [...], [que] nos ensinaram a ter em alto conceito o trabalho civilizado e benéfico de quase toda a imigração americana e a repudiar muito pesarosamente a calculada tendência de despojo, mil vezes condenável, de algumas raças sem virtudes de convivência, [...] como a chinesa [...] (Monfort, 1993: 115).

Em carta dirigida ao Presidente Cárdenas se manifesta seu apoio "para salvar nosso povo do internacionalismo judeu [...]" (Monfort, 1993: 131).

Desde o século XIX, a migração guatemalteca teve efeitos múltiplos nas relações interétnicas. Na fronteira sul, há uma continuidade de práticas solidárias e racistas que ressurgem quando milhares de refugiados e trabalhadores indígenas atravessam a fronteira, fugindo da guerra genocida de Efraín Ríos Montt no final do século passado. Então, o discurso ressaltava a "docilidade" dos guatemaltecos nas fazendas cafeicultoras do Soconusco,

México

motivo de preferência por sua mão de obra extremamente barata em condições de guerra. O presidente do Conselho Supremo Mam informava recentemente que:

> Nas fazendas da região já não se contratam trabalhadores mexicanos desde que os fazendeiros foram obrigados a pagar-lhes previdência social e, consequentemente, os cargos de administrador, contador, mordomo, capataz e peão são desempenhados por guatemaltecos ou outros ilegais que são contratados por períodos de dois meses (apud Arreola, 1995: 98).

A etnicização (cf. Balibar e Wallerstein, 1988) da força de trabalho e o despojo e exclusão de indígenas mexicanos e guatemaltecos de seus recursos e fontes de emprego estão tornando as regiões fronteiriças espaços de conflitos étnicos e nacionais. Também a expansão e hegemonia do capitalismo neoliberal aprofundam o fluxo de migrantes centro-americanos em direção aos Estados Unidos, e as autoridades migratórias mexicanas os perseguem, extorquem e discriminam da fronteira sul até a norte. A imprensa fronteiriça de Tapachula, Chiapas, contribui à sua *criminalização* para justificar práticas xenófobas e racistas com base nas diferenças de nacionalidade (Arreola, 2003: 99-103).

Há décadas a crise na agricultura mexicana expulsa emigrantes indígenas e não indígenas para os Estados Unidos e Canadá e para as cidades principais e turísticas, onde são objeto de discursos xenófobos e racistas pronunciados por inúmeras vozes. O *estrangeiro* é inventado dentro das fronteiras nacionais: um indígena mazahua do estado do México que migra à cidade de Chihuahua, um *"chilango"*[2] na cidade de Cancún, Quintana Roo, um tzotzil de Chiapas em Mérida, Yucatán, são objeto de xenofobia e racismo como gente "de fora" e são desqualificados como cidadãos e trabalhadores; são estigmatizados para justificar sua exploração, exclusão trabalhista e territorial (Castellanos, 2004b).

Nessa análise, privilegia-se o discurso racista para dominar os povos indígenas, nutrido de diversas fontes filosóficas, ideológicas, políticas, teóricas, de caráter religioso, pseudocientífico, liberal, nacionalista, revolucionário. Essas formações imaginárias estruturam-se sob as lógicas de um suposto universalismo e/ou um relativismo cultural radical para submeter os indígenas segundo as necessidades da dominação em tempo e espaço. O assimilacionismo e o diferencialismo serão políticas de Estado que marcam formas de relação e representação que se combinam segundo contextos históricos.

Esse discurso manifesta-se em termos culturais, religiosos, científicos, políticos e econômicos, estando no centro a oposição hierarquizada de duas tradições civilizatórias: Ocidente ocupando o cume e os Outros em sua escala inferior. A percepção das diferenças *raciais* e culturais varia no tempo, mas a constante é a pretensa superioridade de si mesmo e a inferioridade do Outro, a incompatibilidade das diferenças culturais e raciais.

O caráter histórico do racismo não supõe uma concepção universal, que surge em um tempo estreitamente vinculado tanto com o desenvolvimento do capitalismo e sua expansão como sistema mundial, quanto com ideologias liberais criadoras dos modelos de nação cívica e étnica, seguindo a diferenciação feita por Anthony Smith. As formas do racismo são patentes e poderão ser encontradas em múltiplos subterfúgios discursivos, níveis de articulação de suas formas e a intervenção direta ou indireta do Estado, segundo formas de dominação, objetivos do poder e nível de contestação, mas a violência física e simbólica, a discriminação e segregação, a guerra e o extermínio fazem parte da história indígena.

O discurso racista em relação *aos índios* é reproduzido por inúmeros atores. O sentido da relação muda, mas permanece fiel tanto à matriz de raiz colonial quanto à do século XIX. A trivialização e negação do racismo foram um recurso do poder; sua ocultação e instrumentação, uma forma de dominação ideológica. O racismo foi tabu em sociedades que procuraram símbolos de identidade nacional nas altas civilizações pré-hispânicas e encontram sua legitimidade na suposta mestiçagem biológico-cultural.

Baseado nessas concepções gerais, o texto expõe o discurso racista do poderoso produzido por colonizadores, deputados, políticos e jornalistas, membros de elites e de classes médias, e pelas próprias instituições do Estado. Isso sem deixar de reconhecer sua difusão e reprodução por mestiços e indígenas que interiorizam a ideologia dominante.

A relação etnia e classe é ainda indissociável apesar dos processos de diferenciação social interna de comunidades indígenas rurais e urbanas, cuja situação socioeconômica não se alterou apesar do discurso de reconhecimento dos direitos indígenas. As mudanças ocorreram devido às estratégias migratórias e aos processos de autonomia impulsionados pelo

Exército Zapatista de Libertação Nacional (EZLN) e pelas organizações indígenas independentes.

O *etnocídio demográfico* nega sua presença e seus direitos como povos. Os critérios do censo costumam ser linguísticos e "deixam de lado variáveis fundamentais estabelecidas na Convenção 169 da Organização Internacional do Trabalho para sua identificação, como o autorreconhecimento, as formas de organização social e política e as instituições econômicas dos povos [...] indígenas".[3] Em 2000, o Instituto Nacional Indigenista calculou a população total do México em 97.483.412 habitantes, dos quais 10.253.627 foram considerados *população indígena*. Sua recuperação nos anos 90 e um processo de reafirmação étnica poderiam modificar esses dados. Sua distribuição no território é desigual, mantendo-se uma tendência histórica de concentração no Centro, Sul e Sudeste com predomínio em Oaxaca, Chiapas, Veracruz, Puebla e Yucatán (Velasco Cruz, 2003).

O número de etnias no México varia de 57 a 62, com 92 línguas e variantes dialetais. Os censos registram uma redução do monolinguismo e um incremento do bilinguismo e, consequentemente, um predomínio do castelhano com diferenças de gênero, de línguas indígenas e regiões. Essas tendências, indissociáveis do deslocamento linguístico e dos processos de extinção das línguas indígenas, das políticas linguísticas e da migração, podem coexistir com uma revalorização impulsionada por grupos de jovens preocupados em preservar e promover seu desenvolvimento.

Os estudiosos das *línguas em perigo* advertem que a dominação dos povos é a causa da extinção de mais de 113 línguas desde o século XVII até o XXI, sendo a conquista e a independência nacional os períodos mais devastadores devido a "guerra e trabalhos forçados", "desânimo vital", "a reorganização econômica e social", as epidemias, e as necessidades "imperiosas" das guerras contra a ocupação estrangeira do século XIX (Garza Cuarón e Lastra, 2000). O isolamento e a marginalização são condições determinantes do deslocamento, fragmentação e extinção das línguas indígenas, mas também de sua desvalorização e proibição implícita nos espaços públicos e das políticas linguísticas homogeneizadoras e excludentes. Com exceção das 15 línguas predominantes distribuídas na geografia do Sudeste e Centro, as demais línguas e variantes dialetais são usadas por um número reduzido de nativos.

Os índices de pobreza e marginalização são mais altos entre a população indígena. Enquanto a média nacional de analfabetismo é de 10,46%, nas comunidades indígenas sobe até 45% dos quais 75% não acabou o primário; 83,6% das mortes de crianças são causadas por doenças intestinais, 60% estão desnutridas e 88,3% das moradias não têm esgoto. O México registra um índice de pobreza de 43%.[4] Nos estados com maior população indígena, como Yucatán, esses índices podem se elevar (Ramírez Carrillo, 2002). A saúde nas comunidades sofre uma deterioração, a mortalidade infantil por doenças curáveis cresce e reaparecem algumas doenças antes erradicadas, além da escassez de pessoal médico e de uma infraestrutura de saúde cada vez mais precária.

A atividade econômica que ocupa a população indígena é a agricultura de subsistência, complementada com cultivos comerciais e a produção artesanal e pecuária. O uso combinado de uma tecnologia tradicional e moderna erodiu as superfícies de semeadura e encareceu a produção. As terras nas etnorregiões são escassas, apesar das lutas agrárias para recuperá-las e das expropriações e distribuições que o governo federal realizou em busca de legitimidade e resposta a essa histórica demanda. A dependência alimentícia é estrutural e torna-se aguda com a introdução dos transgênicos, o estabelecimento do Tratado de Livre Comércio e as contrarreformas constitucionais; em geral, as políticas neoliberais adotadas pelo Estado fizeram com que, segundo organizações campesinas independentes, "o campo não aguentasse mais". Por outro lado, os programas do Estado de caráter assistencial são de baixo impacto para a melhoria das condições de vida, aprofundam divisão por políticas preferenciais a determinados grupos e organizações, particularmente em períodos eleitorais e como estratégia de contrainsurgência. Os projetos das multinacionais para o turismo nacional e internacional recebem investimentos e políticas privilegiadas pelo Estado sob supostas iniciativas de preservação do meio ambiente, como nos Montes Azules, em Chiapas. A "narcoeconomia" penetrou em regiões indígenas pela pobreza e falta de oportunidades de emprego, e a violência se impôs nas regiões mais recônditas dos territórios étnicos (Sariego, 2002: 216). Enquanto a imprensa em Chihuahua atribui aos rarámuris o estigma de "narcotraficantes", o exército ocasiona graves danos a sua saúde pelas fumigações aos plantios de maconha (Pineda, 2000).

O processo de diferenciação social e diversificação econômica nas etnorregiões continua se aprofundando; o comércio, os vínculos com o antes partido de Estado, o poder político em nível municipal e os programas de formação de professores bilíngues foram, entre outras, fontes de acúmulo econômico, estratificação e divisão classista. Um setor da intelectualidade indígena formou-se nas universidades e dedica-se à docência e à pesquisa.

Há décadas, a migração interna em direção a cidades e regiões de uma agricultura de exportação e desenvolvimento turísticos, assim como a migração internacional aos Estados Unidos e Canadá, tornou-se estratégia fundamental para sua reprodução, com um impacto contraditório nas comunidades rurais, pois, por um lado, produz-se um esvaziamento da população jovem, potencial e economicamente ativa e, por outro, constitui-se uma entrada essencial para os familiares que permanecem e para o desenvolvimento da infraestrutura comunitária. As experiências dos migrantes estão marcadas pela exploração e exclusão, incidindo nos processos de reprodução material e cultural de suas famílias e comunidades.

Os migrantes indígenas no mercado de trabalho urbano ocupam os postos que requerem menos qualificação, e a discriminação no trabalho é uma constante nas relações étnicas. Na indústria de construção civil na cidade do México, em dois estudos de caso, observou-se que os trabalhadores indígenas desempenham os trabalhos menos qualificados, mais árduos, sujos, de maior risco de acidentes fatais, menor índice de movimentos ascendentes na escala de trabalho e pior remunerados.[5] Essas práticas discriminatórias sustentam-se em um discurso que permanentemente fustiga e macula os trabalhadores indígenas, facilitando a submissão e as tensões de trabalho:

O indígena é uma raça morena... é mal falado... pior que os mestiços ignorantes... Mas são muito mais trabalhadores e suportam muito... mais o trabalho pesado *(engenheiro civil)*. ... Aqui... existem... colegas que os detestam, não tanto por sua condição de indígenas mas por seu aspecto físico: sujos, suados... índios fedorentos como eles dizem... coisas assim... *(engenheiro civil)*. ... o índio é mais trabalhador isso sim... são obedientes..., só que você tem que explicar para eles muitas vezes o que eles devem fazer... *(oficial)*. Como poderia dizer... é que eu vi..., são muito fechados... Por exemplo, você diz para eles [que] façam isso e eles fazem errado e alguém explica para eles e eles não entendem, não sei e daí você faz eles verem as coisas e quando entendem ficam eufóricos e trabalham mais que os outros..., isso é o que eu vi com essas pessoas *(oficial)*. Para que integrar eles? Se assim como estão ocasionam problemas e gastos... conflitos como o de Chiapas... você sabe quanto consomem do orçamento federal?... São pessoas improdutivas..., é melhor deixar eles assim... ou fazer como os Estados Unidos: colocar eles em reservas *(engenheiro civil)*. (Castellanos Guerrero, 2004: 174-6).

A fixação de diferenças físicas e culturais valorizadas positiva e negativamente, atribuídas por empregadores e capatazes da construção, justifica a superexploração e até mesmo a violência física. As mulheres que migram para as cidades costumam estar expostas a uma discriminação étnica e de gênero no trabalho.[6] Na cidade de Mérida, Yucatán, a indústria maquiadora emprega trabalhadores maias e não maias com a lógica de um sistema de superexploração. As jornadas de trabalho excedem e se estruturam segundo necessidades de produção das empresas e em detrimento da saúde e vida cotidiana das trabalhadoras, violam as leis trabalhistas e o ciclo biológico de jovens em plena idade reprodutiva e de criação.[7] Além disso, as trabalhadoras maias resistem com o silêncio à humilhação de sua pessoa e sua cultura de origem:

As trabalhadoras riam delas, por sua maneira de falar e de vestir. Lá, todos menosprezam as mestiças só porque se vestem com hipil... Não sei como elas se sentiam, mas eu via... riem... quando mencionam uma palavra assim como Chan (sobrenome maia), por isso eu não gosto nada da empresa e como elas são tranquilas, não dizem nada, ficam quietas (Castellanos Guerrero, 2004: 291).

Os signos e símbolos de identidade que as migrantes indígenas mostram podem ser objeto de riso e recusa cotidiana nos espaços de trabalho de cidades principais e regionais. Essas práticas evidenciam a difusão dessa ideologia na sociedade e a diversidade de agentes que com diferentes propósitos reproduzem cotidianamente *formas elementares* da ideologia racista.

Segundo a Pesquisa Nacional sobre a Discriminação:

43% opinam que os indígenas terão sempre uma limitação social por suas características raciais. Um em cada três pensa que a única coisa que os indígenas têm que fazer para sair da pobreza é não se comportar como indígenas. E 40% dos mexicanos estão dispostos a se organizar com outras pessoas para solicitar que não permitam que um grupo de indígenas se estabeleça perto de sua comunidade (Castellanos Guerrero, 2004).

Essas respostas constatam a profundidade da ideologia racista na sociedade mexicana. Vale lembrar que a ideia de raça nesse contexto é ambígua, a diferença pode ter um sentido cultural, fenotípico e/ou biológico. Essa visão liberal de que o indivíduo e determinadas coletividades são as causadoras de sua pobreza (ao invés das múltiplas determinações estruturais, políticas e ideológicas e de uma história de exploração e opressão) está fortemente arraigada nessas mentalidades. A disponibilidade da população para segregar indica o potencial do conflito socioétnico, sem perder de vista que o racismo muda segundo situações específicas.

A Pesquisa Nacional registra a experiência de discriminação dos indígenas:

> Nove de cada dez indígenas opinam que no México existe discriminação por causa de sua condição, 90,3% dos indígenas sentem que têm menos oportunidades para conseguir trabalho. Três de cada quatro indígenas consideram que têm menos oportunidades para ir à escola que o restante das pessoas. Dois em cada três indígenas dizem ter poucas ou nulas possibilidades para melhorar suas condições de vida, e 45,5 % afirmam que seus direitos foram respeitados por causa de sua condição. Um de cada três já foi discriminado por ser indígena no último ano. Um em cada cinco já teve trabalho negado pelo simples fato de ser indígena (Encuesta Nacional sobre Discriminación en México, 2003).

Esses instrumentos quantitativos e qualitativos nos quais se baseia essa análise aproximam-se da natureza e difusão do discurso racista e permitem advertir a iminência de políticas para fazer valer os direitos indígenas. A experiência e percepção dos sujeitos da discriminação demonstram como esta afeta suas condições de vida e dignidade como cidadãos e como povos. O estudo do processo racista conduz a reconstruir seus mecanismos ideológicos e sua cotidianidade, fundamental para propor políticas para sua *erradicação*.

Raízes históricas do racismo

Historicamente, essa extrema desigualdade social teve um correlato racista. O despojo dos povos originários foi realizado de acordo com o princípio de se "reduzir as nações bárbaras" (*Inter Caetera*, 1493) e, para conseguir tal submissão, instaurou-se uma relação imaginária de superioridade-inferioridade entre despojadores ("civilizados") e despojados ("bárbaros"). Esse discurso colonial será a matriz das práticas racistas que se atualizam em cada novo contexto social e constituem uma fonte de poder de longa duração.

Foram diversas as tradições de pensamento a partir das quais se produziram figuras do índio que perduram no imaginário social. O espanto, a admiração suscitada por sua civilização, a imagem do *bom selvagem*, o reconhecimento de sua igualdade e de suas capacidades, de suas virtudes – à custa de "despojá-lo" de todas as suas características culturais – são juízos e atitudes que expressam uma linha subjacente de pensamento vinculada à tradição cristã, diferente da aristotélica, após as discussões sobre a inferioridade natural dos índios, se possuíam alma, se eram dignos de ser cristianizados ou se eram escravos por natureza (Todorov, 1991; Castellanos Guerrero, 2000).

Particularmente, no começo da era colonial, a escravidão foi implantada, alegando-se a imoralidade, a irracionalidade e a não governabilidade dos povos. Francisco López de Gómara, capelão de Hernán Cortés, relatou que muitos foram escravizados em todos os lugares, sem pena nem castigo, porque o Frei Tomás Ortiz e outros monges apresentaram documentos e testemunhas na Espanha para persuadir o monarca de que tais povos não mereciam liberdade. Assim, em 1525, Carlos v decretou a escravização dos índios sob as considerações do referido frade:

Os homens de terra firme das Índias comem carne humana e são mais sodomitas que qualquer geração. Não há nenhuma justiça entre eles; andam nus; não têm amor nem vergonha; são como asnos, abobados, loucos, insensatos; não faz diferença matar-se e matar; não guardam segredo se não é em seu proveito; são inconstantes; não sabem o que vem a ser conselho; são muito ingratos e amigos de novidades; orgulham-se por serem bêbados, aqui têm vinhos de diversas ervas, frutas, raízes e grãos; embebedam-se também com fumaça e com certas ervas que os tiram do juízo; são bestiais nos vícios; nenhuma obediência nem cortesia de moços a velhos nem de filhos aos pais; não são capazes de doutrina nem castigo; são traidores, cruéis e vingativos, nunca perdoam; grandes inimigos de religião, preguiçosos, ladrões, mentirosos e de juízos baixos e reduzidos; não guardam fé nem ordem; os maridos não são leais às mulheres nem as mulheres aos maridos; são feiticeiros, agoureiros, nigromânticos; são covardes como lebres, sujos como porcos; comem piolhos, aranhas e vermes crus onde quer que os encontrem; não têm arte nem manha de homens; quando se esquecem das coisas da fé que

México

aprenderam, dizem que aquelas coisas são para Castela, e não para eles, e que não querem mudar costumes nem deuses; não têm barbas e, se algumas nascem, arrancam-nas; não têm nenhuma piedade com os doentes e, mesmo que sejam vizinhos e parentes, desamparam-nos na hora da morte ou levam-nos aos montes para morrer com pouco de pão e água; quanto mais crescem, piores ficam; até dez ou doze anos parece que hão de sair com alguma criação e virtude; daí em diante se tornam como brutos animais; enfim, digo que nunca Deus criou tão temperada gente em vícios e animalidades, sem mistura de bondade ou ordem. Julguem agora essa gente, como podem ser cepa de tamanha artimanha e arte?

A ordem colonial impôs, também, a diferenciação entre submissos e rebeldes. Segundo os preceitos de Francisco de Vitória, se "os bárbaros perseverassem em sua malícia e tentassem a perdição dos espanhóis, então não mais como inocentes, mas como pérfidos inimigos poderiam ser tratados e proceder com todos os direitos da guerra, despojá-los, reduzi-los ao cativeiro, depor seus senhores anteriores e estabelecer outros novos".

Tanto aqueles que pensavam que os índios eram inferiores por natureza e, por isso, irredutíveis, como os que, negando essa ideia, defendiam a igualdade e pensavam que as diferenças culturais podiam evoluir para o ideal da civilização ocidental pela via da assimilação acreditaram na inferioridade dos índios, negaram o direito à diferença e serviram à empresa colonial, ainda que alguns, como Frei Bartolomé de Las Casas, um dos principais defensores dos índios, tivessem uma visão humanitária.

O imaginário colonial racista se estenderá devido ao tráfico de escravos de origem africana. Estes foram colocados no nível mais baixo da hierarquia sociorracial. Os arquivos da cidade do México contêm testemunhos da segregação que imperou: "nenhuma mestiça, mulata ou negra ande vestida como índia... sob pena de ser presa e que lhe sejam dados cem açoites publicamente pelas ruas e pague quatro reais ao alguazil"; "que negros, mulatos, mouriscos e outros não possam morar nos povoados de índios"; "ainda que os escravos negros e índios se casem com o consentimento de seus amos que não por isso sejam livres"; "os negros não deveriam se casar, pois trabalham mal, uma vez casados, e são como cachorros" (apud Mondragón, 1999).

Desde a conquista e a colonização, e durante o longo processo de formação nacional, o discurso racista produzido pelo Estado e pelas classes dominantes é difundido através de instituições que reproduzem um sistema de representações para legitimar a exploração, as desigualdades sociais e as relações assimétricas. Índios e negros constituíram a força de trabalho principal para as empresas coloniais e capitalistas e, embora sua demografia diminuísse drasticamente, juntamente com os espanhóis, são as raízes fundadoras da nação mexicana. O destino dos descendentes de escravos, cujas estruturas de organização nem sempre conseguiram ser constituídas, é diferente pelas formas a que foram submetidos, suas origens, demografia e distribuição no território. Os povos indígenas, herdeiros de grandes civilizações mesoamericanas e de culturas com extraordinária capacidade de adaptação ao meio do norte árido da América, emergem em sua condição *minoritária* durante a dominação colonial e sofrem as políticas da guerra, a fragmentação de seus territórios, a ruptura das unidades culturais preexistentes e, com o tempo, o desaparecimento de muitas de suas culturas. Essas políticas encontraram a resistência dos povos (Reyna, 1998; Ruz e Alejo, 1992) que deram continuidade no tempo e perspectiva de futuro.

No século XIX, esse racismo foi atualizado. Os homens do poder e da revolução de independência constroem um discurso para o desenvolvimento da nação mexicana que se institui através da nova legislação liberal. O espaço privilegiado de produção e difusão do discurso racista dominante é o Congresso da União, que em 1822 decreta a igualdade e desaparece a sociedade racial de castas. O discurso de deputados expressa a concepção de um modelo de nação excludente dos povos indígenas:

> A igualdade mal-entendida sempre foi um dos tropeços mais perigosos para os povos sem experiência...O maior dos males que na nossa República essa perigosa e funesta palavra causou, consistiu na escandalosa profusão com que se prodigalizaram os direitos políticos, fazendo-os extensivos e comuns até as últimas classes da sociedade... (Mora, 1986: 369-70).

A luta contra as bases de reprodução das comunidades indígenas foi uma prática de eliminação, cuja argumentação consiste em tornar irreconciliáveis a propriedade privada, intrinsecamente associada ao progresso, e a propriedade comunal, "obstáculo" para o desenvolvimento, cujas terras estão "condenadas, se não a uma perpétua esterilidade, ao menos ao cultivo mais descuidado e menos útil ao público".[8] A disputa por símbolos da identidade e origens fundadoras confronta a visão hispanista, que designa os imperadores astecas de uma "raça de déspotas"(Arroniz, apud Urías, 2000: 109-10) e fala da "decadência da raça indígena", e a visão mexicanista, que procura no glorioso passado pré-hispânico a raiz da nova nação mexicana. As elites da época viram na *imigração estrangeira* o caminho para "melhorar a raça" e "o remédio ao mal que nos ameaça de ser absorvidos pela raça indígena", a qual é necessário opor "uma barreira humana [...] de dez milhões de brancos". Desde então, *educar e civilizar* e promover a mestiçagem biológica e cultural também serão entendidas como condições para "tirar o índio de seu estado de abjeção", "colocá-lo em pé", sair do atraso e dar lugar para a modernização.[9]

Para os índios rebeldes será proposto o extermínio, a expulsão e a deportação. O ciclo de grandes guerras e rebeliões sociais – desde a Independência (1810-21) até a Revolução Mexicana (1910-17) – propiciou um discurso racista extremamente violento. O Estado proclamou a guerra de extermínio contra indígenas rebeldes.

Os líderes tzotziles do movimento dos chamulas foram perseguidos, castigados e fuzilados, e essas ações foram apoiadas por discursos como o de um governador do Chiapas, que escreve uma proclama na qual atribui à raça indígena uma "fúria selvagem" em relação à raça branca que quer exterminar, conclama à "união e fraternidade", pois só assim "a barbárie sucumbirá à civilização".[10] Os maias de Yucatán, sublevados contra o despojo de terras, excessivos impostos e relações de exploração, são racializados através de códigos do racismo colonial:

> O maia é mais selvagem que as próprias feras, em sua alma ancestral se arraigou o ódio ao mexicano, o qual assassinam sem piedade. Por outro lado, o maia é degenerado, não tem outro prazer a não ser a embriaguez; a raça se acaba por aniquilamento, dizimada pela tuberculose, consequência de sua vida nômade e do abuso do álcool (Ferrer Muñoz, 1998).

No âmbito do poder, o discurso científico deslocou-se para o discurso religioso, mas manteve os antigos códigos hierárquicos. As classificações antropológicas do final de século xix e princípios do xx revitalizaram e deram novo sentido ao pensamento e discussão sobre as raças "índias" mexicanas no contexto histórico de construção de projetos nacionalistas. As exposições da ciência criminalística conduziram antropólogos e médicos mexicanos a realizar medições e comparações de ossos, crânios, índices faciais, para demonstrar a "anormalidade", o "atavismo" e as tendências ao vício e ao crime, supostamente característicos da "raça" de homens e mulheres indígenas.[11]

Durante a revolução de 1910 se produzem discursos para deslegitimar a luta dos camponeses afim de recuperar suas terras ancestrais, apoiados no discurso "científico" e declarando "a guerra contra a delinquência" com raízes no século XIX. Essa revolução, da qual participam múltiplas lideranças e cujo líder é o general Emiliano Zapata, tem um significado especial, pois sucessivos governos aplicaram contra ela a guerra de extermínio, e antigas premissas religiosas ressurgem para estigmatizar os rebeldes como demônios:

> Tudo era pânico, as gargalhadas diabólicas dos bandidos formavam um sinistro contraste com os rostos lívidos e os olhos extremamente abertos dos concorrentes. Não ficaram lá as coisas: os zapatistas renderam tributo a Baco e, quando se encontravam completamente embriagados, começaram a disparar suas armas, semeando-se o terror consequente. As senhoritas caíram em poder dos selvagens bêbados de licor e de desejos. No dia seguinte o povoado amanheceu enlutado; os zapatistas tinham fugido depois de ter cometido seus ferozes atropelos, perseguidos pelas forças do governo.[12]

Cabe assinalar que *Nueva era* foi uma publicação do governo de Francisco Madero, e nele aparece o discurso racista que argumentou a favor do extermínio mediante uma mistura de códigos religiosos e científicos:

> Para quem do impossível faz a causa de sua rebelião e a mantém até assolar toda uma região, usando de horrendos atos somente próprios de canibais, e declaram que não transigirão com a razão, não há outro procedimento senão o extermínio, como não há para a salvação de um doente, quando uma parte de seu organismo está gangrenada, outro remédio que a separação da carne putrefata em defesa da vida que reclama a parte sã. Todas as pessoas sensatas que conhecem as façanhas do zapatismo consideram-no como sinônimo de selvageria, reprovando-o e detestando-o, por mais que Zapata tenha querido aparecer como apóstolo do socialismo agrário... e se logo são submetidos os insurgentes do Norte, será possível, a curto prazo também, fazer uma campanha tremenda ao zapatismo, até aniquilá-lo sem piedade. É uma necessidade que cobram não só a tranquilidade do país, mas também a civilização, que tem por pátria o mundo (La bandera de Zapata es la del salvajismo, *Nueva era*, 26 maio 1912).

Para os camponeses não rebeldes, o discurso é paternalista, a combinação de discursos racistas que justificam a separação, eliminação e assimilação coexistem e se expressam em diferentes tempos históricos e espaços de poder. Terminada a guerra, o Estado irá impondo a hegemonia do discurso e as políticas assimilacionistas a fim de institucionalizar a dissolução das culturas indígenas e continuar com sua tutoria com a nova legislação indigenista. Os indígenas aparecem no debate parlamentar quando se criam as instituições indigenistas do Estado, inexoravelmente associadas a uma nação homogênea e ao domínio dos povos.

É necessário assimilar e civilizar, para o qual:

se fará uma verdadeira cruzada em prol do ensino da língua nacional aos índios, a fim de que esses com lentidão, mas com segurança, se incorporem à grande família mexicana (Carbó, 1995: 120).

Há preconceito de considerar o índio inferior, e desde tempo imemorial ele quase foi separado... O índio está na nebulosa de sua existência e é necessário... que ensinemos a ele primeiro a viver..., regenerar radical e efetivamente essa classe... Chama a atenção... que... não exista um departamento para o fomento e cultura de cinco milhões de habitantes que são um empecilho para nossa civilização, uma das causas de nosso atraso e que seriam fatores e elementos de progresso para o país (Carbó, 1995: 138-9).

A ideia dominante de integrar os indígenas manifesta o caráter exterior da ação e remete hierarquicamente ao código do próprio e do alheio. As relações entre os indígenas e as estratégias para sua assimilação a uma cultura e Estado nacionais foram o objeto da antropologia indigenista. O "pai da antropologia mexicana" afirmava que as instituições oficiais e civis deviam

incentivar o desenvolvimento físico, moral e econômico das "pequenas pátrias" e preparar "a aproximação racial, a fusão cultural, a unificação linguística e o equilíbrio econômico de ditos agrupamentos, os que só assim formariam uma nacionalidade coerente e definida e uma verdadeira pátria" (Gamio, 1978: 26).

Esse discurso será substituído por outro que reconhece valores positivos das culturas indígenas que devem ser preservados, até que se chega ao moderno discurso do reconhecimento da diferença cultural.

No discurso do poder, desde que se proclamou a bula *Inter Caetera*, a oposição entre "civilização" e "barbárie" constitui uma matriz de significações racistas. Essa constante implantou uma relação de superioridade-inferioridade que assume diversas formas na história do México – paternalista, indigenista ou genocida, religiosa ou científica, monárquica ou republicana –, mas que se refere ao despojo e à exploração, à extrema desigualdade social que impera há mais de cinco séculos.

O RACISMO DE HOJE

A análise deve reconhecer as *identidades dominantes* que cotidianamente definem os termos de discursos e de relações interétnicas, ainda que não sejam homogêneas nas suas origens nacionais, culturais e sociais. Existem elites e classes com identidades regionais mais inclusivas da diversidade sociocultural, seja para legitimar seu poder para dentro ou para reafirmar-se diante do poder central e do estrangeiro. No entanto, a origem que cobram é crioula, espanhola, europeia e mestiça, esta última símbolo da mexicanidade mais comum nos discursos oficiais. Por isso, sua atribuição racial e cultural é a de serem os civilizados, modernos, ocidentais, progressistas, evoluídos, superiores.

No imaginário dessas elites *corre por suas veias sangue espanhol*, talvez porque "a referência ao sangue" surge na Espanha do século xv e arraiga-se em seus domínios (Taguieff, 1998: 13). O sangue é a origem da cor, um atributo com profundas raízes no imaginário social, hierarquizado e estigmatizado. "O galego (entenda-se 'espanhol') é de sangue azul, é de linhagem, é superior a todas as pessoas que tenham raça indígena, há orgulho de [essa] linhagem da superioridade e da tradição..." (Sulca Báez, 1997: 84). A exclusão do índio pode ser absoluta quando se afirma essa forma de hispanidade, e a mestiçagem é um recurso retórico. É comum a percepção ambígua entre as classes médias e populares de que: "corre sangue indígena por nossas veias", "de lá viemos", esse indígena é *antepassado* mais que contemporâneo, conota aceitação, orgulho, resignação, enquanto em Yucatán, onde o branco é cor assinada pelo dominante, "corre leite". Em ambos os casos, são fluxos sanguíneos que naturalizam e marcam diferenças para justificar desigualdades sociais e étnico-raciais.

A raça, como categoria, não desapareceu do imaginário social e pode implicar crença na superioridade/inferioridade de pessoas e culturas. "Melhorar a raça" é um subterfúgio discursivo que atravessa classes e etnias e se expressa na linguagem cotidiana e nos ideais de beleza, fortalecendo *velhas* hierarquias sociorraciais.

Na comunidade afrodescendente do povoado de Coyolillo, no estado de Veracruz, seus habitantes assumem como parte de sua identidade os estereótipos com os quais a "gente bonita", "gente fina", os desqualifica, chamando-os de "feios", "morenos", quando surge seu desejo de "melhorar" a descendência casando com gente de outra "raça", de "mais classe". Os moradores de Coyolillo, como os afrodescendentes de outras regiões, consideram que o tipo "branco" é esteticamente superior, razão pela qual estão dispostos a aceitar com resignação uma posição de inferioridade (Martínez Maranto, 1995).

Entre mulheres de classe média alta que moram ao norte da cidade de Mérida, o termo "raça" pode ser usado para se referir aos mestiços e "raça pura" para os índios. Seus traços fenotípicos costumam classificá-los como toscos e grosseiros. Os *mestiços* são supersticiosos, fechados, ignorantes, "gente humilde", "sem-vergonhas porque não gostam de trabalhar", frouxos, acostumados "a viver na pobreza", de "cultura muito baixa", "selvagens", "gente não civilizada" e "atrasada". Os *mestiços* anciãos têm "bons sentimentos", "são honrados e trabalhadores".

Entre funcionários públicos e profissionais da cidade de Chihuahua, é possível encontrar as seguintes opiniões: "os indígenas não têm a mesma inteligência que o resto da sociedade nacional, já que são ignorantes ao carecer de preparação educativa"… "por estar mal alimentados têm uma menor capacidade intelectual e deficiências mentais que não lhes permitem ser normais". Os rarámuris podem ser descritos como "feios, por possuir uma fisionomia dura, e porque a própria cor da pele causa aversão, parecem estranhos por causa da cor de sua pele e por sua baixa estatura..." (Servín e González, 2003).

Não se deve esquecer que desde o período colonial lhes foi tirada a razão, foram os "sem-razão", por oposição aos "com-razão", que eram os conquistadores e colonizadores, e aos de "meia-razão", que eram os negros. Há quarenta anos, um romancista escrevia que em Pinotepa Nacional, Oaxaca, onde coexistem mixtecos, afrodescendentes, triques e mestiços, "os morenos" (negros) eram considerados "gente de meia-razão". É possível relacionar a expressão *meia-razão* com a recente condição de urbanos, a assimilação cultural e, consequentemente, a uma posição superior dentro da hierarquia sociocultural colonial que ocupavam os índios segregados nas suas Repúblicas. O uso no discurso cotidiano dessas categorias mostra sua funcionalidade nas relações inter e intraétnicas de algumas regiões. Em um estudo recente, sustenta-se que os estereótipos operam para a resistência e dominação nas relações entre mixtecos, mestiços e afrodescendentes (Castillo Guerrero, 2000).

Os elementos fundadores dessas identidades dominantes costumam ser símbolos do passado pré-hispânico e de substrato étnico, embora racialmente se considerem superiores por serem ou sentirem-se descendentes de "brancos e civilizados", e estes podem ser racistas e/ou xenófilos. Os símbolos *nacionais* outorgam unidade à história nos espaços do poder do Estado. O índio é figura central nos murais de palácios de governos municipais e estaduais, e em recintos legislativos se representa a conquista, a Independência nacional, passando pelo Porfiriato e a Revolução Mexicana e culminando quase sempre no período de auge do nacionalismo revolucionário do presidente Lázaro Cárdenas. Enquanto a identidade se constrói frente aos Outros, a simbologia dos murais reafirma as grandezas da história nacional e regional e identifica seus principais protagonistas, reconhecendo a raiz indígena de nossas origens, para criar dentro e fora um sentido de comunidade nacional e regional.

O racismo é uma construção histórica e depende das sucessivas formas de dominação capitalista, das ideologias liberais e nacionalistas, assim como das formas de resistência dos povos indígenas. As características do racismo de hoje se encobrem ainda na ideologia da igualdade e da mestiçagem e, de maneira crescente, em um pretendido multiculturalismo ante esse novo sujeito político com crescente capacidade de organização e desafio à globalização do capitalismo neoliberal. Isso implica um discurso dos dominantes, que pode ser abertamente racista por conta da suposta ameaça que os indígenas organizados representam e mais sutil na vida cotidiana, politicamente correto nesses tempos de direito à diferença cultural dos Outros. São diversos as formas e os espaços do racismo, como também é múltipla a sua difusão devido à participação dos *agentes* em instituições e espaços informais.

O estudo do discurso racista dominante supõe uma aproximação a suas formas de difusão e reprodução. A pergunta é: como esses discursos chegam aos espaços da vida cotidiana? A ideologia racista se aprende através de instituições do Estado e mecanismos informais que instrumentam diversos

México

atores. As relações interétnicas costumam estar marcadas por esse discurso, sobretudo, em situações de conflito, segundo os objetivos perseguidos.

A família, a escola e os meios de comunicação são um espaço para a análise do discurso racista. Por exemplo, a origem maia é um estigma em Mérida que opera em diversos âmbitos da vida social, incluindo o familiar:

Quando uma mulher que tem sobrenomes macehuales[13] quer se casar com alguém que é López... aí vai haver um problema por causa do sobrenome, se não tenho simpatia por ela e não gosto do sobrenome dela e não gosto da família dela, vou desprezar ela, vou humilhar ela [...], sempre acontece assim, te digo porque minha mãe é Contreras Chan e meu pai é Parra López. Minha mãe diz que a mãe do meu pai humilhava muito ela, riam dela por causa do sobrenome dela e diziam pra ela macehual. Minha avó morreu sem nunca ter aceitado minha mãe, nunca gostou dela, nunca tratou ela como nora, minha avó passou o tempo todo se lamentando e se envergonhando da minha mãe só por causa do sobrenome. Ela perguntava pro meu pai por que não escolheu outra namorada de boa família, de bom sobrenome, boa economicamente e socialmente... e se separaram por isso, porque a família do meu pai maltratava ela (Brenda García, apud Castellanos Guerrero, 2004: 254).

O uso de categorias de origem mesoamericana marca hierarquias e práticas de exclusão e distanciamento, outorgando significados novos para macular cidadãos de origem maia. O estigma étnico do sobrenome maia impede o encontro intercultural e torna complexa a vida dos *matrimônios mistos* que desafiam as fronteiras étnicas.

Essas formas cotidianas de desvalorização que ocorrem nas relações familiares desestimulam de forma parcial ou definitiva o uso de signos em espaços públicos que revelem a origem étnica. A difamação pode se expressar na percepção da família quando se trata de classificar seus membros e afirmar identidade. Os que na cidade se assumem e se classificam como catrines, ladinos, revestidos e mestiços diferenciam e podem repudiar seus avós, pais e vizinhos que preservam símbolos e se identificam com suas culturas étnicas.

O âmbito escolar é espaço de homogeneização cultural e aprendizagem de formas de exclusão socioétnica. O monoculturalismo que prevalece no sistema educativo mexicano é princípio de negação da diferença cultural. Professores e alunos indígenas e não indígenas continuam reproduzindo relações assimétricas e atitudes racistas. A resistência a essas práticas também é cotidiana no espaço escolar.

Nos livros de Ciências Sociais e de História, identificam-se o homem pré-hispânico e o indígena contemporâneo com o *homem primitivo*:[14]

> Lá se explica a teoria geral do desenvolvimento do homem e as aldeias. Junto ao homem descobridor do fogo aparecem fotos de choças de pasto de indígenas de hoje. Mostram-se também os instrumentos dos primeiros agricultores, os metates, o escuintle e os mexicas [...].
> Quando se explica a citada teoria geral do desenvolvimento do homem e das aldeias, esta se ilustra com um homem das cavernas e um curandeiro indígena na mesma página. Equiparam-se os homens contemporâneos do mamute, talhadores de flechas e caçadores de animais selvagens, com os homens indígenas... (Álvarez de Testa, 1992: 37).

Nesses livros, há uma visão essencialista do passado pré-hispânico e da vida de povos indígenas contemporâneos que contribui para desvalorizar suas culturas entre os escolares. Em um trabalho recente (Gómez Izquierdo, 2004: 50) analisa-se desde a perspectiva de seus conteúdos racistas, um *corpus* parcial de textos sobre a *história pátria* e reflete-se sobre os efeitos da promoção e incentivo oficial de uma identificação nacionalista com valores negativos, que podem originar complexos de inferioridade e baixa autoestima em uma população próxima à indígena. Poderia surpreender a reaparição e permanência nos textos de história pátria de imagens de *mexicas* e outros povos mesoamericanos como *tribos* "idólatras", "amantes do derramamento de sangue", portadores de uma mentalidade atávica e primitiva, supersticiosos, cruéis e fanáticos, predispostos a submeter-se ao homem "branco e barbudo". A história destinada à doutrinação nacionalista se expressa em termos do evolucionismo biológico e pensamento racista para estabelecer um modo de considerar as relações hierárquicas de poder e dominação entre as "raças" e o Estado/nação.

A Secretaria de Educação Pública anuncia que limitará o ensino da história universal e nacional a partir do século xv no nível médio, com o argumento de que o México se incorpora ao mundo moderno, o que suscitou uma polêmica entre historiadores que disputam novas versões da história nacional. A exclusão do passado pré-hispânico no nível básico é percebida como um atentado contra os fundamentos da identidade nacional, "um suicídio [...], como se quisessem eliminar nossas raízes [...]. O período pré-hispânico é o que nos dá força, o que nos faz o que somos".[15] Esse questionamento legítimo em relação às políticas desnacionalizadoras terá que ser estendido a conteúdos e formas pelas quais se ensinou por mais de um século essa história pré-hispânica. Ante a ameaça de o *índio* do passado na socialização precoce desaparecer, só algumas vozes autorizadas estão repensando os conteúdos da História Geral do México e convocam a formular interpretações novas sobre a conquista e construir uma narrativa sobre esse acontecimento básico do relato histórico nacional para modificar o ensino da história nas escolas públicas.[16]

As crianças encontram um material didático que distorce passado e presente e um espaço de fustigação e repúdio a sua origem indígena. Em uma escola primária da cidade do México, as imagens e as atitudes de alunos mestiços para com seus colegas indígenas podem ser negativas e de distância:

> Um índio veste roupa de diferentes cores, mal combinada. Por exemplo, vão comprar um quilo de tortillas, e diz um quilo de tortilla. Usam huaraches (tipo de sandália) e não cortam as unhas. Seu rosto é negro e feio; moram numa casa feia, com redes... Não me juntaria com eles porque cheiram mal, dizem coisas que eu não entendo, não gosto dos índios, porque não gosto de me juntar com gente que está índia.[17]

Nas escolas de cidades situadas em regiões indígenas, a desvalorização das culturas étnicas provoca ocultação do próprio povo e tensões entre indígenas e não indígenas. Raquel, jovem nahua, narra sua experiência como estudante em Huauchinango, centro político, comercial e educativo mestiço:

> Bom, olha, no começo sim, quase no primeiro ano que eu tinha vindo, eu não queria saber do náhuatl, eu tinha vergonha de encontrar alguém, alguém do povoado, aqui em Huauchinango e [...] queria que falasse comigo em espanhol, por quê? Bom pelo mesmo motivo não? Me sentia mal, de que falassem comigo em náhuatl, ou que me vissem conversando com essa pessoa, e ... eu tinha mais vergonha que essa pessoa usasse naguas (vestimenta típica das nahua). Bom, como minha vó vende aqui nos sábados, e sempre mandavam que eu trouxesse ela, então... sempre me cuidava, olhando para todos os lugares para que não vissem que ela era minha avó e que eu ia trazer ela, então, eu ia bem rápido e chegava aí, e dizia pra minha vó que guardasse rápido suas coisas, e quando vínhamos, eu ia olhando para todos os lados ... para que ninguém que me conhecesse me visse, e se eu visse assim, alguém que estava aí, ia para outro lugar para que não me visse, me esconder, queria que a terra me engolisse. E assim, com minha vó, ou às vezes assim, pessoas de Naupan que me conhecem, e chegavam e me cumprimentavam: "Como vai?", e eu cumprimentava eles, mas assim também, olhando para todos os lados, para que ninguém visse que eu estava falando com essa pessoa.[18]

Essa ocultação da origem é uma estratégia de sobrevivência emocional e uma prática cotidiana nas cidades. Os efeitos de discursos e práticas racistas de forma velada ou aberta, com diversos interesses e motivações, podem originar um comportamento de permanente ansiedade e conflito identitário que afeta o indivíduo, a comunidade e a sociedade.[19]

Discurso na imprensa

O poder dos meios de comunicação na reprodução e difusão do discurso racista é inquestionável apesar de não encontrarem receptores passivos,* incapazes de processar a partir de sua cultura mensagens e representações. A imprensa nacional difundiu imagens do índio que distorcem suas identidades e lutas. No século XIX, os jornais difundiram imagens de um índio "bárbaro" e "selvagem", "pacífico" quando colaborava com o poder para colocar um "fim" à guerra de castas no sul e norte do México (Rojas Rabiela et al., 1987). As imagens do índio na imprensa do começo do século passado correspondem a um ser "inferior" e, novamente, "bárbaro". O índio contemporâneo nos jornais das cidades de Cancún, Quintana Roo, Mérida, Yucatán e Chihuahua é objeto de estereótipos e estigmas. Os enunciados podem não expressar um racismo aberto, mas ele está mascarado. A leitura deve distinguir práticas discursivas nas três cidades e tomar conjuntos que mostrem o tipo de representações de indígena.

No *Diario de Yucatán*, difundem-se três tipos de representação dos maias e mestiços: seu passado, as precárias condições de vida e de trabalho, o paternalismo que os torna seres dependentes e despojados de autonomia e a tradição mercantilizada para o consumo turístico. As manchetes sobre indígenas de Chihuahua referem-se à violência ligada ao narcotráfico e à política. O *Novedades de Quintana Roo* privilegia os acontecimentos que ocorrem na cidade de Cancún: representam indígenas maias associados à violência intragrupo, intrafamiliar, aos baixos níveis educativos e à embriaguez como causa de acidentes de trabalho – e não à precariedade das condições de trabalho, superexploração –, aos atos de *justiça* fora da lei, a fóruns e festivais sobre maias do passado, à dependência de drogas e às denúncias sobre a rejeição que sofrem os indígenas que partem de vozes autorizadas, ao mesmo tempo em que se exalta a diversidade cultural. Nas manchetes dos jornais do Sudeste, o termo "maia" costuma designar o do passado glorioso, "mestiço" é o maia do presente, nas notas jornalísticas se

---

* N.R.T.: Subjaz a ideia de que receptores são sempre ativos, que os discursos são interpretados pelos receptores, que "toda leitura é uma leitura vadia", ou seja, impregnada pela cultura do leitor. Isso ocorre com os diversos discursos midiáticos. No trecho em questão, afirma-se que os meios de comunicação influenciam mesmo considerando esse papel ativo dos receptores.

reconhece a origem maia por seus sobrenomes. *El Heraldo de Chihuahua* naturaliza e esvazia o território étnico, a Tarahumara, que aparece como uma paisagem e um caminho em que se percebem recordações coloniais, sua população, vítima de injustiças e do narcotráfico e com certa proclividade à narcossemeadura. Criminalizar e vitimizar, ao mesmo tempo em que se exotizam lugares e habitantes para um *turismo alternativo e de aventura* que invade os territórios étnicos, são práticas discursivas que reduzem e ameaçam o complexo mundo e cultura dos rarámuris da Serra Tarahumara, no norte do México. As seguintes manchetes exibem o caráter racista de discursos na imprensa dessas cidades:

Manchetes de jornais

"A decadência dos maias". *El Diario de Yucatán*, 18 out.	A decadência. Esse objeto discursivo institui uma imagem dos povos originários no tempo presente. É um lugar comum que, no México, concilia o reconhecimento da cultura antiga e a humilhação atual.
"As práticas paternalistas impedem que os maias pensem e ajam por si mesmos". *El Diario de Yucatán*, 2 ago.	Na escala racista, colocar um povo na posição imaginária de "carecer de pensamento" significa situá-lo na fronteira da animalidade.
"Mulher indígena se enforcou. Saiu pela 'porta falsa' por problemas conjugais. Não foi possível comunicar ao esposo já que estava embrutecido pelo *tesgüino* (fermentado de milho)". *El Heraldo de Chihuahua*, 11 jun.	O estigma da "embriaguez indígena" reforça essa imagem de brutalidade, decadência, irracionalidade, condição infra-humana.
"*Cafre* (negro) atropela e mata bêbado indígena. Automobilista atropelou e matou um homem com traços indígenas, que até ontem não havia sido identificado". *O Heraldo de Chihuahua*, 4 jun.	Não é necessário identificar a vítima. No imaginário racista, os traços físicos autenticam sua verdade: "bêbado indígena". Os códigos compartilhados entre o emissor e o receptor do discurso operam sutilmente. Mas a atribuição de algo exclusivo ao indígena é descoberta por

meio de uma transposição que causaria uma *não aceitação do discurso* no leitor do jornal: "*Cafre* atropela e mata bêbado branco".

"Mais de cem famílias tarahumaras ainda pedem *kórima* (esmolas) em cruzeiros. Chegam a juntar por dia até $500 que entregam ao pai para se embebedar: CET". *El Heraldo de Chihuahua*, 4 ago.	Esse estigma do discurso racista propaga seus efeitos ao coletivo familiar. Esposas e filhos são colocados imaginariamente na posição de cúmplices, e não de vítimas do alcoolismo. No exemplo, ainda, o discurso racista opera outra mudança de posições. A Coordenadora Estatal da Tarahumara (CET), organismo da política indigenista governamental, assume o papel de denunciante, e não de defensor.
"Indígenas presos acreditam que receberão penas menos duras, pelo fato de pertencerem a uma raça étnica". *El Heraldo de Chihuahua*, 25 out.	Através dessas mudanças de significados, o discurso racista institui outro tipo de relações de poder – não discursivas – como a aplicação da força. No exemplo, o discurso advoga por endurecer o castigo aos presos de uma "raça étnica". Atualmente, no México, se difunde a ideia de que os povos originários pretendem ter "privilégios especiais" (autonomia). É uma alegação contra a resistência indígena, mas é coerente também com o discurso da "transição" neoliberal: fim do populismo, fim do paternalismo, fim do indigenismo.
"Os narcotraficantes viciam os indígenas". *El Heraldo de Chihuahua*, 26 jul. "Maioria de indígenas detidos por delitos contra a saúde". *Novedades de Quintana Roo,* 1º out. "A Tarahumara, a um paso de tomar as armas. Narcotraficantes estão armando as pessoas, adverte um bispo". *El Diario de Yucatán,* 2 ago.	O tema do narcotráfico reforça essas operações do discurso racista, atualizando-as: a formação imaginária do vício e da brutalidade indígenas, a delinquência e o castigo. Intensifica também a sensação de perigo iminente ("a um passo de tomar as armas") e a urgência de aplicar a força do Estado. Por vezes, o discurso histórico da imprensa pode invocar imagens do racismo anterior. Essas formações discursivas operam

"Representantes de apaches chegaram à capital; assinarão reconciliação após 12 décadas das depredações". *El Heraldo de Chihuahua*, 14 out. "Encontro apache: nem perdão nem assinatura de nenhum tratado de paz" "Apaches: a tribo indomável de Chihuahua"	no contexto presente, funcionam como memória do racismo para orientar a ação. Depredadores, tribos indomáveis: nem perdão nem paz.
"Manipulação política a indígenas. Grupos acarretados ignoram para que os trouxeram". *El Heraldo de Chihuahua*, 24 out.	Nas relações de poder, o discurso da "carência de pensamento próprio" também adota formulações explicitamente políticas: o ignorante é manipulado, carece de política própria.
"Governo desconhece situação de fome em comunidades serranas". *El Heraldo de Chihuahua*, 8 nov. "Ainda não é grave problema de desnutrição: padre Verplanken". 14 out.	Tal negação dos povos indígenas – negação de sua cultura, seu pensamento, sua política – no racismo é também uma negação da própria vida: se se desconhece a fome, o problema não é grave.
"Pobres índios... Eles sim estão em uma situação desvantajosa". *El Heraldo de Chihuahua*, 15 nov.	"Pobres índios". Este objeto condensa a formação imaginária do discurso racista no México: inferioridade *vs.* superioridade. Transforma também a dominação atroz em imagem piedosa.

Fonte: Jornais do segundo semestre do ano 2000.

Com essas imagens racistas de indígena, observamos que a representação cumpre diferentes funções:

- É um *mecanismo de enquadramento*, na medida em que fixa quais sujeitos ver e o que ver neles: crianças que *só* esperam sair da escola primária para trabalhar com o narcotráfico, por exemplo.
- É um *mecanismo de colocação*: ilegalidade, inferioridade, imoralidade, posição armada etc.
- A representação gera inferências: castigar, controlar, educar, retirar a custódia dos filhos. Como tal, também é um *mecanismo para orientar a ação do poder* e, em outro plano, a ação do leitor: aceitar, respaldar, legitimar as imagens e ações contidas nas proposições.

Considerando de um modo geral a mudança do abstrato ao concreto, a construção dessas imagens é um mecanismo para produzir *evidências*, objetivações, transformações do "índio" em objetos mais tangíveis para o exercício do poder. Por exemplo:

> Diante da evidência de que muitos tarahumaras trabalham em atividades relacionadas com o narcotráfico na zona serrana, o Governo do Estado, o Exército e a Procuradoria Geral da República elaborarão programas de ação.[20]

O sujeito indígena genérico, por meio dessas representações, é transformado em objeto de uma ação ou programa de ações punitivas e de controle; ele se torna um sujeito-objeto, isto é, um sujeito submetido às ações de poder. A *submissão* é a função principal de tais mecanismos e é através dela que se constituem relações de dominação. Os poderes se potencializam por meio de imagens e encadeamentos sucessivos junto com a exploração e o exercício da violência, e não só com mecanismos semiótico-discursivos.

As diferenças entre as representações estão associadas à história das relações interétnicas em cada região, mas parece haver um núcleo que tende a difundir em maior ou menor grau imagens de pobreza, violência e criminalidade, dependência de drogas, religiosidade, passado glorioso; os novos signos de um racismo fixam estereótipos que reproduzem desigualdades.

Há práticas emergentes de racismo no México que operam sobre os migrantes. De acordo com *El Heraldo de Chihuahua*,

> a comunidade rarámuri dessa cidade ganhou mais um território com a Plaza del Voceador... E não o conseguiu em batalha em campo aberto, mas..., graças a um discreto assédio que levou os jovens a plantar o sapato, a bota e o *huarache* (tipo de sandália) em um dos domínios do *chabochi* (o branco).

Nos meios existe uma campanha contra a presença de famílias indígenas nas ruas da cidade. Em vários lugares da fronteira com os Estados Unidos, leis para condená-las criminalmente foram promulgadas. Através do discurso, a família indígena é colocada em uma posição imaginária de imoralidade, com o objetivo de expulsá-la da rua e recolocá-la em "lugares adequados": prisão, centros de readaptação, cursos de capacitação e oficinas a cargo de casas piedosas.

Não é estranho, pois, que o discurso racista contemporâneo evoque o satanismo para acabar com a "guerra contra os ilegais" e a "guerra contra o narcotráfico". Recentemente, o jornal *El Universal* publicou da seguinte maneira a notícia de que os trabalhadores migrantes assassinados na fronteira com a Guatemala são mais numerosos que os assassinados na fronteira com os Estados Unidos: "No submundo da migração clandestina agem grupos dos chamados *narcossatânicos*, que proliferam ao amparo do isolamento administrativo e cultural nos bairros das cidades fronteiriças onde essas pessoas se mobilizam."

No discurso racista, a presença do diabo manifesta uma vontade de matar e justificar, isto é, de fazer com que o massacre apareça como ação "justa", tal como ocorre desde os primeiros anos do colonialismo do poder. Atualmente esse discurso é relacionado com os assassinatos de mulheres em Ciudad Juárez, fronteira com os Estados Unidos, e com os assassinatos de imigrantes centro-americanos no Chiapas. Além da idade, há outros denominadores comuns, como o fato de que a maioria é morena e, principalmente, são moças pobres.

Estudiosos também revelam como nos editoriais de jornais nacionais se recorre a múltiplas estratégias discursivas para dar continuidade à dominação através da ideologia racista:

> Quem organizou e equipou os indígenas chiapanecos que se atreveram a declarar guerra ao governo do México? Pode ter sido a esquerda nacional, ou a esquerda internacional, mas também pode ter sido feita por algum grupo narcotraficante, ou inclusive alguma seita evangélica, ou um fanático católico admirador de José León Toral, talvez até mesmo o neopanismo radical, ou os seguidores de Roos Perot, e igualmente pode ter sido obra de algum setor desleal do governo interessado em influenciar de maneira cruel o processo da sucessão presidencial (*Reforma*, 3 jan. 1994).

> Os rebeldes de Chiapas *não são,* claro que não, delinquentes. São seres humanos pobres, que tiveram a infelicidade de nascer em comunidades marginalizadas em uma entidade atrasada, injusta, que *não passou* pela revolução de 1910: a situação dos indígenas chiapanecos se *não é* tão ruim como era há 80 anos, certamente não melhorou de forma notável desde então (*Reforma*, 3 jan. 1994).[21]

Inventar um inimigo externo foi um recurso histórico do poder que deslegitima a luta dos povos indígenas e nega seu protagonismo e condição de sujeito e, consequentemente, as causas profundas do conflito socioétnico. A correlação de luta e resistência dos *rebeldes* com a delinquência nega implicitamente sua legitimidade. Além disso, a atualização em presente do indicativo do verbo expressa um estado de existência que não está a serviço de uma ordem cronológica, mas de uma série de efeitos que procuram persuadir os leitores para que aceitem o fato de que certas condições – como a pobreza – são inerentes aos membros das comunidades indígenas (Sepúlveda, 2005: 92-3).

DISCURSOS RACISTAS NA POLÍTICA

O discurso político no contexto do debate sobre direitos indígenas também exibe o racismo em relação aos mesmos. Estes tempos são memoráveis para sua luta e para os processos democráticos. É um tempo de rebelião e troca de discursos, políticas e relações étnico-nacionais racistas, em pleno auge das novas formas de exclusão neoliberal. A insurreição zapatista é anunciada com o estrondoso derrubamento de um símbolo colonial[22] e "protetor dos índios" e amanhece com a tomada da cidade de San Cristóbal Las Casas por um exército *sui generis* que surpreendeu o mundo por sua organização e por ignorar o que considera como "governo ilegítimo". Depois de cruéis combates, o EZLN abre um campo de batalha inédito, o da palavra, sua principal arma de luta. Efetivamente, essa rebelião dos maias zapatistas foi "uma rebelião contra a ordem discursiva dominante no âmbito sociopolítico do México", "uma insurreição da palavra" (De la Peña, 2004). Essa insurreição suscitou imediatamente declarações preconceituosas de funcionários: um exército tão "organizado" e uma tomada simultânea de quatro cidades não podia ser obra de indígenas, por trás deviam estar mestiços ou ladinos. Esse discurso é recorrente na História: a organização das resistências se atribui aos "de fora", e, quando se trata de rebelião de indígenas, a exteriorização da liderança é contundente. Na luta zapatista, a direção recai no subcomandante Marcos, negando o protagonismo dos maias do Chiapas.

O discurso zapatista incide inevitavelmente no discurso do poder e na *consciência nacional*. Seu caráter inclusivo expresso em "um México onde caibamos todos" alenta uma crescente mobilização e organização indígenas e consegue convocar a "sociedade civil", que intempestivamente se opõe à guerra e empreende o caminho do acompanhamento solidário com as comunidades zapatistas. O virtual *descobrimento* e *conhecimento* do Outro interno pela opinião pública e o apoio de diferentes setores da sociedade mexicana contribuem à paulatina desarticulação e perda de hegemonia *dos discursos da igualdade* que pretenderam ocultar por mais de um século um racismo assimilacionista. Se o *discurso da diferença* começa a ser apropriado pelas instituições indigenistas desde o final dos anos 1970, é no marco do *encontro de dois mundos,* eufemismo da conquista da América, quando se inicia a polêmica no Congresso da União sobre direitos indígenas.

Em 1990 os deputados aprovaram a reforma do artigo 4 da Constituição reconhecendo "que a nação mexicana tem uma composição pluricultural sustentada em seus povos indígenas" e que a "lei protegerá e promoverá o desenvolvimento de suas línguas, culturas, usos, costumes, recursos e formas específicas de organização social [...]".[23] A reforma enfrentou a indiferença da maioria dos legisladores sobre o futuro dos povos indígenas. O Partido de Ação Nacional introduziu uma moção suspensiva do ditame – que não procedeu – e um texto que não reconhecia o caráter multiétnico e pluricultural da nação, porque fazê-lo significava estabelecer uma "prática discriminatória" sobre a base de diferenças étnicas ou raciais: "Não podemos impedir – dizia um dos deputados – que as comunidades indígenas continuem o longo processo histórico em direção à mestiçagem, criando reservas artificiais que as mantenham isoladas do restante dos mexicanos [...]".[24] Esse discurso que se desloca entre a dissolução e a segregação, que não consegue conceber os direitos coletivos dos povos indígenas, é muito representativo em amplos setores da sociedade mexicana.

Paradoxalmente, em 1992 é reformado o artigo 27, que abre ao mercado as terras comuns dos povos, antes inalienáveis, não embargáveis e imprescritíveis, e no final de 1993 o governo de Carlos Salinas assina o Tratado de Livre Comércio, precipitando o levante zapatista.

O discurso do poder sobre os povos indígenas perde legitimidade. Nunca antes na História, sua hegemonia fora mais disputada, e a nova relação de forças ocasiona o surgimento de um novo sujeito político com voz e organização sociopolítica próprias. A cara oculta dos zapatistas descobre a realidade dos índios no Chiapas e de todo o território nacional; seu discurso revela a profundidade histórica de suas culturas e sua capacidade de mobilizar politicamente a população sob uma lógica diferente da do poder dominante e da concepção "mestiçocrática" de *fazer a nação.* A lógica do zapatismo promove a conformação de uma comunidade nacional inclusiva, oposta ao princípio da igualdade formal, que depois de mais de um século não conseguiu superar as desigualdades sociais fáticas e a subordinação das culturas étnicas, ocultando em sua retórica a desvalorização dos Outros.

Apesar do racismo histórico dirigido aos povos indígenas, o Estado mexicano é forçado a negociar e assinar os Acordos de San Andrés (1996), que reconhecem direitos coletivos e autonomias, criando condições estruturais para transformar as relações assimétricas. As organizações indígenas conseguem representatividade em fóruns nacionais e regionais e nas mesas de trabalho e cultura indígenas, quando o EZLN e o movimento indígena, com o concurso da sociedade civil e forças democráticas, definem os alcances das autonomias e os limites da negociação com o Estado.

Interrompida essa negociação entre Estado e EZLN no transcorrer desses anos, o poder dominante se apropria do discurso da diferença e acaba vulgarizando-o, enquanto a ação institucional prossegue suas políticas homogeneizadoras, apoia as corporações transnacionais, o Plan Puebla Panamá, as reformas constitucionais efetuadas que mutilam os direitos indígenas pactuados em San Andrés, deixando de cumprir também a Convenção 169 de Organização Internacional do Trabalho, assinada pelo governo mexicano. Durante esse período, a mobilização e reafirmação identitária dos povos indígenas enfrentam um discurso racista mais aberto em espaços públicos e meios de comunicação, e mais inclusivo em meios acadêmicos.

Enquanto se realizava a *Consulta Nacional por el Reconocimiento de los Derechos de los Pueblos Indios y por el Fin de la Guerra de Exterminio*, organizada pelo EZLN e pela sociedade civil em 1999, foi suspensa uma sessão de parlamentares em estados do Norte e Centro para não receber os delegados zapatistas; houve dispersão de forças policiais e militares para impedir seu acesso a municípios; meios de comunicação em Guanajuato e Oaxaca se negaram a abrir seus espaços aos comunicados zapatistas (*La Jornada*, 17 mar. 1999: 7). Esses acontecimentos constituem uma evidência contundente de como discursos e práticas racistas e antirracistas se reavivam em tempos de rebelião.

Com o levante zapatista, *a questão étnica* passa a fazer parte da agenda nacional e de espaços inéditos de interlocução, como as negociações entre Estado e povos indígenas. Não obstante, o caminho seguido pelo presidente

Vicente Fox faz com que as negociações retrocedam, negando-se a reconhecer de fato a *cidadania étnica*.

Como parte dessa estratégia seguida pelo Estado e pelas elites regionais para evitar reformas profundas em matéria de direitos e cultura indígena à Carta Constitucional e conter o avanço da própria unidade do movimento indígena, difunde-se o argumento entre os parlamentares de que as realidades étnicas são diferentes nos estados, implicando que os direitos indígenas deviam ser acordados nos Congressos locais[25] para uma adequação de suas constituições.

Desde a década de 1980, o reconhecimento constitucional dos povos é o centro de confronto entre discursos racistas e antirracistas nos espaços do poder. O Poder Legislativo é o cenário em que convergem os discursos dominantes e se legitimam as políticas do Estado. A questão étnica nunca foi um assunto prioritário no Congresso da União e nos Congressos dos estados, com exceção de conjunturas[26] em que fosse iminente desocupar o caminho da expansão capitalista e *consolidar* a nação mexicana: a guerra de castas em Yucatán e a tolerância religiosa em meados do século XIX, a criação de instituições indigenistas depois da Revolução de 1910, o reconhecimento do caráter multiétnico e pluricultural da nação em 1992. A aprovação de uma reforma que reduz o que foi pactuado em San Andrés põe fim ao debate legislativo sobre direitos indígenas no atual período. Os discursos parlamentares não cessarão de fixar no imaginário social uma figura de indígena como *obstáculo* ao progresso e ameaça para as elites brancas, crioulas e mestiças.

A ausência dos indígenas no debate parlamentar, o limitado tratamento de seus problemas e a natureza das iniciativas de lei aprovadas expressam a indiferença, o menosprezo e a rejeição etnocêntricos e racistas dos discursos liberais e positivistas influenciados por teorias racistas e os surgidos com a ascensão do nacionalismo revolucionário, neoliberal e multiculturalista do século XIX.

Não obstante, o discurso zapatista aprofunda a luta pelos direitos indígenas. A *voz dos sem-voz* se escuta e tem ressonância em múltiplos espaços, particularmente no diálogo sustentado entre governo, EZLN e movimento indígena que culmina com a assinatura dos Acordos de San Andrés. Com o reconhecimento das autonomias dos povos indígenas consignadas nesses

Acordos, estabelecer-se-ia um virtual "pacto de recomposição" da nação e o fim da política tutelar.

A Comissão de Concórdia e Pacificação (COCOPA), nomeada pelo Congresso da União, prepara uma iniciativa de lei, resultado do consenso entre os representantes das diferentes forças políticas, e mantém o espírito dos Acordos. Entretanto, a passeata percorre o amplo território nacional até ocupar a tribuna do Congresso em março de 2001 para convocar os deputados a serem dignos representantes do povo, cumprir suas promessas e votar a favor dos direitos dos indígenas. Apesar de todos os esforços, os numerosos deputados se opuseram a sua presença e não foram a essa sessão de extraordinário valor simbólico na qual tomaram a palavra representantes do EZLN e do CNI.

Não foram escutadas as vozes e valorizadas as múltiplas manifestações, discursos e passeatas de representantes de organizações indígenas e amplos setores da sociedade civil que se pronunciaram a favor do reconhecimento de suas autonomias. O Executivo manda ao Senado a lei COCOPA sem apoiá-la realmente. Os senadores elaboram uma nova iniciativa de lei que contravém o espírito dos Acordos: substituem-se conceitos como "território" por "lugar" e "povo" por "comunidade", o que reduz competências e a capacidade jurídica das autonomias, a possibilidade de adquirir, operar e administrar meios de comunicação; desconhecem-se as *comunidades* como entidades de direito público; em suma, a nova iniciativa de lei nega a autonomia e restabelece a custódia do Estado.[27]

A iniciativa do Senado aprova-se depois que os zapatistas, em memorável sessão no recinto da Câmara, solicitaram respeitosamente aos deputados "vislumbrar a hora vindoura", a "nossa hora, a dos indígenas zapatistas".[28] O passo seguinte foi a apresentação diante da Suprema Corte de mais de trezentas controvérsias constitucionais interpostas por autoridades comunais e municipais que são rejeitadas sob o argumento de que este não é assunto de sua competência. Os três poderes da União rompem a negociação entre o Estado mexicano e o EZLN e optam pela continuação do conflito étnico nacional entre Estado e povos indígenas.

Durante a votação dessa iniciativa de lei se pronunciam discursos paternalistas[29] e ambivalentes nos Congressos locais. Por exemplo, na sessão ordinária na Câmara de Deputados de Chiapas, um deputado da

Ação Nacional argumenta que seu partido não está "contra nossos irmãos", exorta a aprovação da lei "para que os indígenas tenham esse tratamento que diríamos preferencial". E então expressa "que esse direito é consagrado perfeitamente pela constituição", depois se refere ao "direito de serem tratados igualmente perante a lei". A seguir adverte "que a globalização e a falta de cultura são inevitáveis", como se observa em San Cristóbal de Las Casas, onde:

> os irmãos indígenas passaram a defender seus usos e costumes e a pureza de suas etnias [...] penteados modernamente, com celulares, com relógios extravagantes e vestidos com jeans e camisa e pergunta "com que autoridade moral esses líderes podiam passar a defender os usos e costumes indígenas?". Finalmente, conclama a "resgatar os marginalizados da pobreza" e assinala que "as leis devem nos igualar [...]".[30]

A suposta luta do Partido da Ação Nacional (PAN) pela igualdade de todos os mexicanos é argumento de probidade a favor dos indígenas e expressão da vigência de uma concepção do século XIX da nação. O deputado não distingue a diferença entre direitos coletivos e individuais. Seu discurso prova que *a igualdade na diferença* é ainda uma aspiração não assumida pelos dominantes, a crítica aos líderes indígenas por causa do seu biculturalismo fundamenta-se em estereótipos e essencialismos próprios de um pensamento diferencialista, contraditório com a igualdade de todos pela qual supostamente esse partido lutou.

O discurso dos deputados do Partido Revolucionário Institucional é heterogêneo e busca legitimidade, opondo-se à iniciativa do Senado. Os deputados pronunciam seus discursos com diferentes argumentos, aprovando e desaprovando a iniciativa de lei, supostamente por não recolher as propostas dos Acordos, porque nos fóruns de consulta realizados em comunidades "fomos encontrando a rejeição do projeto de lei de direito e cultura indígena".[31] Houve deputados que votaram contra a aprovação dessas reformas e propuseram retomar a lei indígena de Oaxaca e definir os alcances das autonomias,[32] preocupação central dos partidos no poder. Desde a oposição de esquerda nos congressos locais houve quem pôde reconhecer que "triunfou a visão racista de continuar observando os indígenas como objeto e não como sujeitos públicos da nação", cancelando o caminho da negociação.[33]

No espaço universitário, oitenta estudantes da Faculdade de Direito em San Cristóbal de Las Casas, em Chiapas, respondem com discursos socialmente difundidos à pergunta: "você está de acordo com a autonomia dos indígenas?". Dos que estavam de acordo, 56,3% argumentaram o seguinte:

porque dessa maneira se evitam conflitos, porque não existe razão para não deixar eles se organizarem, é um direito à justiça e à liberdade, se preserva sua cultura e nossa identidade, significaria o desaparecimento da discriminação, porque tem que existir o direito à diferença, assim deve ser, seria bom, eles merecem, têm capacidade.

(Dados da pesquisa em processo de análise)

Já 36,3 % dos que não estavam de acordo com a autonomia apontaram:

porque todos somos iguais, a lei não considera assim, não têm capacidade para se autogovernar, ameaça a unidade e soberania do Estado, porque podem surgir outros tipos de poderes, porque gera desigualdade e marginalização.

(Dados da pesquisa em processo de análise)

Essa argumentação denota a inegável influência do levante zapatista e o debate no Congresso difundido pelos meios, predominando o discurso da diferença como um direito em disputa com o discurso da igualdade, a negação de suas capacidades e o fantasma da segmentação da nação e sua consequente desintegração.

Entre a lei e o costume há uma distância ideológica e política que atrasa a realização de limitadas reformas. O governo federal e os governos estatais não adotaram ações derivadas dessas controversas reformas acordadas nos Congressos. Os parlamentares não escutaram a voz dos indígenas, seus representados, nem a voz de setores da sociedade civil; seus discursos foram etnocêntricos e racistas e se negaram a reconhecer os direitos à autonomia dos povos indígenas.

Enquanto isso, a histórica instituição indigenista desaparece devido à rebeldia dos povos indígenas e à mudança de um Estado social *benfeitor* para um Estado benfeitor das multinacionais. Uma vez perdida toda a legitimidade por causa da ação tutelar do Estado ao longo de mais de meio século, a sua estrutura foi desmantelada, porque o Estado deixou de se ocupar com os povos indígenas como tinha anunciado nos anos 1980 com um discurso promissor e conjuntural para legitimar a instituição indigenista. Em vez de destinar os recursos aos povos indígenas, o Estado formou a *Comissão Nacional para o Desenvolvimento dos Povos Indígenas*, diretamente vinculada ao Executivo, sem que sua composição e representatividade étnica fosse garantida como antes. Com sua criação, não se cumpre o compromisso do presidente Vicente Fox de que "o governo federal reconhece os povos indígenas como interlocutores e corresponsáveis na tomada de decisões para solucionar os problemas que os afetam".

O zapatismo contribui para renovar os discursos étnicos e formas de luta social e política e para difundir valores éticos para o *bom governo*, com ressonância entre diferentes setores e organizações sociais e partidos políticos, ainda que só sirva para atualizar sua própria legitimidade, fortalecer discursos antirracistas e a comunicação intercultural. O Estado não só se negou a cumprir os Acordos de San Andrés como também sustentou uma política de militarização das regiões indígenas, em particular no Chiapas, onde também implementou ações com grupos paramilitares para fustigar e tratar de dividir as comunidades zapatistas. A militarização origina uma maior violação dos direitos humanos, culturais, liberdades individuais como o livre trânsito, vulnerabiliza os processos produtivos das comunidades, torna complexa a luta pela terra (Onésimo Hidalgo Domínguez, 2005).

Após mais de 12 anos do levante zapatista e 10 da assinatura dos Acordos de San Andrés, a situação dos povos indígenas está marcada pela dominação e a violência do Estado que se nega a transitar rumo a uma democracia para todos os mexicanos. O governo mexicano não cumpre compromissos adquiridos ao assinar instrumentos internacionais fundamentais em matéria de direitos indígenas, os Acordos de San Andrés e a Lei Federal para Prevenir e Eliminar a Discriminação promulgada recentemente. Com relação a isso, o Observatório Cidadão dos Direitos dos Povos Indígenas informa que nesses anos visitaram o México 14 especialistas internacionais (da Organização das Nações Unidas e da Organização dos Estados Americanos), que fizeram mais de quatrocentas recomendações, enquanto o relator especial da Situação dos Direitos Humanos e as Liberdades Fundamentais dos Indígenas, em seu último relatório, inclui 42 recomendações ao governo mexicano e solicita no parágrafo 64

> [...] reabrir o debate sobre a reforma Constitucional em matéria indígena com o objetivo de estabelecer claramente todos os direitos fundamentais dos povos indígenas, de acordo com a legislação internacional vigente e com os princípios assinados nos Acordos de San Andrés Larráinzar (apud Stavenhagen, 2002).

O primeiro relatório do Observatório da Conflitividade Social[34] registra, no primeiro semestre de 2006, 462 casos de conflitos sociais dos quais os atores sociais são indígenas. A ideologia racista e o nível de conflito social manifestam-se na denúncia da política de exclusão, despojo e violação dos direitos humanos realizada durante o IV Congresso Nacional Indígena, que reuniu representantes de 31 povos indígenas originários de 25 estados da República. Em sua declaração final, os delegados exigem a retirada da força pública da comunidade de San Salvador Atenco, estado do México, e de "todas as outras regiões do país onde se mantém o controle militar e da polícia para fustigar e amedrontar todos os povos e comunidades que lutam pela defesa de seu território e suas formas de vida". Expressam a rejeição por:

> todas as leis com as quais o Estado pretende despojar-nos, legitimar a entrega do país e impor controles que restringem a ação de povos e comunidades e dão facilidades às empresas multinacionais para devastar e apoderar-se da riqueza material e espiritual de nossos povos e de todos os mexicanos.[35]

Esses representantes ratificam a VI Declaração da Floresta Lacandona e a Outra Campanha[36] como "um espaço de articulação das lutas indígenas com os outros setores que se mantêm em resistência contra o modelo neoliberal e sua política de extermínio" e faz um apelo

> a todos os povos, comunidades e organizações indígenas e a todos os setores oprimidos a conformar uma frente ampla anticapitalista que impulsione um processo que conduza a uma Nova Constituição e outra forma de governo que permita o reconhecimento de nossos direitos e uma sociedade justa, livre e democrática.

Essa Declaração do CNI é expressão de sua consciência étnica e nacional, da vontade de fortalecer suas autonomias e alianças entre as organizações indígenas e não indígenas que lutam para constituir uma *nação na qual caibamos todos*. É a força antirracista com maior legitimidade que identifica em seu próprio discurso as práticas de exclusão sustentadas na ideologia racista.

CONCLUSÃO

Neste texto, analisamos o racismo em relação aos indígenas ao longo de mais de quinhentos anos, identificando outros sujeitos racializados. O estado da questão relaciona-se com seu recente reconhecimento como objeto de estudo desde o levante maia zapatista. Entre os estudos sobre o racismo no México que precedem esse histórico acontecimento, encontramos aqueles relacionados com seu caráter colonial, as relações interétnicas marcadas pelo etnocentrismo e formas racistas entre indígenas e não indígenas em regiões étnicas do Sudeste mexicano. Trabalhos recentes abordam suas particularidades a partir do processo de formação da nação, imagens e representações produzidas pelos dominantes e mobilizadas por diversos atores em variados espaços e campos da vida social, o racismo como forma de codificação das relações de poder e de dominação, a discriminação no mercado de trabalho e na escola e em relação aos migrantes nas cidades, em movimentos que desenvolvem um tipo de nacionalismo cultural e representações pictóricas. Pesquisas em andamento penetram no racismo expresso na imprensa e na experiência racista em razão da cor no cotidiano dos indígenas.

O estudo do racismo no México demonstra que este pode ser tanto aberto como velado, dependendo do contexto histórico e da natureza das relações específicas e do grau de visibilidade e organização política dos indígenas. Nesse sentido, o racismo manifesta-se em todas as suas *formas elementares* e em diferentes níveis, até alcançar a violência física e simbólica e a eliminação seletiva do Outro segundo o contexto regional, constituindo um potencial de conflito social, com diversas estratégias de ocultação pelo poder, instituições e mecanismos de reprodução que perpetuam a dominação. Também se caracteriza por expressar-se em diferentes espaços de relações, intervindo em sua produção, reprodução e mudança de atores de diversas procedências. A negação do racismo e sua trivialização, ou inversão do mesmo em conjunturas nas quais os indígenas se tornam mais visíveis politicamente e defendem seus direitos, constituem uma prática histórica e recorrente do poder dominante. Também se observa que as ideologias subjacentes no racismo são variadas, mas alcançam a hegemonia no liberalismo, na mestiçagem, no desenvolvimentismo e, mais recentemente, no multiculturalismo. As estratégias discursivas de representação racista comparecem em múltiplas imagens em espaços privados e públicos. O racismo encontra-se invariavelmente vinculado a outras formas de rejeição da diferença, motivo pelo qual se torna relevante distinguir os mecanismos de exclusão e seus objetivos específicos.

Constata-se que as relações interétnicas estão marcadas por essa ideologia implicando vários atores, mas o Estado mantém um vínculo direto ou indireto com o racismo em qualquer de suas formas e de seus níveis. O racismo muda no tempo segundo os espaços de relações e modalidades do capitalismo. No neoliberalismo, ele é excludente e instrumentaliza-se no multiculturalismo e no discurso da diferença para legitimar a exclusão econômica, política e cultural.

Por outro lado, o antirracismo também se aprofunda em diferentes discursos e formas de resistência e luta pelos sujeitos racializados e excluídos e expressa-se em ações de solidariedade e fraternidade, percebendo-se, ao mesmo tempo, uma mudança na dinâmica das relações socioétnicas e um caminho que se constrói em direção à interculturalidade.

(Tradução: Fernanda Deah Chichorro, professora do Centro de Línguas da UFPR)

NOTAS

[1] "Mesoamérica" refere-se à região em que se desenvolvem as altas culturas pré-hispânicas identificadas por um complexo cultural comum.

[2] Termo pejorativo que designa o habitante da cidade do México.

[3] Direção de Atenção aos Povos Indígenas do Governo do Distrito Federal, Situación de pueblos indígenas originarios y poblaciones indígenas radicadas en el Distrito Federal: elementos para un diagnóstico, 2001.

[4] Idem.

[5] Joaquín Barragán Sánchez, Racismo en el lugar de trabajo: obreros indígenas en la industria de la construcción, e Elías Contreras Arroyo, Los indígenas en la industria de la construcción: el caso de la ciudad de México, em Castellanos Guerrero, 2004.

[6] Departamento de Investigação Básica para a Ação Indigenista do INI, Tendencias migratorias de la población indígena en México, México, 1997.

[7] Leticia Trejo, El Tiempo de las maquiladoras: condiciones laborales y discriminación hacia las obreras mayas, em Castellanos Guerrero, 2004.

[8] Atas constitucionais mexicanas (1821-1824), v. 3, p. 62 (15 jun. 1822), em Ferrer e López, 1998: 414.

[9] Diário dos Debates, 13ª Legislatura Constitucional da União, v. 3, em Cárdenas Batel e Oloarte Ambrosio, 2001.

[10] Documentos vários da época, em Reyna, 1998.

[11] Ver os números 60 e 61 da Revista Ciencias, México, Unam, 2000 e 2001.

[12] Las criminales hazañas de los zapatistas, *Nueva Era*, 14 abr. 1912.

[13] Denominação das pessoas comuns do povo mexicano.

[14] Ver Erika Casillas, No me gustan los indios, em Castellanos Guerrero, 2004.

[15] Reprueban intelectuales visión histórica de la SEP. Poniatowska y Florescano exigen detener planes oficiales, em La Jornada, México, 18 jun. 2004.

[16] Ver Guy Rozat Dupeyron, Chamada ao Primeiro Seminário de Historiografia de Xalapa, Veracruz, México, 2004.

[17] Entrevista com mestiça de oito anos, em Casillas, op. cit.

[18] Ángel Zarco, "Cuando llegué a la escuela, nunca les dije que era de un pueblo", em Castellanos Guerrero, 2004.

[19] Resultados de pesquisas realizadas em sete cidades e três regiões étnicas no marco de trabalhos docentes de campo na UAM-I.

[20] "Empregarão os tarahumares para afastá-los das semeaduras narco. Ajuda para que se superem economicamente", El Heraldo de Chihuahua, 12 jul. 2000.

[21] Sepúlveda, 2005, pp. 92-3.

[22] Em 1992, em San Cristóbal de Las Casas, a estátua de Diego de Masariegos foi derrubada pelos que depois seriam conhecidos como zapatistas.

[23] Iniciativa de Lei sobre os Direitos dos Povos Indígenas, Lei Regulamentar do artigo 4 e do § 2º da fração VII do artigo 27 da Constituição.

[24] Voto particular apresentado pelo deputado Bernardo Batís Vázquez, do Partido da Ação Nacional, 1990.

[25] Em Chihuahua, o Congresso faz reformas à lei e reconhece em 1992 direitos culturais. O governador Albores Guillén apresentou no Congresso do estado chiapaneco uma iniciativa de lei que contravinha à de San Andrés. Em Yucatán, a maioria dos congressistas da legislatura no ano 2000 recusava-se a debater o tema, argumentando que no estado não existia uma problemática étnica dada a homogeneidade cultural que lhe outorga a etnia maia. No vizinho estado de Quintana Roo, com predomínio maia, o Congresso discute a regulamentação da reforma ao IV Constitucional e publica em 1997 o Decreto n. 79, Lei indígena de justiça indígena do estado de Quintana Roo. A Assembleia de Representantes da cidade do México aprova nesses anos uma lei contra a discriminação.

[26] Ver o debate sobre a tolerância religiosa em F. Zarco, Historia del congreso extraordinario constituyente de 1856 y 1857, tomo 2, 1, 4/VIII/, 1856, em Cárdenas Batel e Oloarte Ambrosio, 2001, pp. 192-9.

[27] Ver Lei sobre os Direitos as Indígena aprovada em 2001.

[28] Comandante Esther do Exército Zapatista de Liberação Nacional no Congresso da União, em Gutiérrez González, 2001, p. 522.

[29] Concordamos com Van Dijk quando este afirma que o paternalismo na América Latina tem um caráter racista.

[30] Intervenção do deputado Augusto Orantes Ruiz, do Partido da Ação Nacional, na discussão do ditame que apresenta as Comissões Unidas de Governança e pontos constitucionais e de indigenismo. Câmara de Deputados, Tuxtla Gutiérrez, Chiapas, 28 jun. 2001, pp. 17-9, manuscrito.

[31] Deputado Antonio Díaz López, Câmara de Deputados, Tuxtla Gutiérrez, Chiapas, 28 jun. 2001, pp. 25-6 (manuscrito).

[32] Deputado Ramiro Miceli Maza, Câmara de Deputados, Tuxtla Gutiérrez, Chiapas, 28 jun. 2001, pp. 31 (manuscrito).

[33] Deputado José Juan Ulloa Pérez do PRD, Câmara de Deputados, Tuxtla Gutiérrez, Chiapas, 28 jun. 2001, pp. 12 (manuscrito).

[34] Esse relatório é escrito por Servicios y Asesoría para la Paz.

[35] Declaração do Congresso Nacional Indígena, 2006.

[36] A VI e a Outra Campanha constituem duas iniciativas fundamentais do EZLN para entender os alcances e as limitações dos processos autonômicos zapatistas.

BIBLIOGRAFIA

ACADEMIA DE DERECHOS HUMANOS. *Informe del Observatorio Ciudadano*. México, 2005.

AGUIRRE BELTRÁN, Gonzalo. *La población negra de México*. México: Fondo de Cultura Económica, 1972.

ÁLVAREZ DE TESTA, Lillian. *Mexicanidad y libro de texto gratuito*. México: Universidad Nacional Autónoma, 1992.

ARRIOLA, Aura Marina. *Identidad y racismo en este fin de siglo*. Guatemala: Flacso-Guatemala/ Magna Terra/ Instituto Nacional de Antropología e Historia, 2001.

_____. Tapachula: "la perla del Soconusco". In: *Ciudad estratégica para la redefinición de las fronteras*. Guatemala: FLACSO, 1995.

289

BACA OLAMENDI, Laura et al. *Léxico de la política*. México: Facultad de Ciencias Sociales, UAM-XOCH, 2000.

BÁTIZ VÁZQUEZ, Cámara de Diputados, *Diario de los Debates*, n. 20, p. 26, México, 1990.

BONFIL BATALLA, Guillermo (comp.). *Simbiosis de culturas*. Los inmigrantes y su cultura en México. México: Conaculta/Fondo de Cultura Económica, 1993.

BALIBAR, Etienne; WALLERSTEIN, Immanuel. *Race, Nation, Classe*. Paris: La Découverte, 1988.

VON MENTZ, Brígida et al. *Los empresarios alemanes, el Tercer Reich y la oposición de derecha a Cárdenas*. México: Ciesas, 1988.

CARBÓ, Teresa. *El discurso parlamentario mexicano entre 1920 y 1950:* anexo metodológico. México: Centro de Investigaciones Superiores en Antropología Social, Colegio de México, 1995.

CÁRDENAS BATEL, Lázaro; OLOARTE AMBROSIO, Ana Alicia. *Debate legislativo y pueblos indígenas, México. Catálogo.* México 1821-1824. México, 2000. Tese de Licenciatura, Escuela Nacional de Antropología e Historia

CASTELLANOS GUERRERO, Alicia (coord.). *Imágenes del racismo en México*. México: Universidad Autónoma Metropolitana/Plaza y Valdés Editores, 2003.

_____. *Etnografía del prejuicio y la discriminación*: estudios de caso. México: UAM-I, 2004.

CASTILLO, Gómez Amaranta. *El papel de los estereotipos en las relaciones interétnicas:* mixtecos, mestizos y afromestizos en Pinotepa Nacional, *Oaxaca*. México, 2000. Tese, Escuela Nacional de Antropología e Historia.

CEJAS, Mónica (coord.). *Leer y pensar el racismo*. México: Universidad de Guadalajara, UAM-Xoch, 2004.

CRUZ BARRERA, Nydia E. *Las ciencias del hombre en el México decimonónico*: la expansión del confinamiento. Puebla: Buap, 1999.

CHÁVEZ CARVAJAL, María Guadalupe (coord.). *El rostro colectivo de la nación mexicana*. Encuentros I, Universidad Michoacana de San Nicolás de Hidalgo, Instituto de Investigaciones Históricas, Morelia Michoacán, México, 1997.

DE LA PEÑA, Martínez. La insurrección de las palabras y las muchas voces del zapatismo. *Rebeldía*. México, n. 16, 2004.

DÍAZ-COUDER CABRAL, Ernesto, *Multilinguismo y Estado/Nación en México*. Disponível em <www.uquebec.ca/diverscite>.

_____. La clasificación de las lenguas indígenas. *Revista Ciencias*. México: Unam, n. 60-61, "Racismo", out. 2000/ mar. 2001.

FERRER MUÑOZ, Manuel; LÓPEZ, María Bono. *Pueblos indígenas y estado nacional en México en el siglo XIX*. México: Instituto de Investigaciones Jurídicas, 1998.

GAMIO, Manuel. *Forjando patria*. México: INI, 1978.

GARCÍA TINAJERO, Brenda. Sistema de categorización y prejuicios socioétnicos en la ciudad de Mérida, Yucatán. In: CASTELLANOS GUERRERO, Alicia (coord.). *Imágenes del racismo en México*. México: Universidad Autónoma Metropolitana/Plaza y Valdés Editores, 2003.

GARZA CUARÓN, Beatriz; LASTRA, Yolanda. Lenguas en peligro de extinción en México. In: ROBINS, Robert H.; UHLENBECK, Eugeniu M.; GARZA CUARÓN, Beatriz (eds.). *Lenguas en peligro*. México: Instituto Nacional de Antropología e Historia, 2000.

GOJMAN DE BACKAL, Alicia. *Camisas, escudos y desfiles militares:* los dorados y el antisemitismo en México (1934-1940). México: Universidad Nacional Autónoma de México/Fondo de Cultura Económica, 2000.

GÓMEZ IZQUIERDO, J. Jorge. La raza mexicana ante el peligro amarillo. In: MARTÍNEZ ASSAD, Carlos (coord.). *Veracruz:* puerto de llegada. México: H. Ayuntamiento de Veracruz, 2000, pp. 115-27.

_____. El discurso antirracista de un antropólogo indigenista: Juan Comas Camps. *Desacatos*. México: Centro de Investigaciones de Estudios Superiores en Antropología Social, n. 4, 2000.

_____. (coord.). *Los caminos del racismo en México*. México: Benemérita Universidad Autónoma de Puebla, 2005.

_____. *El movimiento antichino en México (1871-1934)*: problemas del racismo y del nacionalismo durante la Revolución Mexicana. México: Inah, 1991.

_____. Estudios sobre el racismo en México: enfoques preexistentes, antecedentes y estado de la investigación. *Cuadernos de Trabajo*. Puebla: Instituto de Ciencias Sociales y Humanidades de Buap, n. 31, 2002.

GONZÁLEZ NAVARRO, Moisés. *Los extranjeros en México y los mexicanos en el extranjero 1821-1970*. México: El Colegio de México, 1993-1994 (3 v.).

INSTITUTO NACIONAL DE ESTADÍSTICA GEOGRAFÍA E INFORMÁTICA. *Estadísticas Históricas de México*. México: Inegi/INAH, tomo I, 1986.

GUTIÉRREZ GONZÁLEZ, Abril (coord.). *Una mirada*. México: Edición Independiente, 2001.

KNAUTH, Lothar. Los procesos del racismo. *Desacatos*. México: Ciesas, n. 4, 2000.

LOTEAN, Iuri. La memoria a la luz de la culturología (1992) e La memoria de la cultura (1986), em *La semiosfera*, v. I e II, Frónesis-Cátedra, Valencia: 1996 y 1998.

LÓPEZ DE GÓMARA, Francisco *Historia general de las Indias y conquista de México*. Caracas: Biblioteca Ayacucho, 1978 (1ª ed., 1552).

MARTÍNEZ MARANTO, Alfredo. *El racismo en el discurso de la Antropología Indigenista*. Xalapa, 2002. Tese de Licenciatura, Universidad Veracruzana.

_____. Dios pinta como quiere: identidad y cultura en un pueblo afromestizo de Veracruz. In: MARTÍNEZ MONTIEL, Luz María (coord.). *Presencia africana en México*. México: Conaculta,1995.

DEPARTAMENTO DE INVESTIGACIÓN BÁSICA PARA LA ACCIÓN INDIGENISTA DEL INI. *Tendencias migratorias de la población indígena en México*. México: INI, 1997.

MARTÍNEZ MONTIEL, Luz María (coord.). *Presencia africana en México*. México: Conaculta,1995.

_____; REYNOSO MEDINA, Araceli. Inmigración europea y asiática siglos XIX y XX. In: BONFIL BATALLA, Guillermo (coord.). *Simbiosis de culturas*: los inmigrantes y su cultura en México. México: Fondo de Cultura Económica, 1993, pp. 245-424.

MEYER, Rosa María; SALAZAR, Delia (coords.). *Los inmigrantes en el mundo de los negocios*. México: Plaza y Valdés/ Conaculta/ INAH, 2003.

MONDRAGÓN, Lourdes. *Esclavos africanos en la ciudad de México*. México: Euroamericanas/Conaculta, 1999.

MONTEMAYOR, Carlos. *Los pueblos indios de México hoy*. México: Planeta Mexicana, 2001.

MONTES GARCÍA, Olga. El indio visto por una oligarquía regional: el caso de Oaxaca. In: DÍAZ, Jorge Hernández (coord.). *Las imágenes del indio en Oaxaca*. Oaxaca: Instituto Oaxaqueño de las Culturas/Universidad Autónoma Benito Juárez de Oaxaca, 1998.

MORA, José María Luís. *Obras Completas*: política. México: Instituto de Investigaciones José María Luís Mora y SEP, v. 1, 1986.

PALMA MORA, Mónica. Una inmigración bienvenida: los ejecutivos de empresas extranjeras en México durante la segunda mitad del siglo XX. In: MEYER, Rosa María; SALAZAR, Delia (coords.). *Los inmigrantes en el mundo de los negocios*. México: Plaza y Valdés/Conaculta/INAH, 2003.

PÉREZ MONTFORT, Ricardo. *Hispanismo y falange*: los sueños imperiales de la derecha española. México: Fondo de Cultura Económica, 1992.

_____. *Por la patria y por la raza*. México: Universidad Nacional Autónoma de México, 1993.

PÉREZ SILLER, Javier (coord.). *México Francia:* memoria de una sensibilidad común siglos XIX-XX. México: Universidad Autónoma de Puebla/el Colegio de San Luis/Cemca, 1998.

PINEDA, Francisco. *La revolución del sur, 1912-1914*. México: Era, 2005.

RAMÍREZ CARRILLO, Luis Alfonso. Yucatán. In: RUZ, Mario Humberto (coord.). *Los mayas peninsulares:* un perfil socioeconómico. México: Universidad Nacional Autónoma de México, 2002.

REVISTA CIENCIAS. n. 60-61, *Racismo*, out. 2000/mar. 2001, México: Unam.

REINA, Leticia. *Las rebeliones campesinas en México (1819-1906)*. México: Siglo XXI, 1986.

ROJAS RABIELA, Teresa et al. *El indio en la prensa nacional mexicana del siglo XIX:* catálogo de noticias. México: Ediciones de la Casa Chata/SEP, 1987. (3 v.).

ROMO, Pablo (coord.). *Informe del Observatorio de la Conflictividad Social, Servicios y Asesoría para la Paz*. México, jan.-jun. 2006.

ROS ROMERO, Consuelo. *La imagen del indio en el discurso del Instituto Nacional Indigenista*. México: Cuadernos de la Casa Chata/Ciesas, 1992.

ROZAT DUPEYRON, Guy. *Indios imaginarios e indios reales en los relatos de la conquista de México*. México: Buap/U, Veracruzana/INAH, 2002.

RUZ, Mario Humberto; ALEJOS, García José. *Del Katún al siglo*. México: Consejo Nacional para la Cultura y las Artes, 1992.

SARIEGO, Juan Luís, *El indigenismo en la Tarahumara*. México: INAH, 2000.

SEPÚLVEDA, Patricia. *Ideología racista en la representación del movimiento indígena y campesino en la prensa (1994-2004)*. Iztapalapa, 2005. Tese (Mestrado em Antropologia) – Departamento de Antropologia, Universidad Autónoma Metropolitana.

SERVÍN, Loreley; GONZÁLEZ, Aída Isela. Visiones y discursos sobre los rarámuri. In: CASTELLANOS GUERRERO, Alicia (coord.). *Imágenes del racismo en México*. México: Universidad Autónoma Metropolitana/Plaza y Valdés, 2003.

STAVENHAGEN, Rodolfo. *Informe del relator especial sobre derechos humanos y las libertades fundamentales de los pueblos indígenas*. México: Organização das Nações Unidas, 2003.

SUÁREZ, Laura. *Eugenesia y racismo en México*. México: Colección Posgrado/Universidad Nacional Autónoma, 2005.

SULCA BÁEZ, Edgar. *Nosotros los coletos*: Identidad y cambio en San Cristóbal de las casas. Chiapas: Gobierno del Estado de Chiapas/ Universidad de Ciencias y Artes del estado de Chiapas/Tuxtla Gutiérrez, 1997.

TAGUIEFF, André. *La couleur et le sang*. Turín: Mille et Une Nuits, 1998.

TIBÓN, Gutierre. *Pinotepa Nacional*: mixtecos, negros y triques. México: Posada, 1981.

GLICK, Thomas F.; RUIZ, Rosaura; PUIG-SAMPER, Miguel A. (eds.). *El darwinismo en España e Iberoamérica*. Madrid: Unam/Consejo Superior de Investigaciones Científicas/Doce Calles, 1999.

TODOROV, Tzvetan. *La conquista de América*. México: Siglo XXI, 1991.

URÍAS HORCADITAS, Beatriz. *Indígena y criminal:* interpretación del derecho y la antropología en México (1871-1921). México: Universidad Iberoamericana/Conaculta, 2000.

VALDÉS, Luz María. Los indios en el tercer milenio. *Revista Ciencias. Racismo*, n. 60-61, out. 2000/mar. 2001, México: Unam.

VAN DIJK, Teun A. *Prensa, racismo y poder*. México: Universidad Iberoamericana, 1994.

_____. *Racismo y Discurso de las élites*. Barcelona. Gedisa, 2003, p. 334.

VÁZQUEZ, Josefina Zoraida. *La imagen del indio en el español del siglo XVI*. Xalapa: Universidad Veracruzana, 1962.

VELASCO CRUZ, Saúl. *El movimiento indígena y la autonomía en México*. México: Universidad Nacional Autónoma de México, 2003.

VITORIA, Francisco de (1538-1539). *Reelecciones de indios y el derecho de la guerra*. México: Instituto de Investigações Jurídicas da Unam, 2001 (edição digital).

YANKELEVICH, Pablo. Ser Otro en ambas patrias. In: BLANK-CEREIJIDO, Fanny; YANKELEVICH, Pablo (comps.). *El otro, el extranjero*. Buenos Aires: Libros del Zorzal, 2003.

Peru:
"Eu te discrimino porque a falta de educação me ofende"

Virginia Zavala e Roberto Zariquiey

Circulou por correio eletrônico um excerto de uma entrevista realizada com um congressista da república (e ex-presidente do Congresso) sobre o Tratado de Livre Comércio (TLC) com os Estados Unidos. Na entrevista – conduzida por um jornalista no próprio escritório do congressista – foi perguntada ao político sua opinião sobre a possibilidade de que se realizasse um referendo para que o povo pudesse decidir se queria ou não um tratado desse tipo com o país do Norte. Com relação a isso, foi desenvolvida a seguinte interação:

Jornalista:	1. *E o senhor acredita, congressista, que esse referendo deve ser aprovado?*
Congressista:	2. *Nãããããooo! para quê?! Você vai perguntar às lhamas e*
	3. *vicunhas sobre o TLC?*
Jornalista:	4. *O que o senhor disse congressista?! A quem se refere por lhamas e*
	5. *vicunhas?*
Congressista:	6. *A quem?! nossa, às pessoas.*
Jornalista:	7. *Olhe, isso é insultante. O senhor está me ofendendo e a numerosos*
	8. *compatriotas.*
Congressista:	9. *Bom, nossa, é minha opinião.*

| Jornalista: | 10. *Como o senhor pode falar assim? Isso é ofensivo.* |
| Congressista: | 11. *É minha opinião, é minha opinião e por último não estou falando publicamente. Se você não gosta, vou embora.* |

Ainda que se apresentem como firmes defensores da democracia e incorporem os pobres ou os indígenas em seu discurso eleitoral, muitos dos que foram eleitos para representar o povo assumem que só uns poucos têm capacidade de pensar, opinar e decidir com propriedade sobre o país. A grande maioria da população (ou "as pessoas") pertenceria à categoria de seres completamente irracionais ("lhamas e vicunhas"). Entretanto, por mais violento que pareça, o uso do marcador discursivo "nossa" (linha 6) revela que o político se surpreende com a pergunta do jornalista (linhas 4 e 5) ao ter assumido que seu interlocutor *obviamente* compartilharia suas ideias. Trata-se, então, de uma ideologia claramente hegemônica que estabelece uma divisão entre *melhores* e *piores* baseada em critérios que – como veremos – não se reduzem à cor da pele.

No Peru, o racismo é um "tema obscuro" (Portocarrero, 1992). Assim o é porque – inclusive nos âmbitos acadêmicos – constitui uma espécie de tabu que a maioria das pessoas não quer discutir. Efetivamente, embora os dados analisados neste texto mostrem que a sociedade peruana é claramente discriminadora – e que a construção cultural sobre a cor da pele constitui uma dimensão desta discriminação –, oficialmente se supõe que o racismo não existe. O fato de que no fragmento anterior o congressista afirmasse implicitamente que não teria dito o mesmo em público e o fato de que essa declaração claramente racista por parte do político não tenha sido difundida na mídia e só tenha causado indignação de uns poucos reforçam a existência desse tabu anteriormente mencionado.

Um dado fundamental a ser levado em conta como ponto de partida é que atualmente no Peru o racismo articulou-se com as categorias de classe, cultura e educação. Neste estudo nos concentraremos nas formas pelas quais o discurso de alguns setores da classe alta da população peruana reproduz uma ideologia racista em conversações sobre os Outros, ideologia que se justifica pela utilização de uma série de estratégias discursivas e pelo apelo a uma rede de dimensões sociais que procura ocultar a importância que a construção cultural sobre a cor da pele no Peru de hoje continua tendo.

Esses resultados serão comparados com alguns dados provenientes da classe média peruana, com o objetivo de discutir a continuidade do racismo colonial e as novas versões emergentes do racismo. Também, comentaremos brevemente o discurso em relação aos brancos como parte de uma ideologia política que tem aceitação entre os setores socioeconômicos mais baixos da população. É que no Peru "todos somos racistas" (Portocarrero, 1992).

Para analisar o discurso da elite peruana, realizamos gravações de conversações em grupo de algumas famílias abastadas que tiveram o poder econômico e político durante muito tempo no Peru e que são descendentes de espanhóis ou de imigrantes europeus. Nessas conversas, esse setor fala sobre os Outros e tece seu discurso racista a partir de uma ideia central: a inferioridade "cultural" de um setor de peruanos que estaria representado pela classe popular ou os "caboclos" e que abrange a maioria da população atual. Além disso, para *negar* seu racismo e justificar essa suposta absoluta inferioridade, esse setor recorre a diversas estratégias discursivas que analisaremos detalhadamente ao longo do trabalho: negações aparentes; uso de termos pejorativos para designar os membros do *outgroup* e contrastes entre os termos utilizados para Nós e para Eles; implicações e suposições; supergeneralização e exagero dos aspectos negativos dos Outros; ênfase nos aspectos positivos dos Outros e na boa relação existente entre Nós e os Outros (só no caso em que se trate de Outros inofensivos e submissos); uso de diminutivos para se referir e dirigir-se ao Outro e do verbo "ter" para representar o Outro como uma posse; empatias aparentes e alusão a temas relativos a ameaça, invasão e contaminação (cf. Van Dijk, 2003).

A tarefa de desentranhar as ideologias através do estudo do discurso não é simples, uma vez que os setores dominantes tendem a não manifestá-las abertamente. Com efeito, se pensarmos concretamente no racismo, é evidente que, na atualidade, muito poucas pessoas racistas gostam de aceitar que são racistas. Isso se deve, em certa medida, a que, quase contraditoriamente, as mesmas pessoas que possuem uma ideologia racista podem posicionar-se também como cristãos e democratas. As diferentes pertenças que conformam sua identidade podem vinculá-las com preceitos que claramente se oporiam a um discurso racista, e é isso, entre outras razões, o que faz com que uma ideologia como a que é objeto desse artigo se difunda através de discursos nos quais os indivíduos que os emitem partem da afirmação "eu não sou racista".

Mas é quando a ideologia se transmite em código que uma perspectiva de análise do uso linguístico como a que aplicamos neste texto torna-se realmente pertinente, já que explicita o problema. Como bem expõe Gee (1996), assim como os linguistas não podem deixar de estudar as ideologias, os cientistas sociais tampouco podem deixar de analisar os usos linguísticos, pois, como veremos, entre ideologia e uso linguístico existe uma relação em que ambos se constituem mutuamente.

UM ENFOQUE CRÍTICO PARA A ANÁLISE DO DISCURSO

Entendemos o racismo como um sistema social de dominação de um grupo sobre outros baseado em diferenças construídas sobre a etnicidade, a aparência, a origem, a cultura e a linguagem (Van Dijk, 2005). A partir da perspectiva da Análise Crítica do Discurso (Van Dijk, 2003), estudaremos o uso da linguagem racista – o discurso racista – como prática social que tem um papel fundamental na formação de crenças e nas práticas discriminatórias que se baseiam em ditas crenças. A dominação e o abuso do poder que está na base do racismo (e das práticas linguísticas racistas) têm como resultado a desigualdade social, isto é, menos acesso e menos controle sobre os recursos sociais por parte dos setores discriminados.

A linguagem e a sociedade são instâncias reciprocamente constitutivas, pois não só as relações de poder são discursivas (já que a linguagem é um espaço de visibilização), mas também a linguagem contribui para a construção da sociedade e da cultura (Fairclough e Wodak, 1997; Van Dijk, 1997). Assim, quando se utiliza um discurso racista ao falar sobre o Outro em uma conversa cotidiana, na linguagem se reproduz (ou se reflete) uma ideologia dominante que define esse Outro como inferior. Entretanto, essa conversa cotidiana sobre o Outro também alimenta e fortalece (ou, em algumas ocasiões, desafia) o sistema social de crenças racistas que é continuamente reproduzido por práticas particulares (Fairclough, 1992). Portanto, a microprática de conversar sobre o Outro está intimamente relacionada com crenças sociais nas quais as relações de poder têm um papel muito importante para o estabelecimento de papéis e hierarquias. E inclusive uma conversa informal e cotidiana sobre o Outro dentro de um contexto familiar (sobre imigrantes, afro-latinos, indígenas ou cholos) constitui uma prática social complexa em que se reproduzem estereótipos sociais e na qual se contribui para a reprodução de um sistema social racista.

O poder que o uso da linguagem tem está precisamente nessa relação complexa entre estruturas sociais e práticas discursivas, pois cada instância de uso linguístico contribui, ainda que seja minimamente, para reproduzir e/ou para transformar o poder existente na sociedade. Em particular, são três os grandes domínios da vida social que estão constituídos discursivamente: as representações do mundo, as relações sociais entre as pessoas e suas identidades pessoais e sociais. Assim, qualquer parte de qualquer texto está simultaneamente constituindo representações do mundo, manifestando e construindo relações sociais e expressando sentidos da identidade com relação aos outros (Fairclough e Wodak, 1997).

Neste capítulo, estaremos centrados na análise de conversas sobre os Outros, razão pela qual nosso *corpus* responde principalmente a formas que as pessoas utilizam para falar *sobre* esses Outros, mas não necessariamente *com* esses Outros. Como nosso método principal foi a entrevista semiestruturada, e não a observação etnográfica de práticas sociais, os dados registrados encontram-se no nível do metadiscurso, e não no da prática propriamente dita (Chouliaraki e Fairclough, 1999). Vale dizer que a análise se centrará nestas construções metadiscursivas que representam a ordem social, mas que não a realizam diretamente. Ainda que em todo discurso surjam estratégias de representação, relação e identificação, diferentemente do discurso conversacional cotidiano, no discurso da entrevista interpessoal a função primária é representacional e as funções relacional e identificacional estão mediadas por ela.

O RACISMO NO PERU

UM POUCO DE HISTÓRIA

É possível afirmar que o racismo no Peru contemporâneo – e tal como o conhecemos hoje em dia – aparece quando se trata de manter a desigualdade social em uma sociedade que a considera ilegítima e que postula um credo igualitário. O racismo surge, então, quando se consolida a democracia, mas quando ainda se mantém a ideia de que nem todas as raças são iguais. Diferentemente do século xix, na sociedade colonial a inferioridade do Outro se assumia e se justificava de forma mais explícita. Cada indivíduo tinha seu lugar e era tratado segundo uma legislação que estabelecia dois mundos separados: a República de índios e a República de espanhóis.

Esse racismo colonial teria sido construído a partir das categorias mentais que os conquistadores interiorizaram durante os conflitos com os muçulmanos e judeus na Espanha. A obsessão pela pureza racial influenciou o desenvolvimento de novas formas de marginalização e exclusão ligadas a uma exploração colonial, cujo maior efeito radicava precisamente em sua assimilação e aceitação como "verdadeira" pelos grupos colonizados (Manrique, 1999). Essa dominação sustentava-se na suposta existência de uma estrutura biológica diferente, que colocava os conquistados em situação natural de inferioridade em relação aos conquistadores e que tinha sua base na ideia de "raça". Como afirma Quijano (2000), a *ideia de raça* "foi assumida pelos conquistadores como o principal elemento constitutivo, fundador, das relações de dominação que a conquista impunha". Depois de tudo, as condições sociais, econômicas e políticas da conquista do novo mundo e o colonialismo suscitaram fortes reflexões sobre a diferença humana (Wade, 2000).

Um traço fundamental do racismo colonial é que a ideia de "raça" foi estruturalmente associada à divisão do trabalho. Isso significou que se desenvolvesse uma exclusiva associação da branquidade com o salário e com os cargos de autoridade da administração colonial e das raças assumidas como inferiores com o trabalho não remunerado. Raça indígena e trabalho não remunerado foram naturalmente associados, pois se assumia que a inferioridade racial dos colonizados não os fazia dignos do pagamento do salário. O fundamental aqui é que essa distribuição racista do trabalho se mantém com muito sucesso no Peru contemporâneo desde a época colonial e faz parte do que se denominou a "colonialidade do poder". Enquanto em outros lugares a escravidão e a servidão são concebidas como incompatíveis com o capital e como prévias à mercantilização da força de trabalho, ao contrário, na América Latina, estas serviram aos propósitos e necessidades do capitalismo (Quijano, 2000).

Mesmo com a ruptura dos vínculos coloniais, o caráter colonial das estruturas internas de dominação não mudou. No início da República, o indígena continuou ocupando uma posição subordinada e continuou sendo sujeito de abuso e exploração, pois a ele era associada uma "incapacidade natural". De fato, as ideologias racistas permearam os diversos projetos de construção da nação elaborados desde o século XIX, já que a constituição da nação passou pela desaparição dos índios. Inclusive, os intelectuais progressistas que sentiam simpatia pelos índios tinham interiorizado o racismo e reproduziam-no como parte do senso comum. Efetivamente, chegou-se a afirmar que no Peru a trajetória para o Estado-Nação ainda não culminou, pois, apesar de se constituírem como independentes, seus estados rearticularam a colonialidade do poder sobre novas bases institucionais (Quijano, 2000). Uma minoria de colonizadores exerceu o controle e a representação do conjunto da população colonizada e negou às raças concebidas como inferiores a participação nas decisões sobre a organização social e política.

Por isso, na atualidade, os peruanos têm um imaginário definido pela "herança colonial" que reproduz formas muito arraigadas de discriminação étnica e racial. O recente relatório da Comissão da Verdade e a Reconciliação sobre a década da violência política no Peru (1980-1992) confirma a hipótese não só ao projetar o dado de que 75% dos mortos e desaparecidos eram falantes de uma língua indígena, mas também ao nos mostrar depoimentos reveladores das vítimas dos insultos racistas, provenientes tanto do exército como do Sendero Luminoso (CVR, 2004).

Diferentemente da Bolívia e do Equador, hoje o Peru *não é* um país com uma majoritária presença indígena. Enquanto nos anos 1940 mais de 50% da população falava uma língua vernácula, hoje em dia essa realidade mudou substancialmente. De acordo com o censo de 1993 (Chirinos, 2001), os falantes de quechua (maiores de 5 anos) representavam 16,6% do total de falantes peruanos, e os falantes de aimara, 2,1% do total de indivíduos recenseados do país. No entanto, algumas regiões andinas como Apurímac (76,6%), Ayacucho (70,6%), Huancavelica (66,5%) e Cuzco (63,2%) manifestam índices de falantes de quechua acima de 50%. Com relação à região amazônica, foi possível documentar um total de 42 povos indígenas, falantes de um total de 38 ou 40 línguas. Os povos com maior densidade populacional, segundo o censo de comunidades nativas de 1993, são os asháninka, os awajun e os shipibo-konibo. Entretanto, os indígenas da Amazônia representam menos de 1% da população peruana.

Além do dado quantitativo, diferentemente do que ocorre na Bolívia e Equador – e também no contexto amazônico peruano –, na região andina do Peru ninguém quer se identificar como indígena, e com a migração massiva das regiões rurais para as urbanas o processo de *cholificação* recriou os elementos culturais andinos no marco de uma nova cultura popular (Golte e Adams, 1990; Matos Mar, 1988; Degregori, Blondet e Lynch, 1986). Efetivamente, nas últimas décadas, sobretudo as pessoas de procedência andina manifestaram uma clara tendência a assimilar-se à cultura dominante, abandonando as zonas rurais e deslocando-se prontamente às cidades, onde passaram a ocupar espaços populacionais marginais e, aos poucos, foram deixando de lado algumas práticas culturais tradicionais, entre as quais se inclui o uso de sua língua. Isso é muito claro em Lima, cidade onde a maioria dos povoadores é migrante ou descendente de migrante. Em torno desses setores sociais urbano-marginais, foram tecidas redes culturais que deram nascimento a novas formas de expressão e que são objeto da mais crua discriminação por parte dos setores altos que analisamos neste capítulo. Como veremos, essas mudanças aceleradas da mestiçagem biológica e das percepções das diferenças raciais derivadas dos processos de migração e recomposição do país configuraram uma nova versão do racismo. Como o camponês imigrante na cidade foi deixando de ser índio e tornou-se o que se conhece como "cholo", o racismo contra o indígena se reduziu (ou tornou-se invisível), mas o racismo contra o mestiço cresceu.

A partir dessas mudanças sociais, muitos argumentam que atualmente nos encontramos em uma sociedade de classes em que, na realidade, existe uma segregação econômica e cultural (em um sentido que trataremos mais adiante), mas não racial. Com uma população indígena minoritária, a mestiçagem teria sido generalizada e a discriminação racial já não teria nenhuma base na qual se apoiar. Chegou-se inclusive a expor que essa mestiçagem já havia tido como consequência a cidadania de toda a população.

Não obstante, aqui queremos sustentar que o racismo – no sentido de uma categoria que naturaliza a desigualdade e na qual a cor da pele continua importando – é central na sociedade peruana. É claro que no Peru o racismo é um fenômeno que opera fundamentalmente na intersubjetividade social e que "as mudanças sociais objetivas (leia-se, mestiçagem biológica) não têm a mesma velocidade que aquelas que se operam nas subjetividades" (Manrique, 1999). Com efeito, a ideia inconsciente e não racionalizada de que existe uma desigualdade natural entre as "raças" e, portanto, de que algumas seriam superiores e outras inferiores subjaz a uma ação cotidiana na qual é costume distinguir diferentes "categorias de pessoas". Além disso, é possível afirmar que com as grandes migrações do litoral à serra e do campo à cidade agora existe uma maior inter-relação entre as diferentes matrizes culturais, e o racismo se mantém com muita força.

As estatísticas mostram precisamente que a desigualdade econômica e social no Peru de hoje está enraizada nos aspectos culturais ou naquilo que denominamos o étnico (Carrillo, 2005). Com efeito, segundo as estatísticas (e levando em conta a dificuldade de definir o indígena no Peru) sete de cada dez lares liderados por indígenas são pobres, enquanto do total de pobres extremos no Peru (que equivale a 54% da população total) 48% são indígenas. No que se refere ao acesso à educação, as estatísticas mostram que "os indígenas têm quase 40% a mais de probabilidade de ter terminado só a educação primária, 15% só a educação secundária e 40% de não ter o nível educacional superior, [se são comparados] com a população não indígena" (Alfaro, 2005: 168). Ocorre o mesmo com a alfabetização. Enquanto a cobertura é quase total em Lima, nas províncias altas da serra e distantes da selva somente um quarto do total de jovens chegou a se alfabetizar (Herrera, 2001; Alfaro, 2005). Esse dado é altamente relevante se levarmos em conta que, tal como demonstrou Herrera (2001), existe uma clara correlação entre chefe de família sem educação secundária completa e lares pobres (66,7% de tais lares possuem um chefe de família com tais características educativas). Também, as porcentagens de acesso aos serviços básicos diminuem radicalmente se nos ativermos a espaços rurais onde sabemos que se concentram maiores índices de população indígena. Para dar um exemplo, somente 23% possuem serviços de luz nesses espaços, enquanto só 2,3% possuem serviços de água e esgoto.

No Peru, a vigência do racismo torna muito mais difícil que o pobre ou o marginal deixem de sê-lo. Sem negar a atuação dos sujeitos e as mudanças sociais que vêm ocorrendo nas últimas décadas no país, a colonialidade do poder continua funcionando em benefício da elite dominante. Infelizmente não há estudos quantitativos que revelem como o racismo contemporâneo influi na distribuição desigual dos recursos tangíveis e não tangíveis e nas regras de legitimação de uma ordem de coisas que continua beneficiando somente certos grupos no âmbito econômico, político, cultural e social.

O MITO DA MESTIÇAGEM

O argumento de que o racismo não existe em parte se sustenta na ideia de que somos todos mestiços. Mas o que significa ser mestiço no contexto peruano? Gonzalo Portocarrero (1992) apontou que o problema da mestiçagem peruana é que ela se define mais como negação (nem branco nem índio) do que como uma afirmação. Na realidade, ser mestiço refere-se mais a um "não ser" que a um "ser". A mestiçagem não deu à luz ainda uma identidade própria, não pôde definir-se a si mesma. Efetivamente, o mito da mestiçagem vem desde a base da História e foi difundido, em geral, por historiadores que sempre manifestaram uma profunda admiração pelo hispânico.

> O Peru é um país mestiço. Os peruanos – digam-no seus sobrenomes – descendem majoritariamente dos índios e dos espanhóis que esculpiram a população do século XVI. A mestiçagem não renega o índio nem o forasteiro (o europeu, africano, asiático e oceânico), tampouco vê em ambas correntes tendências antagônicas. Pelo contrário, herda-as, une-as e já com forma própria as converte em peruanidade (Del Busto, 2002: 334).

Todos, de uma forma ou outra no Peru, percebem-nos como mestiços, tal como se aprecia em um ditado popular bastante conhecido: "no Peru, quem não tem de ingá tem de mandinga". E como todos temos de ingá e de mandinga, as diferenças raciais, que não existem, não podem ser uma razão para estabelecer hierarquia. No entanto, em um contexto como o peruano, explicar – tal como fazem os defensores da mestiçagem – que o termo *dominação* não é válido é bastante delicado. Afirmar que "todos somos mestiços" e que, nesse sentido, "somos todos iguais" é, a nosso entender, tentar *tornar invisível* a existência de diversas formas de discriminação e, consequentemente, das relações de poder e dos privilégios sociais que se iniciaram com a conquista. Esse uso ideologizado da categoria de *mestiçagem* é empregado pelos setores hegemônicos para construir a imagem de um país "democrático", no qual a classe dominante se exime de responsabilidades.[1]

Nossa primeira proposta consiste em sublinhar que, no Peru, podemos ser racistas com aqueles que podem apresentar os mesmos traços raciais que nós. A razão é que, como afirmamos antes, ser mestiço significa não ser nada, pois mestiçagem é indefinição e para nós, peruanos, é muito difícil nos autodefinir racialmente, exceto se formos brancos. Mas, e esse é o paradoxo, para nós é simples definir o Outro e colocar nele apelidos como "cholo", "serrano", "*charapa*", já que a raça é um conceito que também se constrói a partir de critérios sociais, culturais e geográficos. Não importa que esse Outro que catalogamos tenha traços parecidos com os nossos, já que a indefinição que a ideologia da mestiçagem nos proporciona torna invisível nossa raça diante de nossos próprios olhos. Portanto, nós, peruanos, diferentes ou parecidos, podemos nos discriminar porque *aprendemos a não nos autodefinir racialmente*: simplesmente não nos fazemos essa pergunta. E, ao discriminarmos alguém por sua aparência, sequer nos damos conta de que nos discriminamos a nós mesmos.

Durante o trabalho de campo, pudemos entrevistar alguns estudantes universitários de classe média. Quando perguntamos a eles se consideravam que existiam grupos diferentes em suas universidades, eles só foram capazes de reconhecer os "branquelos", que, além disso, diziam não valorizar demais. Uma jovem de 17 anos disse-nos que na universidade havia "todo tipo de gente", e quando perguntamos a ela o que queria dizer com isso, afirmou o seguinte: "Há branquinhos e há também de todas as escalas sociais". Essa frase não só revela que entre os jovens estudantes de Lima só "branquinhos" são visíveis, mas que a categoria econômica de *escala* termina por reprimir e tornar invisível a categoria racial.

Além disso, fizemos a eles outra pergunta: "Se eles tivessem que se definir em termos raciais como se definiriam?" Bem, em alguns casos, os jovens que não provinham da capital ficaram incomodados, em silêncio ou pediram que a pergunta fosse repetida, como se não a tivessem entendido. Essa pergunta foi respondida com risos nervosos, murmúrios e com repetitivos "não sei". Ninguém queria respondê-la. Apesar disso, insistimos, e as respostas foram surpreendentes. Uma jovem, depois de explicar que pelo lado de seu pai seus parentes eram mais escuros que pelo lado de sua mãe, disse o seguinte: "Tenho vontade de dizer que eu sou branca, que sou loira, mas minha família não reflete isso. Bom, como dizia meu avô, 'você é loira'". Termos como *"colorada"*, *"morocha"* e *"piel canela"* também apareceram, mas só depois de insistirmos. Uma delas se reconheceu *mestiça*, mas, é claro, fez isso sussurrando. Depois tudo ficou em silêncio.

É assim como o racismo peruano se diferencia do existente em outros contextos sociais, razão pela qual constitui um fenômeno que não é possível abordar com as categorias analíticas que se utilizam para outras realidades. Um dos traços centrais do racismo peruano é que este constitui "uma relação de si para si", e não só uma ideologia que regula as formas de relação com o outro (Portocarrero, 1992). Em vista do fato de que a maioria da população peruana tem sangue índio, usar o termo "índio" para insultar outra pessoa "supõe negar uma parte de sua própria identidade: discriminar, odiar e desprezar elementos constitutivos do próprio eu" (Manrique, 1999). É bastante comum que nós, peruanos, ocultemos a cor de nossa pele ou um sobrenome indígena para nos identificar com aquele que é branco e ocidental. Portanto, no Peru é impossível a objetivação do discriminado, já que a pessoa que discrimina não pode se distanciar do objeto discriminado. Tudo isso representa um obstáculo importante para a consolidação de um sentido de comunidade.

A ELITE PERUANA E AS CONVERSAS SOBRE OS OUTROS

Uma ideia central que engloba as estratégias racistas desse setor de classe alta peruana é que as pessoas que o integram não estariam discriminando a cor da pele dos Outros, mas certas características culturais que se concebem como "inferiores" às da elite. Portanto, quando se definem os Outros como inferiores, enfatizam-se seus aspectos negativos ressaltando suas características de tipo "cultural", muitas das quais se relacionam com a "classe" e também com a "moralidade". Quando se caracterizam os Outros, eles são representados, por exemplo, como pessoas sujas, grosseiras, machistas, sem cortesia, incapazes de respeitar os sinais de trânsito, impossibilitadas para assumir compromissos e acostumadas ao assistencialismo do governo.[2]

O interessante é que, apesar dessas características "culturais" serem assumidas como permanentes e inerentes às formas de ser e formas de vida desses Outros ("é uma realidade da qual não se pode distanciar", afirmava um de nossos informantes), são inseridas na categoria do educativo para criar a ilusão de que a mudança é possível através do sistema e para responsabilizar algo externo como a educação – e não diretamente os Outros – por essa "falta de cultura" e, pior ainda, pela pobreza ("se tivessem educação talvez tivessem capacidade de gerar riquezas e tivessem capacidade de gerar mais cargos", afirmava outro informante).[3] O mesmo ocorre quando se recorre à ideologia da alfabetização como meio para o progresso social e desse modo transfere-se sutilmente à dimensão da alfabetização uma situação material relacionada diretamente com a produção e a distribuição da riqueza (Zavala, 2001).

A seguir, detalharemos algumas estratégias discursivas que reproduzem esse racismo de tipo "cultural". Em cada uma delas se nega ou se justifica o racismo apelando a uma série de elementos (negação explícita, empatia, afeto, boa relação etc.), mas ao mesmo tempo, e de forma mais implícita, representa-se os Outros como inferiores em essência e como portadores de formas de ser não valorizadas pelo Nós. Depois de tudo, a negação do racismo constitui uma parte essencial desse sistema social de dominação, pois a oficialidade tolera cada vez menos formas explícitas de racismo (Van Dijk, 1992).

A maioria dos exemplos apresentados nessa seção constitui extratos de entrevistas semiestruturadas realizadas com pessoas de classe alta de Lima. Como as entrevistas foram em grupo, em muitos momentos o discurso fluiu como uma conversa. É importante precisar que em todos os casos um dos entrevistadores era percebido pelos entrevistados como membro do *ingroup*, o que influenciou na maneira como esses estruturaram seu discurso. Em todo caso, ficou claro que os entrevistados se sentiram próximos aos entrevistadores em termos ideológicos e, por isso, manifestaram suas ideias sobre os Outros de uma forma sincera e aberta. Todos terminaram a escolaridade e têm entre 45 e 60 anos.

"EU NÃO DIRIA QUE HÁ UM PROBLEMA DE RACISMO...
MAS SUA FALTA DE EDUCAÇÃO ME OFENDE"

Esse setor social utiliza estratégias de negações aparentes para negar a existência de racismo. Trata-se de estratégias com as quais se tenta manter as aparências através de uma apresentação positiva de si próprio nas primeiras partes dos enunciados, mas se termina transferindo o problema aos Outros quando do término desses mesmos enunciados. O seguinte relato pertence a um homem que tem aproximadamente 50 anos:

1. *eu não te segrego porque você é branca/ ou porque é loira/ ou porque é chola/ eu*
2. *te segrego porque você não tem educação/ porque sua falta de educação me ofende/*
3. *então, eu não diria que há um problema de racismo/ diria que há um problema de*
4. *diferença educacional que cria esses conflitos/ eu paro no sinal vermelho/ e eu estou*
5. *parando no sinal vermelho/ e estou respeitando a faixa de pedestres/ e o imbecil que está* 6. *atrás está buzinando para que eu atravesse no sinal vermelho/ eu tenho que fazer assim pra ele/* 7. *porque não pode ser tão idiota de achar que eu vou passar no sinal vermelho/ ele está* 8. *com pressa e eu tenho que passar no sinal vermelho!/ você.../ isso me deixa indignado/ não* 9. *olhei se o cara é branco é cholo é chinês ou é branco/ o que me deixa louco é sua* 10. *idiotice/ sua estupidez/ achar que ele tem privilégios e regalias sobre os* 11. *outros/ e que eu devo passar no sinal vermelho porque ele está com pressa/ isso é racismo?* (Luis, 50 anos).

Assim, no exemplo anterior utilizam-se *negações aparentes,* cuja primeira proposição tenta ocultar os sentimentos negativos e o racismo com relação aos Outros ("*eu não te segrego porque você é branca ou porque é loira ou porque é chola...*", "*eu não diria que há um problema de racismo...*", "*não olhei se o cara é branco é cholo é chinês ou é branco*"). No entanto, apesar de aludir-se ao educacional para não atribuir o dito diretamente ao Outro, a segunda parte dos enunciados implicitamente posiciona o Outro como o que gera o problema e, portanto, como o causador da relação conflituosa. Assim, frases como "*sua falta de educação me ofende*" (linha 2) ou "*há um problema de diferença educacional que cria esses conflitos*" (linha 3-4) estão culpando o Outro ao implicar que as formas de ser desviantes dos Outros de alguma maneira ameaçam ("*ofende*", "*cria conflitos*") a identidade cultural de um Nós que fica intacto e não se responsabiliza por nada. O recontar que se apresenta sobre os sinais de trânsito tenta precisamente funcionar como um exemplo sobre os aspectos negativos dos Outros e pretende por sua vez chamar a atenção sobre essa "ofensa" que a elite sofre por parte de pessoas cujas características "culturais" – associadas a formas de ser – são concebidas como inferiores.

No exemplo a seguir justifica-se a discriminação fazendo alusão à transgressão do espaço (e suas possíveis consequências) que, segundo Van

Dijk (2003), é um dos temas favoritos do discurso do poder. A estratégia discursiva da negação aparente também aparece em Carlos:

> 1. *esse não é um problema de que estamos ocupando o mesmo espaço/ o problema é que* 2. *não há capacidade/ e não tem por que vir aqui se não.../ esse não é um lugar, digamos, que* 3. *está preparado para esse tipo.../ vai um pouco mas pra lá!/ mas não é um problema que eu* 4. *não quero que venham/ o que eu não quero é ter uma praia contaminada/ e você já* 5. *imaginou o que podem ser dez mil pessoas fazendo o mar de banheiro?/ você tem ideia* 6. *a.../ o nível de contaminação que pode ter nesse momento?/ então, isso é o que* 7. *você está discriminando/ não está discriminando a pessoa/ está discriminando a* 8. *consequência de uma saturação que não deveria se dar se as autoridades cumprissem* 9. *seus.../ seus mandatos / não?* (Carlos, 50 anos).

A autoapresentação positiva na primeira parte dos enunciados (*"não é um problema de que estamos ocupando o mesmo espaço"*, *"não é um problema de que eu não quero que venham"*, *"você não está discriminando a pessoa"*) contrasta com a forma em que se transfere o problema aos Outros na segunda parte. Ainda que seja possível argumentar que nessa segunda parte se atribui o problema a características físicas concretas, como a capacidade e a saturação, que não se referem diretamente a formas de ser dos Outros, a alusão à contaminação da praia e o exemplo apresentado como uma pergunta (linhas 4-5) supõem a atribuição de certas características ao setor discriminado e aos respectivos preconceitos da elite. A pergunta *"você já imaginou o que podem ser dez mil pessoas fazendo o mar de banheiro?"* (ou a afirmação que aparece logo depois na entrevista: *"então vem essa gente, come, caga – desculpa a expressão – faz todas as suas necessidades e vai embora, e o que sobra é um lixão enorme"*) não somente mostra uma estratégia que apresenta os aspectos negativos dos Outros com um alto grau de detalhamento, mas também que se baseia na supergeneralização e no exagero desses aspectos negativos. Além disso, esse argumento finalmente constrói uma falácia que termina jogando com a consciência social das pessoas ao fazer alusão à saturação e contaminação do meio ambiente. Em ambos os exemplos, a negação e justificação do racismo coincidem com a representação dos Outros como seres intrinsecamente inferiores ao Nós.

"As" PESSOAS E "ESSAS" PESSOAS

No Peru, a classe alta tece seu discurso racista através da diferenciação entre um Eles e um Nós que se reflete em claros contrastes:

1. *É que **o povo** se acostumou a pensar que papai-governo tem que solucionar todos os seus problemas* (Teresa, 48 anos).

2. *Esse é um valor extraordinário que todos **os peruanos** têm e se dão a mão* (Julia, 52 anos).

3. *O **homem peruano** é um desastre, o tipo acredita que quanto mais mulheres tem, mais homem é* (Carlos, 50 anos).

Esses contrastes posicionam a elite como diferenciada não só de um setor majoritário que se representa como homogêneo (o "povo"), mas de um conjunto ainda mais amplo constituído pelos peruanos em geral. O uso do verbo em terceira pessoa quando faz referência *aos peruanos* ou ao *homem peruano* – e a ênfase nos aspectos negativos no segundo caso – mostra que esse setor se considera uma elite que inclusive se posiciona como diferenciada (e acima) da peruanidade.

Além disso, esse setor social utiliza termos específicos para designar ambos os grupos. O revelador é que os utilizados para designar os Outros mostram que estes são representados como inferiores. Assim, por exemplo, a classe alta utiliza frases pejorativas como *"essas pessoas"*, *"estas pessoas"*, *"uma massa"* ou *"uma manchinha"* para designar peruanos de outros setores sociais como um todo homogêneo. É claro que a conotação pejorativa do termo "mancha" ou "manchinha" fala por si mesma:

1. *Mas quando você permite que o bairro se forme/ uma casa sobre a outra/ 2. não deixam um caminho/ como vai passar o lixeiro?/ que possibilidade o governo tem de 3. fazer algo por **essas pessoas**?* (Marcela, 60 anos).

1. *A associação de proprietários é quem se encarrega de varrer, de limpar/ para que?/ para 2. que na sexta seguinte volte a cair **esta manchinha**/ volte a sujar...* (Felipe, 54 anos).

Ao contrário, a classe alta prefere utilizar *"todo o mundo"*, *"melhores pessoas"* ou *"as pessoas"* para designar o Nós (*"porque normalmente **as pessoas** vão a outro tipo de casas noturnas"*). Os termos para designar os atores sociais não só refletem claramente a distância social inerente às ideologias racistas como posicionam o grupo dominante como superior aos Outros (ver o termo *"melhores"*) ou como o único grupo existente (ver o uso do artigo definido *"as"* e a ausência de qualquer classe de adjetivo que particularize o valor universal que o artigo possui).

"Reserva-se o direito de admissão"

As implicações e suposições também aparecem quando se justifica a discriminação através de argumentações que atribuem o problema a características próprias dos Outros. As implicações e suposições constituem significados que não aparecem explicitamente no discurso, mas que podem ser inferidas através da forma como se constroem as proposições. O exemplo a seguir provém de uma entrevista televisiva ao dono de uma casa noturna de classe alta de Lima que a Indecopi[4] denunciou como racista. As implicações e suposições que se depreendem do discurso de forma implícita estão de acordo com os objetivos da ideologia dominante:

1. *Se fosse um local aberto completamente ao público/ no qual você faz uma fila e* 2. *simplesmente todo mundo paga sua entrada/ eu asseguro para você que teria casos de furtos/ te* 3. *garanto que teriam casos de drogas/ garanto que teriam casos de tudo o que* 4. *repeti pra você agora/ né?* (Agustín, 40 anos).

O dono da casa nega ser racista e atribui o problema aos Outros através de significados inferidos em seu discurso. Fazendo alusão a um setor social marginal através de uma frase eufemística que só faz referência à possibilidade de "*um local aberto completamente ao público*" (linha 1), estabelece uma associação implícita entre esse setor e gente que consome drogas, como se as pessoas que são sócias do local não pudessem consumir drogas também. Vale dizer que uma nova informação, que não necessariamente é compartilhada e que é introduzida pela "*porta de trás*", está sendo pressuposta: os cholos costumam ser drogados. É essa afirmação pressuposta (que se lança indiretamente ao ouvinte e que age ideologicamente) que o conduz à associação entre cholos e consumidores de drogas e à consequente interpretação de que se fosse permitida a entrada de cholos necessariamente haveria drogados na casa noturna. Esse exemplo também age na consciência social das pessoas através de uma falácia, pois o dono lava as mãos em relação à proibição do acesso à casa noturna a certos grupos sociais ao expor que essa negação do acesso estaria beneficiando a comunidade. O discurso não só representa os Outros como inferiores, mas mostra uma identidade dos Outros que estabelece uma relação ameaçante com o Nós.

"São pessoas extremamente amáveis"

Ainda que uma estratégia conhecida para negar o racismo seja enfatizar os aspectos positivos do *ingroup* (Van Dijk, 2003), em nosso *corpus* descobrimos que uma estratégia ainda mais recorrente para negar, esconder e justificar o racismo é enfatizar, por um lado, os aspectos positivos do *outgroup* e, por outro, o bom relacionamento existente entre ambos os grupos. Tratar-se-ia de uma estratégia que poderia ser bem explicada a partir da estrutura colonial de um país como o Peru, onde ainda se assume a existência de uma relação de "custódia". Com efeito, o curioso dessa estratégia é que se elogiam de maneira exagerada somente as características positivas dos indivíduos que, apesar de pertencerem a esse grupo discriminado, não representam uma ameaça para a elite. Tal é o caso de mulheres e crianças ou de pessoas que são funcionais para o setor social dominante e que não questionam as estruturas de poder estabelecidas: "*fico surpreso/a com a solidariedade que existe entre as crianças pobres e adoro isso*". Essa exaltação das características positivas desses Outros submissos contrasta, por sua vez, com a ênfase exagerada nos aspectos negativos dos Outros que, sim, ameaçam um *status quo*, sentido como instável desde a massiva migração das últimas décadas a Lima e desde as mudanças sociais que ocorreram em consequência disso.

Isso acompanha a exposição de que esses Outros seriam funcionais ao setor social dominante se forem educados. Vale lembrar que, para esse setor social, "ser educado" não significa só contar com qualidades de classe e de moralidade estabelecidas, mas também ser submisso e aceitar as hierarquias existentes. No fragmento seguinte de uma entrevista, por exemplo, a pessoa que faz o comentário exagera nas qualidades de duas pessoas que vendem no mercado em que ele costuma comprar. Veja o uso do advérbio "extremamente" (linha 6) para exagerar os aspectos positivos desses Outros:

> 1. *E a senhora Teo é uma* lady/ *e a senhora Soraya/ a que nos atende na venda/ é uma* 2. lady/ *ou seja, as duas são mulheres educadas, corretas, amáveis, encantadoras/ ou seja, de* 3. *nunca se esqueceram de cada um dos meus irmãos / da minha mãe... me perguntam/ "e já* 4. *veio, já foi embora"/ não estou pedindo níveis socioec.../ ou seja, não é que vou* 5. *perguntar a elas um dia o que pensam do presidente da França/ nem qual é a opinião delas sobre.../ ou seja, não é* 6. *esse o problema/ é gente extremamente educada/ extremamente amável/ muito humana/* 7. *o problema não é que sejamos diferentes/ aí há.../não?/ podemos criar um vínculo* (Luis, 50 anos).

No marco dessa associação entre educação e submissão, esse setor alude ao fato de que antes as pessoas eram "mais educadas" e de que não existiam os conflitos entre os grupos sociais:

1. *Na nossa infância Mama Elvira era uma maravilha/ e os filhos de mama Elvira vinham em 2. casa/ e Chanchi que ia pro norte/ não tinha nenhum problema/ você amava os seus/ 3. as pessoas gostavam de você/ era mútuo/ as pessoas eram diferentes/ não era cólera* (Julia, 52 anos).

Vale dizer que a percepção do conflito se desenvolve quando surge um maior contato entre grupos sociais e quando isso ameaça as relações de poder intocáveis até o momento. Enquanto antes cada um estava no seu lugar e "não havia as diferenças que existem agora" (e era possível "criar um vínculo"), agora as pessoas começam a questionar as hierarquias, e, a partir da elite, o preconceito e a discriminação aumentam. Veja o seguinte exemplo:

1. *quando existe educação/ apesar de ser possível criar diferenças culturais e de pele/ 2. não se cria nenhum conflito/ efetivamente/ a senhora Teo e eu não nos enchemos de beijos 3. porque ela está atrás de um balcão/ mas.../ e a outra senhora/ ela sim/ você não sabe como 4. se emociona quando me vê e diz "por que não me mandam comprar"/ e é.../ aí 5. não existe conflito/ o conflito existe/ quando existe uma falta de respeito a seus direitos* (Luis, 50 anos).

No exemplo anterior, não só se associa indiretamente educação com submissão ou com aceitação da realidade hierarquizada, mas também se exagera no "bom" relacionamento que existe entre a pessoa da elite e a vendedora do mercado ("*a senhora Teo e eu não nos enchemos de beijos porque ela está atrás de um balcão*", "*a outra senhora ela sim, você não sabe como se emociona quando me vê*"). A identidade do Outro, representada até agora no discurso como inferior, e a relação entre o Outro e o Nós como distanciada e, além disso, como uma relação na qual o Outro ameaça constantemente a "integridade" do Nós modifica-se completamente quando as relações de poder são funcionais ao setor dominante.

Nesses exemplos ocorre algo parecido aos anteriores no sentido de que, ao mesmo tempo, se apresentam uma dimensão que oculta o racismo e outra dimensão que termina por representar os Outros como inferiores. Nesse caso, a alusão aos aspectos positivos dos Outros tem o efeito de esconder o racismo e a associação que se faz entre gente com aspectos positivos e gente sujeita à dominação. A elite posiciona os Outros como pessoas que – por serem inferiores – merecem estar abaixo do Nós na hierarquia social.

"EU TENHO UM HOMENZINHO QUE TRABALHA COM ALUMÍNIO"

O interesse de exagerar nas características dos Outros "inofensivos" vincula-se claramente com outra estratégia: o uso de diminutivos para se referir a pessoas que também são concebidas como inferiores, mas que por sua vez são servis e funcionais para as relações hegemônicas de poder. É dessa maneira que pessoas de classe alta se dirigem a suas empregadas domésticas como "filhinha" ou "filha" apesar de esta pessoa ter mais de 50 anos. Trata-se claramente de posturas paternalistas ou de custódia que refletem uma sociedade ainda colonial na qual os Outros são considerados cidadãos de segunda classe.

Em vez de conotar afetividade, nesses casos o diminutivo posiciona o falante como superior e expressa paternalismo em sua relação com este Outro. Veja o seguinte exemplo:

1. *Por exemplo eu tenho um* **homenzinho** *que trabalha com alumínio/ tem uma oficininha pequenininha aqui em La Ma* (Felipe, 54 anos).

2. *Eu acho que a mulher peruana é muito solidária/ a mulher peruana efetivamente/ você vê a* **mulherzinha** *no seu triciclo/ ela está com seus quatro filhos no triciclo/ e está empurrando/ é trabalhadora, empenhada...* (Julia, 52 anos).

Além do uso do diminutivo para fazer referência a pessoas que são vítimas da colonialidade do poder (Quijano, 2000), no exemplo anterior também é possível apreciar o uso muito típico do verbo "ter" para representar o Outro como uma posse. Nós nos atreveríamos a expor que o uso de "os seus" (dirigida a pessoas da mesma classe social) em uma frase que já registramos anteriormente (*"você amava os seus, as pessoas gostavam de você, era mútuo, as pessoas eram diferente, não era cólera"*) também reflete uma relação de posse de uma perspectiva paternalista.

A tutela constitui uma forma de autoridade muito comum no Peru, que enfatiza a diferença hierarquicamente entendida e que fez algo muito natural, "o considerar que há gente que não pode cuidar de seus interesses e que deve ser guiada por quem naturalmente são os condutores" (Nugent, 2001). A tutela associa-se também com a figura – ainda muito vigente – do patrão que, embora muitas vezes não designa hoje em dia um objeto concreto, funciona como um campo de significados que faz referência a aspectos da identidade das pessoas e a relações entre elas (Ruiz Bravo e Neira, 2001). Tudo isso se reflete nas estratégias discursivas dos exemplos anteriores.

Como no caso da estratégia anterior (ênfase nos aspectos positivos dos Outros), o uso do diminutivo e do verbo "ter" para representar o Outro como uma posse tentam posicionar a elite como atenciosa e afetuosa para com os membros do *outgroup*, mas na realidade mostram paternalismo e custódia em relação a esses Outros, que novamente são posicionados como inferiores.

"COITADINHOS... MAS EU COMPREENDO ELES"

Ao fazer referência às características de tipo "cultural" dos Outros, as pessoas de classe alta constroem um argumento no qual se mostram empáticos em relação às formas de ser dos Outros, apelando ao fato de que, por se tratar de traços inerentes a eles, "não têm culpa" de agir como agem. Como o recurso da *negação aparente* (ver a seguir a seção "Os setores médios e as conversas sobre os outros"), o da *empatia aparente* também combina um aspecto positivo dos membros do *ingroup* com aspectos negativos dos membros do *outgroup*. Nesse caso, o aspecto positivo do Nós consiste em serem compreensivos com o Outro. Os seguintes excertos são reveladores a esse respeito:

> 1. *por que você vai exigir de alguém que te diga obrigada/ se ninguém vai te dizer obrigado/ por* 2. *que vai exigir de alguém que tire seu lixo/ se de qualquer jeito você convive com ela* (Teresa, 48 anos).

> 1. *mas é difícil quando também não têm isso em sua casa/ é difícil pedir a eles que sejam limpos* 2. *aqui/ quando lá e onde eles moram não incomoda eles/ é educação, ou seja/ é uma* 3. *maneira diferente e.../ eles não se incomodam [...]/ porque além disso é sua... sua... sua realidade* 4. *é limitante/ ou seja, não é que o lixeiro vá lá como em nossas casas/ nem queimem o* 5. *lixo nem nada/ ou seja, eles têm que se acostumar/ porque é uma realidade da qual.../ não* 6. *podem se distanciar,/ né?* (Pilar, 51 anos).

Através do recurso da *empatia aparente*, os fragmentos anteriores mostram claramente que essas pessoas se posicionam como gente que compreende a realidade dos Outros (*"por que você vai exigir de alguém..."*, *"é difícil pedir a eles..."*, *"têm que se acostumar"*). No entanto, apesar de se admitir que simplesmente se trata de *"uma maneira diferente"*, a descrição das formas de ser dos Outros em tom negativa (*"ninguém lhe agradeceu"*, *"também têm ele em sua casa"*, *"não é que o lixeiro vá lá"*) contrasta com as formas de ser de Nós – e, automaticamente, supõe os Outros como desviantes e o Nós como o "normal", o "melhor" ou o que deveria ser.

Em ambos os exemplos, constrói-se uma identidade do Outro como um ser passivo e resignado, cujos traços culturais o determinam e o obrigam a agir da forma descrita. Além disso, manifesta-se uma relação entre o Nós e os Outros que se explicita como tolerante e compreensiva, mas que na realidade mostra compaixão e desprezo. Essa ideologia de *"coitadinhos, mas eu compreendo eles"* também revela uma relação de tutela ou de um paternalismo compassivo (Merino, 2005). Novamente estamos diante de um caso no qual se superpõe uma dimensão que oculta o racismo (a empatia) a uma dimensão que posiciona os Outros como pessoas que têm formas de ser e de viver inferiores às do Nós.

"VOCÊ NÃO QUER QUE SEU CÍRCULO DE AMIGOS SEJA CONTAMINADO"

A última estratégia refere-se a conceitos utilizados de forma recorrente. Os temas preferidos para caracterizar os Outros correspondem a conceitos não só de *diferença*, mas de *transgressão, ameaça, invasão* e *contaminação*. Essa estratégia também funciona para justificar práticas racistas, pois representa os Outros como aqueles que produziram aquilo que se critica do ângulo de alguém que quer o bem da comunidade, isto é, como os causadores dos problemas suscitados, e não como vítimas de um sistema injusto. No exemplo a seguir se faz alusão à migração do campo para a cidade, especificamente para Lima.

> 1. *porque saturaram toda a capacidade da cidade/ porque normalmente em todos os*
> 2. *... lugares do mundo este processo se dá/ mas se dá de uma forma muito mais*
> 3. *paulatina/ onde o indivíduo que vem à cidade é absorvido e é incorporado/aqui*
> 4. *não/ aqui veio uma massa/ desculpa/ mas totalmente ignorante/ totalmente sem*
> 5. *educação/ invadiu a cidade e tornou ela/ então hoje em dia Lima é o 6. império da*
> *desordem* (Carlos, 50 anos).

A saturação da cidade e a desordem suscitada são atribuídas a esses Outros e, especificamente, às suas formas de ser (*"ignorantes"* e *"sem educação"*). O exemplo que segue também é bastante revelador, pois o emissor está justificando explicitamente a segregação entre os grupos sociais.

> 1. *eu acho que todo o mundo tem o direito/ digamos/ de se manter dentro de um*
> 2. *círculo/ não é verdade?/ você tem um círculo de amigos/ e você não quer que seu círculo*
> *de 3. amigos seja contaminado/ nem seja, digamos, é.../ como se chama, é./ uma palavrinha*
> 4. *que estava super na moda na época dos militares/ "alienante"/ não quer que se torne*
> 5. *alienado/ ou como se diga/ seu grupo/ isso é um pouco a mesma coisa/ são pessoas com*
> *ideias 6. parecidas/ com costumes parecidos/ e não querem que seja modificada sua...*
> *sua... sua 7. forma de ser/ sua forma de ver/ sua forma de sentir/ né?/ então, não é que*

se 8. justifique/ ou seja...(pausa de três segundos)/ não necessariamente isso tem que ser
9. excludente/ ou não deveria ser sentido como algo excludente/ pura e simplesmente deveria
10. ser sentido como realidades distintas (Luis, 50 anos).

Se no início expõe-se um argumento no qual a segregação se explica pela necessidade que as pessoas têm de formar círculos sociais com gente que tenha costumes e ideias parecidas com as suas, a frase *"você não quer que seu círculo de amigos seja contaminado..."* (linhas 2-3) contradiz a negação que aparece no final: *"não deveria ser sentido como algo excludente/ pura e simplesmente deveria ser sentido como realidades distintas"* (linhas 9-10). Isto é, embora se afirme que só se trata de "realidades distintas", o termo *"contaminação"* (ainda que em uma estrutura em voz passiva) revela que o Outro se percebe como um sujeito que *"mancha"* (para mencionar um termo utilizado anteriormente) os valores ou o ser cultural dos dominantes. Embora dessa vez não se faça alusão a uma hierarquização, claramente se vislumbra a ameaça que a diferença desses Outros representa para a identidade do grupo dominante (Wieviorka, 2002: 26). Nesse caso, trata-se de uma recusa baseada em uma diferença cultural que, em contraste com as outras estratégias, se mostra de modo mais explícito.

Antes de concluir esta seção, deveríamos nos perguntar se esta discriminação pela "cultura" ou por aspectos relacionados com a classe e a moralidade equivaleria ao racismo. De acordo com os argumentos propostos por Wieviorka (2002), sim, estaríamos diante de casos de racismo, pois para que este exista é necessário acreditar que "se nasce em uma cultura e não que ela possa ser adquirida". Vimos que na classe alta "a cultura" se concebe como um atributo proveniente de um passado comum a que alguns pertencem e outros não. Igualmente ao que ocorre com o racismo mais clássico, essa naturalização da cultura esconde de algum modo a ideia de características inscritas nos genes ou ligadas a um fenótipo. A concepção de raça como linhagem e moralidade, em que a aparência não constitui um fator identificador fundamental, data de séculos atrás (Ward, 2000), e, no Peru em particular, esse forte vínculo entre as categorias de *raça* e *cultura* remonta a crenças coloniais em relação à "pureza de sangue" (De la Cadena, 2004).

No entanto, essa discriminação pela "cultura" por parte da classe alta de Lima não significa que a cor da pele não tenha mais importância. Pelo contrário, sabemos que a raça constitui um indicador de classe social e de "nível" cultural, e que, na realidade, raça e cultura continuam fortemente interconectadas. A rejeição ao acesso de certos setores sociais a algumas casas noturnas seletas de Lima prova precisamente que a discriminação tem em sua base a construção social da cor da pele, ainda que se justifique essa rejeição fazendo alusão a outros aspectos da aparência.[5]

Os setores médios e as conversas sobre os outros

Marisol de la Cadena (2004) ofereceu uma sugestiva análise sobre as ideias e crenças em torno da noção de raça em distintos atores sociais da cidade de Cuzco. Como ator representativo da classe média de Cuzco, a autora apresenta-nos a Adriana B., uma jovem universitária que "se identifica como *mestiça*, [...] honra suas origens indígenas, [...] apela às 'diferenças culturais' para explicar as hierarquias sociais e até acredita que as atitudes discriminatórias são legítimas se estão respaldadas por diferenças na educação formal" (apud De la Cadena, 2004).

Efetivamente, o núcleo do discurso de Adriana B. é uma crítica à "definição das culturas como depósitos de desigualdades inatas, que legitimam – e naturalizam – as hierarquias entre os grupos humanos" (apud De la Cadena, 2004), mas também o reconhecimento de que as hierarquias são uma parte da realidade que devemos aceitar, se estiver amparada em um critério educativo. E nele seu discurso é parecido ao de outros cuzquenhos de sua condição, quer dizer, cuzquenhos provenientes de uma classe média emergente, mas, ao mesmo tempo, subalterna. Uma classe média que, dada sua própria condição social e muitas vezes suas próprias características físicas, necessita construir um imaginário no qual as hierarquias sociais se baseiem em um critério como o educativo, que, no final das contas, é um bem que é possível alcançar. Nas palavras de Adriana B.: "no nosso país a raça já não manda, agora a inteligência, a educação, a cultura mandam" (apud De la Cadena, 2004). E essa é a estratégia central que encontramos no discurso racista da classe média: a negação do racismo com a finalidade de ela mesma se localizar melhor nas hierarquias sociais.

Assim, este processo de desindianização da classe trabalhadora cuzquenha significou uma luta contra o racismo (desacreditando a raça como uma medida para discriminar), mas, ao mesmo tempo, reproduziu as práticas racistas, já que deu lugar a uma classe média que, ao não se reconhecer como índia, renunciou a suas origens e sente-se no direito de discriminar aquele que "continua sendo índio". Como se pode apreciar, estamos diante de um entremeado complexo no qual raça e cultura se misturam, mas não se anulam. Quando se discrimina por educação, também se discrimina por raça, embora quem discrimine não queira reconhecê-lo.

Podemos sustentar que no discurso dos jovens universitários de classe média de Lima se reproduz uma lógica muito parecida com a que apreciamos no trabalho de De la Cadena para a realidade de Cuzco. Enquanto a classe alta de Lima fala de *cultura* ou de *educação*, e com isso faz alusão a uma característica inata que não se adquire (e, nesse sentido, parece-se muito com a raça), a classe média assume uma visão dinâmica da cultura que lhe permite se agarrar à possibilidade de ascensão social porque, se essa ascensão estivesse mediada pela raça, muitos deles não poderiam chegar a ela. O tema da mobilidade social esteve presente em muitos dos discursos coletados:

> 1. *Eu antes pensava já não importa [o poder aquisitivo de uma pessoa]/ Se tal pessoa está* 2. *em tal escala, já não importa/ mas isso era quando eu estava no colégio/ porque eu estava* 3. *em um colégio de freiras e diziam que todos eram iguais/ mas depois aos poucos meu* 4. *pensamento foi mudando/ porque meu pai foi encontrando um trabalho melhor onde* 5. *pagavam mais pra ele/ então ele começou a se relacionar com outras pessoas/ meu pai é médico/* 6. *começou a conhecer outros médicos/ os donos das clínicas/ então como eu ia* 7. *dizendo/ estou conhecendo melhores pessoas e / também a maneira como se vestiam/ não se* 8. *vestiam com as típicas polos que dizem Rip Col em vez da marca original/ não somente* 9. *de marca mas que ainda mais de marcas caras/ então isso/ como que já vi de* 10. *tudo isso* (Nancy, 19 anos).

Para essa jovem de 19 anos, as melhoras econômicas conseguidas pelo pai lhe permitiram, ou melhor, obrigaram-na a se tornar seletiva, a discriminar. A ascensão social é, para ela, fruto do trabalho de seu pai, e, graças à educação, ela conseguiu maior poder para discriminar. Não importa que suas características físicas exponham-na como mestiça e que seus pais sejam migrantes do interior do país, pois ela se considera mais parecida com os de cima ("*melhores pessoas*"). Enfim, ela pode passar o resto de sua vida tornando invisíveis seus próprios traços raciais, considerando-se incolor, e não se dando conta de que as pessoas que ela discrimina são menos escuras que ela própria. Ela aceita discriminar as pessoas, mas, como ocorria com Adriana B., está convencida de que faz isso a partir de critérios educacionais.

No entanto, é claro que a discriminação das pessoas não se realiza somente pela educação, mas também pelos traços físicos. Dois jovens relataram-nos uma história curiosa que precisamente revela isso. Sabemos que as narrativas no interior de conversas cotidianas, o que se decide contar nelas e a forma como se faz isso constituem uma fonte para revelar a forma pela qual o discurso reflete e constrói as representações, as relações e as identidades. A história – que é contada por ambas as jovens de 19 anos aproximadamente – narra como uma delas conheceu um jovem pela internet e como decidiram se encontrar. Desde o discurso inicial, que acaba funcionando como resumo da narração, faz-se uma conexão entre a cor da pele e a característica de estuprador, e é isso o que outorgará significado aos outros eventos narrados:

Nancy: 1. *O que acontece é que quando você conhece alguém/ você pergunta para ele primeiro/ é 2. como.../ você tá aí e vem alguém pra tirar você para dançar/ a primeira coisa/ não sei/ tem 3. alguns que têm totalmente cara de estupradores/ primeiro você classifica por isso/ é 4. assim/ quero dançar, normal/ você também não vai pedir um Brad Pitt/ mas pelo menos.*

Mônica: 5. *Ou como o cara de ontem.*

Nancy: 6. *O que acontece é que como eu sempre entro no messenger/ tinha um cara que 7. tinha me adicionado e que estudava no Instituto Cato/ e sempre falava comigo/ e eu sempre 8. tive curiosidade de saber quem era/ e ele me disse/ vou buscar você na 9. saída da aula de ontem que terminava às cinco/ fiquei na porta 10. fiquei com a Ingrid e ninguém aparecia/ e nesse meio de tempo tinha um cara com mochila 11. verde/ e ele me disse que tinha mochila verde/ mas não me chamou a atenção de jeito 12. nenhum/ e vimos ele e dissemos "temos que ir embora"/ e então o cara veio 13. atrás e me disse, "você é a Fiorella"/ e ele estava todo assim/ ainda por cima nem sequer 14. chamava a atenção visualmente/ não estava bem vestido/ e estava todo 15. molhado, sujo, suado/ E eu disse para ele "já voltamos"...*

Mônica: 16. *Eu nem sabia o que ia fazer/ e "corre, corre"/ estamos falando e 17. eu lhe disse que tinha cara de estuprador.*

Nancy: 18. *Eu nem falei com ele/ falando como você podia classificar/ sim/ parece de 19. escala um.*

Virginia: 20. *Por quê?/ pela cara de estuprador?/ ou por quais outras coisas?*

Nancy: 21. *Pela cara, pelas características físicas.*

O elemento de avaliação de uma narração é aquele que indica o propósito da história ou a razão pela qual o falante acredita que a história vale a pena ser contada (Labov, 1980). Vale dizer que esse elemento possibilita a existência de muitas formas de contar a mesma história ou a mesma sequência de fatos, porque o objetivo de cada narrador pode ser diferente em cada caso. O elemento de avaliação não só aparece na forma de comentários explícitos que se adicionam à sequência verbal de cláusulas narrativas, mas também como dispositivos linguísticos que são parte delas. Na narração anterior, esse é o caso das negações ("*mas não me chamou a atenção de jeito nenhum*", "*ainda por cima nem sequer chamava a atenção visualmente*") que enfatizam a associação entre o traço de estuprador e as características físicas, ou de citações diretas ("*e eu disse pra ele 'já voltamos'*", e "*corre, corre*") que dramatizam a ameaça que o Outro da narração significava para o Nós.

Na continuação da narração, Mônica repete o que Nancy tinha dito ao início dela e contribui com um fecho que mostra os efeitos do que se contou. O enunciado "*estamos falando e eu lhe disse que tinha cara de estuprador*" terminou confirmando o propósito que motivou a narração da história: deixar clara a associação entre a cor da pele não valorizada pela sociedade e a característica potencial de estuprador. Ainda mais, depois disso, Nancy completa a fala da Mônica e realiza a articulação entre a cor da pele e o poder aquisitivo ("*parece de escala um*"), demonstrando como no Peru é difícil explicitar essas categorias.

Pelo visto, na medida em que conseguiram emergir, esses grupos sociais de classe média não questionaram os velhos preconceitos derivados da ordem colonial, mas assumiram-nos como seus e começaram a "cholear" os de baixo, mesmo quando eram mais escuros que os desprezados. Já falamos em outra seção sobre a existência de casas noturnas em Lima que se reservam o direito de admissão a partir das características físicas. Mônica, de 19 anos, tece o seguinte comentário:

1. *É verdade que é ruim, mas, é/não vai soar bem/ é errado que discriminem as*
2. *pessoas/porque se supõe que todos somos iguais e tudo isso/ bom/ repetem isso para nós*
3. *sempre/ todos os dias/mas é que às vezes é melhor que seja assim/ porque assim você já evita* 4. *o problema de ter que estar diferenciando as pessoas/então agora você somente*
5. *se encontra em um lugar onde só vai um só tipo de pessoas/ para que você possa*
6. *conversar com todos/ para que você possa conhecer qualquer um [...] /é um pouco desconfortável* 7. *fazer uma pessoa entender que você não está interessada em conhecer ela por causa do que ela é* (Mônica, 19 anos).

Ainda que provavelmente Mônica não fosse aceita em nenhuma das casas noturnas seletas de classe alta, ela concorda com as políticas que restringem o direito de admissão a partir de critérios discriminatórios e justifica o racismo através de estratégias de concessões aparentes. Frases como "*é verdade que é ruim, mas...*" ou "*não vai soar bem...*" acabam revelando que "*você não está interessada em conhecer ela por causa de como ela é*".

É impressionante como o discurso das classes dominantes se reproduz nos setores médios, setores que, se olharmos bem, são também subalternos. Trata-se de indivíduos cuja aparência e cujas características físicas também poderiam ser percebidas negativamente, mas que sentem um desejo desmesurado de discriminar e, quando fazem isso, cultura, educação, poder aquisitivo e raça vêm no mesmo pacote. A discriminação por critérios educacionais ou econômicos não veio para substituir a discriminação pela cor da pele. Pelo contrário, somou-se a esta, constituindo um todo altamente complexo no qual o racial parecia desaparecer. Ainda que na prática se discrimine mais a cultura que a cor, é fato que as características físicas continuam sendo importantes na consciência de todos os peruanos (Callirgos, 1993).

A DISCRIMINAÇÃO DO BRANCO COMO RESPOSTA

Ao longo deste capítulo, sustentamos que, no imaginário peruano, a única raça visível é a branca. Só os brancos existem como grupo social diferente dos outros. Só os brancos são chamados de *brancos* ou *branquelos* sem maiores rancores nem problemas, enquanto a classe média, tal como assinalamos, recorre à estratégia de tornar invisíveis suas próprias características raciais com a finalidade de não se reconhecer como mestiços, cholos ou indígenas.

Assim como a raça branca é a mais visível de todas, a rejeição em relação a ela é também uma prática social na sociedade peruana. Quando um indivíduo de características indígenas ou mestiças discrimina um branco, como muitas vezes acontece no nosso país, expressa abertamente seu repúdio pelas pessoas que possuem tais traços físicos, traços que, também, despertam admiração em outros contextos. A raça branca no Peru, como demonstrou Callirgos (1993: 59), é objeto de admiração e de ressentimento. Em suas palavras:

1. nos setores populares o personagem branco é associado a riqueza, a 2. poder e a felicidade, mas também existe um ódio em relação ao branco; é como se a 3. dominação colonial tivesse criado uma marca que define os brancos 4. como seres agressivos e potencialmente perigosos. Parte dessa 5. percepção do branco é sua capacidade de subordinar o cholo.

Atualmente, o Peru acaba de atravessar um contexto eleitoral no qual o discurso reivindicativo dos setores populares e o repúdio em relação aos setores altos tradicionais (brancos) tornaram-se visíveis. Além disso, enquanto nas classes altas e médias faz-se alusão à discriminação pela cultura, pela educação ou pela classe, em alguns movimentos partidários que têm um discurso denominado *nacionalista*, seus seguidores estabelecem abertamente distinções raciais nas quais se aprecia um repúdio em relação ao branco. Se assumirmos o racismo como um sistema social de dominação de um grupo sobre outros, e a dominação como uma forma de abuso do poder (Van Dijk, 2005), podemos explicar que essa rejeição em relação ao branco – e ainda a atribuição essencialista ao branco de certas formas de ser – constitui uma resposta ao racismo e uma ideologia de caráter reivindicativo e político. A rejeição do branco não tem a ver com as características físicas que este possui – as quais, em geral e pelo contrário, são consideradas como "melhores" ou "mais bonitas" –, mas com o caráter potencialmente explorador e injusto que se relaciona com essa cor de pele. O branco é um marginalizador, razão pela qual ele é discriminado, e isso, portanto, não se nega ou se silencia como o racismo do setor dominante.

A esse respeito, podemos comentar algumas ideias de Isaac Humala, propulsor do discurso *etnocacerista* que deu origem ao discurso *nacionalista* anteriormente aludido. Ele afirmou que "somos racistas, claro" e que "Das quatro raças que existem no mundo, a acobreada está marginalizada e nós a reivindicamos" (*La República*, 3 jan. 2006). Seu discurso estrutura-se com claras pretensões históricas e científicas para justificar o exercício desse repúdio:

1. A espécie humana tem quatro raças, das quais uma está praticamente afastada, a 2. branca domina o mundo, a amarela tem duas potências, China e Japão, e a negra apesar de 3. não estar tão bem como as duas anteriores pelo menos domina seu continente. Outra situação é a da 4. acobreada, que não governa em nenhum

lugar. Nós pensamos fazer isso, parece algo 5. impossível, mas somos utópicos nesse sentido, temos esperança em momentos em que 6. ela já se perdeu, isso é o que nos diferencia (*La República,* 3 jan. 2006).

No entanto, diferentemente do discurso do racismo científico que procurava justificar o racismo a partir da ideia da superioridade da raça ocidental, a rejeição ao branco peruano não considera que o "acobreado" seja melhor que o branco; o branco é discriminável como discriminador e explorador, e não em termos da superioridade racial dos acobreados: "Nós não defendemos que a raça acobreada seja superior, mas que foi vítima e que tem que se reincorporar" (*La República*, 3 jan. 2006).

Não estamos diante da necessidade de negar o racismo a partir de critérios como a classe ou a educação, mas diante da aceitação de um repúdio e sua justificativa a partir da situação de exploração, injustiça e pobreza que o acobreado vive ("*Acobreados* são os índios, mas, além disso, são os *cholos*, que são acobreado com branco; os *zambos*, com negro; e os *injertos*, com amarelo", quer dizer os não brancos. Dentro do ideário político de Isaac Humala, trata-se de dar *status* de cidadãos diferentes aos acobreados e aos brancos: "as pessoas de cor acobreada andina seriam consideradas nacionais, enquanto o restante seria cidadão peruano" (*El Comercio,* 3 jan. 2006), como se esse *status* diferenciado constituísse um tipo de revanche do acobreado, descendente do inca que foi expropriado de seus domínios. É o ressurgimento do andino o que está em jogo, e tal discurso sempre causou simpatia em certos setores do nosso país, especialmente naqueles catalogados como "frustrados" pela classe alta.

Apesar do caráter reivindicativo desse discurso – e do fato de não se poder falar de racismo nesse caso – é claro que se trata de um discurso que também naturaliza a desigualdade social a partir da atribuição de características intrínsecas aos diferentes grupos segundo a cor da pele. Assim, por exemplo, se considera que as crenças racistas são "inerentes" somente aos brancos. Trata-se, certamente, de uma ideologia altamente violenta, dentro da qual se chegou a propor condenação pública dos brancos. Sendo conscientes disso, é importante ressaltar que para a classe alta peruana esse discurso antibranco constitui o único racismo existente no Peru. Sem dúvida, esse setor não pensa sobre seu próprio racismo nem nas causas que estão por trás de um discurso como o que comentamos nesse parágrafo.

REFLEXÕES FINAIS

O racismo no Peru está representado por um conjunto de discursos e de posições materiais com relação a ele. O setor de classe alta alude a diferenças culturais; não obstante, a crença subjacente assume a absoluta superioridade moral e intelectual de um setor de peruanos sobre o resto, razão pela qual estaríamos ante um "racismo sem raça" ou um "fundamentalismo cultural" (De la Cadena, 2004). Por outro lado, os setores da classe trabalhadora cuzquenha estudados por De la Cadena e os informantes de classe média aos quais recorremos para esse estudo assumem a cultura como algo que se adquire através do sucesso e do mérito pessoal, mas assumem também que a educação é uma fonte legítima de discriminação social. No entanto, vimos que em ambos os setores a construção social sobre a cor da pele continua na base dessas novas formas de discriminação.

Analisamos como o discurso racista da elite nega constantemente o racismo através de autoapresentações positivas, representações de si mesmos como seres compreensivos e empáticos com os Outros e através de expressões de valorização e afetividade em relação a eles. Contudo, analisamos também como esse setor constrói uma identidade do Nós como superiores, mais dignos, mais íntegros e mais normais que alguns Outros, cujas formas de ser degradantes ameaçam constantemente sua identidade cultural.

Ainda que, diferentemente da elite, os setores médios concebam as características culturais como dinâmicas, estes também expressam a distância social entre o Nós e os Outros e representam estes últimos como seres que ameaçam sua integridade e como seres inferiores a um Nós que se concebe como "pessoas melhores". Embora, aparentemente nos setores médios, esteja sendo tecido um discurso contra-hegemônico em relação ao racismo, na realidade esse discurso coincide com as formas dominantes de racismo. Efetivamente, vimos que as estratégias discursivas que reproduzem o racismo nos setores médios são parecidas às dos setores altos, e que esse uso da linguagem revela um acordo implícito em ambos os setores de que a "brancura" (reescrita como cultura, poder aquisitivo ou sucesso educativo) é absolutamente superior à "não brancura" dos Outros.

Queremos nos deter aqui para refletir um pouco mais sobre essa crença em torno do fracasso educativo como uma condição social que faz de alguém indigno e, portanto, inferior. O interessante – e o que torna essa ideologia hegemônica – é que tanto as elites como o resto dos setores sociais compartilham uma mesma crença no poder da educação e da "cultura" e aceitam as diferenças de educação como legitimadoras da hierarquia e desigualdade social. Devido à força hegemônica dessa ideologia, a discriminação aos grupos não escolarizados – e, portanto, iletrados – realiza-se de maneira explícita e ninguém – nem sequer o setor intelectual – questiona a crença de que são "inferiores".

Como a educação associa-se diretamente à aprendizagem da leitura e da escrita, a falta de educação tem como seu símbolo máximo a pessoa analfabeta. Com relação a isso, estamos diante de um fenômeno que exige cada vez mais força no Peru e que posiciona o analfabeto como o ser mais desprezado e mais discriminado de todos, inclusive mais que o índio ou que o pobre (ainda que saibamos que os analfabetos são geralmente índios e pobres). Os analfabetos são representados como "cegos", imorais ou indecentes e incapazes de raciocinar com inteligência (ou com "abstração", "racionalidade" e "lógica"). Essa crença não só foi interiorizada pela população camponesa analfabeta, que se sente "inválida" ou "morta em vida" por não saber ler e escrever, mas também pelo próprio Estado, que fortalece esse discurso tanto através de cartazes que mostram o analfabetismo como cegueira, como mediante os textos de programas de alfabetização de adultos em que se felicita o usuário por ter decidido despertar da escuridão para o mundo da luz. Essas ideias sobre a escrita e seus efeitos constituem hoje em dia uma forma de discriminação que, embora pareça desligar-se da racial, é parte fundamental das desigualdades baseadas nesse critério.

Como toda ideologia e como toda construção histórica, o racismo vai mudando de acordo com as mudanças das relações de poder das sociedades e vai assumindo diversas formas de acordo com a evolução da história social. Atualmente, no Peru, o racismo implica algo mais complexo que a discriminação pela cor da pele, pois essa categoria articulou-se com as de classe, cultura e educação. É possível concluir que na sociedade peruana funciona um conceito moderno de "raça", na qual o fenótipo se subordinou às capacidades intelectuais e aos padrões morais, quer sejam esses vistos como intrínsecos à pessoa, quer como características que podem ser alcançadas através da educação formal. O racismo, então, foi reescrito a partir de outras categorias sociais e por isso é possível afirmar que a branquidade constitui uma construção social que pode ser identificada com a "decência" ou com o "letrado". Como registramos anteriormente, isso não significa que o racismo não exista mais no Peru. Pelo contrário, essa nova "brancura" socialmente construída ainda é vista como superior e mais digna em termos absolutos e também continua vinculada – ainda que talvez cada vez menos – à cor da pele.

Alguns afirmam que o racismo de índole cultural que pode ser visto neste texto em parte pode estar respondendo a uma tendência geral em direção a um "novo racismo" de tipo diferencialista (Wieviorka, 2002). No entanto, é importante considerar que no Peru esse racismo coexiste com uma hierarquização de tipo colonial que não só supõe uma marginalização, mas também uma exploração do econômico e uma realidade de desigualdade com fortes barreiras ao acesso igualitário às mesmas oportunidades sociais. A recente mobilização da população em resposta a práticas racistas de casas noturnas, as novas leis contra o racismo e a existência de algumas instituições dedicadas a combatê-lo nos últimos anos constituem aspectos que devem ser reconhecidos. Não obstante, esses ainda não conseguiram modificar essa exploração do econômico a partir da construção cultural da cor da pele.

(Tradução: Nylcéa Siqueira Pedra, professora de Língua e Literatura Espanhola na Universidade Tuiuti do Paraná)

Notas

[1] Essa concepção de mestiçagem como o encontro harmônico de duas culturas (a espanhola e a indígena) pode ser observada inclusive nos textos escolares contemporâneos que a oficialidade elabora (Portocarrero e Oliart, 1989).

[2] Essas características dos Outros que nossos informantes mencionaram assemelham-se às que apareceram em uma pesquisa denominada "Cholômetro", que circulou por correio eletrônico há um certo tempo no Peru. O objetivo da pesquisa era revelar ao usuário quão "cholo" era e para isso apresentava 67 perguntas que faziam referência a "formas de ser" de um "cholo". Alguns exemplos são os seguintes: "assobiou para/cantou mais de três moças/os?", "assoa o nariz no chuveiro?", "carrega um pentinho preto no bolso traseiro da calça?". Ao final da pesquisa, aparecia uma classe de categorias segundo a quantidade de respostas afirmativas respondidas e estas iam desde "cholo típico" até *chontril*: seu problema é genético" [sic].

[3] Um dos informantes afirmou o seguinte: "É a mesma coisa, a cultura é educação, a falta de cultura é falta de educação, chame ela cultura chame ela educação, para mim é a mesma coisa, ou seja, para mim o cara que não respeita o sinal vermelho, que é inculto ou sem educação qualquer uma das duas, eu diria que é um animal".

[4] Instituição estatal encarregada da defesa do consumidor.

[5] O dono de uma casa noturna de Lima argumentou o seguinte quando tentou negar o racismo: "[o regulamento diz] que posso me reservar o direito de não admissão no caso de roupa não apropriada... digamos roupa rasgada, calças sujas, cheias de gordura, tem que estar com uma roupa boa".

BIBLIOGRAFIA

ALFARO ROTONDO, Santiago. Indígenas en la globalización: multiculturalismo o barbarie. In: *Informe anual sobre los derechos económicos, sociales y culturales en el Perú, 2004*: lo que se debe conocer antes de decidir. El impacto del librecomercio en los derechos humanos en el Perú. Lima: Asociación pro Derechos Humanos (APRODEH)/Centro de Asesoría Laboral del Perú (Cedal), 2005.

CALLIRGOS, Juan Carlos. *El racismo:* la cuestión del otro (y de uno). Lima: Desco, 1993.

CARRILLO, Hugo. La dimensión étnica en la desigualdad en el Perú. In: TOCHE, Eduardo (comp.). *Perú Hoy.* La desigualdad en el Perú: situación y perspectivas. Lima: Desco, 2005, pp. 161-202.

COMISIÓN DE LA VERDAD Y LA RECONCILIACIÓN. *Hatun Willakuy.* Lima, 2004.

CHOULIARAKI, Lilie; FAIRCLOUGH, Norman. *Discourse in Late Modernity:* rethinking critical discourse analysis. Edinburgh: Edinburgh University Press, 1999.

DE LA CADENA, Marisol. *Indígenas mestizos:* raza y cultura en el Cusco. Lima: Instituto de Estudios Peruanos, 2004.

DEGREGORI, Carlos Iván; BLONDET, Cecilia; LYNCH, Nicolás. *Conquistadores de un nuevo mundo*: de invasores a ciudadanos en San Martín de Porres. Lima: Instituto de Estudios Peruanos, 1986.

DEL BUSTO, José Antonio. Perú: país mestizo. In: GUERRA MARTINIÈRE, Margarita; HOLGUÍN CALLO, Oswaldo; GUTIÉRREZ MUÑOZ, César (orgs.). *Sobre el Perú*: homenaje a José Agustín de la Puente Candamo. Lima: Pontificia Universidad Católica del Perú (PUCP), 2002.

FAIRCLOUGH, Norman. *Language and Power.* London: Longman, 2001.

_____. WODAK, Ruth. Critical Discourse Analysis. In: VAN DIJK, Teun (ed.). *Discourse as Social Interaction.* London: Sage, 1997, pp. 258-84.

GEE, James Paul. *Social Linguistics and Literacies:* ideology in discourses. London: Falmer Press, 1996.

GOLTE, Jurgen; ADAMS, Norma. *Los caballos de Troya de los invasores:* estrategias campesinas en la conquista de la Gran Lima. Lima: Instituto de Estudios Peruanos, 1990.

HERRERA, Jaime. *La pobreza en el Perú en 2001*: una visión departamental. Lima: INEI, 2001.

LABOV, William. The Transformation of Experience in Narrative. In: JAWORSKI, Adam; COUPLAND, Nikolas (eds.). *The Discourse Reader.* London: Routledge, 1999, pp. 221-35.

MANRIQUE, Nelson. Algunas reflexiones sobre el colonialismo, el racismo y la cuestion nacional. *La piel y la pluma:* escritos sobre literatura, etnicidad y racismo. Lima: SUR y Cidiag, 1999.

MATOS MAR, José. *Desborde popular y crisis del Estado:* el nuevo rostro del Perú en la década de 1980. Lima: Concytec, 1988.

MERINO, Maria Eugenia. Prejuicio étnico en el habla cotidiana de los chilenos acerca de los mapuches en la ciudad de Temuco, Chile. In: CORONEL-MOLINA, Serafín; GRABNER-CORONEL, Linda (eds.). *Lenguas e identidades en los Andes:* perspectivas ideológicas y culturales. Quito: Abya Yala, 2005.

NUGENT, Guillermo. ¿Cómo pensar en público? Un debate pragmatista con el tutelaje castrense y clerical. In: LÓPEZ MAGUIÑA, Santiago et al. (eds.). *Estudios culturales:* discursos, poderes, pulsiones. Lima: Red para el Desarrollo de las Ciencias Sociales en el Perú, 2001, pp. 121-43.

PORTOCARRERO, Gonzalo. La cuestión racial: espejismo y realidad. In: *Violencia estructural en el Peru:* sociología. Lima: APEP, 1990.

_____. Discriminación social y racismo en el Perú de hoy. In: MANRIQUE, Nelson. *500 anos después...* ¿El fin de la historia? Lima: Escuela para el Desarrollo, 1992.

_____. OLIART, Patricia. *El Perú desde la escuela.* Lima: Instituto de Apoyo Agrario, 1989.

QUIJANO, Anibal. Colonialidad del poder, eurocentrismo y America Latina. In: LANDER, Edgardo (comp.). *La colonialidad del saber:* eurocentrismo y ciencias sociales. Perspectivas latinoamericanas. Buenos Aires: Clacso, 2000.

RUIZ BRAVO, Patricia; NEIRA, Eloy. Enfrentados al patrón: una aproximación al estudio de las masculinidades en el medio rural peruano. In: LÓPEZ MAGUIÑA, Santiago et al. (eds.). *Estudios culturales:* discursos, poderes, pulsiones. Lima: Red para el Desarrollo de las Ciencias Sociales en el Perú, 2001, pp. 211-31.

VAN DIJK, Teun. Discourse and the Denial of Racism. *Discourse & Society.* Amsterdam: University of Amsterdam v. 3, n. 1, 1992, pp. 87-118.

_____. Discourse as Interaction in Society. In: VAN DIJK, Teun (ed.). *Discourse as Social Interaction.* London: Sage, 1997, pp. 1-37.

_____. *Ideología y discurso:* una introducción multidisciplinaria. Barcelona: Ariel, 2003.

_____. *Racism and Discourse in Spain and Latin America.* Amsterdam: Benjamins, 2005.

WADE, Peter. *Raza y etnicidad en Latinoamérica.* Quito: Abya Ayala, 2000.

WIEVIORKA, Michel. *El racismo:* una introducción. La Paz: Plural, 2002.

ZAVALA, Virginia. Vamos a letrar nuestra comunidad: reflexiones sobre el discurso letrado en los Andes peruanos. In: LÓPEZ MAGUIÑA, Santiago et al. (ed.). *Estudios culturales:* discursos, poderes, pulsiones. Lima: Red para el Desarrollo de las Ciencias Sociales en el Perú, 2001, pp. 233-252.

Venezuela: país "café com leite"

Adriana Bolívar, Miguel Bolívar Chollett, Luisana Bisbe,
Roberto Briceño León, Jun Ishibashi, Nora Kaplan,
Esteban Emilio Mosonyi e Ronny Velásquez

A Venezuela é frequentemente descrita como um país "café com leite" (cf. Wright, 1993; Briceño León, 2005 e Briceño León et al., 2005) porque seus habitantes se orgulham de ser "mestiços".[1] Essas expressões encerram um processo complexo que deve ser estudado com cuidado, a partir de várias perspectivas e dimensões, para poder dar conta do fenômeno de maneira justa e equilibrada, considerando os aspectos históricos, sociais, cognitivos, culturais e políticos que nos permitam visualizar o problema da discriminação racial em nosso país. Até agora não existem pesquisas que levem em conta todos esses aspectos de maneira integral e, por isso, este capítulo constitui uma primeira tentativa da qual participam diretamente pesquisadores da Demografia, Sociologia, Antropologia, Linguística Discursiva, Análise Crítica do Discurso e também, indiretamente, acadêmicos da História, Economia, Psicologia Social, Comunicação Social e outras áreas das Ciências Humanas e Sociais a cujos trabalhos fazemos referência.

O problema do racismo na Venezuela foi abordado sob a ótica de diferentes disciplinas das ciências sociais, cada uma de acordo com suas próprias teorias e fazendo uso de variados métodos. Os historiadores geralmente se ocuparam dos aspectos relacionados à conformação do povo venezuelano, com as origens e a "raça" geralmente fixadas na escravidão, com ênfase no processo de dominação europeia (Herrera, 1999); os sociólogos e antropólogos se orientaram mais para o estudo dos escravos negros e seus costumes, a perda dos valores das culturas africanas e indígenas (Ascencio, 1984, 1986; Mosonyi, 1975, 1982, 2004; Bartolomé, 1995), a influência dos elementos indígenas e africanos nas culturas populares venezuelanas (Acosta Saignes, 1948, 1958, 1967; Mosonyi, 1982, Chacón, 1983), as relações entre racismo e estrutura social (Briceño León, 1992, 2005; Briceño León et al., 2005) e, mais recentemente, problemas que correspondem à definição da identidade cultural nos movimentos de ativistas afrodescendentes (Ishibashi, 2000a, 2000b). Os psicólogos, especialmente os psicólogos sociais, e os educadores aproximaram-se do problema do racismo em estudos sobre a identidade venezuelana, a imagem social, os imaginários e os estereótipos (Montero, 1984, 1996; Sifontes, 1984; Abzueta e Salom, 1986; Banchs, 1992; Cadenas, 1992; Domínguez, 1993; Salazar, 2001; González, 2002). Os linguistas e comunicadores sociais ocuparam-se um pouco mais da expressão linguística do racismo e das formas com as quais os meios de comunicação representam ou contribuem para manter os comportamentos racistas (Adan e Castro López, 1979; Virgüez e Iribarren, 1991, Inojosa et al., 1994; Bolívar, 1993, 1996a, 1996b, 2001a; Bolívar e Kaplan, 2003a, 2003b, 2003c, 2004; Jaimes, 2002; Van Dijk, 2003; Ishibashi, 2004).

Entre os psicólogos, destaca-se Montañez (1993) que oferece, talvez, o primeiro trabalho que enfrenta diretamente o problema do racismo contra os negros, suas origens, e a discriminação sofrida ou praticada por aqueles que subvalorizam as raízes africanas. O valor de seu trabalho reside em assinalar os tipos de discriminação em relação aos outros e em relação a si mesmo, em uma sociedade que historicamente se vangloriou de valorizar o igualitarismo, mas que mantém o racismo de maneira "oculta", e assim o preconceito e a discriminação "persistem encobertos na sociedade aparentemente não racista da Venezuela atual" (Malavé Mata, 1993: 9). Por conseguinte, por trás da metáfora do país "café com leite" parece se esconder um desejo de "igualdade", que não é necessariamente posto em prática na vida cotidiana.

Falar de racismo na Venezuela significa, pois, procurar as raízes do fenômeno na história, na época da conquista e da escravidão, nas marcas sociais deixadas por anos tormentosos de grandes abusos e injustiças perpetradas pelos europeus em sua busca por satisfazer seus propósitos de dominação e expansão imperial, avalizados por Deus e pela lei (Herrera, 1999). Também significa investigar os padrões cognitivos, criados na época da conquista, alimentados durante séculos, incentivados para moldar condutas que favoreceram (e favorecem) a discriminação, a desigualdade social e a injustiça. Da perspectiva de Montañez (1993) e Herrera (1999), apesar de aparentemente existir atualmente uma tomada de consciência sobre como foram indesejáveis o abuso e a injustiça contra os indígenas e os afro-americanos, a discriminação racial ainda subsiste pelo menos de três maneiras: na forma de discriminação velada e direta, na negação do racismo e no endoracismo, o racismo contra si mesmo. Ainda que as duas primeiras possam ser comuns em outros países latino-americanos, o endoracismo merece destaque na Venezuela porque, de forma consciente ou inconsciente, contribui para o fortalecimento do racismo na vida cotidiana (Montañez, 1993).

O racismo velado ou direto encontra sua expressão no discurso cotidiano em estereótipos como "os negros são perigosos, são ladrões, cheiram mal, têm manhas ruins, desprestigiam a imagem de uma empresa e até... não têm culpa de serem assim!" (Montañez, 1993: 154). Também transparece em recomendações às crianças, "Eu te disse pra não jogar com esses negrinhos porque a gente nunca sabe" (Montañez, 1993: 149), ou em piadas que podem chegar a ser muito degradantes como a da seguinte conversa entre dois jovens universitários:

(1)
A: Você sabe quanto tempo uma negra demora para tirar o lixo?
B: ... Quanto?
A: Nove meses.
(risos) (Montañez, 1993: 58).

A conduta verbal racista está difundida na linguagem popular em diferentes doses de força agressiva ou burla em relação à população negra. Montañez (1993: 159) coleta alguns exemplos de canções populares como os seguintes:

(2)
Negra! ... se você fosse branca e com o cabelo liso/ Minha mãe disse aflita que não me casasse com negra, porque quando está dormindo, parece uma cobra enroscada/ Uma negra nariguda não faz minha comida, porque esconde os bocados no buraco do nariz.[2]

(3)
Guisado de ossinho, guisado de iguana, quem viu negro, parado na janela/ Guisado de ossinho, guisado de espuma, quem viu negro no colchão de pena/ Guisado de ossinho, guisado de espora, quem viu negro professor de escola/ Guisado de ossinho, garapa de tomilho, quem viu negro, com cabelo amarelo.[3]

Podem ser adicionados a essas canções refrãos ou expressões que já se consideram "naturais" na fala cotidiana: "trabalhei como uma negra"; "estou suando como um negro"; "me *negrearon*". Os preconceitos expressam-se em frases como "esticar o cabelo ruim", para ficar mais bonita; "me consegue uma boa negra para trabalhar", quando se necessita ajuda doméstica. Existem crenças populares que se codificam na língua, como "isso parecia um balaio de negros" para indicar que os negros são desorganizados; "negro quando não faz na entrada faz na saída", "negro quando não sai dá uma olhada e se aproxima", para indicar que são pessoas ruins. Também em ditados: "negro é negro e seu sobrenome é merda", "branco com guarda-pó: doutor; negro com guarda-pó: açougueiro"; "tinha que ser negro!"; "Branca boa pra 'casá', negra boa pra 'gozá'".

De maneira parecida, abundam na linguagem popular expressões discriminatórias contra os indígenas: "este é como índio", para referir-se a uma pessoa rústica demais, de modos grosseiros ou com poucos estudos; "saiu a índio", quando alguém fica iracundo sem razões aparentes; "fala como um índio" quando alguém comete erros prosódicos e gramaticais; "seu inglês é totalmente índio", quando alguém utiliza mal esse idioma; "aqui não somos mais índios" quando se deseja insistir no refinamento de um grupo social; "tinha que ser índio", quando se comete uma monstruosidade; "é porco como um índio", para se referir a alguém extremamente desasseado; "índio comido, índio ido", para mostrar que se está cometendo um ato de falta de educação etc.

Apesar do referido anteriormente, dificilmente esse uso da linguagem é avaliado como racista. Os exemplos anteriores encerram uma ampla gama de tensões raciais e sociais que nem sempre são reconhecidas, como manifesta a antropóloga Michelle Ascencio:

Houve desde o século XIX um discurso empenhado em negar as tensões entre os diversos grupos que constituem a sociedade venezuelana. E como o racismo local não é como o dos Estados Unidos, por exemplo, isso serviu de álibi para continuar negando que na Venezuela não se mata ninguém diretamente por ser negro... usa-se o barômetro de uma situação de extrema violência para minimizar a violência que nós vivemos. Na realidade a violência é a mesma, mas se expressa de maneira mais sutil entre nós, esse olhar de cima a baixo; essa boca torcida; o fato de o mensageiro dizer pra mim, quando eu abro a porta da minha casa, que, por favor, chame a dona da casa.[4]

O endoracismo tampouco é reconhecido e aceito. Ele se concebe como um processo psicossocial iniciado na Colônia, que se mantém até hoje mediante a atitude de desestimar as próprias origens ("alisar o cabelo ruim"). Como diz Montañez (1993: 166):

Estamos ante a internalização dos preconceitos racistas por parte das mesmas pessoas discriminadas. Trata-se de um processo ativo em relação aos componentes sociais racistas, no qual a ação não está dirigida à transformação da situação através da aceitação de qualquer característica física ou cultural, não importa sua origem étnica, mas a falsa superação do racismo é desejada mediante sua negação, sua ocultação, mediante o sonho de que todos sejamos brancos, do branqueamento generalizado.

Esse fenômeno raramente é aceito abertamente[5] porque é um fato histórico a pretensão de "branquear a raça" (Berglund, 2005: 38), e por isso, para os venezuelanos, pode parecer natural empregar a expressão "melhorar a raça" quando uma pessoa se casa com outra de cor de pele mais clara ou de origem europeia. Não obstante, o endoracismo tem implicações importantes para precisar quais são as características físicas de uma pessoa negra em nosso país, porque as pessoas têm uma percepção muito subjetiva sobre sua cor de pele e sua pertença a grupos sociais. Por essa razão, em algumas ocasiões, a causa da ausência de um debate sobre o racismo na Venezuela atribui-se parcialmente às pessoas discriminadas, que interiorizam o sentimento de inferioridade com relação à imagem negativa do fenótipo africano e do estereótipo associado a ele (Montañez, 1993; Mijares, 1997). De maneira parecida, o movimento cívico da minoria social que denuncia o racismo não se desenvolveu porque não existe uma consciência coletiva de afro-venezuelanos como um grupo étnico-racial, ainda que nos últimos anos tenha surgido um movimento que emprega com mais frequência o termo "afrodescendentes", como veremos mais adiante.

Na Venezuela, como em muitas outras sociedades da América Latina, estabelece-se uma estreita relação entre a estrutura de classes sociais e a distribuição populacional dos grupos étnicos que tende a mostrar uma coincidência entre classe e raça: os ricos tendem a ser brancos e pobres de pele escura; mas nem todos os brancos são ricos nem tampouco todos os mestiços são pobres. Essa identificação classe-raça tem em geral muitas limitações, mas na Venezuela os problemas tornam-se maiores por causa de duas características próprias dessa sociedade: por um lado, o tamanho da população indígena é muito pequeno em relação ao conjunto da sociedade (534.816, de uma população total próxima aos 25 milhões, 24.920.902, segundo o censo de 2001), e, por outro lado, durante o século xx ocorreu uma mobilidade social muito alta que modificou a estrutura de classes de uma maneira significativa e facilitou ainda mais o processo de mestiçagem que há séculos vinha acontecendo. No entanto, a estrutura social ainda conserva algo de sua carga racial. A persistência da relação classe-raça corresponde à inércia das heranças do passado que nem a mestiçagem nem a mobilidade social conseguiram mudar, mas também há alguns padrões culturais ou estereótipos que dificultariam ou até mesmo impediriam a mobilidade social das pessoas. O primeiro componente pode ser atribuído à inércia social do passado, às desigualdades de origem econômica e cultural que, ainda em condições ótimas de igualdade de oportunidades, limitam para uns e facilitam para outros a melhora social. Porém, o segundo, sim, pode ser entendido como racismo que tem impacto na Venezuela, ainda que muito limitado, devido a seu caráter que classificamos como *aviltante* (Briceño León, 1992).

A tese da mestiçagem é mais complexa do que parece. Segundo Montañez (1993: 68-9), que se apoia em Trigo (1982), podem ser distinguidos três significados do termo *mestiçagem*: 1) mestiçagem como conceito progressista; 2) mestiçagem como termo ideológico e 3) mestiçagem como conceito demagógico. O primeiro parece ser mais um desejo que uma realidade, porque aponta em direção a uma situação desejável na qual a meta é a "justiça social" ou "igualdade" de todos, mas não se descreve o que realmente existe (um racismo sustentado pelas diferentes raízes étnicas que valoriza mais os brancos do que os negros ou indígenas). O segundo serve para ocultar as desigualdades que construíram o racismo, porque, ao dizer "somos um povo mestiço", ainda que seja uma característica observável fisicamente,[6] os processos históricos geradores desse fato são neutralizados, colocam-se obstáculos para o reconhecimento das desigualdades e das contradições e se "minimiza a necessidade de analisar a situação em toda sua complexidade" (Montañez, 1993: 69). E o terceiro significado surge quando o sentido ideológico é visto "a partir da perspectiva da utilidade social que presta" (Montañez, 1993: 69), vale dizer, para enriquecer os discursos igualitários de tipo demagógico.

Convém esclarecer também que, à margem dos propósitos para os quais tenha sido usado o termo, a mestiçagem é um atributo objetivo e como tal pode ser utilizado para coroar fins perversos. A mestiçagem foi a característica majoritária da população da Venezuela republicana, que posteriormente se debilita como consigna ou como recurso igualitário baseado em características étnicas, quando a Venezuela recebe a contribuição migratória dos europeus a partir do final da Segunda Guerra Mundial. Como consequência, o racismo na Venezuela também deve ser visto em relação às migrações de estrangeiros que foram chegando ao país aos poucos em diferentes momentos, os que chegavam por causa dos chamados "caminhos verdes" (negros antilhanos, chineses) e outros permitidos legal ou extralegalmente. Vale a pena destacar que até o começo do século XX não era permitida a entrada no país de pessoas que não fossem de origem europeia. A Lei de Imigração e Colonização de 1912 estabelecia claramente: "Não serão aceitos como imigrantes nem terão direito aos benefícios concedidos pela presente Lei: 1: Os indivíduos que não forem de raça europeia" (apud Área, Guánchez e Sainz Borgo, 2001: 95). Isso significa que, por muitos anos, não foi permitida a entrada de chineses, árabes e africanos. Durante o pós-guerra, a entrada de judeus não foi permitida. De fato, "o governo foi resistente em aceitar a entrada de judeus e a Circular 2.931 de 1938, dirigida aos cônsules venezuelanos, deixou claro que nenhum judeu nem nenhuma pessoa de cor poderia receber um visto exceto se fosse autorizada diretamente pelo Ministério de Relações Exteriores" (Berglund, 2004: 39). Em 1966, promulgou-se uma nova lei de imigração, "mas só para suprimir o inciso sobre a raça do imigrante" (Berglund, 2004: 41).[7] Como evidência dessa política racial, ficam as palavras do ditador Marcos Pérez Jiménez, que foi presidente da Venezuela entre 1952 e 1958:

Dentro dos enunciados filosóficos, as grandes ideias do Ideal Nacional se dizia, com pleno conhecimento de causa, que existe a necessidade de melhorar o meio físico e o componente étnico. Nós *temos uma série de taras que devemos corrigir* [...] Por isso, dentro das questões do Novo Ideal Nacional, em primeiro lugar estava a necessidade de misturar nossa raça com o componente dos povos europeus [...] procurávamos uma imigração selecionada, em palavras mais simples, procurávamos *o melhorzinho que pudéssemos encontrar.*[8]

Dada a diversidade de aspectos que haveria que se considerar, e a complexidade do assunto do racismo e a discriminação no nosso país, decidimos dividir este capítulo em seis partes. A primeira tem enfoque nas raízes históricas e é fundamental para entender o padrão de povoamento e ver como, nas lutas pelo poder, foi se construindo o país e a discriminação étnica, racial e cultural (Bolívar Chollett, 1994, 2004). A segunda parte aborda a relação entre a estrutura social e a percepção do racismo, o que nos permite compreender a percepção subjetiva da cor da pele, o racismo *vergonhoso* dos venezuelanos, como denomina Briceño León (2004). Na terceira parte nos dedicamos ao problema dos afrodescendentes submergidos na identidade mestiça, o racismo e etnogênese como concebe Ishibashi (2001) e oferecemos exemplos sobre como funciona o racismo na publicidade da televisão. A quarta parte dedica-se ao racismo discursivo anti-indígena, e ressaltam-se as generalizações e estereótipos de um setor relativamente influente de nossa sociedade (Mosonyi, 2004; Velásquez, 1998), perpetuados nos livros didáticos (Bisbe, 2004). Em quinto lugar, abordamos o racismo na interação política com o objetivo de mostrar como, na luta política, é evidente que o assunto do racismo, à margem das posições ideológicas, torna-se um argumento ou arma política ambivalente cuja função é desacreditar o adversário. Por isso, nosso interesse concentra-se em explicar de que forma se constrói a noção de racismo na confrontação política e damos maior atenção às metáforas conceituais do racismo (Bolívar e Kaplan, 2003a, 2003b, 2003c). A última seção fecha-se com uma análise da discriminação dos chineses na imprensa nos dois momentos da política venezuelana, como uma demonstração do que pode ser considerado racismo direto e explícito. Diferentemente do racismo contra negros, que é frequentemente velado e encoberto, ou contra os indígenas, que quase passa despercebido na imprensa, o racismo contra os chineses esteve marcado pela agressão verbal e a violência física (Bolívar, 1996a; Bolívar e Kaplan, 2004). Finalmente nos concentramos nos tipos de racismo mais evidentes e documentados, o que não significa que não existem outras manifestações que podem ser tomadas como uma discriminação velada dos judeus e dos árabes,[9] mas até agora estas não foram motivo de conflito social.

As raízes históricas

O povoamento como processo demográfico mestiço

Os povoados, as aldeias e as cidades na Venezuela surgiram graças à contribuição demográfica de uma população majoritariamente mestiça no sentido amplo do vocábulo. (López, 1998a; 1998b, 1998c, 1998d, 1998e; Lucena Salmoral, 1998). No fim da Colônia (1790-1800), a população venezuelana contava com uma estrutura étnica na qual, de acordo com as diversas estimativas, predominavam "os pardos". Se no início o vocábulo "pardos" designava os frutos do cruzamento de brancos com negras, com o passar do tempo foi utilizado para conotar toda a população de origem mestiça. Também o termo "mestiço", que inicialmente foi usado para distinguir o resultado do cruzamento de brancos com índias, no final da Colônia, no fim do século XVIII, foi literalmente envolvido e absorvido pela denominação geral de "pardos".

A maioria dos cálculos aponta que, no final da Colônia, os pardos constituíam uma proporção que oscilava entre 45% e 50% da população total, enquanto os brancos, somados os crioulos[10] com os peninsulares, alcançavam uma proporção ligeiramente superior a 20%. O restante da população era constituído por índios e pretos,* que, juntos, somavam uma cifra aproximada de 30%, sendo que uma fração que flutuava entre 14% ou 15% correspondia aos pretos (Cunill Grau, 1987: 43-4; Chen e Picouet, 1979: 19-22).

Como pode ser observado, a população foi crescendo no marco de uma estrutura étnica dominada política, econômica e socialmente pelos brancos, em cujo seio o setor mais recalcitrante com relação a sua posição discriminatória e segregacionista contra os integrantes de outros grupos étnicos foi o dos mantuanos ou a nobreza crioula. Os mantuanos reproduziram e aprofundaram os preconceitos raciais que herdaram dos brancos peninsulares e caracterizaram-se, entre outras coisas, por suas práticas

---

* N. R. T.: Ao fazer referência a dados censitários, optamos pelo vocábulo "preto/a" como categoria de classificação racial que é utilizada nos censos oficiais brasileiros e passou a integrar as ciências sociais do país.

Racismo e discurso na América Latina

endogâmicas, o que os tornou um tipo de "casta". Com isso, tentavam assegurar sua perpetuação como grupo étnico, econômica e socialmente dominante na Colônia (Carrera Damas, 1998). Tais foram as prováveis circunstâncias que explicam por que os grupos étnicos subordinados não se incorporaram de imediato à luta pela Independência. Pelo contrário, as evidências demonstram de modo convincente que os espanhóis usaram e incitaram habilmente os preconceitos e diferenças raciais durante os três ou quatro primeiros anos de contenda para fanatizar pretos e mulatos contra os exércitos patriotas dirigidos pelos mantuanos.

A INDEPENDÊNCIA:
PROCESSO POLÍTICO DE SUCESSO, PROCESSO SOCIAL FRUSTRADO

Na opinião de alguns autores, a luta pela Independência (1797-1821) e o eventual triunfo dos patriotas (1821) não eliminou as diferenças e preconceitos raciais nem tampouco a estrutura étnica da população que continuou sendo majoritariamente mestiça. Em termos gerais, a Independência não fez com que desaparecessem as profundas diferenças socioeconômicas que se arrastavam desde a Colônia. (Harwich Vallenilla, 1998; Morón 1987; Arellano Moreno, 1974). Por outro lado, pela primeira vez, provavelmente entre 1815 e 1819 de acordo com as evidências documentais disponíveis, durante a guerra, alguns chefes militares patriotas promoveram práticas sociais e relações igualitárias para assegurar de maneira definitiva a adesão e o apoio dos grupos étnicos e sociais subordinados que, de modo reiterado, haviam ajudado a causa realista (Cunill Grau, 1987: 98; Úslar Pietri, 1998).

Em outras palavras, em termos de suas consequências sociais, o final da guerra não significou a transformação da estrutura social e econômica existente no ocaso da vida colonial. Aconteceu, pelo contrário, que os chefes militares vencedores reclamaram seu direito de participar na divisão da "pilhagem" republicana e, dessa forma, emergiram como a nova classe de oligarcas latifundiários, propiciando uma "coalizão" com os remanescentes da velha oligarquia. A maioria dos soldados combatentes obteve bônus de guerra com os quais pôde adquirir terras. No final, os generais vencedores, através de variados e duvidosos mecanismos, apoderaram-se dos bônus que os soldados receberam e, dessa maneira, ampliaram as dimensões de sua riqueza. Os soldados, em sua maioria, mestiços ou mulatos, êmulos dos antigos pardos, continuaram sendo pobres e excluídos (Harwich Vallenilla, 1998).

Morón (1987: 239) informa que em 1839 a estrutura étnica estava caracterizada por uma população de brancos, crioulos e estrangeiros (27,5 %), mestiços (43,8 %), pretos (5,3%) e índios (23,4%), de um total de população de 944.932 pessoas.[11]

A ABOLIÇÃO DA ESCRAVIDÃO: ENTRE O "GATOPARDISMO" E O BUROCRATISMO LIBERAL

A abolição da escravidão (1854) chegou com um considerável atraso histórico e também não eliminou as tensões e ódios raciais no seio da população. Pelo contrário, há elementos de juízo que sugerem que a lei de abolição da escravidão e os mecanismos de alforria que a acompanhavam, além de não prejudicarem os "direitos" dos senhores de escravos, serviam para enriquecê-los ainda mais, à custa do dinheiro público e dos contribuintes graças à cumplicidade das elites governantes. As reservas orçamentárias para cobrir os sucessivos fundos de alforria foram insuficientes e terminaram consolidando-se com a dívida pública para as quais se emitiram bônus que ficaram em poder dos antigos donos (Arellano Moreno, 1974: 295-7). A condição trapaceira da medida funcionou como uma incitação adicional à confrontação racial, desta vez com uma cobertura socioeconômica geral que emanava da estratificação social existente em meados do século XIX. A reação de alguns senhores foi brutal; como catarse vandálica, deram enormes surras em seus escravos antes de deixá-los em liberdade (Arellano Moreno: 1974: 295-7). O final do processo não conseguiu ser mais ilustrativo: a maioria dos antigos escravos passou a engrossar as filas dos despojados e indigentes do campo.

A GUERRA FEDERAL (1859-63) E AS DÍVIDAS HISTÓRICAS DA INDEPENDÊNCIA

A Venezuela pós-independência teve como signo privativo o tempo acumulado que passou em guerras, conspirações, insurreições, sublevação e confrontos armados, muitos dos quais tinham, em níveis variados, o componente étnico dentro de suas motivações e justificação (Caballero, 2003; Harwich Vallenilla, 1998). Sobressai-se, nesse sentido, a Guerra Federal ou Guerra dos Cinco Anos (1859-63), na qual o ódio racial foi abafado com as desigualdades socioeconômicas herdadas, formando uma síndrome que serviu de catalisadora da intensidade da disputa (Harwich Vallenilla, 1998).

Segundo alguns historiadores, a Guerra Federal foi um prolongamento da Guerra da Independência com relação aos problemas sociais e políticos que ficaram sem solução depois da emancipação. Sem dúvida, entre esses problemas, estavam os ódios e as tensões raciais. Da mesma maneira, os valores políticos do movimento federalista trouxeram novamente a irrupção violenta das massas "*llaneras*" (naturais de regiões da Venezuela). Juntamente com as palavras de ordem de "abaixo o governo" ou "abaixo o centralismo", apareceram também as de "morram os godos oligarcas" e "morram os brancos" (Harwich Vallenilla, 1998), que evidenciavam um ódio racial contra o branco, somado ao racismo contra negros e indígenas já existente naquela época. Essas ordens evocam também sentimentos similares que proliferaram durante as campanhas de Boves, polêmico líder militar das forças realistas, que apelou para as diferenças raciais e socioeconômicas como estratégia de recrutamento para construir um dos exércitos mais poderosos da história republicana. Sobre ele se diz que "se gabava de engordar os cretinos com carne de brancos" (Mondolfi Gudat, 2005: 126).

Os umbrais do igualitarismo como ficção sociocultural

O término da Guerra Federal – e o conseguinte triunfo dos federalistas – também não eliminou as diferenças socioeconômicas. Pelo contrário, os vencedores ainda criaram um novo tipo de caudilhismo cuja sustentação se ancorou no igualitarismo como valor cultural da falsa consciência. Mas a carga de emoções que arrastou a pugna, o confronto de ordens e arengas e a correspondência afetiva que o fazer parte de um coletivo da mesma classe supôs propiciaram a conformação de um sentimento que nasceu e emanou da solidariedade forjada na disputa. Ao lado do caos e da desordem administrativa que marchavam em paralelo com a discricionariedade militar, as restrições das hierarquias se desvaneceram. Dessa forma, instalou-se uma democracia social violenta a partir da qual se difundiu a ideia de que todas as pessoas podiam estar no mesmo nível, à margem dos atributos intelectuais requeridos. Em poucas palavras, os cargos públicos podiam ser alcançados por qualquer um e até um analfabeto podia distribuir justiça. Um viajante alemão que visitou a Venezuela em 1868 registrou em seu diário que o Presidente Falcón – o chefe triunfador da Guerra Federal – tinha criado cargos para dois mil generais, para um exército de quatro mil homens. (Harwich Vallenilla, 1998; Morón, 1987; Arellano Moreno, 1974).

O fato constatado de que havia negros que chegaram a ser oficiais de alta patente nas forças armadas e de que na oficialidade triunfante havia tantos mestiços (Morón, 1987; Arellano Moreno, 1974) criou a ficção do igualitarismo dentro da população venezuelana. Assim, o vocábulo "pardo", que era a expressão mais inclusiva das utilizadas para conotar e revelar a condição mestiça durante a Colônia e a Independência, foi se transfigurando lentamente, e sua transcendência foi assegurada com o termo "povo", "povo raso", ou "gente do povo" (Morón, 1987; Harwich Vallenilla, 1998).

Os anos que se seguiram ao Tratado de Coche, com o qual se pôs fim à Guerra Federal em 24 de abril de 1863, foram anos de governos personalistas e autocratas, escoltados por uma ladainha de caudilhos, conspiradores, chefes de manifestações e sublevações. Em meio a esse caos político, as pugnas caudilhistas e suas sublevações deixaram pouco espaço para a confrontação étnica explícita. Não se pode deixar de lado que, desde o fim da Guerra Federal, o igualitarismo foi uma ficção cultural destacável em uma Venezuela regada de aldeias e casarias dispersas ao longo e ao largo de seu território. Em 1873, somente 4 "cidades" passavam de 20 mil habitantes (Caracas, Valência, Barquisimeto e Maracaibo – nessa ordem –, depois vinha Maturín que chegava apenas aos 13 mil, segundo Bolívar Chollett, 1994: 21). Em 1881, somente 3 cidades superavam os 20 mil habitantes (Caracas, com 55.638; Valência, com 36.145; e Maracaibo, com 22.298. A seguinte em tamanho era Puerto Cabello, que não chegava aos 10 mil, segundo Bolívar Chollett, 1994: 21). De qualquer maneira, 1899 assinalou o início da ditadura mais prolongada que a Venezuela tinha conhecido na sua história republicana: a do binômio Cipriano Castro (1899-1908) e a de Juan Vicente Gómez (1908-35). De acordo com alguns historiadores, o "sucesso" da ditadura de Gómez se deveu ao fato de que, como chefe militar e vice-presidente de Cipriano Castro, conseguiu a paz (Caballero, 2003). Uma paz fundada em sangue, mortes e torturas, mas que finalmente chegou depois de um século de violência, revoluções e guerras.

O desenlace lógico é que a paz, conseguida depois de tantos anos de violência e pela via da liquidação dos caudilhos, provavelmente serviu também para fazer as tensões raciais se calarem debaixo do guarda-chuva do igualitarismo que, ao mesmo tempo, não era contraproducente com a paz. Pelo contrário, é provável que os grupos subalternos aceitassem o igualitarismo, interpretando que este era consubstancial para a paz, ainda quando ela tivesse sido conquistada pelo último dos caudilhos. É provável também que a ideologia que se difundia colocasse as diferenças raciais em um plano subordinado em relação às diferenças socioeconômicas que, teoricamente, podiam ser aplanadas com base no trabalho e nas conquistas socioeconômicas diferenciais. Por isso, além da obviedade, tinha muito sentido afirmar que, ao lado da "branquidade" que continuava instalada no cume do poder, começaram a aparecer sobrenomes de "origem escura" que surgiram como triunfadores na disputa (Harwich Vallenilla, 1998). O próprio Juan Vicente Gómez foi objeto de malhação e chacota de conteúdo racial: "Seu tipo não nega de longe o mestiço"; "de cor terrosa"; "pardos olhos pequeninos e chineses"; "o cabelo nascia nele índio e vertical"; "olhos de *aligátor*"; [...] (Caballero, 2003: 275).

O FIM DO CAUDILHISMO, O AUGE PETROLEIRO E O ADVENTO DO POPULISMO: OS AGENTES ATUALIZADORES DO IGUALITARISMO

Depois da morte de Gómez em dezembro de 1935, o país abre-se timidamente a um período de liberdades públicas cuja manifestação simbólica de maior transcendência política, de acordo com as referências coetâneas de outros países, foi o populismo (Urbaneja, 1998; Magallanes, 1998). Certamente, nele influiu o ascendente político dos líderes que tinham vivido a experiência do exílio e conhecido as referências documentais do marxismo-leninismo europeu (Caballero, 2004). Isso se semeou no igualitarismo local herdado do federalismo e que estava hibernado pela ação do despotismo de Gómez, porque, principalmente nesse processo, a influência transformadora do petróleo e seu impacto sobre a sociedade e a cultura local pesaram (Malavé Mata, 1974; Caballero 2004; Urbaneja, 1998; Bolívar Chollett, 1994).

A combinação do petróleo com o populismo permitiu atualizar o igualitarismo como valor da cultura nacional, dessa vez despojado de alguns elementos próprios da utopia federalista com relação às possibilidades de realização de aspirações e satisfação de necessidades. O petróleo permitiu dar a esses sentimentos aspectos de estruturação em termos de suas possibilidades. A chave para entender a instalação do populismo e seus efeitos aparentemente igualitários localiza-se na mudança do modelo produtivo do país: no aumento, em uma escala sem precedentes, dos montantes das entradas fiscais e na maior capacidade de intervenção do Estado na distribuição do gasto público (Caballero, 1972; Malavé Mata, 1974; Bolívar Chollett, 1994).

As consequências foram imediatas e elas ainda se sentem na estrutura social e cultural venezuelana. O impacto devastador do modelo petroleiro em uma gasta agricultura de exportação (com uma estrutura salarial arcaica e uma capacidade técnica atrasada e rudimentar, com uma pobre rentabilidade e uma carência de competitividade nos mercados internacionais) acentuou o processo de migração do campo às cidades e a consolidação do padrão de distribuição espacial. Nesse contexto, o aumento das entradas fiscais contribuiu para massificar os processos sociais que dão acesso à educação, à saúde e à mobilidade social.

A combinação histórica das práticas populistas com a obtenção de algumas liberdades públicas ampliou a base de aplicação dos direitos dos cidadãos: o voto universal, direto e secreto; o voto dos analfabetos; o voto feminino; a massificação da educação básica e, com isso, o aumento da participação das mulheres nos processos educativos; o aumento da participação feminina no mercado de trabalho; a consolidação do sistema de partidos políticos; o aumento das possibilidades de obtenção de informação, entre outros acontecimentos citadinos. Sem dúvida, essas realizações contribuíram também para robustecer o sentimento igualitário e para enraizá-lo como valor na cultura nacional sendo entendidos como conquistas que não eram da exclusividade de brancos ou de mantuanos.

Estamos falando de um valor e de um sentimento em que se solapam elementos étnicos e situações socioeconômicas. Assim como o racismo comporta preconceitos, o igualitarismo traduz o mito de seu desaparecimento pela incidência do populismo no sistema de crenças, sobretudo se é escoltado pela ação distributiva do Estado fundada em um modelo baseado na acumulação de renda e parasitário de seu funcionamento. Isso explica em grande parte por que na Venezuela se fala do "racismo oculto em uma sociedade não racista" (Montañez, 1993) e de por que, apesar da negação constante na sua existência, continua latente na nossa sociedade.

ESTRUTURA SOCIAL E PERCEPÇÃO DO RACISMO: O RACISMO AVILTANTE

A estrutura social venezuelana mudou de uma maneira importante depois dos anos 1930 e como consequência da atividade de exploração e retirada petroleira que produziu fortes imigrações internas e amplos mecanismos, ainda que desiguais, de distribuição de entrada petroleira entre as diferentes classes sociais. Essa grande transformação, se não altera completamente os padrões de relação classe-raça que tinham sido herdados desde a Colônia, consegue, sim, modificá-los de maneira substancial, porque facilita a integração e a mestiçagem com a mobilidade territorial que provocava o emprego da indústria petroleira ou da construção (brancos andinos que viajam ao oriente, mulatos de Margarita ou negros de Barlovento, que migram para trabalhar ao sul do lago de Maracaibo e viajam pelos Andes) e facilita também a ascensão social de mestiços, pretos e indígenas que a partir desse momento têm acesso a melhores empregos e à sua própria educação e a de seus filhos.

Muitas das discriminações de raça são propriamente discriminações de classe, mas essa mobilidade social debilitou as distâncias entre as classes sociais e, consequentemente, a que podia existir entre os grupos étnicos e que poderia ser fonte de exclusão ou racismo, assim como ninguém podia exibir uma pureza de raça ou cor de pele que permitisse, segundo dizia Picón Salas (1949), aguentar os três golpes: branco, branco, branco! Tampouco ninguém podia argumentar, como em outros países, a origem da classe antiga, pois, depois da quebra do sistema latifundiário, as classes foram produto do dinheiro petroleiro e de fatura recente.

Adicionalmente e a partir da Segunda Guerra Mundial, produziu-se um processo imigratório que trouxe importantes contingentes de população da Europa, principalmente da Espanha, Itália e Portugal – ainda que também houvesse contingentes mais modestos de outros países europeus[12] – e que, por um lado, acentuou a mestiçagem e, pelo outro, representou um incremento da população branca nas regiões urbanas do país e introduziu uma quebra na ideologia da mestiçagem como unidade nacional que desde o fim da escravidão havia dominado.

A construção das raças na Venezuela tem, assim, um relativo apoio físico humano, pois existem visíveis diferenças na cor da pele, mas é realmente uma mutante construção cultural contemporânea. A classificação como índio, negro ou branco, salvo umas poucas exceções, são conceitos polissêmicos que podem se referir a realidades muito diferentes: quem recebe a referência de "catire" na planície, que seria um branco de cabelo claro, não a receberia nunca nos Andes nem em Caracas. E a "negrinha" da família andina nunca seria chamada assim no oriente do país. A classificação da cor da pele tem então três componentes; por um lado, é subjetiva de cada pessoa; por outro, é relativa ao nível de clareza ou escuridão da cor da pele predominante no lugar geográfico onde se realiza a classificação e, finalmente, depende do lugar social da pessoa, pois a abundância de dinheiro pode fazer um mestiço mais branco, já a sua escassez pode fazer um branco mais escuro.

Por ser uma construção cultural contemporânea, é pouco frutífero explicar essa classificação baseando-nos nas origens ou na herança biológica. Para nós, parece mais acertado e mais heurístico abordá-la aproveitando a forma subjetiva de classificação que os indivíduos se atribuem de acordo com a cultura vigente na sociedade. Esse foi o caminho que o Laboratório de Ciências Sociais (LACSO) tomou em dois estudos, um em 1997 com uma pesquisa na área metropolitana de Caracas e outro mais recente, em 2004.

Cor de pele subjetiva

Em uma mostra nacional, perguntou-se aos entrevistados como eles podiam descrever sua cor de pele. A classificação foi baseada num gradiente da pigmentação da pele que vai de branco a preto, passando por mulato ou triguenho, seguido de mestiço ou moreno. Acrescenta-se o grupo dos indígenas, porque este não entra na classificação anterior e porque os que se identificam com esse grupo têm traços culturais muito mais precisos do que a cor da pele. As expressões "mestiço" e "mulato" originalmente se referiam ao cruzamento de branco e índia e de branco e negra respectivamente, porém aqui não tentam recuperar esse aspecto de origem, mas o que na cultura permaneceu, seu resultado como uma cor mais clara no mestiço do que no mulato.

Os resultados que se encontram no Quadro 1 mostram que dois terços dos venezuelanos, 66% da amostra, consideram-se mestiços ou mulatos, um quarto classifica-se como branco; 5%, como preto e 2%, como indígena, o que corresponde aos dados oficiais dos censos sobre essa última população.[13] No caso da população preta, há algumas diferenças com outros cálculos (Wright, 1993; Colmenares, 2005) que chegam a dobrar a porcentagem que estamos apresentando, mas, nesse caso, os cálculos referem-se aos "afrodescendentes", que é um termo mais impreciso no contexto venezuelano, pois pode incluir um número vago dos que se definem como mulatos ou morenos.

Quadro 1 – Cor de pele autoatribuída na Venezuela (2004).

	%
Branco	25,3
Mestiço ou triguenho	29,8
Mulato ou moreno	36,3
Preto	4,8
Indígena	2,0

Fonte: Laboratório de Ciências Sociais (LACSO), 2004.

Quando procuramos características da população usando análise fatorial de correspondências múltiplas, encontramos algumas associações que mostram o vínculo existente entre a cor de pele subjetiva com a estrutura social. Foi possível notar uma associação significativa entre os que se descreveram como brancos e o fato de terem cursado estudos universitários ou técnicos superiores. Numa escala de classe social subjetiva de um a dez, em que se atribuía um ao mais rico e dez ao mais pobre, os que se descreveram como brancos situaram-se entre quatro e sete, definindo-se como pertencentes à classe média. Verificou-se também uma associação com o fato de professarem a religião católica. Houve, além disso, uma associação negativa com o fato de terem tido ou não empregados, quer dizer, os que disseram na pesquisa que nunca tinham tido empregados nem supervisionado outras pessoas tenderam a declarar qualquer cor de pele, mas não a branca.

Os mestiços também fizeram uma associação com estudos técnicos superiores ou universitários, assim como se observou uma associação negativa desse grupo com a prática religiosa, pois os que disseram que nunca iam a um culto religioso não eram mestiços, como também não o eram os que só tinham a educação primária. Os mulatos, pelo contrário, foram associados àqueles que só tinham a educação primária ou básica e que pertenciam aos estratos sociais mais baixos, pois subjetivamente se situaram nas classes oito, nove e dez. Os que nunca haviam tido empregados, bem como os desempregados, declararam também ser mulatos. Negativamente, não eram mulatos os que haviam realizado estudos superiores técnicos ou universitários. Os pretos não tiveram associações com nenhum traço social considerado, o que indica uma grande diversidade entre eles. A única característica significativa foi a não associação entre a população preta e as religiões cristãs não católicas, o que parece indicar que os pregadores protestantes não conseguiram atingir os pretos, mas, sim, todos os outros grupos de cor de pele.

O que podemos concluir é que há então dois grupos importantes que marcam a estrutura social com relação à cor de pele: por um lado, os brancos, de classe média, católicos, com o ensino superior e, por outro, os mulatos, de classe baixa, com o ensino primário, trabalhadores ou desempregados. Esses dois grupos são os que marcam a divisão social; assim, os mestiços parecem ter aproveitado mais a educação, o que lhes dá uma posição diferente, mas podem estar em todos os estratos sociais, o que acontece também com os pretos. Entretanto a presença de pretos em todos os grupos sociais deve-se também à relatividade da autoclassificação, pois um indivíduo de classe média alta, de pele um pouco escura, se autoclassifica como preto dentro de seu meio social – predominantemente branco –, mas é provável que um outro parecido se considerasse mulato ou mestiço se estivesse na classe social de menor receita.

Os indígenas têm uma variedade importante, pois o grupo étnico majoritário, que são os wayú, tem uma grande diversidade social e há tanto pobres como empresários de sucesso e universitários. Mas os grupos indígenas restantes que mantêm sua existência diferenciada encontram-se na estrutura social mais baixa, tanto por suas condições de vida e pobreza como pelo vínculo com os outros grupos sociais. Quando um camponês pobre da planície venezuelana quer protestar por causa de um tratamento agressivo ou ofensivo, que recebeu de outra pessoa, diz "não me tratem assim, que eu não sou índio".

Essa diversidade e impressões são talvez características da situação racial na Venezuela, e isso ocorre porque na construção cultural privilegiou-se a *mistura* em detrimento da *pureza*, o que fez com que a mestiçagem se tornasse um valor e que as fronteiras entre os grupos se diluíssem de maneira real ou subjetiva. Essa dinâmica cultural é completamente diferente da existente em sociedades como a estadunidense, na qual se privilegia a pureza sobre a mistura e os resultados no comportamento individual e as relações inter-raciais são radicalmente diferentes.

Em conjunto, se a cor da pele não foi um obstáculo importante para a mobilidade social, é certo também que, pelo entrelaçamento das condições sociais e a cor da pele, se produzem as associações entre classe social e grupo racial. Mas não é possível afirmar, por exemplo, que os mulatos são pobres ou têm menos anos de estudo por causa de sua condição de mulatos hoje em dia, pois os resultados negativos podem ser atribuídos tanto às condições econômicas precárias ou à carência de herança cultural como à cor de sua pele; alguém pode sustentar uma associação entre as variáveis, mas não necessariamente uma causalidade (Briceño León, 2000).

Quando alguém observa a composição racial dos oficiais das forças armadas na Venezuela, pode encontrar uma gradação de cor de pele entre os diferentes componentes: onde há um maior grupo de pessoas de pele escura, mulatos e mestiços é na Guarda Nacional; depois vem o Exército, onde há maior variedade com mestiços e brancos; finalmente, na Marinha, o componente branco passa a ser dominante e na Aeronáutica torna-se majoritário. Isso não significa que não haja brancos na guarda nacional nem mulatos na aviação, só que são minoria em ambos os casos. Não é fácil estabelecer quanto influem nessa situação a cor da pele e o diferente nível de formação requerido para entrar na Guarda Nacional ou na Aeronáutica, mas parece que existem alguns "umbrais" (Castillo, 1982) para o exercício de determinados ofícios que a cor da pele permite ou impede franquear.

O umbral da cor age de forma solapada, porque reproduz uma situação social e, se alguém perguntar a qualquer um dos atores, nunca se aceitaria que houvesse um componente racial nos comportamentos, porque no padrão social e na mentalidade igualitária dominante qualquer comportamento ou atitude racista receberia imediatamente uma condenação social. Tampouco os atores estão conscientes de suas atitudes racistas ao negá-las com a estratégia de concessão aparente dita por uma de nossas entrevistadas: "*eu não tenho nada contra os negros... nós todos somos iguais... mas me dão tanto medo...*" (Briceño León, 1992: 150).

Racismo e etnogênese: o movimento social dos afrodescendentes

O racismo em uma "democracia racial"

Como já vimos na primeira seção, desde o começo da época da República, os líderes fundadores do país eram em, sua maioria, pardos, pretos e índios (ver também Wright, 1993). As elites culturais tentaram apagar as marcas africanas da demografia nacional pretendendo parecer-se com uma nação europeizada (origens do endoracismo). Por isso, durante o século xx, as contribuições histórico-culturais dos afro-venezuelanos foram ignoradas, menosprezadas ou tergiversadas no discurso oficial sobre o autorretrato do povo. A invisibilidade dos afro-venezuelanos é observável na atualidade nos livros didáticos escolares da história nacional. Em um deles, "os negros" são definidos da seguinte maneira:

(4)
[os pretos] foram trazidos do continente africano na qualidade de escravos. Desempenhavam os trabalhos mais difíceis e pesados. Este grupo socialmente não tinha importância (Anônimo, 1992: 187).

No mesmo texto, dentre as cinco rebeliões de "negros" de maior impacto social durante a época colonial só se menciona uma, a de José Leonardo Chirinos, de 1795, classificando-a como "um movimento precursor da independência" (Anônimo, 1992: 191), quando na realidade o líder rebelde lutou pela liberdade dos africanos escravizados.

A partir da década de 1940, começou a surgir o interesse acadêmico por se "descobrir" a cultura afro-venezuelana como parte essencial do "folclore" venezuelano, seguindo a corrente do nacionalismo cultural da época da nascente democracia populista (Castillo D'Imperio, 1998). Como consequência, hoje em dia a música popular afro-venezuelana ocupa uma posição estabelecida dentro do marco da cultura nacional venezuelana e difunde-se amplamente através do sistema educativo e dos meios de comunicação. Em contraposição, as contribuições contemporâneas dos afrodescendentes na vida social raras vezes são levadas em conta.

Podemos observar o mesmo na produção da indústria cultural. A Venezuela é um dos países de maior produção de conteúdos audiovisuais da América Latina. E, sendo um país mestiço, os elencos principais das novelas venezuelanas em sua maioria correspondem aos de fisionomia de brancos europeus (ver Virgüez e Iribarren, 1991). Os atores e atrizes de fenótipo claramente africano só interpretam papéis de peões ou empregadas da época colonial, ou de delinquentes ou policiais que deambulam pelas ruas do setor mais pobre das cidades, como revelou uma pesquisa-ação sobre o caráter excludente "racista" de agentes culturais nacionais da Venezuela, que realizou análise quantitativa, qualitativa e uma oficina de trabalho com membros de comunidades afro-venezuelanas (Ishibashi, 2004).[14] Em uma das entrevistas, o responsável pela direção de um dos canais de televisão de maior audiência respondeu da seguinte forma ao avaliar uma fotografia de uma modelo sudanesa como possível candidata à atriz na telenovela venezuelana:

(5)

Eu poderia utilizá-la como uma das [atrizes] "extras" que aparecem no fundo de uma cena, por exemplo, cliente de um restaurante [...] Mas se volto a utilizar gente como ela, imediatamente [meus superiores] me chamariam a atenção, dizendo: "não suje muito a tela" (Ishibashi, 2004).

Também, o produtor do concurso de beleza mais importante do país expressou abertamente sua estética eurocêntrica, declarando que "na Venezuela não existem negras lindas, já que seus narizes são largos e seus lábios são grossos demais" (Ishibashi, 2004). Nas propagandas, quando se

_____Venezuela

trata de produtos relacionados com a beleza, a higiene e a saúde (cosméticos, detergentes ou remédios, por exemplo), não aparecem pessoas "negras" como protagonistas da campanha. A personagem "negra" quase nunca interpreta o papel de um "trabalhador competente", um "homem caseiro" ou um "estudante aplicado", figuras que representam a realização profissional, a felicidade pessoal ou o valor do bom cidadão. As poucas situações em que interagem os modelos "negros" nas propagandas publicitárias são as das cenas de esporte, a música, a dança, a festa ou a praia (Ishibashi, 2004).

Os profissionais da indústria, sobretudo os publicitários e os especialistas de *marketing*, justificam essa prática de exclusão com uma lógica de segmentação "racial" do mercado. Um fotógrafo, especialista em publicidade e concursos de beleza, assinalou:

(6)
É difícil ver Carolina Indriago (Miss Venezuela de 1997) em uma publicidade exterior de whisky (escocês), apesar de ser uma negra ou morena muito sofisticada [...], porque, quanto mais escura seja a cor, mais se associa a um baixo estrato social (Ishibashi, 2004).

Essa tendência também se observa no mercado de trabalho. É muito raro ver uma pessoa de fenótipo africano entre os profissionais de *marketing*, relações públicas ou como secretária ou recepcionista no escritório de uma empresa comercial grande. No mundo empresarial, os gerentes "pretos" só podem ser encontrados no campo técnico que não requer exposição ao público, assim como entre os engenheiros ou os administradores.

Como explicamos no início, e reiteramos nas seções anteriores, na Venezuela de hoje não existe uma prática de racismo institucionalizado como existia no sul dos Estados Unidos antes dos movimentos de reivindicação dos direitos civis e na América do Sul sob o sistema do *apartheid*. Na Venezuela, é muito raro que haja uma agressão violenta, institucionalizada ou espontânea, de um "grupo racial" a outro. A discriminação racial que se pratica é em nível individual e pelo índice da característica física dos discriminados, e é mais frequente a prática de exclusão implícita que a agressão aberta. Queremos dizer "individual" no sentido de que são as pessoas que emitem os juízos discriminatórios, mas se trata de um fenômeno com definidas bases sociais. No fundo dessa prática de exclusão prevalece o estereótipo, herdado da época colonial, que considera que o branco é sinônimo do civilizado, sofisticado, estético e rico, enquanto o negro é sinônimo do primitivo, rude, feio e pobre. A ausência de segregação institucionalizada e agressão violenta entre "grupos raciais" gerou a atitude de muitos venezuelanos de não reconhecer a existência do racismo nessa sociedade, ainda que se encontrem propagandas esporádicas na imprensa, em manchetes como "Nem que Barlovento fosse a África do Sul. Por serem negros os colocaram como Policiais de Higuerote" (*El Nacional*, 20 mar. 1998: D-última) ou em cartas ao editor denunciando a negação do acesso a uma discoteca, "Me proibiram de entrar por causa da minha cor de pele" (*El Universal*, 20 jun. 2002: 2-12).

Desenvolvimento do movimento etnopolítico dos afrodescendentes

Recentemente, no entanto, observa-se a emergência de um movimento etnopolítico de afrodescendentes para denunciar o racismo na Venezuela e para desenhar a construção de uma sociedade mais tolerante e culturalmente diversificada. Um dos exemplos mais importantes é o caso da constituição da Organização Não Governamental (ong) Rede de Organizações Afro-venezuelanas (roa, fundada em 1999), uma confederação de nível nacional de organizações civis de autogestão vicinal, de promoção cultural comunitária, de mulheres e de defesa dos direitos humanos.

Uma das principais razões da fundação da roa é analisar a situação atual da qualidade de vida das comunidades afro, principalmente a magnitude de pobreza que enfrentam os afrodescendentes. Outra meta é decifrar as causas sócio-históricas das desigualdades sociais acumuladas desde a época colonial. A partir dessa análise, a roa define o desenvolvimento econômico sustentável das comunidades em diversos campos como a cultura, a educação, a agricultura, a higiene e a saúde, a comunicação e a tecnologia, e a luta contra o racismo. Para esse fim, a roa estabelece uma agenda comum dos afrodescendentes, entrecruzando as delimitações de regiões e organizações para conseguir exercer pressão ante o governo nacional e realizar negociações com os organismos internacionais e com ongs de alcance global.

Um dos avanços mais importantes, resultado da fundação da roa, foi o debate sobre a política de multiculturalismo e plurietnicidade como novo fundamento da reestruturação do Estado na Assembleia Constituinte convocada em 1998. Estimuladas por suas conquistas na última década sobre o reconhecimento constitucional das populações afrodescendentes como minorias étnicas e de legislação multiculturalista dos países vizinhos como Brasil, Colômbia e Equador, algumas organizações afro-venezuelanas, às quais se integrariam depois a ROA, apresentaram suas propagandas para tornar visível a população afro na Venezuela. Esse debate cristalizou num preâmbulo da nova Constituição da República Bolivariana da Venezuela promulgada em 1999, com o objetivo de "reconstruir a República para estabelecer uma sociedade [...] multiétnica e pluricultural". (República Bolivariana da Venezuela, 1999).

Infelizmente as organizações afros ainda não conseguiram o reconhecimento constitucional da população negra na Venezuela, o que chamou à reflexão muitos líderes afro para se organizarem em nível nacional em 2000. Um ano depois, em 2001, a ROA participou da III Conferência Mundial contra o Racismo, feita pela Organização das Nações Unidas (ONU) em Durbain, África do Sul (foi a única ONG étnica venezuelana a participar desse evento.). Devido às propagandas contundentes sustentadas em documentos convincentes preparados pela ROA para esse congresso, o governo venezuelano, pela primeira vez na história do país, admitiu a existência do racismo como problema social na Venezuela (García e Camacho, 2002).

No ano 2004, a ROA e o governo nacional organizaram uma série de eventos para comemorar o 150º aniversário da abolição da escravatura na Venezuela. No dia 24 de março, dia da promulgação da abolição da escravatura há 150 anos, foi realizado um ato de oferenda floral a José Leonardo Chirinos no Panteão Nacional. Esse evento, quando o governo reconheceu o líder da rebelião de escravos negros como o precursor da luta contra a escravidão, foi considerado um passo importante de reivindicação da história afro-venezuelana e de sua visibilidade nesse país.

Entre a etnogênese e a mestiçagem

A visibilidade que o movimento afro-venezuelano impôs entre os anos 1999 e 2004 é algo impressionante. Sem dúvida nenhuma, marcou a pauta em um "país mestiço", onde sempre se negou a existência da prática do racismo, ao mesmo tempo em que se anulou simbolicamente a presença dos descendentes africanos.

Apesar dessas conquistas, o porvir do movimento afro-venezuelano não parece simples. Há duas dificuldades. A primeira é a heterogeneidade organizacional. A realidade de cada sociedade civil que constitui a ROA é tão variada que não é fácil priorizar a agenda de negociação com os organismos governamentais e os agentes internacionais de cooperação. Em um extremo estão os ativistas radicais que traçam uma etnogênese decisiva dos afro-venezuelanos e procuram a legislação de ações afirmativas para a reparação de desigualdades acumuladas desde a época colonial, sobretudo no campo da educação e do desenvolvimento comunitário. No outro extremo estão os líderes locais que lutam para obter recursos sob o esquema convencional de "organização de vizinhos" e temem que a reivindicação étnica gere uma segregação entre brancos e negros como nunca se viu na Venezuela.[15]

A segunda dificuldade está relacionada com a delimitação ambígua da população afro-venezuelana. Para buscar uma fonte econômica de desenvolvimento sustentável, é preciso definir a demografia dos afrodescendentes para demonstrar em que grau de pobreza eles vivem. Para determinar quem é afro e quem não é, a única metodologia aceitável na atualidade é perguntar sobre a consciência étnica de cada uma das pessoas submetidas ao censo (em uma linha parecida à de Briceño-León, 1992). No entanto, pode ser que muitos residentes de comunidades supostamente afrodescendentes não reconheçam sua identidade afro, porque durante muitos séculos vieram interiorizando a ideologia da mestiçagem. Há risco de que se registre menos de 1% da população nacional como possuidora da identidade afro, o que praticamente ocorreu na Colômbia no censo do ano 1993. Comparando com essa situação de "minoria absoluta", os líderes afro-venezuelanos estariam mais confortáveis em uma ambiguidade em que entre 10% e 50% da demografia venezuelana podem se declarar como afrodescendentes.

O RACISMO CONTRA O INDÍGENA

Na Venezuela, como no resto do mundo, estamos despertando para a realidade de que os povos indígenas começam a tomar consciência como cidadãos e como representantes de culturas milenares, que contribuem e têm que continuar contribuindo significativamente para o acervo histórico da humanidade (Grünberg et al., 1991; Velásquez, 1998). A nova Constituição da República Bolivariana de Venezuela (1999) é muito clara em relação a isso, e até mesmo poderíamos afirmar que é uma das mais progressistas do mundo. Contém um número importante de artigos e disposições que estabelecem os direitos coletivos dessas etnias, consagra seus conhecimentos etnocientíficos e suas manifestações estéticas, bem como oficializa com caráter regional os mais de trinta idiomas indígenas antes tidos por dialetos descartáveis. Não obstante, tanto a imprensa nacional como a generalidade dos livros publicados estão ainda defasados com relação aos novos princípios e teorias. Prova disso é que se encontram publicações recentes que, apesar de seu conteúdo racista, são reconhecidas, aceitas e inclusive elogiadas.

A VISÃO GENERALIZADA DOS AMERÍNDIOS: UM ESTUDO DE CASO EXTREMO

Entre as publicações recentes, chama a atenção um livro intitulado *A marginalidade sem tabas nem complexos* (Zubillaga Oropeza, 2000), porque, no momento de sua publicação, despertou a admiração de setores variados do amplo espectro venezuelano de centro-direita e chegou a receber comentários altamente favoráveis de personalidades e grupos vinculados a tendências esquerdistas e denominadas progressistas, algumas das quais ocupavam altos cargos políticos e públicos nesse momento.[16] Trata-se de um livro no estilo de um ensaio que contém 150 páginas e em cuja contracapa aparecem as opiniões, muito favoráveis, de cinco intelectuais de bastante prestígio em diferentes disciplinas, todos inclinados para a centro-direita do espectro político: um cientista político, um sociólogo, um filósofo, e dois economistas. O livro é apresentado como "Um estudo lúcido e valente, que enfrenta com rigor intelectual alguns dos principais problemas e desafios de nossa sociedade ante o novo século" e tem como subtítulo "Uma proposta urgente para um país dividido". Com isso se refere, de sua ótica pessoal, ideológica e política, a uma tarefa de alcance nacional e que de certa forma todo mundo compartilha: a luta contra a pobreza, mas que ele prefere chamar de luta contra a "marginalidade". Citamos alguns fragmentos textuais e os identificamos segundo a estratégia discursiva empregada pelo autor:[17]

(a) Nós todos somos iguais, mas... (concessão aparente):

(7)

Acredito firmemente na igualdade de todos os homens; e, particularmente, na igualdade de todas as raças. **Mas** é inegável que diferentes grupos étnicos se misturam para formar nações ou países e que cada grupo étnico contribui para a mistura com suas próprias características culturais. [...] Podemos usar uma analogia emprestada da informática: **a raça pode se assemelhar ao** *hardware*, **parte física de um computador, a maquinaria e o equipamento; e o cultural ao** *software*, programas, ou série de instruções, que dizem ao computador o que fazer. Em relação ao *hardware*, **todos os grupos humanos são iguais**, [...] **Mas** seu *software* é diferente (Zubillaga Oropeza, 2000: 44, grifo nosso)

(b) A conquista foi pacífica... os conquistadores respeitaram os indígenas... os africanos vieram como "mão de obra" (ocultamento):

(8)

Contrariamente ao que aconteceu em outros lugares, **a conquista foi, apesar da violência inerente a toda conquista, um processo relativamente pacífico através do qual a cultura conquistadora não só respeitou a vida dos indígenas, mas se fundiu com ela em um intenso processo de mestiçagem.** Posteriormente, veio a engrossar a enxurrada étnica **a mão de obra escrava** de origem do oeste da África. Isso contrasta com o sucedido em outros países como Estados Unidos (Zubillaga Oropeza, 2000: 45, grifo nosso).

Esta passagem esconde o processo da violência contra os índios. Pode ter havido conquistas mais cruéis que a da Venezuela, mas mesmo nos manuais de História de maior conteúdo anti-indígena ressalta-se imediatamente a extrema crueldade com que se realizou esse processo, como se comprova, por exemplo, no assassinato do cacique Guaicaipuro, queimado vivo na sua própria casa, ou no de Tamanaco, eliminado por uma matilha de cachorros selvagens.[18]

(c) As culturas indígenas eram extraordinariamente primitivas (generalização, imprecisão), os homens e as mulheres eram iguais (acusação?):

(9)

As culturas indígenas que contribuíram para a nacionalidade venezuelana eram extraordinariamente primitivas, de caráter tribal e sem experiência em formas de organização política complexas. Em geral não haviam experimentado o conceito de Estado nem de nacionalidade. Daqui deriva seu caráter coletivista primitivo, com **participação igualitária de homens e mulheres na tomada de decisões** e na escolha de chefes cuja função se reduzia à de guias para a guerra e a caça (Zubillaga Oropeza, 2000: 46, grifo nosso).

(d) A vibrante cultura espanhola *versus* a passividade "pré-histórica" dos indígenas (contraste):

(10)
A Conquista significou inicialmente o encontro entre *uma vibrante cultura espanhola*, movida por um binômio de mercantilismo e espírito missionário, e *a passividade pré-histórica dos indígenas* que povoavam o território que hoje é a Venezuela (Zubillaga Oropeza, 2000: 89, grifo nosso).

(e) As características culturais dos indígenas determinantes da marginalidade (exagero, ocultamento, imprecisão, generalização):

(11)
O contingente indígena venezuelano era extraordinariamente primitivo. A maioria *das tribos estavam ainda na idade da pedra*, eram nômades e não conheciam propriamente a agricultura, vivendo de atividades caçadoras e coletoras. *Essas características culturais* sobreviveram intactas em grande parte da população rural venezuelana até o século xx e *sobrevivem ainda hoje nos bairros marginais* de nossas cidades, graças às migrações de grandes contingentes dessa população rural para a periferia de ditas cidades. *Esse fator etnocultural é um dos determinantes do fenômeno da marginalidade na Venezuela e em outros países da América hispânica.* Ainda que essa descrição tão crua possa ter algo de superficialidade, sua plausibilidade essencial não se altera, apesar de ser uma dessas memórias coletivas difíceis de aceitar (Zubillaga Oropeza, 2000: 92-3, grifo nosso).

(f) Os indígenas são separatistas, não ajudam a integração (acusação):

(12)
O indigenismo foi uma força poderosa na política não somente na Venezuela, mas também em outros países do continente ibero-americano. *Na realidade, o indigenismo é tão bobo como o hispanismo, o africanismo ou qualquer outro "ismo" racial. Porque não somos mais aborígines nem espanhóis nem africanos.* Optar por qualquer dos componentes raciais ou etnoculturais de nossa realidade significa não ter entendido nada do que somos e de nossos problemas. Se o que necessitamos é de integração, qualquer "ismo" é somente uma forma de racismo, contribui para o país continuar fraturado e *não ajuda para sua integração* em uma só nação (Zubillaga Oropeza, 2000: 92-3, grifo nosso).

Contrariamente ao que alguns possam pensar, Carlos Zubillaga não é nenhum louco desaforado nem um reacionário, mas um profissional e empresário de boa formação e que se expressa com certa elegância. Apesar de não ser um intelectual muito conhecido, é pertinente mostrar suas ideias em nossa análise, porque se trata de um cidadão de sólida reputação, que nos permite reunir o tipo de generalizações que se expressam sobre os indígenas e escutar como muitos representantes de um segmento social influente expressam sua opinião sobre a população indígena.

O RACISMO CONTRA OS INDÍGENA NOS LIVROS DIDÁTICOS

O padrão de pensamento sobre os indígenas mantém-se e reafirma-se através dos livros didáticos. Um estudo detalhado sobre uma amostra de textos de Ciências Sociais de segundo e terceiro anos entre 1987 e 1992,[19] Bisbe (2004), seguindo Van Dijk (1987, 1991), e baseando-se na gramática sistêmica funcional (Halliday, 1994), apontou que esse padrão de pensamento discriminatório mantém-se com estratégias discursivas claramente identificáveis, algumas das quais apresentaremos a seguir:

A *generalização* mostra uma designação de traços comuns a um grupo de seres classificados como "índios", a quem se designam algumas características mais ou menos homogêneas: "Viviam em tribos", "em choças", "um cacique os comandava", "usavam tanga", "eram politeístas", "adoravam vários deuses", "acreditavam em vida depois da morte" etc. Em vários livros, repete-se que a forma de organização social era e é a "tribo", um conceito bastante vago e genérico que, se por um lado não corresponde à diversidade real de formas de organização das diferentes nações indígenas, por outro foi abandonado há mais de quarenta anos pela terminologia etnográfica especializada. Quanto à moradia, generaliza-se a "oca" como o tipo de moradia comum a todos os indígenas, o que é falso (em contraste com a palafita, o *shapono*).

O *papel dos atores* é dado quase sempre pelo significado do verbo utilizado que favorece certo tipo de agencialidade. Chama muito a atenção o fato de que os indígenas perderam quase completamente seu papel de agentes a partir do início da conquista, foram substituídos pelos espanhóis e os missionários nesse papel e passaram a ser pacientes, beneficiários ou receptores: "Os índios aos poucos foram perdendo suas terras. Iam morrendo por causa [sic] das matanças e as doenças", "A população indígena diminuiu durante a Colônia devido aos maus-tratos sofridos durante a conquista". A escolha dos verbos e a forma sintática também dissimulam a presença de outros agentes não indígenas. Os índios "perdem suas terras" e "morrem por matanças e doenças". Os verbos utilizados fazem com que desapareçam os verdadeiros responsáveis, os que conduzem, apoderam-se, invadem etc. as terras dos índios e que também os assassinam; além disso, há um investimento da agencialidade nas ações que culpa os indígenas dos acontecimentos negativos que lhes sucederam: são eles que "morrem" – e não porque são assassinados – e são os que "perdem" – são responsáveis pelo que lhes aconteceu. Outra forma de dissimular os agentes é não mencioná-los ou privá-los de sua condição de agentes quando estes são impedidos de se denominarem, mas são outros não indígenas que exercem sobre eles essa ação.

A *categorização* dos índios como coisas deriva de sua inclusão em uma enumeração junto a araras e objetos inanimados, diminuindo-lhes o caráter humano pela escolha léxica do verbo e por Colombo ser o agente da ação: "Colombo volta à Espanha levando índios, araras e mostras de ouro e plantas".

Quanto ao *nível de descrição*, a estratégia descrita por Van Dijk é cumprida, já que são assinalados com muitos detalhes todos os aspectos negativos de ser indígena, sem fazer menção ao fato de que se trata de características compartilhadas pelos não indígenas, mas que aparecem como se tais fatores negativos fossem intrínsecos à condição de indígena. Assim, o indígena aparece relacionado aos bairros, à pobreza extrema e à ignorância. "Os indígenas continuam tendo muitos problemas", "a maioria dos indígenas venezuelanos vive em condições de extrema pobreza". O uso de "continuam tendo" sugere que em princípio os indígenas foram problemáticos e na atualidade continuam sendo. Assim, parece como se eles gerassem os problemas sem a presença de outros fatores contextuais ou a intervenção de agentes externos a eles. A moradia indígena é julgada como carente de sanidade, sem maiores especificações sobre as causas que pudessem ter levado a isso: "as moradias dos indígenas são insalubres; por isso eles sofrem com doenças que provocam muitas mortes, principalmente entre as crianças". Note-se aqui que as moradias são as culpadas das condições de vida, e não outros agentes responsáveis. Por outro lado, os indígenas são "muito apegados a seus costumes", que são "velhos costumes", e, portanto, vivem no atraso por conta disso.

As *estruturas argumentativas* nos textos do *corpus* manifestam-se na forma de causa-efeito. Encontra-se uma comparação implícita entre indígenas e espanhóis, saindo favorecidos estes últimos devido à explicação da causa que os faz vencedores ante os indígenas. Os conquistadores são a causa da mudança na vida dos indígenas (agentes). O argumento implica a forma estática do "modo de vida dos indígenas", mas não se diz que os indígenas causaram impacto nos costumes dos conquistadores.

Quanto às *suposições* e às *implicações*, a presença das preposições "desde" e "até" parece apagar a existência dos indígenas depois da chegada dos espanhóis à Venezuela, apesar de o conteúdo da lição demonstrar que isso não é verdade: "A etapa indígena vai *desde* o povoamento de nosso território pelas primeiras comunidades indígenas *até* a chegada dos exploradores europeus à Venezuela". A marca temporal "ainda" e o comparativo "como" levam a concluir que os indígenas atuais não mudaram em nada sua forma de vida há quinhentos anos. Além disso, o "ainda" pressupõe certa valorização negativa sobre a situação exposta: "Atualmente existem comunidades que *ainda* vivem *como* os povos pré-hispânicos".

Em orações como "nos deixaram instrumentos musicais", os indígenas ficaram no passado com relação a nós, segundo implica a expressão "nos deixaram". Fala-se de um "predomínio" natural da cultura branca espanhola, sem mencionar os mecanismos de imposição nem questionar se isso é válido para todo o continente: "A cultura que *predominou*, no entanto, foi a dos brancos, a dos europeus, a dos espanhóis". As culturas indígenas são diminuídas frente ao branco, "a música, a arte, a educação foram fundamentalmente de origem espanhola ou europeia".

A *concessão aparente* que se manifesta em expressões como "Apesar de sua valentia, nossos indígenas foram submetidos pelos espanhóis" atribui aos indígenas em um primeiro momento a característica positiva de "serem valentes", mas imediatamente essa conotação é negada pela ideia subjacente de que isso não lhes serviu de nada. Além disso, os espanhóis aparecem como "pouco numerosos, mas mais bem preparados", enquanto os índios "eram inferiores".

Dessa maneira, constata-se que as práticas discriminatórias se materializam na linguagem e se transmitem de maneira "natural" nos livros didáticos, sem que se levantem vozes ou se tomem medidas concretas para contradizer "as verdades" contidas neles.

Racismo e interação política

As metáforas do racismo na confrontação política

Por considerar que "racismo" é uma noção muito ampla, nosso interesse centrou-se também em conhecer como se constrói a noção de racismo na Venezuela e como se faz uso dela no confronto político através da imprensa (Bolívar e Kaplan, 2003a, 2003b, 2003c e 2004). Destacaremos um estudo no qual nos propusemos a averiguar de que maneira se constrói o conceito de racismo a partir de uma perspectiva experiencialista (Bolívar e Kaplan, 2003a). Para isso, identificamos as redes de metáforas conceituais vinculadas ao racismo que dominaram o discurso público em um momento de confronto político,[20] relacionando assim os processos cognitivos com as práticas discursivas. Como é sabido, a metáfora não é simplesmente uma figura retórica ou um recurso da imaginação poética. Nosso sistema conceitual, com o que pensamos e atuamos no cotidiano, é de natureza fundamentalmente metafórica. As metáforas, que nos permitem compreender e ter a experiência de uma coisa em termos de outra, têm sua base em nossa experiência física, cultural e interativa e podem, por sua vez, classificar-se em metáforas estruturais, ontológicas e orientacionais (Lakoff e Johnson, 1980).

Em nossa busca por metáforas cognitivas do racismo, analisamos um corpus integrado por textos da imprensa venezuelana, publicados entre maio de 2002 e setembro de 2003, período este em que o tópico do racismo ganhou inusitada força na discussão pública. O *corpus* incluiu a transcrição do programa televisivo dominical do presidente Hugo Chávez, *Alô Presidente,*[21] transmitido pelo canal do Estado, e vários documentos oficiais e intervenções de altos funcionários em organismos internacionais, publicados em páginas da internet. Incorporaram-se textos jornalísticos de *El Nacional, El Universal, El Nuevo País* e *Tal Cual,* incluindo notícias, reportagens, entrevistas, artigos de opinião, editoriais e caricaturas. A unidade de análise foi o macrointercâmbio (Bolívar, 2001b, 2005), entendido como uma interação parecida com a conversa, mas que inclui intervenções orais e por escrito sobre um mesmo assunto, em diferentes momentos. Recolhemos sequências de macrointercâmbios em torno do tópico do racismo, nas quais participavam diferentes atores sociais. No desenvolvimento dos eventos observamos quem iniciava e quem fechava cada ciclo. Dessa forma, identificaram-se no *corpus* várias redes de metáforas dominantes que conceituaram tanto a noção do racismo em nosso país como as imagens do venezuelano e de sua contrafigura, o imigrante.

Os resultados mostraram que a concepção do racismo na confrontação política foi construída a partir de duas grandes redes metafóricas.[22] A primeira, com uma conotação positiva, gira ao redor de três metáforas relacionadas entre si:

(a) O racismo é aparência:

(13)
Alguns não gostam de mim porque sou negro, índio (*Alô Presidente*, 17 mar. 2002).
(14)
Sou feio, negro, ligado com índio, não sou refinadinho, sou um pouco tosco (*Alô Presidente*, 8 jun. 2003).

Esta é a voz do presidente do país, cujo discurso revelava na época uma constante preocupação estética vinculada aos aspectos fisionômicos e cromáticos da mestiçagem. A sua aparente automaculação proveniente de um ator social tão poderoso deve ser interpretada, pelo contrário, como uma apreciação positiva.

(b) O racismo é cor:

(15)
[...] se estivesse estado presente em qualquer das recentes passeatas da oposição, especialmente em 10 de outubro quando um milhão de pessoas de todas as cores de pele, cabelo e olhos dançaram juntas (2 nov. 2002, a voz da oposição).

(16)
Em um país onde somos de todas as cores e misturas (9 jun. 2003, a voz do governo).

(c) O racismo é herança:

(17)
Desqualifica-se o presidente Chávez por sua herança tradicional da qual todos os venezuelanos devemos nos sentir orgulhosos (16 out. 2002, a voz do governo).

(18)
A Venezuela é um dos países do mundo onde os negros, brancos, catires, indígenas, mulatos, turcos, galegos e albinos nos misturamos por gerações (12 nov. 2002, a voz da oposição).

Estas metáforas aparecem estreitamente vinculadas com as que se utilizam para conceituar o venezuelano, ponto no qual todos os setores envolvidos parecem coincidir (e, sem dúvida, trata-se de um argumento poderoso para perpetuar o mito da "harmonia racial" na Venezuela). Por um lado, *o venezuelano é entidade* e concebe-se como um mosaico biológico, no qual primam a noção de mistura de cores e a condição de mestiço e cafuzo:

(19)

[...] a condição étnica de uma parte fundamental do povo da Venezuela que ostenta com orgulho a condição de "cafuzo", que ostenta com orgulho a condição de mestiço, porque mestiços somos e mestiços nos sentimos orgulhosos de ser (16 out. 2002, a voz do governo).

(20)

São mais de 80% dos venezuelanos, com todas as misturas e mosaico biológico [...]. A clássica beleza da mulher venezuelana se deve, entre outras, à riquíssima mistura genética que combina todas as raças e tão variadas origens culturais [...]. Na minha família chamam minha mãe de "a catira", minha tia de "a negra", minha esposa chamam de "negra" e minha filha é "a negrinha" e para ela sua irmã é "cor de leite" (12 nov. 2002, a voz da oposição)

(21)

[...] os traços físicos de um cafuzo como o Presidente da República são os traços típicos de um venezuelano (18 out. 2002, a voz da postura crítica, não alinhada).

A noção de mistura enlaça-se com outra metáfora ontológica, *o venezuelano é substância*, o que nos leva, através da metáfora biológica de herança antes assinalada, à concepção do venezuelano como fruto:

(22)

Essa maravilhosa integração étnica da qual somos fruto e da qual nosso Libertador Simón Bolívar tanto orgulho expressava (16 out. 2002, a voz do governo).

Por outro lado, uma rede metafórica muito diferente se tece ao redor do racismo, diretamente relacionada com a disputa do momento político, e se conecta com a imagem negativa que se constrói do imigrante, em especial, do imigrante chinês e latino-americano. Nessa rede, *o racismo é guerra, perversão, diferença, transgressão, organismo vivo e ameaça.*

A metáfora do racismo como guerra reitera-se nos discursos da polarização, nos quais se evidencia o uso de praticamente os mesmos recursos léxicos nas acusações e advertências mútuas:

(23)

Na sua insensata conduta recorre até ao expediente do racismo para desqualificar os setores populares e seus líderes (28 maio 2002, a voz do governo)
[...] de alguma maneira se focalizou o racismo em certos setores, em certos nichos da sociedade, mas hoje se utiliza o racismo, se desqualifica o presidente Chávez [...] entre os ataques contra o presidente Chávez se acentua o fato de ele ser "cafuzo" e **se utiliza o elemento racista na luta política como nunca havia ocorrido na Venezuela.** De modo que ocorreu que se levantam as bandeiras do racismo e as bandeiras do fascismo, se levantam as bandeiras do anticomunismo primitivo [...] (16 out. 2002, a voz do governo).

(24)
Se esses complexados senhores querem utilizar a arma do "racismo", pensem melhor, porque estão equivocados de país, e a mentira repetida por eles vai se voltar contra eles [...] Não tentem os partidários do Governo utilizar o racismo como bandeira política, os venezuelanos não damos atenção a essas desequilibradas ordens, e se o utilizam, mais uma vez o tiro vai sair pela culatra (2 nov. 2002, a voz da oposição).

O racismo construído como perversão faz parte dessa mesma rede, mas só o setor governamental apela para essa relação cognitiva:

(25)
Certamente o racismo constitui uma das perversões da velha sociedade (16 out. 2002, a voz do governo)

Mas hoje devo denunciar aberrações que foram apresentadas como pitorescas e risíveis e que um público não desavisado teria rejeitado com horror. Trata-se do racismo [...]. Podemos banalizar nossa obrigação de não favorecer as aberrações da mente e a conduta humana que conduzem ao crime político, à injustiça social e à guerra? (09 jun. 2003, a voz do governo).

A conexão conceitual entre racismo e organismo vivo também é privilegiada pelo setor oficialista:

(26)
Uma minoria, a que possuiu os privilégios do poder [...], **infelizmente conseguiu irrigar** sua **antidemocrática ideologia**. A ideologia que o suporta, que estava confinada a reduzidos nichos, penetrou em certos estratos da sociedade (28 maio 2002, a voz do governo).

Nessa pesquisa (Bolívar e Kaplan, 2003c), concluiu-se que os conceitos metafóricos efetivamente servem para mostrar como se concebe o racismo na Venezuela. Não obstante, também servem para ocultar processos históricos de desigualdades e encobrir situações presentes de discriminação. No momento em que se realizou a pesquisa, as metáforas revelaram um uso parecido de práticas discursivas ideológicas e demagógicas ao redor do tema do racismo nos dois setores defrontados.

A DISCRIMINAÇÃO DOS CHINESES NA IMPRENSA

A discriminação contra os chineses mostra peculiaridades muito especiais porque, aparentemente, não é um assunto muito privilegiado nas conversas cotidianas nem tampouco pelas autoridades governamentais. Expressões como "chinês maldito" e "essa é uma história de chinês" são usadas de maneira natural na vida cotidiana. De maneira esporádica, surgem propagandas como a seguinte, sem que a população se alarme ou surjam reações de indignação:

(27)
cada vez que saio na rua ou vou a qualquer lugar, **fazem chacotas** sobre a forma como nós [chineses] falamos ou tentamos falar espanhol ou também quando falamos nosso próprio idioma materno (*El Universal*, 1º dez. 2002, seção Correio do Povo, pp. 2-16).

Nossas pesquisas sobre esse tipo de racismo autorizam-nos a afirmar que, enquanto o racismo contra negros e índios é encoberto, velado, ocultado ou minimizado, a discriminação contra os chineses é praticada no discurso de forma mais direta (Bolívar e Kaplan, 2003b), ainda que os venezuelanos não pareçam estar conscientes disso.

O estudo sistemático do racismo e do discurso sobre os chineses na imprensa venezuelana pode situar-se em dois momentos políticos do país, separados por um lapso de quase dez anos. Os resultados produzidos pelas pesquisas em ambas as etapas mostraram similaridades no tratamento linguístico das minorias étnicas por parte dos meios, apesar do tempo transcorrido. No entanto, são notórias as diferenças que separam esses trabalhos, tanto no que diz respeito às motivações das analistas para abordar o estudo quanto ao foco da pesquisa, o arcabouço teórico utilizado, a extensão do *corpus* e os tipos de textos analisados.

A primeira etapa corresponde a fevereiro de 1994, poucos dias após a posse de Rafael Caldera como presidente constitucional pela segunda vez. Iniciava-se um período de relativa estabilidade política depois de outro muito turbulento que incluiu o julgamento e a suspensão das funções do presidente anterior, Carlos Andrés Pérez. O estudo dos aspectos linguísticos do racismo na imprensa responde nesse momento ao interesse por observar um evento completo em torno de distúrbios raciais (Bolívar, 1996a). O jornal venezuelano *El Nacional* relatou durante vários dias consecutivos a notícia de alguns violentos distúrbios em uma cidade do interior do país que começaram com um incidente menor, no qual se viram envolvidos comerciantes chineses, e que foram aumentando de gravidade até culminar com a militarização de toda a região. Foram justamente esses textos jornalísticos que ofereceram a oportunidade de aprofundar o estudo da gramática e da semântica da discriminação (Bolívar, 2001a) através da mídia.

O segundo momento, entre os anos 2002 e 2003, corresponde a um convulsionado período político, caracterizado pela extrema polarização entre seguidores e opositores do presidente Hugo Chávez. O assunto do racismo começa a ocupar um espaço cada vez mais importante em diferentes âmbitos públicos venezuelanos, especialmente no político, já que cada um dos setores confrontados usa-o como arma simbólica contra o outro, como vimos na seção anterior.

A GRAMÁTICA E A SEMÂNTICA DA DISCRIMINAÇÃO NA IMPRENSA

Os trabalhos compilados por Bolívar (1996a) examinam o problema da discriminação da minoria chinesa, como já foi apontado. Um dos assuntos estudados desde a gramática é o controle do acesso à palavra na notícia jornalística. Para tal efeito, Bolívar (1996b), fazendo uso do conceito de "atribuição da informação" dentro do marco da linguística funcional sistêmica, analisou as notícias para mostrar como os jornalistas, ao usar determinadas estruturas gramaticais para representar, limitam a oportunidade de informar e opinar dos cidadãos chineses e de outras minorias. As palavras das autoridades e outras pessoas "importantes", com as quais os jornalistas pareciam se solidarizar, ocupam um lugar destacado nos textos, e cláusulas complexas de maior comprimento são atribuídas a eles, enquanto as dos cidadãos chineses, que foram os primeiros envolvidos nos distúrbios, ocupam um lugar muito menor, com estruturas gramaticais também simples. Além disso, todo o discurso destes últimos é defensivo, já que devem negar acusações e solicitar proteção das autoridades, como se vê no exemplo seguinte:

(28)
Os comerciantes chineses *negam* que estejam especulando e asseguram que "pegaram" a senhora Pernalete quando tentava roubar um pote de leite (texto 4).

A expressão do agente também foi foco de estudo. Díaz Campos (1996) observou as estratégias empregadas pelos emissores na apresentação dos eventos informados, em particular para a expressão dos agentes e a atribuição de responsabilidades. A partir da análise de recursos linguísticos utilizados pelos jornalistas – como o uso da voz passiva ou ativa, o emprego de nomes coletivos em orações ativas e a presença de adjetivos e complementos

Venezuela

verbais –, Díaz Campos conclui que os habitantes de Turén são apresentados nos textos como os agentes agredidos, enquanto os comerciantes chineses são mostrados como os agressores, justificando-se assim o estouro social nessa população, como pode ser observado em:

(29)
A multidão reagiu quando um comerciante de origem chinesa *bateu em uma mulher e agrediu uma menina* (texto 1).

Nesse mesmo estudo, Pereda (1996) enfocou seu trabalho nos tópicos privilegiados nas notícias, levando em conta que os tópicos selecionados influem nos modelos mentais que os leitores constroem sobre os diferentes acontecimentos (Van Dijk, 1987). Pereda analisou o *corpus* em função do conteúdo das manchetes e a frequência de aparição no restante da notícia do tópico expressado na manchete. Indagou também a relação entre os tópicos e variáveis, como o estilo individual dos jornalistas e a estrutura canônica da notícia jornalística. Ela concluiu que o tópico preferido foi o da xenofobia, apesar das tentativas do jornal de apresentar os problemas sociais como as causas dos distúrbios. Isso se reflete em manchetes e subtítulos:

(30)
Fome e especulação provocaram saques de lojas em Turén (manchete, texto 3).

(31)
Não é um problema de xenofobia (subtítulo, texto 5).

O estudo completou-se com a contribuição de Kaplan e Weber (1996), que se concentraram na identificação das estratégias semânticas fundamentais no processo de reprodução dos preconceitos racistas: a autoapresentação positiva e a apresentação negativa dos outros (Van Dijk, 1984, 1987, 1991, 1993, 1994). Elas analisaram nos textos os jogos semânticos, cognitivos e retóricos que contribuem para essas estratégias, dentro dos quais destacaram a dissimulação, a acusação, a imprecisão e a contradição. As autoras concluíram que, apesar dos jornalistas negarem enfaticamente que os distúrbios se devem à xenofobia, as evidências linguísticas de preconceito racial encontradas contradizem esses argumentos. Kaplan e Weber (1996) estimam que o modo como se escreve um sumário, como o que segue, pode estar relacionado a uma ambivalência subjacente nos

367

jornalistas, que pertencem a uma sociedade em que existe uma "tradição" não racista arraigada no sentir coletivo, mas que, ao mesmo tempo, não conseguem evitar que seus preconceitos étnicos se filtrem em seu discurso:

(32)
A situação com os chineses não é um problema de xenofobia, porque em Portuguesa convivem oriundos de diversas regiões do mundo, mas da *prática de outros procedimentos*, entre eles *a violência que usam contra* os habitantes em Turén (texto 5).

Vale a pena adicionar como último exemplo que, quando a calma já estava sendo recuperada no povoado de Turén, uma notícia fechou o evento com humor da seguinte maneira:

(33)
O povo está recuperando a paz e o humor. Em Acarigua os taxistas brincam dizendo: *táxi para Tulén* (texto 6).

Essas pesquisas coincidiram ao apontar que a análise linguística rigorosa é fundamental para a análise crítica do discurso, já que contribui para revelar muitas práticas discriminatórias que inadvertidamente tomamos como "naturais".

A QUESTÃO CHINESA REDIMENSIONADA NA POLÍTICA

Merece atenção especial a forma como se redefine a imagem do imigrante chinês no discurso da mídia durante a confrontação política. Resulta curioso, para dizer o mínimo, que após quase dez anos do primeiro ciclo de pesquisas sobre discurso e racismo na Venezuela a "questão chinesa" reapareça fortalecida, potencializada pela luta política dos anos 2002-03. A negação aparente do racismo ("*não é um problema de xenofobia..., mas que...*") dá lugar agora a uma construção do chinês que, graças a uma rede de metáforas ontológicas e direcionais, o define sem atenuantes como um dos problemas mais graves por que passa a Venezuela nesse conflituoso momento.

Em torno dos cidadãos chineses se entrelaça uma complexa rede de metáforas. Antes de mais nada, *o imigrante chinês é objeto*, o que facilita concebê-lo como *mercadoria*, uma mercadoria ilegal que vincula essa metáfora à do imigrante chinês como *transgressão*. Em vários textos jornalísticos faz-se menção ao *tráfico* e *ao contrabando de chineses*. Os jornais questionam em seus títulos *"quanto vale um chinês?"* e em suas reportagens referem-se a que:

(34)
lá *os chineses desembarcam* sem problemas, que esse é *o dono dos chineses*, que o negócio representaria o achado de sete bilhões de bolívares e que a entrada ilegal de asiáticos [é] de *dez mil dólares por cabeça* e que a imigração chinesa [foi] transformada em *negócio lucrativo.*[23]

No entanto, os imigrantes chineses não estão sozinhos nessa identificação metafórica, pois também vários latino-americanos são imaginados como objetos que se comercializam ilegalmente, como transgressores:

(35)
o *tráfico de chineses*, de *cubanos* e de *colombianos* passa diante dos olhos de funcionários públicos (22 abr. 2003).

(36)
a soberania é vendida por uns quantos dólares, irregularidades vinculadas com *a documentação e naturalização de chineses, colombianos, equatorianos e chilenos*, estão *burlando todos os procedimentos*, têm como norte desrespeitar a lei (23 abr. 2003).

Ao ser objeto, o imigrante chinês é também *recipiente*, razão pela qual pode se tornar veículo ou *condutor* de temíveis doenças, como a misteriosa SARS (Síndrome Respiratória Aguda Severa) que, surgida em um país percebido como remoto e exótico, ressalta a imagem do imigrante chinês como um outro muito diferente que traz o perigo do contágio a nosso território. O imigrante chinês é então agora *ameaça* de epidemia, vinculada à sua condição de mercadoria ilegal, o que só é possível por causa da cumplicidade das autoridades venezuelanas, interessadas em utilizar esses imigrantes para seus próprios fins políticos, como denuncia enfaticamente um jornal de clara tendência oposicionista:

(37)
Contrabando de chineses potencia risco de SARS. Os chineses que o governo nacionaliza e documenta com fins eleitoreiros *são um perigo para a saúde venezuelana.* [...] tiveram que desalojar um andar completo do Centro Médico para internar o *cidadão chinês infetado*, e não foi permitido a ele contato com nenhuma pessoa alheia ao centro de saúde, além disso se tomou a medida de desligar o ar-condicionado para que o vírus não se transportasse por seus dutos até outros andares e contaminasse pacientes e trabalhadores da clínica [...] O cidadão chinês que foi recluso [...] não tinha sido descartado como *portador de SARS* apesar de funcionários do Ministério da Saúde tentarem fazer com que fosse visto assim (30 abr. 2003).

A ameaça relaciona-se também com a metáfora de orientação *fora-dentro*, que identifica o imigrante chinês com *invasão* ("continuam chegando centenas de chineses", "os milhões de chineses que chegam ao país") e que, ao se conectar com a metáfora de transgressão às normas, termina fechando a rede. Assim, o discurso discriminatório continua se fortalecendo na confrontação política e na mídia, sem que os defensores das minorias étnicas expressem um só grito de protesto para deter o abuso. Pelo contrário, depois de três anos do que acabamos de apontar, a violência contra os chineses aumentou, como se pode perceber nesta manchete de primeiro plano, precedida de um antetítulo que não deixa de mostrar seu caráter de "ilegais":

(38)
São parte de um grupo de 26 asiáticos que entraram ilegalmente no país. *Nove chineses torturados foram abandonados em Caracas* (*El Nacional*, 19 maio 2006, p. 1).

Conclusões

Esta primeira tentativa de abordar o problema do racismo de maneira integral, incorporando as contribuições de várias disciplinas, deu-nos uma visão mais ampla sobre a situação racial nesse país "café com leite". O percurso que fizemos tocou importantes aspectos históricos, demográficos, sociais, culturais, cognitivos e discursivos, que não podem ser refutados facilmente. É um fato histórico e biológico que a mestiçagem existiu. É um fato demográfico que as mudanças no povoamento do país enfraqueceram a ideologia da mestiçagem como atributo distintivo da composição étnica da população venezuelana, propriedade que tinha dominado como traço etnodemográfico desde o fim da Guerra Federal. É um fato econômico que houve na Venezuela um auge petroleiro que favoreceu a ascensão social, o sentimento "igualitário" e o populismo na política.

Em nosso trabalho, destaca-se uma relação entre estrutura de classes e cor de pele que dificulta a definição do que é uma pessoa negra ou de cor na Venezuela, ao que se deve somar o endorracismo que parece percorrer todos os estratos sociais. Se é verdade que a divisão social coloca brancos e mulatos nos dois extremos, os mestiços e pretos ocupam qualquer estrato social. Por isso, "o racismo vergonhoso" é a expressão de uma sociedade em que existem preconceitos raciais que não conseguem ser traduzidos em condutas abertamente racistas das pessoas. Existem estereótipos, sentimentos ou temores, mas estes não são expressos ou são feitos dissimuladamente, porque há um padrão dominante de rejeição ao racismo. Os indivíduos sabem que o preconceito é tão injusto nas suas origens como incorreto em seus resultados, mas não podem eliminá-lo de seu interior e, portanto, vivem-no com vergonha. Que existam essas atitudes racistas é muito ruim, que se sinta vergonha de tê-las é muito bom, pois a vergonha pode permitir superá-las e, em qualquer caso, limita suas expressões públicas e restringe sua eficiência social discriminadora.

Essa atitude ante o racismo, na qual o endorracismo tem parte importante, dificulta as tarefas dos ativistas afrodescendentes, porque não existe consciência ou aceitação das origens africanas. Para convocar uma transformação social profunda, as ONGs afros deveriam redesenhar uma estratégia de diálogos com o povo de base. Em outras palavras, realizar uma campanha para convencer as pessoas que assimilaram a consciência mestiça a aceitar a identidade afro. Ainda não temos certeza de que isso venha a se realizar dentro de alguns anos e não sabemos se isso será mesmo possível em vista da ambiguidade na autopercepção sobre a cor da pele.

Na análise do discurso da interação em diferentes contextos, há evidência linguística e retórica de discriminação racial contra os negros, os indígenas, os chineses e outras minorias étnicas, apesar de todas as manifestações de negação de racismo encontradas em diferentes setores, desde os mais conservadores até os mais progressistas.

A reprodução da discriminação em relação ao negro e ao indígena nos livros didáticos se consegue mediante os modelos mentais que sobre tais atores sociais são gerados a partir da interpretação da mensagem das lições. Esses modelos são entendidos como a ideia global que sobre o assunto "indígenas" (ou "negros") pode estar favorecendo o autor de um livro pelo uso de marcas textuais específicas. As evidências textuais obtidas sobre a expressão da discriminação leva-nos a defender a posição de que não se trata de uma intencionalidade racista individual do autor, mas que este evoca um conhecimento socialmente compartilhado mais amplo, tal como sua função pedagógica requer. Van Dijk já disse isso em uma ocasião anterior: o racismo não é um fenômeno de caráter individual, manifesta-se, mantém-se e reproduz-se em nível das ideologias de grupos sociais.

As ideologias racistas materializam-se no discurso da vida cotidiana, em palavras, expressões, canções, ditados, piadas, textos escolares, livros de variada natureza, e são, portanto, palpáveis na evidência que proporciona a análise linguística. Manifestam-se também em metáforas cognitivas que representam a experiência das pessoas sobre as minorias étnicas, de maneira que é possível entender como se constroem espaços cognitivos discriminatórios com os recursos que a língua oferece. Sobre esse aspecto particular, é muito importante o papel dos meios de comunicação e dos governantes, porque sobre eles recai grande parte da responsabilidade de perpetuar ou mudar os esquemas e o discurso dominante.

Queremos ressaltar principalmente o fato de que na luta contra a discriminação racial e étnica devemos estar mais conscientes de nossa história, dos modelos mentais que foram criados histórica e socialmente ao longo dos anos e do poder da palavra para manter e reforçar os preconceitos. O que nos interessa é que, como povo predominantemente *mestiço* que somos, tenhamos clareza nas formas como esse termo é usado para incentivar a igualdade, mas também para neutralizar processos históricos e ocultar a complexidade do problema. Trata-se também de compreender que, ainda que as intenções sejam muito boas, o assunto do racismo costuma ser uma faca de dois gumes, com a qual se luta pela igualdade e pela justiça, mas com a qual também se reforçam e aprofundam as diferenças, como se vê nos discursos demagógicos de diferentes atores na interação política. Parece que a tarefa mais difícil é entender que não existem grupos mais racistas que outros, mas que o racismo na Venezuela é uma estrutura latente, que tem manifestações concretas na palavra e na violência física e que deve ser enfrentado por todos para que as diferenças sejam conhecidas e reconhecidas, entendidas e aceitas, para que possamos viver em paz e em um país mais tolerante.

(Tradução: Nylcéa Siqueira Pedra, professora de Língua e Literatura Espanhola na Universidade Tuiuti do Paraná)

Notas

[1] "A Venezuela é uma sociedade multiétnica e pluricultural, resultado da fusão de etnoculturas e idiossincrasias diversas, em cuja formação tomaram parte e se amalgamaram as três raças primogênitas da América, como a índia, a negra, a branca, e da imigração proveniente de todas as nações do mundo inteiro durante vários séculos. Nós, venezuelanos, estamos orgulhosos dessa mestiçagem". Palavras do ministro das Relações Exteriores da República Bolivariana da Venezuela, Luis Alfonso Dávila García, na Conferência Mundial contra o Racismo, a Discriminação Racial, a Xenofobia e Formas Conexas de Intolerância. Durban, África do Sul, 2 set. 2001.

[2] ¡Negra! ...si fueras blanca y con el pelo liso/ Mi madre dijo afligida que no me case con negra, porque cuando está dormida, parece un rollo é culebra/ Una negra narizona no me hace comida a mí, porque esconde los bocaos en el hueco´e la nariz.

[3] Sancochoé huesito, sancocho´e higuana, quién ha visto negro, parao en ventana/ Sancocho´e huesito, sancocho de espuma, quién ha visto negro en colchón de pluma/ Sancocho´e huesito, sancocho de espuela, quién ha visto negro maestro de escuela/ Sancocho´e huesito, guarapo é tomillo, quién ha visto negro, con pelo amarillo.

[4] Aquí el racismo es tan sutil que solo lo siente el agraviado, El Nacional, 27 jun. 2005, p. B-12.

[5] As palavras de uma atriz de televisão venezuelana de ascendência africana, morena de olhos verdes, reportadas em primeiro plano num jornal vespertino, são pouco usuais, mas significativas: "o racismo está dentro de si mesmo" (*Tal Cual*, 12 jan. 2004, p. 1).

[6] "Pesquisas da Fundacredesa e do Instituto de Imunologia da Universidade Central de Venezuela constataram que toda a população tem carga caucásica, indígena e africana", vale dizer "nenhum venezuelano é geneticamente puro" (Vanessa Davis, *El Nacional*, 8 maio 2003, A-2).

[7] É importante destacar que, apesar do dito, a Venezuela foi o único país que aceitou a entrada de refugiados judeus durante o mandato de Eleazar López Contreras (1935-41), o que está documentado em numerosas publicações.

[8] Blanco Muñoz (1983: 67-70, grifo nosso). O "melhorzinho" refere-se a cidadãos da Espanha, Itália, Portugal, Europa Central e outros países. A percepção negativa de si mesmos foi considerada como um traço característico da identidade venezuelana (Montero, 1984).

[9] Por exemplo, no conhecido romance *Canaima*, de Rómulo Gallegos (1977: 73), um dos personagens pronuncia a frase: "Mas é muito cômodo! Eu levo a fama de judeu e é você que esfola o cliente". Ter "fama de judeu" associa-se a ser sovina ou avarento. Os árabes recebem o nome geral de "turcos".

[10] Na Colônia se denominavam "crioulos" os filhos de espanhóis nascidos na Venezuela. Na atualidade denominam-se assim os nativos (não indígenas). Segundo alguns estudiosos, mais da metade dos venezuelanos pode pertencer à "comunidade crioula", cuja população possui consciência mestiça. Estima-se que um pouco menos da metade da população venezuelana pertence a "comunidades étnicas biculturais-binacionais", que são constituídas por imigrantes do exterior e por seus descendentes até a terceira geração. Também, 2% correspondem à "comunidade étnica indígena". Nessa "macroetnia" que González Ordosgoitti (1991) sugere, os descendentes dos escravos africanos são colocados dentro da "comunidade crioula". Segundo essa percepção, ainda que ninguém duvide de que muitos descendentes de africanos residem na Venezuela de hoje, não existem grupos minoritários étnicos denominados "negros" ou "afro-venezuelanos" cuja delimitação social esteja claramente demarcada com relação a algum outro povo majoritário do país (Ishibashi, 2000a, 2000b).

[11] Ver também Brito Figueroa, 1966.

[12] De acordo com um estudo organizado pelo Ministério da Fazenda em 1947, o número de europeus residentes na Venezuela chegava a uma quantidade próxima às 35 mil pessoas, das quais 30.829 correspondiam à soma de espanhóis, ingleses, portugueses, italianos, franceses, alemães, holandeses e poloneses, em ordem descendente respectivamente. Mencionavam-se também russos, iugoslavos e romenos em números muito menores (Bolívar Chollet, 1994: 139-140; Chen e Picouet, 1979: 275).

[13] É importante assinalar que o censo na Venezuela não solicita aos venezuelanos informação sobre raça, cor de pele ou localização em um grupo étnico. Os indígenas que vivem em comunidades urbanas são censados como parte da comunidade; só os que moram em condições selváticas recebem uma domiciliação à parte. Ver Bolívar Chollett, 2004.

[14] Os dados numéricos sobre a exclusão dos negros podem ser vistos nesta publicação.

[15] Sobre isso, James (2002: 45) mostra sua preocupação dizendo "A agitação racial surgiu: e os termos 'branco' e 'negro' ainda podem se tornar 'armas de guerra'".

[16] Não é exagerado dizer que 90% das chamadas direita e centro-direita venezuelana costumam se expressar de forma muito negativa sobre as etnias indígenas e suas contribuições culturais. Ao menos 50% da denominada esquerda faz exatamente a mesma coisa. Esse texto foi inclusive comentado e recomendado no *Alô Presidente*, o programa de televisão conduzido pelo presidente da República.

[17] As estratégias são classificadas de acordo com Van Dijk (1984, 1987, 1991).

[18] Ainda hoje se produzem assassinatos impunes de indígenas; por exemplo, no estado Apure, como também ocorreu em Zulia e em outras regiões (Jaulin, 1973; Mosonyi, 1975, 2004; Carrillo e Perera, 1995).

[19] Os textos analisados foram os seguintes: *Alcaldía del Município Libertador*, Nuestro libro de tercer grado, Caracas, Mago Science Editorial C.A., 1992; M. J. Bravo Díaz, *Mi libro integral 2º grado*: educação básica, Caracas, Colegial Bolivariana, 1988; Grupo Teduca, *Enciclopedia Teduca*: tercer grado, Caracas, *Técnicas Educativas* C.A. (Teduca), 1987; L. E. Rincón e D. Gómez, *Horizontes 2º grado*, Caracas, Ediciones Enerva C.A., 1987.

[20] Referimo-nos particularmente aos acontecimentos que se seguiram a 11 de abril de 2002, quando a polarização política entre seguidores e adversários do presidente Hugo Chávez alcançou limites extremos.

[21] Este programa é um gênero discursivo emergente na política venezuelana. Sobre suas origens e desenvolvimento, ver Bolívar, 2003.

[22] Todos os exemplos são citados textualmente do *corpus*.

[23] Na época da escravidão, os negros eram tratados como "mercadoria humana" e vendidos "por cabeça", eram "carga" que vinha em "lotes" (ver Montañez, 1993: 31).

BIBLIOGRAFIA

ADÁN, Y.; CASTRO LÓPEZ, I. *El estereotipo racial en la publicidad venezolana*. Caracas, 1979. Trabajo especial de grado, Facultad de Humanidades y Educación, Universidad Central de Venezuela.

ARELLANO MORENO, A. *Breve historia de Venezuela:* 1492–1958. Caracas: Italgráfica, 1974.

ANÓNIMO. *Enciclopedia Popular:* escuela básica, 3er grado. Caracas: Publicaciones Populares Deiba, 1992.

ABZUETA, R.; SALOM, A. *Un estudio de la imagen de la población afrovenezolana en maestros del área metropolitana*. Caracas, 1986. Trabajo especial de grado – Facultad de Humanidades y Educación, Universidad Central de Venezuela.

ACOSTA SAIGNES, M. *Un mito racista:* el indio, el blanco, el negro. Caracas: Ministerio de Educación Nacional, 1948.

_____. *Vida de los esclavos negros en Venezuela*. Caracas: Espérides, 1967.

ÁREA, L.; GUÁNCHEZ, Á.; SAINZ BORGO, J. C. *Las migraciones internacionales en la legislación venezolana*. Caracas: Instituto de Altos Estudios Diplomáticos "Pedro Gual"/ Ministerio de Relaciones Exteriores, 2001.

ASCENCIO, M. *Del nombre de los esclavos y otros ensayos afroamericanos*. Caracas: Fondo Editorial de la Facultad de Humanidades y Educación, Universidad Central de Venezuela, 1984.

_____. Así nació San Benito. *Revista Nacional de Cultura*. Caracas: Conac, 1986.

BARTOLOMÉ, M. A. (coord.). *Ya no hay lugar para cazadores:* proceso de extinción y transfiguración étnica en América Latina. Quito: Abya-Yala, 1995.

BANCHS, M. A. Representación social de la identidad venezolana desde la perspectiva de los vínculos con indios, negros y blancos españoles. *Boletim de Avepso*. Caracas, n. 15, 1992, pp. 3-23.

BERGLUND, S. La población extranjera en Venezuela de Castro a Chávez. In: FUNDACIÓN MERCANTIL Y FUNDACIÓN FRANCISCO HERRERA LUQUE (eds.). *Las inmigraciones a Venezuela en el siglo XX (35-50)*. Caracas: Fundación Francisco Herrera Luque, 2004.

BLANCO MUÑOZ, A. *Habla el general*. Caracas: Consejo de Desarrollo Científico y Humanístico/Universidad Central de Venezuela, 1983.

BISBE, L. *Manifestaciones del discurso racista hacia el indígena en los textos escolares venezolanos*. Caracas, 2004. Dissertação (Mestrado en Estudos do Discurso) – Facultad de Humanidades y Educación. Universidad Central de Venezuela.

BOLÍVAR, A. El encuentro de dos mundos a través del discurso. In: ACOSTA, A. (comp.). *Una mirada humanística:* la reflexión multidisciplinaria acerca del encuentro de dos mundos. Caracas: Fondo Editorial Humanidades, Universidad Central de Venezuela, 1993, pp. 81-112.

_____. (comp.) Estudios en el análisis crítico del discurso. *Cuadernos de Postgrado*, n. 14. Caracas: Comisión de Estudios de Postgrado, Universidad Central de Venezuela, 1996a.

_____. El control del acceso a la palabra en la noticia. In: Estudios en el análisis crítico del discurso. *Cuadernos de Postgrado 14*. Caracas: Comisión de Estudios de Postgrado/Universidad Central de Venezuela, 1996b, pp. 11-45.

_____. La semántica y la gramática de la discriminación: un caso en la prensa venezolana. In: BUSTOS, J. et al. (comps.). Lengua, discurso, texto *I Simposio Internacional de Análisis del Discurso*. Madrid: Visor Libros, v. 2, 2001, pp. 1793-1810.

_____. Changes in Venezuelan Political Dialogue. *Discourse & Society*, n. 12 (1), 2001b, pp. 23-46.

_____. Nuevos géneros discursivos en la política: el caso de Aló Presidente. In: BERARDI, L. (comp.). *Análisis crítico del discurso:* perspectivas latinoamericanas. Santiago: Frasis, 2003, pp. 101-30.

_____. Dialogue and Confrontation in Venezuelan Political Interaction. *Aila Review*, n. 18, 2005, pp. 3-17.

_____. KAPLAN, N. Racismo y confrontación política. *IV Congreso y V Coloquio de la Asociación Latinoamericana de Estudios de Discurso* (ALED), Puebla, 27, 28, 29 out. 2003a.

_____. La construcción discursiva del racismo. *VIII Jornadas de Investigación*. Caracas: Facultad de Humanidades y Educación, Universidad Central de Venezuela, 26, 27 e 28 nov. 2003b.

_____. Las metáforas del racismo. *XVI Jornadas Lingüísticas de la Alfal*. Caracas, Universidad Central de Venezuela, 4 a 7 dez. 2003c.

_____. Funciones estratégicas del discurso sobre el racismo en la política. *V Jornadas Nacionales de Investigación Humanística y Educativa*. Caracas, Universidad Central de Venezuela, 1, 2, 3 dez. 2004.

BOLÍVAR CHOLLETT, M. *Población y Sociedad en la Venezuela del Siglo XX*. Caracas: Tropykos/Faces-UCV, 1994.

_____. *La población venezolana 10 años después de El Cairo*. Caracas: Fondo de Población de Naciones Unidas/ UNFPA-Venezuela, 2004.

BRICEÑO LEÓN, R. *Venezuela: clases sociales e individuos*. Caracas: Fondo Editorial Acta Científica Venezolana/ Ediciones Capriles, 1992.

_____. El hilo que teje la vida. In: BAPTISTA, A. (ed.). *Venezuela del siglo XX*; historias y testimonios. Caracas: Fundación Polar, 2000, v. 1, pp. 125-53.

_____. El orgullo café con leche. In: VILORIA, E. *El mestizaje americano*. Caracas: Universidad Metropolitana, 2005, pp.17-21.

_____. et al. Los grupos de raza subjetiva en Venezuela. In: HERNÁNDEZ, O. (ed.). *Cambio demográfico y desigualdad social en Venezuela al inicio del tercer milenio*: II Encuentro Nacional de Demógrafos y Estudiosos de la Población. Caracas: Avepo, 2005.

BRITO FIGUEROA, F. *Historia económica y social de Venezuela*. Caracas: Imprenta Universitaria de la Universidad Central de Venezuela, 1966 (2 tomos).

CABALLERO, M. *Betancourt*: populismo y petróleo en Venezuela. Buenos Aires: Centro Editor de América Latina, 1972.

_____. *Gómez, el tirano liberal*: anatomía del poder. Caracas: Alfadil, 2003.

_____. *Rómulo Betancourt*: político de nación. Caracas: Alfadil/Fondo de Cultura Económica, 2004.

CADENAS, J. M. Estudio de la identificación con el significado de palabras de origen indígena, negro y español en jóvenes de padres venezolanos y padres españoles. *Boletín de Avepso*. Caracas, n. 15, 1992, pp. 24-38.

CARRERA DAMAS, G. Mantuanos. *DMHV*. Caracas: Fundación Polar, 1998.

CARRILLO, A.; PERERA, M. A. *Amazonas, modernidad en tradición*: contribuiciones al desarollo sustentable en el estado Amazonas, Caracas: SADA/GTZ, 1995.

CASTILLO, I., El umbral del color. *Revista SIV*, ano VL, n. 442, 1982.

CASTILLO D'IMPERIO, O. Visiones de lo popular: la Venezuela de 1948. In: LISCANO, J. *Fiesta de la tradición*: 1948 cantos y danzas de Venezuela. Caracas, FUNDEF, 1998, pp. 15-24.

CHACÓN, A. *Poblaciones y culturas negras de Venezuela*. Caracas: Instituto Autónomo Biblioteca Nacional, 1983.

CHEN, C. Y.; PICOUET, M. *Dinámica de la población:* caso de Venezuela. Caracas: Ediciones de la Universidad Católica Andrés Bello e da Office de la Recherche Scientifique Outre-Mer, 1979.

COLMENARES, M. Exclusión social y diversidad racial y étnica en Venezuela: temas clave y acciones prioritarias para una sociedad visiblemente más justa. In: HERNÁNDEZ, O. (ed.). Cambio demográfico y desigualdad social en Venezuela al inicio del tercer milenio. *II Encuentro Nacional de Demógrafos y estudiosos de la población*. Caracas: Avepo, 2005, pp. 217-50.

CUNILL GRAU, P. *Geografía del poblamiento venezolano en el siglo XIX*. Caracas: Presidencia de la República, 1987 (3 v.).

DÍAZ CAMPOS, M. La expresión del agente y la asignación de responsabilidades. In: BOLÍVAR, A. (comp.). Estudios en el análisis crítico del discurso. *Cuadernos de Postgrado*, n. 14. Caracas: Comisión de Estudios de Postgrado, Universidad Central de Venezuela, 1996, pp. 49-64.

DOMÍNGUEZ, D. Atributos asignados a negros, indios y blancos españoles y su relación con la imagen del venezolano. In: MATO, D. (comp.). *Diversidad cultural y construcción de identidades*. Caracas: Tropykos, 1993.

GARCÍA, J.; CAMACHO, N. R. *Comunidades afrodescendientes en Venezuela y América Latina*. Caracas: Red de Organizaciones Afrovenezolanas/Conac/Banco Mundial e Parlamento Andino, 2002.

GONZÁLEZ ORDOSGOITTI, E. En Venezuela todos somos minorías. *Nueva Sociedad*. Caracas: ILDIS, n. 111, 1991, pp. 128-40.

GONZÁLEZ, F. *La etnodiscriminación hacia el afrodescendiente y las conductas de interacción social*. Caracas, 2002. Trabajo de grado – Facultad de Humanidades y Educación, Universidad Central de Venezuela.

GRÜNBERG, J.; VARESE, S.; RIBEIRO, D. *Articulación de la diversidad*. Iquitos: Kantari, 1991.

HALLIDAY, M. A. K. *Introduction to Functional Grammar*. London: Arnold, 1994.

HARWICH VALLENILLA, N. La Guerra Federal. *DMHV*. Caracas: Fundación Polar, 1998.

HERRERA, J. "Negros" y "demonios": los esclavos africanos en el discurso político hegemónico durante el período colonial. In: BOLÍVAR, A.; KOHN, C. (comps.). *El discurso político venezolano:* un análisis multidisciplinario. Caracas: Fondo Editorial de Humanidades/Tropykos, 1999, pp. 117-29.

HOPENHAYN, M.; BELLO, A. *Discriminación étnico-racial y xenofobia en América Latina y el Caribe*. Santiago: Cepal, 2001 (Série Políticas Sociais).

INOJOSA, Z.; HENRY, T.; SÁNCHEZ, D. *La discriminación hacia el indio*: caso estudiantes del IUT Dr. Federico Rivero Palacio e Francisco Herrera Luque. Caracas: Facultad de Humanidades y Educación, Universidad Central de Venezuela, 1994.

ISHIBASHI, J. *Lo politico del tambor:* cultura popular, identidad y democracia en la comunidad de San Millan, Venezuela. Tokio, 2000a. Tese (Doutorado) – Departamento de Estudios Latinoamericanos, Universidad de Tokyo (original em japonês).

_____. Refining the Ambiguous Boundaries of Afro-Venezuelan Ethnicity. Ponencia presentada en el XI *Congreso Internacional de la Latin American Studies Association*, Miami, 16 a 18 mar. 2000b.

ISHIBASHI, J. *Hacia una apertura del debate sobre el racismo en Venezuela:* exclusión e inclusión de la persona "negra" en los medios de comunicación. Colección Monografías n. 4, Programa Globalización, Cultura y Transformaciones Sociales. Centro de Investigaciones Postdoctorales: Faces, 2004. Disponível em <www.globalcult.org.ve/monografías.htm>.

JAIMES, H. Venezuela. Crisis y medios. *Comunicación*. Caracas, n. 119, 2002, pp. 39-45.

JAULIN, R. *La paz blanca*. Introducción al etnocidio. Buenos Aires: Tiempo Contemporáneo, 1973.

KAPLAN, N.; WEBER, F. Las estrategias semánticas del discurso racista en las noticias de prensa. In: BOLÍVAR, A. (comp.). Estudios en el análisis crítico del discurso. *Cuadernos de Postgrado,* n. 14. Caracas: Comisión de Estudios de Postgrado/Universidad Central de Venezuela,1996, pp. 85-109.

LAKOFF, G.; JOHNSON, M. *Metaphors We Live by*. Chicago: The University of Chicago Press, 1980.

LIZOT, J. *Diccionario enciclopédico de la lengua yanomami*. Puerto Ayacucho: Vicariato Apostólico de Puerto Ayacucho, 2004.

LÓPEZ, J. E. Poblamiento. *DMHV*. Caracas: Fundación Polar, 1998a (2ª parte: siglos XVI-XX).

_____. Mestizos. *DMHV*. Caracas: Fundación Polar, 1998b.

_____. Pardos. *DMHV*. Caracas: Fundación Polar, 1998c.

_____. Criollos. *DMHV*. Caracas: Fundación Polar, 1998d.

_____. Peninsulares y canarios. *DMHV*. Caracas: Fundación Polar, 1998e.

LUCENA SALMORAL, M. Mestizaje. *DMHV*. Caracas: Fundación Polar, 1998.

MAGALLANES, M. V. *Los partidos políticos en la evolución histórica venezolana*. Caracas: Centauro, 1983.

MALAVÉ MATA, M. A. La formación histórica del anti-desarrollo. In: MAZA ZAVALA, D. F. (coord.). *Venezuela*: crecimiento sin desarrollo. México: Nuestro Tiempo, 1974, pp. 33-197.

_____. Prólogo. In: MONTAÑEZ, L. *El racismo oculto en una sociedad no racista*. Caracas: Tropykos, 1993.

MATHEWS, R. P. *Violencia rural en Venezuela (1840-1858):* antecedentes socio-económicos de la Guerra Federal. Caracas: Monte Ávila, 1977.

MAZA ZABALA, D. F. Mestizaje y estratificación de clases en Venezuela (1780-1830). *Revista Universitaria de Historia*. Caracas, n. 6, set.-dez. 1983.

MENGO, C. F. *El racismo en Venezuela*. Caracas: Facultad de Humanidades y Educación, Universidad Central de Venezuela, 1981.

MIJARES, M. *Racismo y endorracismo en Barlovento*. Caracas: Fundación Afroamérica, 1997.

MONDOLFI GUDAT, Edgardo. *José Tomás Boves*. Caracas: El Nacional/Biblioteca Biográfica Venezolana, v. 6, 2005.

MONTAÑEZ, L. *El racismo oculto en una sociedad no racista*. Caracas: Tropykos, 1993.

MONTERO, M. *Ideología, alineación e identidad nacional*. Caracas: Ediciones de la Biblioteca, Universidad Central de Venezuela, 1984.

_____. Identidad social negativa: un concepto en busca de teoría. In: MORALES, J. F. et al. (comps.). *Identidad social*. Valencia: Promolibro, 1996.

MORÓN, Guillermo. *Historia de Venezuela*. Caracas: Británica, 1987.

MOSONYI, Esteban E. *El indígena en pos de su liberación definitva*. Caracas: Universidad Central de Venezuela, 1975.

_____. *Identidad nacional y culturas populares*. Caracas: La Enseñanza Viva, 1982.

_____. Los indígenas: víctimas de delito y de abuso de poder. *Revista del Ministerio Público*. Caracas, n. 2, jan.-jun. 2004.

PEREDA, M. H. Los tópicos privilegiados en la noticia periodística. In: BOLÍVAR, A. (comp.). Estudios en el análisis crítico del discurso. *Cuadernos de Postgrado*, n. 14. Caracas: Comisión de Estudios de Postgrado, Universidad Central de Venezuela,1996, pp. 65-84.

PICÓN SALAS, M. *Comprensión de Venezuela*. Caracas: Ministerio de Educación, 1949. (Colección Biblioteca Popular Venezolana).

REPÚBLICA BOLIVARIANA DE VENEZUELA. Constitución de la República Bolivariana de Venezuela. *Gazeta Oficial*, quinta-feira 30 dez. 1999, n. 36.860.

SALAZAR, J. M. Perspectivas psicosociales de la identidad venezolana. In: SALAZAR, J. M. (comp.) *Identidades nacionales en América Latina*. Caracas: Fondo Editorial de Humanidades, 2001, pp. 115-39.

SIFONTES, M. F. *Una medida de discriminación racial en una muestra de estudiantes de la Universidad Católica "Andrés Bello"*. Caracas: Escuela de Psicología, Universidad Católica Andrés Bello, 1984.

TRIGO, P. Patria mestiza. *Revista SIC*. Madrid: Coda, n. 42, ano XL, 1982, pp. 61-4.

URBANEJA, D. B. Partidos políticos. *DMHV*. Caracas: Fundación Polar, 1998.

ÚSLAR PIETRI, A. Simón Bolívar. *DMHV*. Caracas: Fundación Polar, 1998.

VAN DIJK, T. A. *Prejudice in Discourse*. Amsterdam: John Benjamins, 1984.

_____. *Communicating Racism:* ethnic prejudice in thought and talk. Newbury Park: Sage, 1987.

_____. *Racism and the Press:* critical studies in racism and migration. London: Routledge, 1991.

_____. *Elite Discourse and Racism*. Newbury Park: Sage, 1993.

_____. *Racismo y análisis crítico de los medios*. Barcelona: Paidós, 1997.

_____. *Ideología*. Barcelona: Gedisa, 1999.

_____. *Dominación étnica y raci smo discursivo en España y América Latina*. Barcelona: Gedisa, 2003.

VELÁSQUEZ, Ronny. *Música precolombina*. Lo que Europa descubrió en América. Caracas: Infometro, 1998.

VIRGÜEZ, F.; IRIBARREN, X. *En la televisión a colores el negro no se ve*: discriminación y autodeterminación del negro en la telenovela. Caracas, 1991. Trabajo de conclusion del curso. Facultad de Humanidades y Educación, Universidad Central de Venezuela.

WRIGHT, W. *"Café con leche"*: race, class and national image in Venezuela. Austin: University of Texas Press, 1993.

ZUBILLAGA OROPEZA, Carlos. *La marginalidad sin tabúes ni complejos:* una propuesta urgente para un país dividido. Caracas: Gonzart, 2000.

O organizador

Teun A. van Dijk é professor da Universidade Pompeu FaBra de Barcelona (Espanha) desde 1999. Licenciado na Universidade Livre de Amsterdã e na Universidade de Amsterdã (ambas na Holanda), é doutor por esta última. Foi editor-fundador das revistas *Poetics*, TEXT, *Discourse & Society* e *Discourse Studies*; ainda é editor das duas últimas. Fundou também a revista multidisciplinar *Discourse & Communication* e a revista on-line em espanhol *Discurso y Sociedad*. Idealizador do site www.racismos.org e cofundador e secretário geral da *International Association for the Study of Racism (IASR)*. Pela Editora Contexto publicou o livro *Cognição, discurso e interação*.

Os autores

Adriana Bolívar é linguista, analista do discurso e professora titular da Universidade Central da Venezuela. Mestre em Linguística Aplicada pela Universidade de Londres e doutora em Análise do Discurso pela Universidade de Birmingham (Reino Unido). É fundadora da Associação Latino-Americana de Estudos do Discurso (ALED) e editora da *Revista Latinoamericana de Estudios del Discurso*. Autora, editora e coeditora de vários livros na área.

Alicia Castellanos Guerrero, antropóloga mexicana, doutora em Ciências Sociais, é professora e pesquisadora do Departamento de Antropologia da Universidade Autônoma Metropolitana-Iztapalapa (México) e membro do Sistema Nacional de Pesquisadores. É autora e coautora de livros e artigos relacionados à dinâmica das relações interétnicas e às representações racistas.

Berta San Martín é professora associada da Universidade de La Serena (Chile) e da Universidade do Chile. Mestre em Linguística pela Universidade de Chile e doutora em Linguística pela Universidade Católica de Valparaíso, é autora de diversas publicações na área.

Carlos Belvedere é doutor em Ciências Sociais pela Universidade de Buenos Aires (Argentina). Docente e pesquisador da Universidade Nacional General Sarmiento (IDES) e pesquisador do Conselho Nacional de Investigações Científicas e Técnicas (Conicet) e do Instituto de Investigações Gino Germani da Universidade de Buenos Aires. Publicou diversos artigos e um livro sobre discriminação social, além de outras obras de Sociologia da Cultura, Teoria Social e Fenomenologia.

Corina Courtis é doutora em Ciências Antropológicas pela Universidade de Buenos Aires (Argentina), onde leciona Linguística Antropológica. É também pesquisadora do Conselho Nacional de Investigações Científicas e Técnicas (Conicet). É autora de diversas publicações sobre imigração, política migratória e racismo, migração e direitos humanos.

Daniel Quilaqueo é doutor em Sociologia e professor adjunto da Faculdade de Educação da Universidade Católica de Temuco (Chile).

Diana Lenton é doutora em Ciências Antropológicas, professora e pesquisadora da Universidade de Buenos Aires (Argentina). É também professora adjunta da Universidade Nacional General Sarmiento. Especializou-se em Antropologia Política e Histórica, focalizando temas de política indigenista regional.

Diego Casaravilla é sociólogo e mestre em Ciências Sociais. Participou de múltiplas pesquisas com o apoio do Conselho Latino-Americano de Ciências Sociais (CLACSO) e do Conselho Nacional de Investigações Científicas e Técnicas (Conicet), da Organização Panamericana de Saúde (OPS), da Agência Sueca para Desenvolvimento Internacional (ASDI) e do Centro de Investigação para o Desenvolvimento Internacional do Canadá (IDRC).

Esteban Emilio Mosonyi é antropólogo, professor titular da Universidade Central da Venezuela e doutor em Ciências Sociais pela mesma instituição. É autor de numerosos artigos científicos sobre relações interétnicas, minorias étnicas e culturais, especialmente indígenas, linguística e antropologia, literaturas indígenas e culturas populares. Ganhou o Prêmio Nacional de Humanidades (Venezuela). Atualmente é assessor de organismos internacionais (Casa de Bello, OEA).

Francisco Pineda é doutor em Antropologia, professor e pesquisador da Escola Nacional de Antropologia e História (México). Integrante do grupo acadêmico "Análise do Discurso e Semiótica da Cultura" na mesma instituição.

Fúlvia Rosemberg é doutora em Psicologia pelo Laboratoire de Bio/Psychologie de L'Enfant – École Pratique des Hautes Études Université de Paris. Atualmente é pesquisadora sênior da Fundação Carlos Chagas e professora titular em Psicologia Social da Pontifícia Universidade Católica de São Paulo (puc-sp). Na puc-sp coordena o Núcleo de Estudos de Gênero, Raça e Idade (negri). Na Fundação Carlos Chagas é coordenadora, no Brasil, do Programa Internacional de Bolsas de Pós-graduação da Fundação Ford.

Gerardo Halpern é licenciado em Ciências da Comunicação e doutor em Ciências Antropológicas pela Universidade de Buenos Aires (Argentina). Como bolsista de pesquisa do Conselho Nacional de Investigações Científicas e Técnicas (Conicet), estuda a imigração paraguaia na Argentina. Publicou diversos artigos, na Argentina, no Chile e no México, em que articula a luta pelos direitos dos imigrantes com a participação destes em diversos movimentos políticos contemporâneos.

Luisana Bisbe é antropóloga e pesquisadora do Instituto de Filologia "Andrés Bello" da Universidade Central da Venezuela. Especialista em Linguística Sistêmica Funcional e em Argumentação no Discurso, é mestranda em Estudos do Discurso pela mesma universidade. É assistente editorial do *Boletín de Lingüística*.

Jorge Gómez Izquierdo é doutor em Sociologia pela Universidade Livre de Berlim (Alemanha). É professor e pesquisador do Instituto de Ciências Sociais e Humanidades da Benemérita Universidade Autônoma de Puebla (México) e membro do Sistema Nacional de Pesquisadores.

Jun Ishibashi é antropólogo, doutor em Artes e Ciências da Universidade de Tóquio (Japão) e professor do Departamento de Estudos Latino-Americanos da mesma universidade. Especialista em Cultura Popular Afro-Americana e em Movimentos Étnicos dos Afrodescendentes, é autor de artigos e de vários livros sobre o tema.

María Eugenia Merino é doutora em Linguística e profesora de Análise de Discurso na Faculdade de Educação da Universidade Católica de Temuco (Chile). Fazem parte de suas publicações diversos artigos em revistas científicas tanto na América Latina quanto na Europa.

María Inés Pacecca é licenciada em Ciências Antropológicas pela Universidade de Buenos Aires (Argentina), onde é mestranda em Administração Pública e docente do Departamento de Antropologia. Escreveu numerosos artigos sobre política imigratória argentina, imigração de mulheres de países vizinhos, Leste Europeu e República Dominicana.

Marta Casaús Arzú é professora titular de História da América da Universidade Autônoma de Madri (Espanha), diretora do mestrado europeu em Estudos Latino-Americanos: Complexidade Social e Diversidade Cultural (na Espanha) e do mestrado em Gerência para o Desenvolvimento Sustentável (na Guatemala).

Mauricio Pilleux é professor de inglês, mestre em Sociolinguística Inglesa pela Universidade de Nova York (EUA) e doutor em Linguística pela Universidade de Pittsburgh (EUA). É autor de várias publicações na área de Análise do Discurso Crítica.

Miguel Bolívar Chollett é sociólogo, demógrafo e professor titular da Universidade Central da Venezuela. Mestre em Sociologia pela Universidade de Chile e em Demografia pela *London School of Economics* de Londres, completou seu doutorado em Ciências Sociais pela Universidade Central da Venezuela. Foi diretor geral do Escritório Central de Estatística e Informática da Venezuela entre 1994 e 1997. É autor de artigos científicos e livros sobre população. É assessor de organismos nacionais e internacionais (UNFPA, PNUD).

Neyla Graciela Pardo Abril é doutora em Linguística Espanhola pela Universidade Nacional de Educação a Distância (Espanha). Mestre em Linguística Espanhola e em Administração e Supervisão Educativa. É docente há mais de trinta anos e pesquisadora em diferentes universidades do país. Assumiu cargos diretivos, administrativos e acadêmicos. Publicou seus estudos em livros e revistas especializadas. É professora associada do Departamento de Linguística e pesquisadora associada ao Instituto de Estudos em Comunicação e Cultura da Universidade Nacional da Colômbia. Membro ativo de duas redes internacionais de pesquisa – REDLAD e PROSUL.

Nora Kaplan é linguista e professora de inglês do Instituto Nacional Superior de Línguas Vivas (Buenos Aires, Argentina). Possui o título de *Magister Scientiarum* em Inglês e de doutor em Estudos do Discurso, ambos pela Universidade Central da Venezuela.

Paulo Vinicius Baptista da Silva é professor da Universidade Federal do Paraná (UFPR), onde atua no Programa de Pós-Graduação em Educação (PPGE-UFPR) e como pesquisador do Núcleo de Estudos Afro-Brasileiros (NEAB-UFPR). É doutor em Psicologia Social pela Pontifícia Universidade Católica de São Paulo (PUC-SP).

Roberto Briceño León é sociólogo e professor titular da Universidade Central da Venezuela. Diretor do Laboratório de Ciências Sociais (LACSO), também exerce a função de presidente da Associação Venezuelana de Sociologia. É membro do *Steering Committe on Social and Economic Research* da Organização Mundial da Saúde.

Roberto Zariquiey é linguista e docente na Pontifícia Universidade Católica do Peru, onde realizou seus estudos de graduação e mestrado. Na Amazônia peruana, trabalhou com os povos kichwa, shipibo-conibo e asháninka; e na zona andina, trabalhou com os povos quechua, aimara e chipaya.

Os autores

Ronny Velásquez é antropólogo, doutor em Ciências Sociais pela Universidade Central da Venezuela e professor associado da Escola de Artes da mesma universidade. Pesquisador de diversas culturas da América, é presidente da Fundação Internacional de Etno-Musicologia e Folclore. Professor Visitante da Universidad Tres de Febrero, Buenos Aires. Autor de numerosos artigos sobre o tema indígena, afro e cultura popular da Venezuela e da América Latina. Conquistou o Prêmio Municipal em Literatura e recebeu menção honrosa em Pesquisa em Culturas Indígenas.

Sandra Soler Castillo é professora assistente da Universidade Distrital "Francisco José de Caldas" (Bogotá, Colômbia). Ex-diretora do Departamento de Linguística do Instituto Caro y Cuervo, é doutora em Linguística e Comunicação pela Universidade de Barcelona (Espanha).

Sergio Caggiano é doutorando em Ciências Sociais pela Universidade Nacional General Sarmiento (Argentina). Mestre em Sociologia da Cultura pela mesma instituição, é docente da Universidade de Buenos Aires e da Universidade Nacional de La Plata. É bolsista de Conselho Nacional de Investigações Científicas e Técnicas (Conicet). Desenvolveu também atividades de pesquisa com apoio do Conselho Latino-Americano de Ciências Sociais (CLACSO) e no Centro de Políticas Sociais Latino-Americano da Universidade do Texas (EUA). É autor de livro e artigos sobre esses assuntos.

Virginia Zavala é doutora em Sociolinguística pela Universidade de Georgetown (EUA). É professora e pesquisadora da Pontifícia Universidade Católica do Peru. Também trabalhou na Cooperação Técnica Alemã (GTZ) assesorando a formação docente em educação intercultural bilingue na zona andina do Peru.